PREUSSEN

CHRONIK EINES DEUTSCHEN STAATES

PREUSSEN

CHRONIK EINES DEUTSCHEN STAATES

Herausgegeben von

Wolfgang Ribbe und Hansjürgen Rosenbauer

nicolai

Begleitbuch zur sechsteiligen Fernsehreihe
PREUSSEN. CHRONIK EINES DEUTSCHEN STAATES,
produziert von den ARD-Sendeanstalten
Ostdeutscher Rundfunk Brandenburg,
Sender Freies Berlin und Westdeutscher Rundfunk.

Mitarbeiter der Fernsehreihe

Buch und Regie:	Lew Hohmann (Teil 1 und 2)
	Axel Bornkessel (Teil 3 und 4)
	Ute Bönnen/Gerald Endres (Teil 5 und 6)
Moderation:	Katharina Thalbach
Moderationsregie:	Günter Meyer
Musik:	Michael Hartmann
Sprecher:	Otto Sander
Kamera:	Andreas Bergmann
	Michael Lösche
	Martin Rötger
Kameraassistenz:	Alexander Laschet
	Thomas Hahmann
Schnitt:	Karin Junge
	Hans-Hinrich Selinski
Kostümbildnerin:	Anna Schmidbauer
Maske:	Karin Stephan
Requisite:	Dietrich Kraft
Grafik:	Svend Angermann
Mischung:	Annett Grabner
	Achim Heilmann
Recherche:	Peter Kolano
Fachberatung:	Prof. Dr. Wolfgang Ribbe
Produktionsleitung:	Susann Schimk
Herstellungsleitung:	Rainer Baumert
Redaktion:	Johannes Unger (ORB)
	Jürgen Tomm (SFB)
	Gudrun Wolter (WDR)
Leitung der Sendereihe:	Johannes Unger

Die Autoren des Buches

Lew Hohmann, geboren 1944, Autor und Regisseur beim Defa-Dokumentarfilm, heute freier Filmemacher, Dozent und Autor von Sachbüchern. Autor des Fernsehbegleitbuches »Die Brandenburger. Chronik eines Landes« (1998).

Wolfgang Ribbe, geboren 1940, lehrte mittelalterliche und neuere Geschichte an der Freien Universität Berlin. Er ist Vorsitzender der Historischen Kommission zu Berlin und veröffentlichte zahlreiche Werke zur Berliner und zur brandenburgischen Geschichte.

Hansjürgen Rosenbauer, geboren 1941, Intendant des Ostdeutschen Rundfunks Brandenburg (ORB), Professor an der Kunsthochschule für Medien in Köln.

Johannes Unger, geboren 1964, Redaktionsleiter Features/Reportagen beim Ostdeutschen Rundfunk Brandenburg (ORB), Autor des Fernsehbegleitbuches »Die Brandenburger. Chronik eines Landes« (1998).

© 2000 Nicolaische Verlagsbuchhandlung
Beuermann GmbH, Berlin
Lektorat: *Antonia Meiners, Berlin*
Umschlagentwurf: *Svend Angermann, Berlin*
Layout: *Pauline Schimmelpenninck, Berlin*
Satz und Repro: *Mega-Satz-Service, Berlin*
Druck: *H. Heenemann, Berlin*
Bindung: *Lüderitz & Bauer, Berlin*
Alle Rechte vorbehalten
Printed in Germany
ISBN 3-87584-023-2

Inhalt

6   Das Fernsehen braucht Bilder, auch um Zusammenhänge deutlich zu machen. Sie wirken stärker als jeder Kommentar. Sie kommen ohne Text aus. Zum Beispiel der auf dem Boden liegende, umgekippte Helm des »II. preußischen Garderegiments zu Fuße« aus dem Jahre 1860: die Pickelhaube! Das könnte Preußen sein – Untertanengeist und Militarismus, Zwirbelbart (»Es ist erreicht!«) und Stechschritt. Das ist Deutschland, wie es noch immer durch englische und amerikanische Karikaturen geistert, wenn sich ein passender Anlaß bietet. Preußen gleich Deutsches Reich, gleich Hitler, gleich Nazis, gleich Krieg, gleich Auschwitz.

Ruft also das Fernsehen, ruft der Schutzumschlag dieses Buches reflexartig alle Urteile und Vorurteile hervor, die mit diesem Staat verbunden werden, der die deutsche Geschichte der vergangenen dreihundert Jahre wie kein anderer geprägt hat? Auf der Rückseite des Buches stülpt sich die Schauspielerin Katharina Thalbach dann auch noch eben diese Pickelhaube respektlos über den Kopf. Eine doppelte Provokation also, wenn ausgerechnet eine Frau durch die preußische Geschichte führt, die in der allgemeinen Geschichtsschreibung doch so von Männern geprägt wurde? »Männer machen Geschichte!« postulierte der Preußen-Historiker Heinrich von Treitschke mit Blick auf den Großen Kurfürsten, auf Friedrich den Großen, Bismarck und Wilhelm I.

Preußen braucht Distanz, braucht Kritik und Zuneigung. Was für die einen die Pickelhaube, ist für die anderen Sanssouci, ist das Prinzip des vernunftorientierten Rechtsstaates, ist aufgeklärter Absolutismus, Religionsfreiheit und pflichtbewußtes Handeln von Reformern. Übrigens kam die Pickelhaube erst so richtig in Mode, als das Königreich Preußen bereits im Deutschen Kaiserreich aufgegangen war.

Das Bild Preußens hat sich im Laufe der letzten Jahrzehnte immer wieder gewandelt. Deshalb bleibt auch bei diesem Versuch der historischen Aufarbeitung, ein Jahrzehnt nach der Wiedervereinigung und dem Ende des kalten Krieges, die skeptische Feststellung Theodor Fontanes durchaus erwähnenswert: »Mit der historischen Aufhellung – die ohnehin höchst mißlich ist und oft noch mehr vorbeischießt als die Dichtung – ist dem Bedürfnis des Volkes nicht immer am meisten gedient.« Es wird kein endgültiges Preußenbild geben, denn Geschichte ist im Gegensatz zur landläufigen Meinung eben nichts Abgeschlossenes, sondern korrespondiert mit der Gegenwart und den Visionen für die Zukunft.

Anfang der achtziger Jahre begann eine Art Wettlauf um das lange Jahre tabuisierte Preußen. In West-Berlin wurde eine große Preußen-Ausstellung eröffnet, und die DDR entdeckte plötzlich ein anderes, besseres Preußen. Das Reiterstandbild Friedrichs des Großen kehrte restauriert auf seinen Platz »Unter den Linden« zurück.

Dem Westen, der »Bonner Republik«, war »der andere deutsche Staat« ohnehin immer als der preußischere erschienen. Mit der deutschen Einheit, mit dem Wiedererstehen des Landes Brandenburg, mit dem Umzug des Berliner Abgeordnetenhauses vom Schöneberger Rathaus in den Preußischen Landtag, mit der Verlegung des Parlaments- und Regierungssitzes der Bundesrepublik Deutschland nach Berlin ist die preußische Geschichte nicht nur greifbarer, sondern auch unvermeidbarer geworden.

In der neuen alten Hauptstadt, in der so viele Gebäude und fast ebenso viele Baulücken historisch bedeutend sind, ist Preußen unabweisbar gegenwärtig. Das gilt auch für die neuen Bundesländer, wo die Vergangenheit im alltäglichen Leben nicht zu verdrängen ist, wenn es um Rückübertragungen, die Folgen der Bodenreform oder den Erhalt und Wiederaufbau von Herrenhäusern und Schlössern geht. Es ist also erneut Zeit, sich mit diesem Thema zu befassen – nicht nur weil ein Jubiläum begangen werden kann. Das fällt leichter, weil Preußen als Mythos und Trauma inzwischen selbst Geschichte geworden ist. Der untergegangene Staat ist in der Rückschau auf ein verträgliches Maß geschrumpft. Ein »Preußen ohne Legende« (Sebastian Haffner) wird greifbarer.

Um dem Thema in einer dem Medium entsprechenden populäreren Aufbereitung ein wenig die Schwere zu nehmen, führt Katharina Thalbach, die schon im Theater den Hauptmann von Köpenick spielte, mit Distanz und Mutterwitz durch die sechsteilige Reihe der ARD, eine Gemeinschaftsproduktion von ORB, SFB und WDR. Daneben gibt es – ganz zeitgemäß – dieses Buch, eine CD-ROM und im Internet www.preussen-chronik.de zum Vertiefen und Mitdiskutieren.

Daß Preußen in den deutschen Landen schon immer ein Reizthema war, beschreibt Gerd Heinrich in seiner »Geschichte Preußens« am Beispiel eines historischen Streits zwischen Theodor Storm und Theodor Fontane über Militär und Kultur. Fontane berichtet von einem Gespräch, das er mit Storm über das »Inferiore preußische Wesen« geführt habe. Den Anwürfen des Dichterkollegen sei er mit Zustimmung und Ungeduld gefolgt: »Mit Zustimmung, weil ich das, was man Preußen vorwirft, oft so gerechtfertigt finde, daß ich die Vorwürfe womöglich noch überbieten möchte; mit Ungeduld, weil sich in dieser ewigen Verkleinerung Preußens eine ganz unerträgliche Anmaßung und Überheblichkeit ausspricht, also genau das, was man uns vorwirft. In Selbstgerechtigkeit sind die deutschen Volksschaften untereinander gleichartig und ebenbürtig.«

Hansjürgen Rosenbauer

LEW HOHMANN

Ein schweres Erbe

Das erste Bild des jungen brandenburgischen Kurfürsten nach seinem Amtsantritt entsteht 1642 im preußischen Königsberg. Im Hintergrund sieht man das kurfürstliche Schloß, Wachen mit Hellebarden und Steinschloßflinten. Friedrich Wilhelm macht einen ernsten, bedrückten Eindruck, neben ihm auf einem Tisch liegen die Insignien der Macht, Kurfürstenhut und Zepter.

Als der Kurprinz am 6. Februar 1620 in Berlin-Cölln geboren wird, tobt bereits der Dreißigjährige Krieg. 1627, der Knabe ist sieben Jahre alt, zieht die Mutter mit ihm nach Küstrin an der Oder. Hier ist man sicherer. Mit vierzehn schickt man den Kurprinzen in die Niederlande, dem damals fortschrittlichsten Land Europas, der führenden See-, Handels- und Kolonialmacht. Friedrich Wilhelm studiert dort Staats-, Rechts- und Kriegswissenschaften, die Kultur der Antike und Philosophie. Als er 1638 in die Heimat zurückkehrt, beherrscht er Niederländisch, Polnisch, Französisch und Latein und Deutsch. Er hat einen Begriff davon, wie ein modernes Staatswesen funktioniert, wie gedeihlich Handel, Gewerbe und eine starke Flotte für einen Staat sein können. Und er ist im kalvinistischen Glauben erzogen, der den zukünftigen Kurfürsten darin bestärkt, sich als Werkzeug Gottes zu sehen und durch zielstrebiges effektives Handeln Gott zu ehren.

Am 21. November 1640 tritt der Kurprinz die Nachfolge seines Vaters Georg Wilhelm an. Damit übernimmt er ein schweres Erbe: »Pommern ist dahin, Jülich ist dahin, Preußen haben wir wie einen Aal beim Schwanz, und die Marke wollen wir auch vermarketendieren«[1], faßt ein Zeitgenosse die Situation resigniert zusammen.

Die Liste der zu lösenden Probleme ist endlos, und alle scheinen unaufschiebbar. Markgraf Ernst, ein Verwandter des Kurfürsten, berichtet vom schwierigen Anfang des Prinzen: Er hat »das ganze land aber in einem so erbärmlichen und armen zustand gefunden, dass mit den unschuldigen leuten überall ein größeres mitleiden zu tragen, als davon viel zu schreiben stehet ... dass die karre so tief ... in den koth geschoben, dass sie ohne besonderen Beistand des Allerhöchsten nicht leichtlich wird herausgeschleppt werden können.«[2]

Der Krieg geht ins zweiundzwanzigste Jahr und hat Land und Leute ruiniert. Die Hälfte der Bevölkerung ist umgekommen oder geflohen, Ödnis und Zerstörung überall. Eine jämmerlich kleine Armee kann das weit auseinandergezogene Land nicht ausreichend schützen. Der katholische Statthalter von Brandenburg, Schwarzenberg, hat die Macht an sich gerissen, die Kurmark zum Bündnispartner der katholischen kaiserlichen Partei gemacht und damit die überwiegend protestantischen Stände gegen sich aufgebracht. Mit dem Geld, das er von ihnen erpreßt, werden jene Soldaten bezahlt, die gegen die schwedischen Glaubensbrüder der Protestanten zu Felde ziehen. Und schließlich ist der Staat noch auf andere Weise gefährdet. Friedrich Wilhelm, noch nicht verheiratet, hat

Porträt des zweiundzwanzigjährigen Kurfürsten Friedrich Wilhelm (1620-1688) von Mathias Czwiczek. Im Hintergrund das Königsberger Schloß. Der Kurfürst hält sich bis 1643 hier auf, da seine Berliner Residenz schwer zerstört ist und in Brandenburg immer noch der Dreißigjährige Krieg tobt.

Adam von Schwartzenberg.
Kupferstich von P. Rollos nach dem Gemälde von M. Cwiczek.

keinen männlichen Nachkommen. Sein früher Tod könnte also die Erbfolge zum Erlöschen bringen.

Es ist beeindruckend, wie der junge Kurfürst geradezu systematisch die Probleme seiner Länder abarbeitet. Erster Schritt: Bestätigung der Belehnung mit dem Herzogtum Preußen durch den Lehnsherrn, den polnischen König Władysław IV., einen Katholiken. Daß die Königin dabei den Versuch macht, eine Heirat mit ihrer Tochter Anna Katharina anzubahnen, übersieht Friedrich Wilhelm höflich. Als er am 31. Oktober 1641 von Warschau kommend in Königsberg eintrifft, bereiten die Bürger ihrem Herzog einen prächtigen Empfang. Ein eigens dafür komponierter achtstimmiger Chorgesang wird von Nymphen und Faunen auf dem Kirchplatz dargeboten. Königsberg, weitgehend vom Krieg verschont, ist zu diesem Zeitpunkt viermal so groß wie Berlin und hat 40.000 Einwohner. Zweiter Schritt: Abwenden der unmittelbaren schwedischen Bedrohung durch Waffenstillstandsverhandlungen. Dritter Schritt: Reduzierung der Armee, um die Kassen zu entlasten, aber auch um sich der Soldaten und Offiziere zu entledigen, die ihren Eid auf den Kaiser geschworen haben. So reduziert der Kurfürst die Zahl der Soldaten von 4650 auf 2700. Das Problem Schwarzenberg erledigt sich auf natürliche Weise. Er stirbt 1641. Beides bringt eine Atempause und die Chance für einen Neubeginn.

Vierter Schritt: Geldbeschaffung, Stabilisierung der Steuerleistungen durch die Stände, Beilegung von Konflikten in Kleve und Königsberg. Fünfter Schritt: Schaffung eines stehenden Heeres, das ausschließlich dem Kurfürsten verpflichtet ist. Parallel dazu die Suche nach einer passenden Gemahlin, der sechste Schritt.

Friedrich Wilhelm wirbt um Christine und heiratet Luise Henriette

Der Plan, Christine, die Tochter des schwedischen Königs Gustav Adolf und seiner Frau Marie Eleonore, einer Tante von Friedrich Wilhelm, mit dem brandenburgischen Kurfürsten zu verheiraten, stammt noch vom legendären, 1632 verstorbenen Schwedenkönig

Christine von Schweden (1626–1689) lehnt Friedrich Wilhelms Heiratsantrag ab. Sie verzichtet 1654 auf die schwedische Krone und geht in ein Kloster bei Rom.

selbst. Für Friedrich Wilhelm ist es eine erstrebenswerte Liaison. Durch eine Heirat mit Christine würde sich die politische Lage schlagartig entspannen. Der Streit um Pommern zwischen dem Brandenburger und den Schweden wäre beigelegt, Brandenburg hätte Zugang zur Ostsee und könnte zu einer Seemacht aufsteigen. Schließlich könnte Friedrich Wilhelm noch König von Schweden und Herrscher über ein mächtiges Ostseereich werden. 1642 schickt der Kurfürst seine Werber – die Aktivitäten müssen natürlich vor dem katholischen Königshaus Polens streng geheimgehalten werden – nach Stockholm. Der schwedische Hof taktiert. »Nachdem die Königin Christina in das sechzehnte Jahr ihres Alters getreten/fanden die Reichs-Vormünder für gut/dieselbe in den geheimen Raht mitzuziehen/damit Sie der Rathschläge und des Sitzens gewohnen … Man hatte Ihr erlaubet/eine Reyse im Königreich herum zuthun/um Land und Leute kennen zu lernen. Wie wohl etliche Verständige dafür hielten/es sey darum geschehen/ weil eben die Chur-Brandenburgische Gesandten zu Stockholm waren/daß sie die Königin nicht zu sprechen kriegen sollten/weil mehrenteils Grossen die Chur-Brandenburgische Heyrath nicht anstund/wie bald gesagt werden soll«[3], berichtet Merian.

Der Plan scheitert an Christines Unlust, überhaupt zu heiraten, und am eigennützigen Denken einflußreicher schwedischer Politiker. Auch daß der Kurfürst Christines Mutter in Brandenburg einen Witwensitz übereignet, vermag die Angelegenheit nicht günstig zu beeinflussen. 1645, der Kurfürst hält sich schon in Königsberg bereit, um eine Reise nach Stockholm zur Königin anzutreten, die er noch nie gesehen hat, kommt das Aus. Christine und ihre Berater lehnen Friedrich Wilhelms Antrag ab. Ein gewisser Trost für den Abgewiesenen mag sein, daß Christine ihr Leben lang ledig bleibt. Sie verzichtet 1654 auf die schwedische Krone, tritt zum Katholizismus über und geht nach Rom.

Friedrich Wilhelm hat fünf wertvolle Jahre verloren. Er wendet sich nun den Niederlanden zu. Die nächste Braut seiner Wahl ist Luise Henriette, die Tochter seines Großonkels. 1646 ist die Sache perfekt. Friedrich Wilhelm, wie immer in Geldnöten, leiht sich vom Berlin-Cöllner Magistrat etliche 10.000 Taler und reist nach Den Haag, wo er am 23. November mit dreißig Karossen eintrifft. Am 7. Dezember, dem neunzehnten Geburtstag der Braut, findet die prächtige Hochzeit statt. Luises Vater, Friedrich Heinrich, gibt seiner Tochter 120.000 Reichstaler und eine fürstliche Menge Schmuck und Juwelen als Mitgift. Bis 1650 residiert das junge Paar in der Schwanenburg in Kleve, wo 1648 endlich ein Thronfolger, Wilhelm Heinrich, geboren wird. Leider stirbt der Kurprinz bereits ein Jahr später. Von den vier weiteren Söhnen und einer Tochter, die Luise Henriette dem Kurfürsten bis zu ihrem frühen Tod (1667) schenkt, überlebt nur Friedrich, der zukünftige König in Preußen.

Die oranische Erziehung des Kurfürsten und die holländische Heirat werden einen vorteilhaften Einfluß auf die Entwicklung Brandenburg-Preußens haben. Manche Historiker sprechen von einer »Verholländerung« Brandenburg-Preußens und meinen damit in erster Linie die Modernisierung des Staates und den Neuaufbau des Landes. Ein erstes Beispiel dafür ist Schloß Bötzow, das der Kurfürst seiner Gemahlin 1650 schenkt und das bald darauf Oranienburg heißt. Hier beginnen holländische Siedler, durch finanzielle Zuschüsse und Steuervergünstigungen ins Land geholt, mit der Trockenlegung von Sümpfen, dem Anbau von Gemüse und Obst und moderner Viehzucht. Auch die späteren Kanalbauten und der Aufbau einer brandenburgischen Flotte sind ohne holländische Spezialisten nicht denkbar. Politisch bleiben die Generalstaaten distanziert.

Die Merian-Chronik aus dem Jahr 1660 berichtet vom Scheitern der kurfürstlichen Pläne, Christine von Schweden zu heiraten.

links: Verherrlichung der Kurfürstenwitwe Elisabeth Charlotte von Brandenburg. Die Allegorie auf die Königin von Saba zeigt den Kurfürsten und seine Gemahlin und ihrer beider Verwandtschaft. Vorn rechts sitzt die Mutter des Kurfürsten auf einem Thron. Rechts hinter Luise Henriette ist ihre Familie zu sehen. Ganz rechts hinten ihre holländischen Vorfahren mit den Schätzen aus ihren Kolonien. In dem linken hinteren Raum sieht man die kurfürstlichen Vorfahren von Friedrich Wilhelm, der die Mitte des Bildes von Mathias Czwiczek dominiert.

oben: Die Trauung des Großen Kurfürsten mit Luise Henriette (1627–1667) von Oranien findet am 7. Dezember 1646 im Großen Saal des Oude Hof in Den Haag statt. In der Mitte des Bildes von Ian Mijtens rechts der Brautvater Friedrich Heinrich, rechts neben ihm Luise, hinter den Brautjungfern die Familienmitglieder und die Angehörigen des statthalterlichen Hofes. In der Mitte links vorn der Bräutigam, hinter ihm die Vertreter der Generalstaaten.

Preußen wird souverän

»Wan man betrachtet Wie meine landen gelegen, auf einer seitten ist die Chrohn Schwe-den auff der anderen der Kayser; und sitze gleichsahm mitten zwissen Ihnen innen, undt erwarthe, was Sie mitt mir anfangen oder thun Wollen, ob sie mir das meinige lassen, oder nehmen Wollen…«[4], schätzt der Kurfürst 1647 seine Lage realistisch ein.

Die Situation hat politische Konsequenzen. Friedrich Wilhelm muß immer wieder neue Bündnisse eingehen, was ihm den Beinamen »Fürst mit dem Wechselfieber« einbringt. Einem Abkommen mit Schweden folgt ein Bündnis mit dessen Gegnern Polen, Däne-mark, Rußland und Österreich, schließlich mit Frankreich und dann mit dessen Gegnern, den Niederlanden, Spanien und Österreich und wieder Dänemark. Nach neuerlichen Ver-trägen mit Frankreich, den Niederlanden und Österreich finden wir den Kurfürsten am Ende seiner Regierungszeit wieder an der Seite Schwedens gegen Frankreich.

Der eigentliche Erfolg dieses mit einer Reihe von kostspieligen Kriegen verbundenen Wechselspiels ist weniger der Gewinn Hinterpommerns und einiger kleinerer Gebiete, sondern das Überleben des Staatsgebildes überhaupt und seine Akzeptanz innerhalb des europäischen Machtgefüges.

Der Westfälische Friede im Jahr 1648 birgt für den Kurfürsten eine bittere Enttäu-schung. Der Erbanspruch auf Pommern kann nicht durchgesetzt werden, Vorpommern, Rügen, die Odermündung und Stettin bleiben schwedisch. Vor allem der Verlust des Hafens bedeutet für den Kurfürsten, sich für lange Zeit vom Traum einer brandenburgi-schen Flotte zu verabschieden. Der Gebietszuwachs durch Hinterpommern und einige Bistümer ist nur ein geringer Trost.

Als die Schweden 1655 Polen angreifen, gerät Ostpreußen unter schwedische Lehns-hoheit. Durch geschickte Bündnispolitik gelingt es Friedrich Wilhelm ein Jahr später im Vertrag von Labiau, die Schweden zum Verzicht auf Preußen zu bewegen. Endgültige Bestätigung erfährt dieser Status nach erneutem Bündniswechsel im Vertrag von Oliva bei Danzig am 3. Mai 1660. Damit ist Preußen ein souveränes Herzogtum, Voraus-setzung für die Erhebung zum Königreich durch Friedrich I. einundvierzig Jahre später.

Fundament der kurfürstlichen Außenpolitik ist ein stehendes Heer nach holländischem Vorbild, Voraussetzung für seinen Aufbau ist eine stabile Finanzierung. Einiges Geld stammt aus Subsidien der verschiedenen Bündnispartner, das meiste aber muß über Steuern erbracht werden. Dafür von den Ständen die Zustimmung auf den verschiedenen Landtagen zu erhalten erweist sich für den Kurfürsten als äußerst schwierig. Zu der Tatsache, daß sich die Stände nach dem verheerenden Krieg nicht in der Lage sehen, noch Geld aufzubringen, gesellt sich die separatistische Haltung der vier Ständeversammlungen in Preußen, der Kurmark, in Pommern und Kleve. »Wie nun Pommern, Preußen und die Clevischen Lande wenn wegen der Chur Brandenburg ein Grenzstreit vorfiele, schwerlich uns zu Hülfe kommen oder unserthalben etwas auf sich nehmen würden, also wird man auch die Märkischen Lande mit der Ausländischen Provincien Streitigkeit nicht wol vermengen, oder ihrenthalben härter als sonst belegen können«[5], schreiben die Kurmärker an den Kurfürsten. Pommern, Preußen, Kleve betrachten sie als Ausland. Diesem Denken entgegenzuwirken und dem Staat eine zentrale und einheitliche Verwaltung zu geben ist neben dem Wiederaufbau des Landes die wohl wichtigste innenpolitische Arbeit, die der Kurfürst zu leisten hat.

Im traditionellen Stammland Brandenburg gelingt das ohne größere Probleme. 530.000 Taler, verteilt auf fünf Jahre, bewilligen die Stände auf dem Landtag von 1653. Er geht in die Annalen als Landtagsabschied ein, denn es wird für lange Zeit der letzte sein. Der Adel bekommt dafür Privilegien bestätigt, die zu Lasten der Städte, aber vor allem zu Lasten der Bauern gehen. Unerträgliche Frondienste, eine Verschärfung der Leibeigenschaft und das Ausplündern und anschließende Aufkaufen von Bauernhöfen sind die Folge. Bereits vorher hatte die Quotationsregelung festgelegt, daß 41 Prozent der Steuern vom Landadel und 59 Prozent von den Städten aufgebracht werden müssen.

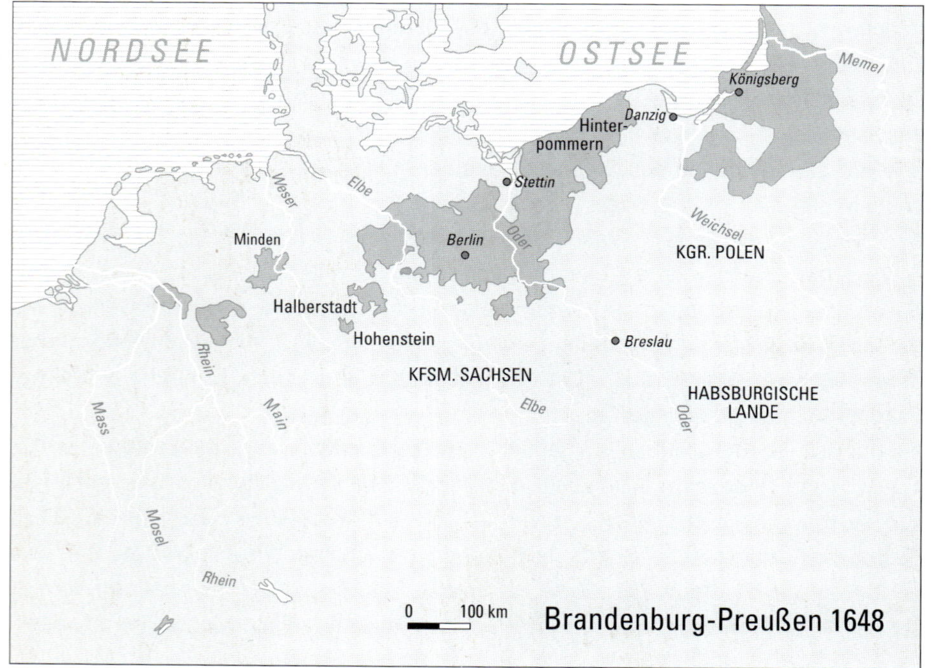

Erwerbungen 1648: Fürstentümer Minden und Halberstadt, Grafschaft Hohenstein, Herzogtum Hinterpommern und der östliche Teil des Fürstentums Cammin.

Der lange Saal auf der Schwanenburg zu Kleve. In der Bildmitte der
Kurfürst, hinter ihm die Kurfürstin
mit dem Statthalter Fürst Johann
Moritz von Nassau-Siegen.

Huldigung im Schloßhof zu
Königsberg in Preußen am
18. Oktober 1663.

Starke Widerstände gibt es in Kleve und in Preußen. Erst 1649 gelingt es Friedrich Wilhelm die Kleveschen Stände zur Erbhuldigung zu bewegen, und fünf weitere Jahre dauert es, bis die Stände in Kleve unter militärischem Druck und gegen die Überlassung weitreichender Privilegien Mittel für das Militär bewilligen. Auch hier führt das Modell »Landtagsabschied« zu einer planbaren Finanzpolitik.

Als dramatisch erweist sich die Unterwerfung von Preußen. Sie zieht sich bis 1662 hin. Mit Hilfe des Militärs treibt der Kurfürst zwischen 1655 und 1661 von Preußen, weit über die vereinbarten Summen hinaus, sieben Millionen Taler Steuern ein. Die Königsberger Kaufleute fürchten um ihre Zoll- und Handelsprivilegien; der Schöffenmeister Hieronymus Roth fordert deshalb ein Einschreiten des polnischen Königs und dessen Unterstützung im Widerstand Preußens gegen Friedrich Wilhelm. Der Kurfürst reagiert rigoros. Er läßt die Kanonen der Festung Friedrichsburg auf Königsberg richten und landet am 18. Oktober 1662 mit 2000 Soldaten seiner Leibgarde in Pillau. Roth wird verhaftet und mit lebenslanger Festungshaft bestraft. Nach zähen Verhandlungen bestätigt der Kurfürst den Königsberger Bürgern einen Teil ihrer Privilegien und erreicht endlich am 17./18. Oktober 1663 die feierliche Huldigung. Erst jetzt ist der Ausbau einer zentralen Verwaltung in allen Landesteilen unter absolutistischer Herrschaft möglich.

Aufbau und Ausbau des Staates und der Armee

Hauptziele des Kurfürsten sind die Angliederung der weit auseinanderliegenden Landesteile an das brandenburgische Kernland und die Vereinheitlichung und Zentralisierung der Verwaltung. 1660 wird eine erste zentrale Behörde, das Generalkriegskommissariat, gegründet. Dies geschieht im Zusammenhang mit dem Versuch, die Akzise, eine Warenverbrauchssteuer, einzuführen. Sie soll stabilere Steuereinnahmen und auch eine gerechtere Verteilung der Lasten bringen. Dem Generalkriegskommissariat obliegt das Eintreiben der Steuern und die Finanzierung sowie Ausrüstung des Heeres. Zugeordnet sind Provinzialkommissariate in den einzelnen Landesteilen. 1674 entsteht die Generalkriegskasse, die alle Einnahmen, ausländische Subsidien und einheimische Steuern verwaltet. Diese Verwaltungsstruktur gibt dem späteren brandenburgisch-preußischen Beamtenstaat das militärische Gepräge.

Kurbrandenburgische Artilleristen um 1609.

Trabantengarde, 1. Kompanie, Kurbrandenburg um 1690.

Die Akzise setzt sich zunächst nur bedingt durch, das Steueraufkommen bleibt lange labil, je nach Kriegslage ist der Kurfürst immer wieder gezwungen, die Truppenstärke zu reduzieren, die zwischen 3550 (1660), 8200 (1667) und 45.000 (1678) schwankt, um sich 1688 auf einen festen Stamm von knapp 30.000 Mann einzupegeln. »Allianzen sind zwahr gut, aber eigene Kraft noch besser«, gibt der Kurfürst an seinen Nachfolger weiter. »Darauf kann man sich sicherer verlassen, und ist ein Herr in keiner Konsideration, wenn er selber nicht Mittel und Volk hat, den das hat mich, von der Zeit, daß ich's also gehalten, Gott sei gedankt, konsiderabel gemacht ...«[6] Das Heer sorgt dafür, daß Brandenburg-Preußen und der Kurfürst von seinen Nachbarn zunehmend ernst genommen wird. Ein Prestigegewinn, der jährlich 1,5 Millionen Taler kostet.

Die Akzise, eine Art Verbrauchssteuer, neben der herkömmlichen Kontributionssteuer die wichtigste Finanzquelle der Armee, wird erst am Ende der Regierungszeit des Großen Kurfürsten zu einer festen Einrichtung. Die »General-Steuer-und-Konsumptions-Ordnung« schreibt 1684 die Verbrauchssteuer für die Städte endgültig fest. Das Verfahren ist äußerst umständlich. Vor den Stadttoren stauen sich die Karren und Wagen mit den Waren, da das Kontrollieren der Ladung und das Ausfüllen der Akzisescheine lange Zeit beansprucht. Die Beamten an den »Accise-Dersertations-Communicationen« unterstehen direkt der kurfürstlichen Verwaltung. Natürlich gedeihen Korruption und Bereicherung, dennoch erhöhen sich die Einnahmen. So gelingt es, die Steuerabhängigkeit von der Billigung durch die Stände zu lösen und auch die Steuerhoheit der Städte aufzuheben. Die Basisfinanzierung des absolutistischen Staates hat an Stabilität und Autarkie gewonnen.

Eine wichtige Rolle für die Verwaltung des Staates, der in seiner längsten Ausdehnung fast 1000 Kilometer mißt, spielt das Postwesen. Mit Hilfe des Postmeisters Martin Neumann wird es von Königsberg aus neu organisiert. Mit Edikt vom 14. April 1649 wird ein Postkurs eingerichtet, der von Kleve über Berlin, Danzig, die Frische Nehrung, Pillau, die Kurische Nehrung bis nach Memel führt, die sogenannte Reit- oder Dragonerpost. Bereits ein Jahr später verkehrt zweimal wöchentlich eine Post von Berlin nach Königsberg und nach Kleve. Die Post von Berlin nach Hamburg, 1656 eingerichtet, benötigt für die Strecke 42 Stunden. Ab 1670 existiert eine Fahrpost, die nun neben Waren auch Personen befördert. Die Chur-Fürstliche-Brandenburgische-Post hat Verbindung nach Wien, Venedig, Rom, Prag, Nürnberg, Amsterdam und Moskau. Alle zwanzig bis fünfzig Kilometer sind Relaisstationen eingerichtet, in denen Pferde und Fuhrpersonal gewechselt werden. Die Fahrzeit Berlin – Königsberg beträgt sieben Tage. 1688 erwirtschaftet die Post bereits 39.000 Taler Gewinn. Eine Art Begleitprodukt der Post ist die »Berliner Zeitung«, die seit 1617 existiert und zunächst vom Botenmeister und ab 1655 vom Drucker Runge herausgegeben wird. Sie ist gewissermaßen ein Postprodukt – abhängig von den Nachrichten, die die Post mitbringt, und auch angewiesen auf die Verteilung durch die Post.

Der Oder-Spree-Kanal, 1669 fertiggestellt, schafft eine durchgehende Verbindung auf dem Wasserweg von der Oder über die Spree und Berlin, sodann über die Elbe bis Hamburg; er erweist sich als eine gute Einnahmequelle und ein Konkurrenzunternehmen für die Hafenstädte Frankfurt und Stettin. In Berlin läßt der Kurfürst die Allee »Unter den Linden« anlegen, der Bau der Dorotheenstadt wird begonnen, in Köpenick entsteht ein Schloß für den Kronprinzen, und in Potsdam läßt der Regent ein neues Stadtschloß errichten, in dem er sich ab 1670 vorzugsweise aufhält.

Postzettel aus dem Jahr 1670. Die Reise von Berlin nach Königsberg dauert etwa sieben Tage.

Nach der Gründung der Universität Duisburg im Jahr 1655, deren Bedeutung kaum über die Region hinausgeht, entwickelt der Kurfürst 1667 die Idee, in Tangermünde eine Universaluniversität zu gründen. Ein wahrhaft visionäres Projekt, das den universellen Ansatz seiner Toleranzpolitik zeigt. In dieser ›Gelehrtenrepublik‹ sollen alle religiös Verfolgten die Möglichkeit haben, unbehelligt der Lehre und Forschung nachzugehen. Nicht nur Protestanten und Katholiken sind eingeladen, auch Juden, Araber und »Ungläubige« sollen hier frei studieren können. Die Resonanz allerdings bleibt gering, und so wird das Projekt bald fallengelassen. – Der Kurfürst war seiner Zeit offenbar voraus.

Lutheraner gegen Reformierte

Einen Vorgeschmack auf die nüchterne Wirklichkeit von Religionskonflikten erhält der Kurfürst gelegentlich der Beerdigung seines Vaters. Der Leichnam des 1640 verstorbenen Georg Wilhelm war zunächst einbalsamiert worden und sollte im Frühjahr 1642 feierlich in Königsberg beerdigt werden. Hintergrund des Streits, der sich jetzt auftut, ist der Umstand, daß die kurfürstliche Familie, wenige dem Hof nahestehende Personen und einige kleine Gemeinden dem reformierten, kalvinistischen Glauben angehören, während die überwältigende Mehrheit der brandenburgisch-preußischen Bevölkerung Lutheraner sind. Die Leichenpredigt soll vom reformierten Hofprediger Bergius gehalten werden. Das jedoch lehnt die lutherische Königsberger Geistlichkeit empört ab, sie verweigert dem »Seelengift« ihre lutherische Kanzel des »reinen Glaubens«. Schließlich einigt man sich auf einen Kompromiß: Bergius darf stehend neben dem Sarg predigen. Der Konflikt zwischen Lutheranern und Kalvinisten ist damit allerdings kaum behoben, er wird den Kurfürsten während seiner ganzen Amtszeit beschäftigen. Die in den Landesprivilegien festgeschriebene Glaubensfreiheit ist bestenfalls im ursprünglichen

Sinne des Begriffs Toleranz, nämlich als Duldung, zu verstehen. Während die Kalvinisten auf Ausgleich bedacht sind, Gemeinsamkeiten betonen und Unterschiede zwischen den Konfessionen relativieren, beschwören die orthodoxen Lutheraner immer wieder dramatische Religionskonflikte herauf. Deren Beilegung wird für das Kurfürstentum zur Existenzfrage, denn das Land kann nur mit ausländischen Fachkräften, häufig Kalvinisten, modernisiert und organisiert werden. Auch bei der Steuerbewilligung durch die Stände spielt die Zusicherung der Glaubensfreiheit eine Rolle. Das aber entspricht nicht den Vorstellungen der lutherischen Geistlichkeit, die die Kalvinisten für Ketzer hält. Trotz wiederholter Religionsgepräche, Kompromißangebote und repressiver Maßnahmen gelingt es dem Kurfürsten nicht, die verordnete Toleranz durchzusetzen. Schließlich reißt ihm der Geduldsfaden, und er droht 1665: »Ich will sie jagen, dass ihnen die Schuhe abfallen und erweisen, dass ich Herr des Landes sei.«[7]

Ultimativ werden die lutherischen Geistlichen aufgefordert, eine Verpflichtung zur konfessionellen Friedenspolitik zu unterschreiben. Intoleranz gegen Intoleranz. Pfarrer, die

links: Nach der Zuspitzung des Religionskonflikts zwischen Lutheranern und Reformierten verläßt der berühmte Schöpfer evangelischer Kirchenlieder Paul Gerhardt (1607–1676) im Jahr 1669 Berlin und geht ins kursächsische Lübben.

rechts: Der Königsberger Theologe Abraham Calovius (1612–1686) gehört zu den wichtigen Vertretern der lutherischen Hochorthodoxie. Er ist einer der eifrigsten Gegner der Annäherung von Lutheranern und Kalvinisten.

sich weigern, werden des Amtes enthoben. Der Widerstand der lutherischen Geistlichkeit ist gebrochen, aber der Friede nicht hergestellt. Dennoch kann der Kurfürst 1685 den Hugenotten im Potsdamer Edikt versprechen: »In einer jeden Stadt wollen wir gedachten unsern französischen Glaubensgenossen einen besonderen Prediger zu halten, auch einen bequemen Ort anweisen zu lassen, wo selbst das Exercitium Religionis Reformatae in französischer Sprache und der Gottesdienst mit eben den Gebräuchen und Zeremonien gehalten werden soll, wie es bis anhero bei den evangelisch reformierten Kirchen in Frankreich gebräuchlich gewesen.«[8]

Kaum Toleranz erfahren die wenigen Katholiken im Osten und Westen des Staates und die Juden. Das Verbot für Juden, sich in Brandenburg niederzulassen, wird erstmals mit dem Edikt vom 21. Mai 1671 aufgehoben. Reiche Wiener Juden mit einem Mindestvermögen von 10.000 Talern sollen angeworben werden, damit sie Reichtum ins Land bringen. Der Kurfürst verspricht sich zu Recht eine Belebung des Handels und der damit verbundenen Zoll- und Akziseeinnahmen. Gegen Zahlung von beträchtlichen Schutzgeldern werden den Juden bescheidene Privilegien eingeräumt. Gegen Zahlung von 8000 Talern können sie sich auch von der Pflicht befreien, zum Zeichen ihrer Herkunft den gelben Fleck oder den roten Hut tragen zu müssen. Toleranz als Handelsobjekt.

Viele Jahre seiner Herrschaft verbringt der Kurfürst im Feldlager, auf Märschen, bei Schlachten, die er selbst anführt. Die Gründe für die zahlreichen Kriege, in die Brandenburg-Preußen verwickelt ist, sind die wechselnden Bündnisse, die immer wieder zur militärischen Unterstützung verpflichten, oder auch Einfälle feindlicher Heere in sein Herrschaftsgebiet. Vor allem die Schweden erweisen sich als besonders ausdauernde Gegner. Im Jahr 1675 finden wir den Kurfürsten wieder einmal an der Seite des Kaisers, der Niederlande und Spaniens im Kampf gegen Frankreich. Seine Truppen liegen weit im Südwesten im Pfälzischen, als er sich entschließt, die in die Kurmark eingefallenen Schweden zu verjagen. Mit Eilmärschen von dreißig Kilometern am Tag und mehr erreichen die Brandenburger heimatliches Gebiet und erobern am 25. Juni Rathenow. Ein Teilnehmer des Treffens, der später durch Heinrich von Kleists Drama berühmt wird, der Landgraf Friedrich von Hessen-Homburg, schildert seiner Frau in einem Brief die Lage vor der Schlacht:

»Allerlibste Dicke
Diesen Morgen haben wir mit stürmender handt, den Basse Ratenau einbekommen, sie haben sich zwar vaillament gewehret, und wie sie sich am besten wehreten, kam der Adjudant Canolski mit 300 Knechten auff der seiten unversehens hinein, wangelin und seine libste seint gefangen, wie auch der Obristl. und Major, 2 Captaine und ettliche Lieutenents, und gefehr 100 gemeine, sie waren 600 mann, die übrichen sein alle nidergemacht worden, wir haben den ehrlichen obL. Úckermann und einen fendrich sambt 40 bis 50 gemeinen verlohren, es ist die schönste action von der welt, vor der gantzen feindtl. armada einen so considerablen ordt zu gewinnen, ob Gott will erfolgt balt ein meheres, hetten wir unsere infanterie bey uns, wollten wir den feindt gut schlagen, enfin Gott wirdt schont machen.
Adieu ich kann nicht mehr schreiben
sterb Dein trewer mann und Diener
Friedrich L. z. Hessen
Im Lager vor Ratenau,
den 15ten Juni 1675.«[9]

Am 28. Juni stehen die Brandenburger mit 5600 Reitern und 13 Kanonen in den Niederungen bei Hakenberg, in der Nähe von Fehrbellin, einer schwedischen Übermacht von 7000 Infanteristen, 4000 Reitern und 38 Kanonen gegenüber.
Der Kurfürst und sein Dragonergeneral Derfflinger erweisen sich als siegreiche Draufgänger. 4000 Tote müssen die Schweden zurücklassen, bei den Brandenburgern sind es 500. Tausende schwedische Soldaten flüchten oder desertieren. Der verbitterte schwedische König Karl XI. tobt: »Jeder Schwede, der dem Racheschwert des Kurfürsten durch Flucht entkommen ist, verdient den Strick.«[10]
Ein Nimbus ist zerstört. Die Schweden haben den Ruf, die besten Soldaten ihrer Zeit zu sein, verspielt. Ein neuer Nimbus ist entstanden. Die Nachricht von den Ruhmestaten der brandenburgisch-preußischen Armee und ihres Anführers verbreitet sich in Europa. Flugblätter preisen den grandiosen Sieg und seinen Helden, auf den man stolz sein kann. Bald wird Friedrich Wilhelm der Große Kurfürst genannt. Die Serie seiner

In der Schlacht bei Fehrbellin besiegen am 28. Juni 1675 brandenburgische Truppen die zahlenmäßig überlegenen Schweden. Der Sieg zerstört den Nimbus von der schwedischen Unbesiegbarkeit und begründet den Ruhm der brandenburgischen Armee und ihres Feldherrn, des Großen Kurfürsten, in der Mitte vorn auf dem Schimmel.

links: Brief des Landgrafen Friedrich
von Hessen-Homburg aus dem Feldlager bei Rathenow vom 15. Juni 1675
an seine Frau. Der Landgraf ist auch
Teilnehmer der Fehrbelliner Schlacht
und dient später Heinrich von Kleist
als Vorbild für sein Drama »Prinz Friedrich von Homburg«.

rechts: Generalfeldmarschall Georg
Freiherr von Derfflinger (1606–1695)
trägt mit seinen Dragonern wesentlich zum Sieg über die Schweden bei.
Dragoner sind auch für den Infante-
riekampf ausgerüstete Reiter.

Im Winter 1678 vertreibt der Große Kurfürst mit der spektakulären Überquerung des Kurischen Haffs die Schweden endgültig aus Brandenburg-Preußen.

Siege gegen die Schweden krönt der Kurfürst im Jahr 1678 mit einer spektakulären Aktion in Ostpreußen. Mit klingendem Spiel überqueren die kurfürstlichen Truppen auf zahllosen Schlitten das zugefrorene Kurische Haff, um den Schweden den Weg abzuschneiden. Die Schweden ziehen sich unter enormen Verlusten nach Riga zurück. Politisch bringt der Sieg nichts, denn der Kaiser hatte inzwischen mit Frankreich, dem Verbündeten der Schweden, Frieden geschlossen. Aber Brandenburg-Preußen ist aus dem Schatten seiner Bündnispartner herausgetreten und von nun an eine Größe, mit der man in Europa rechnen muß.

Die Refugiés

Am 8. November 1685 unterzeichnet Kurfürst Friedrich Wilhelm im Potsdamer Stadtschloß ein folgenreiches Dokument. Es trägt den Titel: »Chur-Brandenburgisches Edict, Betreffend Diejenige Rechte, Privilegia und andere Wolthaten, welche Se.Churf.Durchl. zu Brandenburg denen Evangelisch-Reformirten Frantzösischer Nation, so sich in Ihren Landen niederlassen werden daselbst zu verstatten gnädigst entschlossen seyn«. In die Geschichte wird es eingehen als Edikt von Potsdam, Ausgangspunkt einer segensreichen Einwanderungspolitik und Beleg eines toleranten Pragmatismus. Das Edikt richtet sich an die französischen Hugenotten. Sie sind, wie der Kurfürst, Anhänger des Reformators Johannes Calvin und werden als religiöse Minderheit im katholischen Frankreich verfolgt. Dort gilt das Prinzip »un roi – une loi – une foi« (ein König – ein Gesetz – ein Glaube). Im Oktober 1685 hat der französische König den Hugenotten die Ausübung ihres Glaubens verboten. Eine Auswanderungswelle setzt ein. Der Kurfürst verspricht sich von der Zuwanderung viele Vorteile. Seine durch den Dreißigjährigen Krieg entvölkerten Länder benötigen dringend neue Siedler. Ganze Landstriche liegen brach, viele Siedlungen sind verwüstet. Zudem verstärken die Zuwanderer die kalvinistische Minderheit, der er selbst angehört. Und schließlich braucht das Land Spezialisten mit westeuropäischem Niveau. So sind die Refugiés, wie sie in Berlin genannt werden, für Brandenburg-Preußen ein Segen. Der Kurfürst bietet den Hugenotten verlockende Privilegien: zunächst mietfreies Wohnen, dann schuldenfreie Grundstücke, kostenloses Baumaterial, Befreiung von allen Steuern und Verpflichtungen außer der Akzise, Anschubfinanzierungen für Handwerker und Kaufleute, eine partiell eigene Gerichtsbarkeit, freie Ausübung ihres Glaubens, Beibehaltung ihrer Sprache, rechtliche Gleichstellung mit den Einheimischen, besondere Kommissare als Ansprechpartner und staatlichen Schutz.
Von den 30.000 Hugenotten, die nach Deutschland kommen, gehen 20.000 nach Brandenburg-Preußen. In Magdeburg siedeln 1375, in Mannheim 1949, auch ins preußische Königsberg gehen 500, und in Berlin bleiben über 5000 Refugiés. Ihrem Einfluß ist es zum Teil zu verdanken, daß aus der Provinzstadt eine respektable absolutistische Residenz wird. Nach anfänglichen sozialen Problemen gelingt es den Zuwanderern, sich zu integrieren und später auch zu assimilieren. Gegen Ende des 18. Jahrhunderts heiraten bereits siebzig Prozent von ihnen Deutsche.
Unter den Refugiés sind hochqualifizierte Gärtner, Landwirte und Handwerker – Juweliere, Strumpfwirker, Schneider, Perückenmacher, Messerschmiede, Uhrmacher, Gobelinweber, Glasbläser, Spiegelhersteller, Confituriers, Pâtissiers, Destillateure, Hutmacher, Seidenweber, Buchbinder, Maler, Emailleure, Weißgerber, Seifenhersteller, Tapezierer, Pastetenbäcker, Caffetiers. Sie bringen allein dutzende neue Berufe in die

Chur-Brandenburgisches
EDICT,
Betreffend

Diejenige Rechte / Privilegia und andere Wolthaten / welche Se. Churf. Durchl. zu Brandenburg denen Evangelisch-Reformirten Frantzösischer Nation so sich in Ihren Landen niederlassen werden daselbst zu verstatten gnädigst entschlossen seyn.

Geben zu Potsstam / den 29. Octobr. 1685.

Kurmark. Auch Kaufleute, Ärzte, Chirurgen, Apotheker, Beamte und Richter sind unter den Einwanderern, hugenottische Bankiers und Kaufleute geben der kurmärkischen Wirtschaft beträchtliche Impulse. Auch die brandenburgische Armee erhält durch 600 französische Offiziere und 1000 Soldaten Verstärkung.

1695 unterschreibt Friedrich III. das Dekret für den Bau einer französischen Kirche, 1705 wird die Friedrichstadtkirche am Gendarmenmarkt eingeweiht. Einige Häuser, die auf hugenottisches Wirken zurückgehen, sind noch in Berlin-Mitte und in Französisch-Buchholz erhalten. Dort und auf dem französischen Friedhof in der Chausseestraße finden sich die Grabstätten hugenottischer Familien, die Berlin nachhaltig geprägt haben. Viele Hugenotten und ihre Nachkommen machen sich in der preußischen Geschichte einen Namen. Zu den bekanntesten gehören die Schriftsteller Friedrich de la Motte Fouqué, Willibald Alexis und Theodor Fontane, der Chemiker Achard, der Erfinder des Rübenzuckers, die Baumeister David und Friedrich Gilly, der Zeichner und Radierer Daniel Chodowiecki, die Mathematiker Leonhard Euler und Bernoulli, die sich als Schweizer Reformierte der französischen Gemeinde in Berlin angeschlossen hatten.

Die Berliner Schrippe, die Berliner Weiße, die Bouillon und die Boulette, die Konfitüre, das Püree und mocca faux, woraus die Berliner Muckefuck machen, gehen auf hugenottisches Handwerk zurück. Das Französisch, ohnehin Modesprache, gelangt durch die Refugiés auch in die Alltagssprache. Besonders im Berliner Dialekt finden sich viele Ele-

Die Allegorie an Luise Henriette entsteht anläßlich der Schenkung des Amtes Bötzow, das 1652 in Oranienburg umbenannt wird. In der Mitte des Gemäldes von Willem van Honthorst das kurfürstliche Paar, vorn rechts Freiherr Otto von Schwerin. In der linken Hand hält er das Motto der Kurfürstin: »Plus Outre« – über das Mögliche hinaus. Im Hintergrund das Schloß.

mente: Schislaweng, Bredullje, Kledasche, Stellage, etepetete, direktemang, blümerant, Kneipjee, Retourkutsche, Stippvisite, kujonieren, kuschen, Budike, Lamäng sind dafür Beispiele. Die Berliner, helle wie immer, gehen dazu über, bei den schwierigeren Wörtern gleich die Übersetzung mitzuliefern. Mit Avekplaisir-Vergnügen reden sie vom Contrairen-Gegenteil und der infamichten Jemeinheit von vis-à-vis-jejenüber. Ende des 18. Jahrhunderts steht im »Teutschen Merkur«: »Die Berliner radebrechen ständig französisch, pudern, parfümieren sich, putzen sich heraus, gebärden sich rücksichtslos und prallerisch.« Und auch Eckensteher Nante gibt gern mit seinen Sprachkenntnissen an: »Entschuldigen Se, wenn ick manchmal en bißken Französisch unter meine Reden jieße.«[11]

Die Flotte – eine koloniale »Chimäre«, der Sklavenhandel – eine barocke Episode

Friedrich Wilhelms Vision von der See- und Kolonialmacht Brandenburg entstand in den Niederlanden, die prächtige holländische Flotte und die üppigen Gewinne aus dem Überseehandel haben den Kurfürsten offenbar fasziniert. Immer wieder versucht er, seinen Traum zu realisieren. Bereits 1651 betreibt er den Kauf eines Stützpunktes in Ostindien. Da er jedoch niemanden findet, der sich an der Kaufsumme von 120.000 Talern beteiligt, muß er den Plan von der Gründung einer ostindischen Handelskompanie fallenlassen. Dennoch hält er an seinem Ziel fest: »Seefahrt und Handlung sind die fürnehmsten Säulen eines Estats, wodurch die Unterthanen beides zu Wasser, als auch durch die Manufakturen zu Lande ihre Nahrung und Unterhalt erlangen.«[12]
Die Anfänge der Brandenburgischen Flotte liegen im Jahr 1657. In Pillau an der Ostsee, dem einzigen preußischen Hafen, wird von Oberst von Hille eine kleine Flotte zusammengestellt, die Ende Mai zum erstenmal auf See die brandenburgische Flagge zeigt. Um gegen die Schweden operieren zu können, chartert der Kurfürst in den Niederlanden weitere Schiffe unter Führung des Reeders Benjamin Raule. Die Flotte soll vor den Mündungen von Ems und Weser kreuzen und schwedische Schiffe oder solche, die

für Schweden bestimmte Ladung befördern, kapern. 1680 segeln bereits 28 Schiffe unter der Flagge mit dem brandenburgischen Adler. Im gleichen Jahr werden auf der kurfürstlichen Werft in Pillau die ersten brandenburgischen Fregatten gebaut. Später kommen Werften in Havelberg und Berlin hinzu. Der Schiffbauerdamm in Berlin-Mitte erinnert daran. Bei der Eroberung von Rügen 1678 und der Belagerung von Stralsund 1678 und Stettin 1677 finden wir den Kurfürsten an der Spitze seiner Flotte, die bereits über 502 Geschütze verfügt. Vor Ostende kann die spanische Fregatte »Carolus Secundus« gekapert werden, wodurch der Kurfürst die Spanier zwingen will, ihre Subsidien zu zahlen. Fast 100.000 Taler ist die Ladung wert. Unter dem Namen »Markgraf von Brandenburg« wird die ehemalige »Carolus Secundus« zum Flaggschiff der brandenburgischen Marine. Das nächste Ziel ist Westafrika, jedoch kommen die Brandenburger dafür fast 200 Jahre zu spät. Bereits Ende des 15. Jahrhunderts begannen hier die Portugiesen mit der Errichtung von Stützpunkten. Inzwischen existieren dort außerdem holländische, britische, schwedische und dänische Niederlassungen, die nach militärischen Auseinandersetzungen auch immer wieder den Besitzer wechseln. Die Namen der Küsten erinnern an die Schätze, die sie dort erbeuten – Gold-, Elfenbein- und Sklavenküste.

Am 17. September 1680 stechen erstmals zwei brandenburgische Fregatten Richtung Westafrika in See. Zwei Fregatten – bedenkt man, daß die Holländer über eine Flotte von insgesamt 16.000 Schiffen verfügen, wird das Spleenige des Unternehmens recht deutlich. Der Kurfürst wünscht als Beweis für den Erfolg seiner Expedition umgehend die Übersendung einiger Affen, Papageien und eines halben Dutzends schöner Mohren zwischen 14 und 16 Jahren. Mohren an europäischen Fürstenhöfen sind gerade in Mode gekommen. Die Kapitäne können tatsächlich mit den Häuptlingen Verträge abschließen, und Anfang des Jahres 1683 beginnen unter Leitung des ostpreußischen Majors Otto Friedrich von Groeben die Arbeiten für den Bau der Festung Groß-Friedrichsburg an der Küste von Guinea. Wenige Jahre später existieren dort drei brandenburgisch-preußische Niederlassungen.

Zunächst bringt der Handel weniger ein, als er kostet. Der Erlös der ersten Ladung mit afrikanischen Waren – für 29 Kilo Gold: 14.453 Taler, 9.800 Elefantenzähne: 3400 Taler, 6000 Pfund Getreide: rund 457 Taler – reicht nicht einmal aus, um die kalkulierten Kosten von 44.000 Talern für die nächste Expedition zu decken. Obgleich die Gewinne später, als die »Brandenburgisch-Afrikanische Kompanie« in den Sklavenhandel einsteigt, bedeutend höher sind, wird sich dieses Feld für den Kurfürsten nie rentieren. Im Dreieckshandel Afrika – Amerika – Europa werden Sklaven in Afrika gegen billige Waren eingetauscht, in Amerika teuer verkauft; für den Erlös bringen die Schiffe über-

Die Medaille entsteht 1681 anläßlich der ersten afrikanischen Expedition der brandenburgischen Flotte. Text der Umschrift: »Hat die Schiffahrt zur Küste Guineas im Jahr 1681 einen glücklichen Anfang genommen«.

links: Tauschhandel an der afrikanischen Küste unweit von Groß-Friedrichsburg.

rechts: Die Zeichnung zeigt die brandenburgische Festung Groß-Friedrichsburg in Guinea an der afrikanischen Westküste (heute Ghana). Sie wurde am 1. Januar 1683 gegründet.

Ein Bild von Lieve Veschuir mit den wichtigsten Schiffen der Brandenburger Flotte im Jahr 1684. Bei dem großen Schiff links vorn handelt es sich um den Zweidecker »Friedrich Wilhelm zu Pferde«, gebaut 1680 in Pillau, bei dem großen Schiff rechts um den Zweidecker »Markgraf von Brandenburg«, der 1680 als spanische Fregatte »Carolus Secundus« von der brandenburgischen Flotte vor Ostende gekapert wurde.

1688 wird die Werft in Havelberg in Betrieb genommen. Die Schiffbauer kommen aus den Niederlanden, bis 1698 iaufen hier jedoch nur 15 Segelschiffe vom Stapel.

seeische Produkte wie Kakao, Zucker, Baumwolle nach Europa, die dort gute Preise erzielen. Schätzungen besagen, daß die »Afrikanische Kompanie« in 17 Jahren rund 17.000 Sklaven nach Südamerika verkauft hat. Ein geringer Prozentsatz des gesamten Sklavenhandels, denn heutige Zahlen sprechen von insgesamt 15 Millionen Afrikanern, die durch Sklavenhändler nach Übersee verschleppt wurden.

Die Nachfrage nach Sklaven löst bei den einheimischen Stämmen eine leidvolle Kettenreaktion aus. Sie führen ständig Kriege, um ihre Gefangenen dann als Sklaven verkaufen zu können. In diesen Kriegen sterben weit mehr Eingeborene, als Gefangene erbeutet werden. Die Sklaven erwartet ein schrecklicher Leidensweg. Arretierung, Transport und die Arbeitsbedingungen auf den überseeischen Plantagen kosten viele das Leben. So ist die schreckliche Bilanz des europäischen Sklavenhandels mit mindestens 50 Millionen Afrikanern zu veranschlagen. Von moralischen Skrupeln des Kurfürsten und seiner Seeleute, sich an der Ausplünderung Afrikas zu beteiligen, ist nichts bekannt, und die Hohenzollernschen Nachfahren haben diesen dunklen Teil der Geschichte gern verschwiegen.

Die »Brandenburgisch-Afrikanische Kompanie«, die, nachdem sich der Hafen Pillau als ungeeignet erwies, bereits 1684 ihren Hauptsitz in Emden errichtet hat, kommt nie aus den roten Zahlen. 1696 wird unter Friedrich III. der Generaldirektor der preußischen Marine, Raule, wegen Mißwirtschaft und Bereicherung verhaftet und sein Vermögen von 200.000 Talern eingezogen. Raule, später rehabilitiert, stirbt verarmt in Hamburg. Friedrich, inzwischen König, erklärt 1711 die »Afrikanische Kompanie« für bankrott. Sein Nachfolger Friedrich Wilhelm I., der das afrikanische Kommerzienwesen als »eine Chimäre« bezeichnet, beeilt sich, die kläglichen Reste der Flotte und die afrikanischen Besitzungen zu verkaufen. 1717 erwerben die Niederländer die preußischen Stützpunkte in Afrika für 60.000 Dukaten; die Summe erhöhen sie später noch einmal um 12.000 Dukaten. Der realistisch denkende Soldatenkönig führt für seine Entscheidung

zwei Gründe auf: »Die Erwägung des schlechten Vortheils oder zu sagen des großen Schadens und Verlusts vieler Tonnen Goldes«, und den hohen Aufwand zur Sicherung der Handelswege, der nicht zu leisten ist, »bevorab da man sich auch in Ansehung der gegenwärtigen Conjuncturen keines langwierigen beständigen Friedens zu vermuthen hat, und in Kriegszeiten wegen ermangelnder Escorten mit diesem werk gar nicht fortzukommen ist.«[13]

Erst dem deutschen Kaiser Wilhelm I. bleibt es vorbehalten, die Bedenken seines Vorfahren in den Wind zu schlagen und an die unseligen Traditionen des Großvaters anzuknüpfen: »Jetzt erst kann ich wieder dem Standbild des Großen Kurfürsten gerade ins Gesicht gucken«, soll er anläßlich einer erneuten kolonialen Besitzergreifung gesagt haben. Sein Nachfolger, Wilhelm II., läßt auch die Flottenträume seiner Vorfahren wiederaufleben und in einer gigantischen Katastrophe scheitern.

Die Festung Groß-Friedrichsburg wurde in den sechziger Jahren des 20. Jahrhunderts von der ghanaischen Regierung als Denkmal restauriert.

Hinterlassenschaft und Testamente

Mit der ihm eigenen Hartnäckigkeit hat der Kurfürst in seiner 48jährigen Amtszeit seine ausgeplünderten und ruinierten Länder wieder aufgerichtet, ein stehendes Heer und dessen Finanzierung etabliert und damit ein unentbehrliches Machtpotential für das weitere politische und militärische Handeln Preußens geschaffen. Aus den zersplitterten Landesteilen fügt er ein zentral verwaltetes Ganzes und legt damit das Fundament für ein zukünftiges zentralistisch regiertes und verwaltetes Königreich.

»Er ward der Neubegründer und Verteidiger seines Vaterlandes, der Schöpfer von Brandenburgs Macht, der Schiedsrichter für seinesgleichen, der Stolz seines Volkes«, schreibt später Friedrich II. über seinen Urgroßvater. »Durch weiten Blick und tiefe Einsicht ward er ein großer Staatsmann. Durch sein arbeitsames Leben und menschenfreundliches Wesen ward er ein guter Fürst. Den gefährlichen Verlockungen der Liebe war er nicht zugänglich; zärtliche Schwäche kannte er nur gegenüber der eigenen Gattin. Wein und Geselligkeit liebte er, doch gab er sich niemals der Schlemmerei hin. Sein lebhaftes, gern aufbrausendes Temperament konnte ihn fortreißen …«[14]

Diesem Temperament, aber sicher auch unzulänglicher Erkenntnis darüber, welche Bedeutung das von ihm geschaffene Staatsgebilde für künftige Entwicklungen haben würde,

»Kurfürst Friedrich Wilhelm auf dem Totenbette«. Der Große Kurfürst stirbt am 9. Mai 1688 in Berlin.

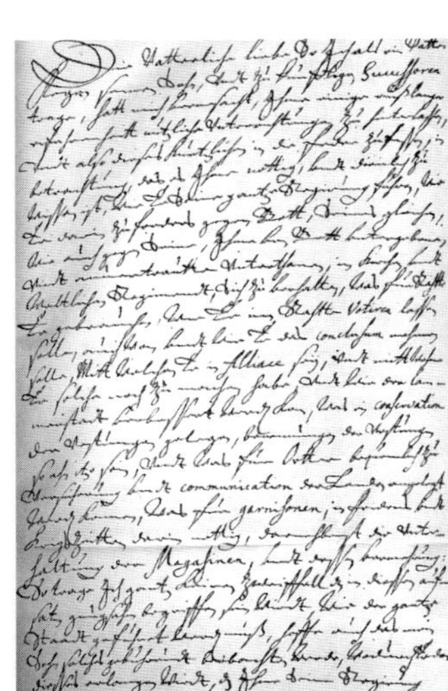

Die erste Seite der väterlichen »Ermahnung« des Kurfürsten Friedrich Wilhelm an seinen Sohn Friedrich vom 19. Mai 1667.

sind es geschuldet, daß Friedrich Wilhelm Gefahr läuft, seinem Werk selbst zu schaden. Nach dem Tod von Luise Henriette im Jahr 1667 heiratet er in zweiter Ehe Dorothea von Holstein-Glücksburg. Schon im April 1680 berichtet ein Gesandter vom Berliner Hofe nach Paris: »Seit geraumer Zeit, Sire, strebt die Kurfürstin eine Art Teilung der Staaten Brandenburgs zugunsten ihrer Kinder und zum Nachteil der Kinder aus erster Ehe an.« Und im August 1680 berichtet der gleiche Rébenac: »Vor einigen Tagen nahm mich der Kurprinz beiseite, den stets so unterwürfig gesehen hat, wie es ihm ansteht, um mir zu sagen, dass sein Vater beschlossen hätte, seine Staaten zugunsten seiner Kinder aus zweiter Ehe aufzuteilen; dass er jedoch ein Gelingen wohl vereiteln werde ...«[15]

Tatsächlich hat sich der Kurfürst in den Testamenten von 1680 und 1686 auf Drängen von Dorothea entschlossen, beträchtliche Teile seines Staatsgebildes unter die vier Söhne aus zweiter Ehe aufzuteilen. Minden, Halberstadt, Ravensburg, Ämter und Lande in Hinterpommern sollen an sie vererbt werden. Was er mühselig vereint hatte, wäre so wieder zerbröckelt. Natürlich belasten diese Verfügungen das ohnehin schlechte Verhältnis zwischen dem Kurfürsten und dem Kurprinzen Friedrich aus erster Ehe noch mehr, zumal der Vater obendrein erwägt, ihm die Kurwürde zu entziehen. Es kommt zu heftigen Auseinandersetzungen, die Friedrich Wilhelm zu Überlegungen veranlassen, sogar Preußen aus dem Staatsgebilde herauszulösen und es dem ältesten Sohn aus zweiter Ehe zu versprechen. Der Vermittlung von Verwandten und letztlich dem Eingreifen des Kaisers ist zu verdanken, daß nach dem Tode des Großen Kurfürsten Brandenburg-Preußen ein Gesamtstaat bleibt.

Anfang Mai 1688 fühlt der Kurfürst sein Ende nahen. Er leidet an Gicht und Wassersucht, Blasen- und Nierenleiden. Noch am 7. Mai beruft er eine Sitzung des Geheimen Rates ein. Er ermahnt seine Minister, seinem Sohn mit der gleichen Ergebenheit zu dienen wie ihm selbst. Seinen Nachfolger Friedrich unterrichtet er über den Stand der Staatsgeschäfte und empfiehlt ihm das Wohlergehen der Völker, die dieser in Zukunft regieren soll. Die erste Seite der 1667 geschriebenen väterlichen »Ermahnung« zählt die wichtigsten Themen der Unterweisung auf: »Die Vatterlichee liebe So Ich als ein Vatter Kegen [gegen] seinen Sohn undt zukunftigen Successoren trage, hatt mich verursacht, Ihme einige auß langer erfahrenheit nutzliche unterrichtungen zu hinterlassen, undt dieses kurtzlichen in die Feder zu fassen, in betrachtung, das es Ihme nottig, undt dienlich zu wissen ist, Wie Er Seine gantze Regirung führen, wie er darin zuforders gegen Gott, Seines gleichen, wie auch gegen Seine, Ihme von Gott Untergebene und anvertrautte Unterthanen, in Kirchen undt veltlichen Regimendt, Sich zu verhalten, was für Rähtte Er gebrauchen, wie er im Rahtte Votiren lassen solle, auch wan und wie er das conclusum nehmen solle, Mit welchen Er in Alliace sey, undt mitt wehme Er solche noch zu machen habe, undt wie der Cammerstadt [Finanzen] verbessert werden kann, was an conservation der Vestungen gelegen, bemannungen der Vestungen so ahn itzo sein, und was für Ortter bequemlich zu Versicherung undt communication der Landen angelegt werden konnen, was für garnisonen in Friedens undt Kriegszeiten darin nottig, darnehbenst die Unterhaltung der Magasinen undt dessen Vermehrung: So trage ich gantz keinen Zweiffell daß in diessen aufsatz genugsahm begriffen sein wirdt. Wie der gantze Staadt gefuhret werden muß, hoffe auch das mein Sohn solches gebuhrend beobachten werde, wodurch Er dan dieses erlangen wirdt, daß ihm seine Regirung nicht schwer sondern gantz leicht für kommen auch solches von seinen Dienern nicht zu lernen haben wirdt, sondern selbst die Wissenschaft haben kann.«[16]

Die väterliche Ermahnung, die der Große Kurfürst am gleichen Tag seinem Sohn auf den Weg mitgibt, kann als sein politisches Vermächtnis verstanden werden:

… Durch Gottes Gnade habe ich eine lange und glückliche, aber eine sehr mühevolle, von Unruhe und Kriegen erfüllte Regierung gehabt. Jedermann weiß, in welchem armseligen Zustande ich die Länder nach meines Vaters Tod fand. Durch Gottes Hilfe habe ich sie in besserem Stand gebracht und hinterlasse Dir den Staat in Frieden und Wohlstand, von seinen Feinden gefürchtet, von seinen Freunden geachtet. Ich zweifle nicht, Daß Du, mein Sohn, wie in der Regierung so auch in den Staatsgrundsätzen mein Nachfolger sein und mit allem Fleiße darauf bedacht sein werdest, den Ruhm, welchen ich Dir als Erbteil hinterlasse, zu bewahren und zu mehren. Mögest Du vor allen Dingen Gott vor Augen haben, Deine Untertanen herzlich lieben, treue Räte gern hören und das Heft der Waffen niemals aus den Händen lassen.«[17]

Bevor der Große Kurfürst am Morgen des 9. Mai in Berlin stirbt, gibt er Paroleworte heraus: »London« und »Amsterdam«. Historiker legen einen visionären Blick nach Westen in diese Worte. Konkret können sich die Parolen nur auf den ausstehenden Kriegszug des Prinzen von Oranien zur Erlangung der englischen Krone bezogen haben. Ihn zu unterstützen hatte der Kurfürst seinem Nachfolger ans Herz gelegt.

links und Mitte: Der Prunkwagen mit dem Sarg des Großen Kurfürsten ist mit den Wappen all seiner Besitzungen geschmückt, voran schreitet sein Roß.
rechts: Die Kurfürstenwitwe Dorothea im Trauerzug von Friedrich Wilhelm.

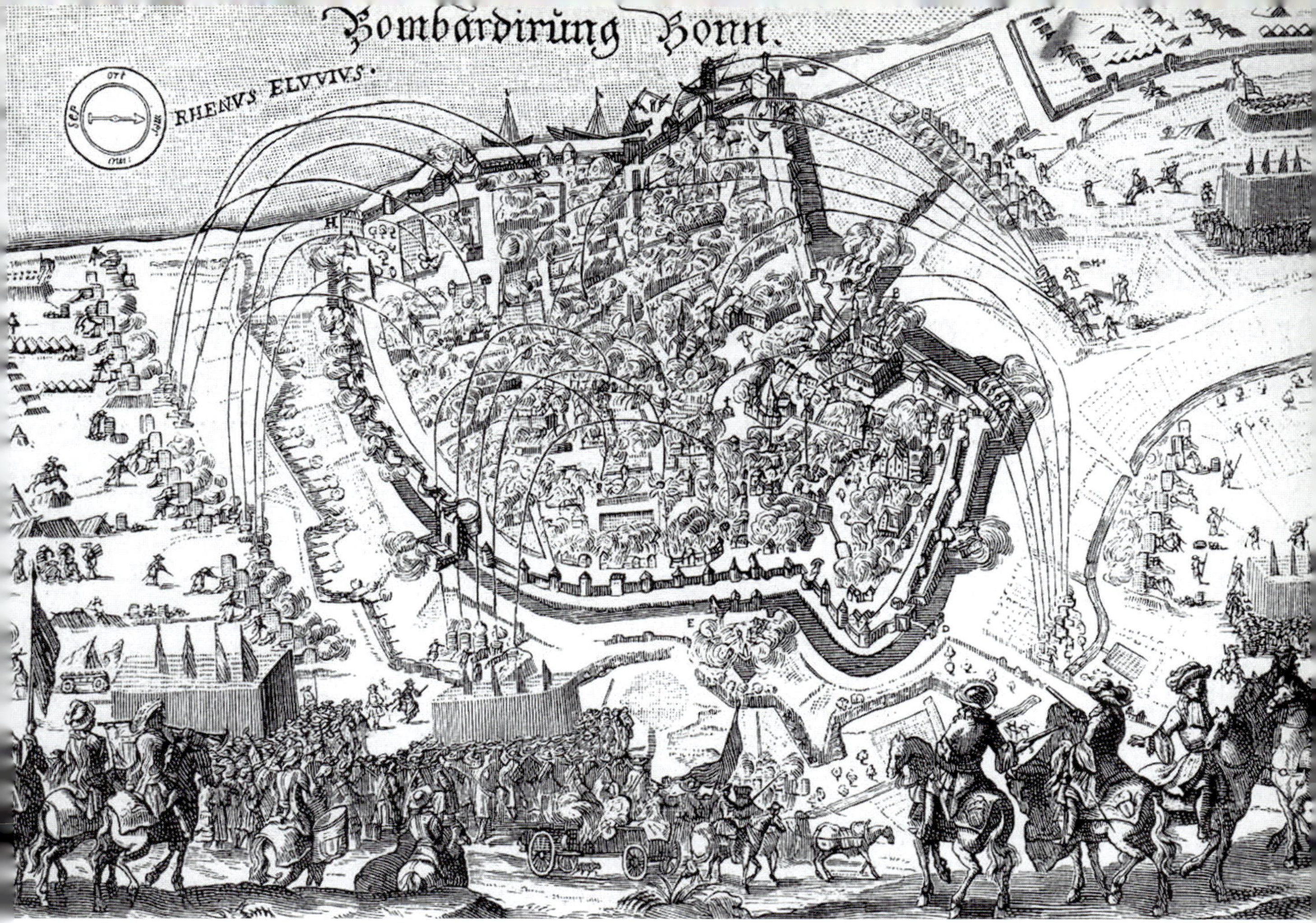

oben: Mit der erfolgreichen Beschießung und Eroberung Bonns am 15. Oktober 1689 durch die brandenburgische Armee macht sich Kurfürst Friedrich III. im Krieg gegen Frankreich einen Namen.

rechts: Das Kurfürstliche Schloß zu Cölln-Berlin im Jahr 1690.

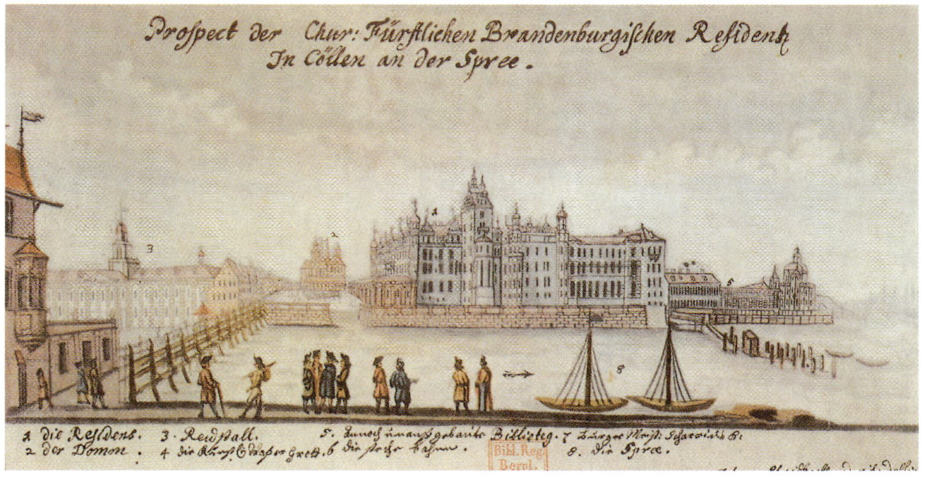

Der Regierungsantritt Friedrichs beginnt turbulent. Zunächst muß er die bedrohlichen Erbregelungen zu seinen Gunsten klären, was ihm mit Hilfe des Kaisers und unter Berufung auf die Dispositia Achilea über die Unteilbarkeit des brandenburgischen Erbes gelingt. Die Ansprüche der Stiefbrüder werden mit einträglichen Ländereien und hohen Geldsummen abgegolten. Dem Kaiser muß der Kurfürst Unterstützung im anstehenden Konflikt mit Frankreich versprechen.

Damit stehen zwei militärische Auseinandersetzungen ins Haus. Den Prinzen von Oranien – »London und Amsterdam« – unterstützt Friedrich III. mit 9000 Soldaten. Der Oranier stürzt seinen katholischen Schwiegervater Jakob II. vom englischen Thron und wird selbst englischer König. Fast gleichzeitig entwickelt sich ein Konflikt zwischen dem König von Frankreich und dem deutschen Kaiser. Im Verein mit österreichischen und bayerischen Truppen gelingt es der brandenburgischen Armee, die Franzosen in Süd- und Westdeutschland zurückzudrängen. Friedrich selbst macht sich mit der erfolgreichen Belagerung und Beschießung von Bonn einen Namen. Dennoch werden seine Ansprüche im Rijswijker Frieden 1697 gründlich ignoriert. Selbst die noch ausstehenden Subsidien einzutreiben gelingt nicht.

Noch ist Brandenburg-Preußen Spielball zwischen den Supermächten England, Holland, Spanien, Österreich und Frankreich, gelegentlich auch erwünschter Partner. Zwar räumt man die brandenburgisch-preußischen Verdienste ein, sieht sich aber nicht genötigt, die Kurmark dafür zu belohnen. Friedrich III. begreift, daß er von den Großmächten übervorteilt wurde, als er ohne gewinnsichernde Verträge die Allianzen einging. Eine bittere, demütigende Erfahrung für den Kurfürsten, die von vielen als ein Antrieb für seine Bemühungen um die Königskrone gesehen wird.

Drei deutsche Fürsten tragen bereits europäische Kronen: 1654 wird ein Mitglied des Hauses Pfalz-Zweibrücken als Karl X. König von Schweden; Wilhelm von Oranien ist seit 1689 englischer König und August der Starke, Kurfürst von Sachsen, seit 1697 König von Polen. Die Hoffnung, für seine Dienste im pfälzischen Krieg mit der Zustimmung zur Königskrone vom Kaiser belohnt zu werden, erfüllen sich für Friedrich nicht. Die Großen haben den kleinen Kurfürsten und seine Wünsche ignoriert. Dieser Arroganz will er mit seiner Rangerhöhung begegnen. Er schreibt 1699: »In finem dass ich anders als durch annehmung der Königlichen würde sollte die Honores Regios vohr mich und meine Ministros erhalten können, darzu sehe Ich schlechte apparentz. Dan solange ich nichtes mehr als ein Churfürst bin, opponieret man Mihr allemahl.«[18]

Seine einmalige Chance sieht er, wenn der Kaiser demnächst auf seine Hilfe im Streit um die spanische Erbfolge angewiesen sein wird: »Ich glaube, dass es jetzo mehr als jemahlen zeit sey, die Sache mit dem Keyser vohrzunehmen, dan derselbe ist alt und meinem Hause wegen vieler Ihm geleistete Dienste Gewogener als vielleicht der Römische König nicht sein wirdt, er hat auch meiner assistens in der Spanischen succession nöhtig … Wan ich auch diese occasion verseume und der Keyser erlanget durch die Spanische succesion mehr Reiche und Macht, so wird er nachgehendts alle anderen Potentaten und Mich in specie nicht allein weniger achten als jetzo, Sondern auch den Anwachs meiner würde und autorität mehr hindern als früer.«[19]

Und schließlich erläutert er auch noch seinen klugen Einfall, wie er außerhalb des Heiligen Römischen Reiches deutscher Nation ein souveräner König werden könnte – eine

Friedrich III. (1637–1713) erwirbt die Zustimmung des Kaisers zur Königskrone durch militärischen und politischen Beistand.

Kaiser Leopold I. (1640–1705) benötigt Brandenburgs Hilfe im Spanischen Erbfolgekrieg. Als Gegenleistung bestätigt er im Krontraktat die preußische Krone.

solche Erhebung nämlich würde der Kaiser im Reich niemals akzeptieren. »Wan ich die Königliche Dignitet auf meine Brandenburgsche Lande nehmen will, so bin ich kein souverainer König sondern ein Lehn König und werde ich deshalb mit dem gantzen Reich zu thun haben und bekommen, wan Ich aber wegen Preußen die Königliche Dignitet annehme, so bin ich Ein independanter König.«[20]

Die Verhandlungen zwischen Berlin und Wien sind lang und zäh, werden aber beschleunigt, als das Ende des spanischen Königs naht. Er stirbt am 1. November 1700. Schon am 24. November trifft der langersehnte Krontraktat in Berlin ein. Darin heißt es: »… Als haben Ihre Kayserliche Mayestät in consideration des Churhauses Brandenburg uhralten splendoris macht und ansehens, auch von der jetzt regierenden Churfürstl. Durchl. Ihro und dem gemeinen wesen bishero geleisteten großen und considerablen diensten resoviret, eine solche woll meritirte dignität Ihrer Churfürstl. Durchl. beyzulegen: Erklähren sich auch hiemit aus Kayserl. macht und vollkommenheit, daß wan Seine Churfürstl. Durchl. hiernechst zu folge dieser von Ihrer Kayserl. Mayestät erlangter gnädigster approbation und erklährung über kurtz oder lang, zu welcher Zeit es Ihro gefallen wird, wegen Ihres Hertzogthumbs Preußen, Sich vor einen König proclamiren und cröhnen lassen, Ihre Kayserl. Mayestet … Seiner Churfürstl. Durchl. sofort und ohne einige weitere verzögerung und Aufschub auf Ihro Deroselben davon thuende notivication in- und außer Reichs, vor einen König in Preußen ehren, würdigen und erkennen …«[21]

Als Entschädigung für seine Zustimmung erhält der Kaiser 8000 brandenburgische Soldaten gegen eine jährliche Miete von 100.000 Talern. Er kann nicht ahnen, daß er mit dem Krontraktat einer Konkurrenz auf den Weg hilft, die eines Tages das altehrwürdige Haus Habsburg verdrängen wird.

Die Erfindung eines Königreichs

Schon am 17. Dezember 1700 bricht Friedrich mit einem großen Gefolge bei Schnee und Kälte nach Königsberg auf. 300 Reise- und Gepäckwagen, ein Hofstaat von 200 Leuten, 30.000 Vorspannpferde müssen am Weg bereitgestellt werden. Eine gigantische Aktion, vormittags wird gereist, nachmittags gefeiert. Nach zwölf Tagen trifft der riesige Troß in Königsberg ein.

Am 17. Januar 1701 stiftet Friedrich III./I. den »Schwarzen Adlerorden«, die höchste preußische Auszeichnung bis 1918. Die Zahl der Ordensritter ist auf 30 beschränkt. Auf dem Gemälde Antoine Pesnes stehen links neben dem Thron Kurprinz Friedrich Wilhelm und die drei Halbbrüder Friedrichs. In der Gruppe links u. a. Graf Wartenberg, der erste Ritter des Ordens, und seine Gemahlin, die Mätresse des Königs.

Der König selbst hat das Szenarium für das Spektakel festgelegt. Zunächst der Umritt von vier Herolden mit der Bekanntgabe des Ereignisses. Pauker, Trompeter voran, die Glocken läuten, Geschütze werden abgefeuert. Die Königsberger wiederholen die Hochrufe: »Lang lebe Friedrich, unser allergnädigster König, lange lebe Sophie Charlotte, unsere allergnädigste Königin.« Es folgen die Stiftung des Schwarzen Adlerordens und am 18. Januar 1701 die Krönung. Friedrich setzt sich die Krone selbst aufs Haupt und läßt sich erst anschließend von Bischöfen segnen, die er eigens für diesen Zweck ernannt hat. Damit ist die Königswürde von Gott gegeben.

Am 18. Januar 1701 krönt Friedrich III. sich selbst zu Friedrich I., König in Preußen.

»Am Krönungstage selbst, morgens, bereits vor acht Uhr, erschien Friedrich im großen Saal des Königsberger Schlosses im stattlichsten Krönungsornate: er trug ein Scharlachkleid, dessen Knöpfe Diamanten, je 3000 Dukaten an Wert, waren, und einen Mantel von purpurfarbenem Samt: er war über und über mit goldgestickten Kronen und Adlern bestreut und ward von einer prachtvollen Agraffe von drei großen Diamanten, eine Tonne Goldes wert, zusammengehalten. In diesem Ornate bestieg er den Thron im Saale des Königsberger Schlosses und empfing, nachdem er Sitz genommen, die vom Oberkammerherrn von Kolbe auf den Knien ihm präsentierte Krone, die er sich selber aufsetzte, und darauf die Huldigung der Prinzen des königlichen Hauses. Nach diesem Akt der Selbstkrönung begab er sich in die Zimmer der Königin, um diese zu krönen. Auch sie war im stattlichstem Ornate: sie trug ein Kleid von Goldstoff mit Ponceau-Blumen durchwirkt, in dem alle Nähte und die ganze Brust mit Diamanten bedeckt waren, dazu trug sie noch rechts an der Brust einen Strauß der schönsten Perlen und übrigens einen Purpurmantel mit goldenen Kronen und Adlern, ganz wie der König. Die Krone empfing sie von ihm kniend, aber wie Pöllnitz erzählt, mit so völliger Unbefangenheit, daß sie während der langweiligen Zeremonie durch eine Prise Schnupftabak sich eine angenehme Distraktion zu machen versuchte, was der gravitätische König sehr übel vermerkte und dem Unterfangen durch eine Zurechtweisung seinen wohlverdienten Lohn zukommen ließ.«[22]

So versteht sie es auf ihre Weise, der Welt mitzuteilen, was sie von der Inszenierung und von ihrem jämmerlichen Königreich hält. Sophie Charlotte, die vornehme, intellektuelle Hannoveranerin, sieht das Ganze eher als peinliches Possenspiel. Sie geniert sich wohl vor den wirklich großen europäischen Höfen. Ihr Enkel, Friedrich II., schreibt später: »Die Kurfürstin ließ sich gegenüber einer ihrer Hofdamen das Wort entschlüpfen: sie sei in Verzweiflung, in Preußen die Theaterkönigin ihrem Äsop gegenüber spielen zu müssen.«[23]

Was hält die Welt nun wirklich von der Erhöhung des Herzogs von Preußen und Kurfürsten von Brandenburg zum König *in* Preußen? (König *von* Preußen darf er sich nicht nennen, denn noch gibt es Teile West-Preußens unter polnischer Hoheit.)

35

Erst im Juni trifft das königliche Paar in Berlin ein, wo nun die Festlichkeiten beginnen.

Europa erkennt das neue Königreich diplomatisch an. Zuerst König August II. von Polen und Sachsen, dann, wie versprochen, der deutsche Kaiser, es folgen Dänemark, England, Rußland, die Niederlande, die Schweiz, einige Kurfürsten etc.

Die latenten Gegner Schweden, Frankreich und Spanien halten sich zurück, ziehen aber später nach. Der Papst protestiert erfolglos.

Gottfried Wilhelm Leibniz, das deutsche Universalgenie aus Leipzig und Busenfreund der Königin, zeigt Weitblick: »Die Aufrichtung des Neuen preußischen Königreichs/ist eine der größten Begebenheiten dieser Zeit/so nicht/wie andere/auf wenige Jahre ihre Wirkung sich erstrecket/sondern etwas nicht weniger beständiges als vortreffliches herfür gebracht. Sie ist eine Zierde des neuen Seculi so sich mit dieser Erhöhung des Hauses Brandenburg angefangen.«[24] Sophie Charlotte bleibt unbeeindruckt und schreibt dem Philosophen: »Glauben Sie bitte nicht, daß ich diesen Glanz und die Kronen von denen man hier soviel Aufhebens macht, dem Vergnügen philosophischer Unterhaltung vorziehe, das wir in Lietzenburg miteinander hatten.«[25]

Vom gebratenen Ochsen auf dem Schloßplatz wird eine Kostprobe für den König abgeschnitten. Auch vom Wein, 4000 Liter, der fürs Volk aus zwei Brunnen sprudelt, bringt man einen Becher zur königlichen Tafel. Goldene und silberne Münzen im Wert von 6000 Talern werden unter die Leute geworfen. Ein prächtiges Feuerwerk und eine Illumination beenden diesen ersten Tag einer langen Kette von Vergnügungen und Festlichkeiten, die sich im Frühling in Berlin fortsetzen. Am Ende stellt sich heraus, daß das Ganze sechs Millionen Taler gekostet hat. Vier Millionen nimmt der König jährlich nur ein.

links: »Auswerffung der Königl. Preussischen Krönungs Müntzen und Preisgebung des Tuchs«. Auf Friedrichs Geheiß werden eigens zu diesem Anlaß geprägte Münzen im Wert von 6000 Reichstalern unters Königsberger Volk geworfen.

rechts: »Die Publike Königl. Preussische Intronisation«. Das Blatt aus Bessers Krönungsgeschichte zeigt das Innere der Königsberger Schloßkirche nach der Salbung.

Bald bürgert es sich ein, von den Preußen und vom Königreich Preußen zu sprechen, und man meint damit das Ganze von Kleve bis Memel mit Brandenburg in der Mitte. Dem König, wegen seiner Verwachsung vom Volk »schiefer Fritz« genannt, ist es gelungen, dem zerklüfteten kurmärkischen Besitz einen Namen zu geben, der alles zusammenhält und das Zusammengehörigkeitsgefühl der verstreuten Untertanen fördert. Im Unterschied zu den anderen Königen Europas ist er zwar kein Regent eines gewachsenen Reiches, doch hat der kleine König etwas geschaffen, was es bisher nicht gab: gewissermaßen ein erfundenes Königreich. Damit ist ihm ein genialer staatsmännischer Coup gelungen.

»Er war klein und verwachsen; seine Miene und seine Physiognomie gewöhnlich. Seine Seele glich den Spiegeln, die jeden Gegenstand zurückwerfen … Alles in allem: er war groß im Kleinen und klein im Großen. Und sein Unglück wollte es, daß er in der Geschichte seinen Platz zwischen einem Vater und einem Sohne fand, die ihn durch überlegene Begabung verdunkeln … 30.000 Untertanen opferte er in den verschiedenen Kriegen des Kaisers und der Verbündeten, um sich die Königskrone zu verschaffen. Und er begehrte sie nur deshalb so heiß, weil er seinen Hang für das Zeremonienwesen befriedigen und seinen verschwenderischen Prunk durch Scheingründe rechtfertigen wollte.«[26]

Friedrich II., von dem diese Beurteilung seines Großvaters stammt, tut ihm in mancherlei Hinsicht unrecht. Friedrich I. hat sich in entscheidenden Situationen durchgesetzt und nicht wie ein Spiegel die Auffassungen seiner Umgebung reflektiert. Er hat damit jenen Thron geschaffen, von dem aus sein Enkel Kriege angezettelt hat, die zehnmal so vielen Soldaten das Leben gekostet haben. Und Friedrich I. hat sich gemeinsam mit seiner Gemahlin um Kunst und Wissenschaft gekümmert.

Unter seiner Herrschaft entsteht 1694 die Universität Halle, Zentrum der pietistischen Theologie und Pädagogik, erste national-ökonomische Schule, Ausgangsort vieler frühaufklärerischer Schriften. Erster Rektor der Universität wird der sechsjährige Kronprinz Friedrich Wilhelm, eben jener spätere Soldatenkönig, der alle Gelehrten als »Blackscheißer« verunglimpft. Der Kurfürst selbst ist beim Eröffnungstag, seinem Geburtstag,

Sophie Charlotte und das Universalgenie Gottfried Wilhelm Leibniz (1646–1716) verbindet eine tiefe Zuneigung. Der Philosoph hält sich oft und lange im Schloß Lietzenburg (später Charlottenburg) auf.

Staatsporträts Friedrichs I. und Sophie Charlottes (1668–1705) von Friedrich Wilhelm Weidemann, um 1701.

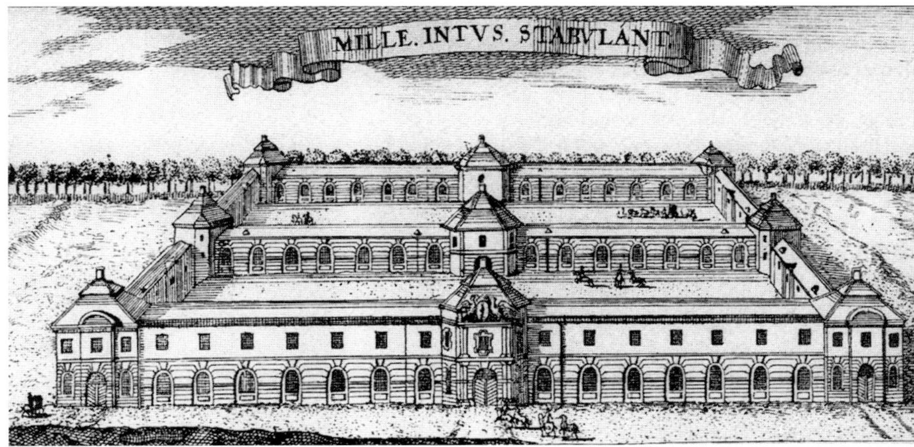

in Halle anwesend. 1696 wird in Berlin, auch wieder anläßlich seines Geburtstages, die Akademie der Künste und mechanischen Wissenschaften gegründet, die erste in Deutschland und die dritte in Europa. 1700 folgt, abermals als Geburtstagsgeschenk, die Gründung einer »Sozietät der Wissenschaften zu Berlin« unter Leitung von Gottfried Wilhelm Leibniz. Der Philosoph ist häufig Gast der Königin Sophie Charlotte im Schloß Lietzenburg, nach ihrem Tod Schloß Charlottenburg genannt. Enkel Friedrich II. schreibt später über sie: »In ihr vereinigten sich alle Reize ihres Geschlechts mit geistiger Anmut und aufgeklärtem Verstand … In Preußen führte die Fürstin den geselligen Geist ein, echte Höflichkeit und die Liebe zu Kunst und Wissenschaft. Sie schuf, wie schon erwähnt, die königliche Akademie. Sie berief Leibniz und viele andere Gelehrte an ihren Hof. Ihre Wißbegierde suchte den letzten Grund aller Dinge zu erfassen. Leibniz sagte ihr eines Tages, als sie ihn auf diesem Gebiet in die Enge trieb ›Es gibt keine Möglichkeit, Madame, Sie zufriedenzustellen. Sie wollen das Warum vom Warum wissen.‹ Charlottenburg war der Sammelpunkt des guten Geschmacks. Ergötzlichkeiten jeder Art, unerschöpflich abwechselnde Feste machten den Aufenthalt genußreich und verliehen dem Hofe Glanz.«[27]

Schloß Lietzenburg wird am 11. Juli 1699, natürlich wieder am Geburtstag des Kurfürsten, eingeweiht. Sophie Charlotte gelingt es, in den wenigen Jahren, die ihr noch bleiben, dort einen barocken Musenhof zu etablieren. Hier werden Molière und Racine aufgeführt, Arcangelo Corelli widmet ihr eine Sonatensammlung. Die Königin selbst spielt ausgezeichnet Cembalo, komponiert, leitet im Orchester Opernaufführungen und verzaubert die Zuhörer als Sängerin. Noch mehr aber beeindruckt sie als Freundin der Philosophie. Leibniz widmet ihr eines seiner Hauptwerke, »Essays de Théodicée«, dessen Rohmaterial in zahlreichen Gesprächen mit der Königin entsteht. Durch Lietzenburg gewinnt die königliche Residenzstadt an geistigem und künstlerischem Glanz.

In Berlin läßt Friedrich von Andreas Schlüter ein prächtiges Zeughaus bauen und das königliche Schloß erweitern. Nicht weit davon entstehen das Lustschloß Monbijou und im Norden von Berlin das Schloß Schönhausen. Etwa 60.000 Einwohner hat im Jahr 1710 das aus fünf Teilstädten zusammengefaßte Berlin und ist damit nach der Kaiserstadt Wien die zweitgrößte Stadt des Reiches.

Als besonders verdienstvoll und folgenreich erweist sich ein Projekt, das Friedrich in Halle an der Saale fördert. Hier in der elenden Vorstadt Glauchau bei Halle hat ein Mann in seinem Pfarrhaus 1695 eine Armenschule eingerichtet. Zwei Jahre später schickt er seinen engsten Mitarbeiter in die Niederlande, die bereits auf eine sozialpädagogische Tradition zurückblicken können. Im September 1698 erteilt Friedrich III. August Hermann Francke ein königliches Privileg: »Wir Friedrich der Dritte/von Gottes Gnaden Thun kund/ und fügen hiermit zu wissen; Demnach Uns die von M.Francken/Professore Ordinario Theolog.&Philosoph. bey Unserer Universität zu Halle zu Erziehung und Verpflegung der Armen zu Glaucha an Halle gemachte Anstalt/und Verfaßung unterthänigst vorgetragen worden; Und WIR an sothanen GOtt zu Ehren zu des Landes Besten/und vielen Armen zum trost wohlgefaßen/nützlichen und rühmlichen Werck/nicht allein ein Gnädigstes Vergnügen tragen/sondern auch selbiges zu secundiren/zu unterhalten/ und nach Möglichkeit zuverbeßern Gnädigst gemeynet seynd: Als haben WIR zu dem Ende darunter nachfolgende Versehung gethan/und zwar
I. WOllen und verordnen WIR hiermit und Krafft dieses/daß gleich wie solches Werck von M.Francken privatim angelegt worden/also solches hinkünfftig unter Unserm Namen/ Schutz und Authorität geführet/und als ein publiques Werck consideriret werden soll...«[28]
Aus den nachfolgend beschriebenen Privilegien geht dann hervor, daß Friedrich dieses Reformprojekt zu seinem eigenen macht. Zollfreiheit, Steuervergünstigungen, kirchliche Zuwendungen, Befreiung von Zunft- und Handelszwängen, Back- und Braurechte, die Erlaubnis für das Betreiben einer eigenen Buchhandlung, einer Buchdruckerei und einer Apotheke helfen die Franckeschen Anstalten bald zu einer prosperierenden Einrichtung zu machen, deren Idee und deren Hervorbringungen Preußen, solange es existiert, prägen werden. Der Pietist Francke tritt für die lebendige Erfahrung der biblischen Heilsbotschaft, Bezeugung des Glaubens durch die Tat, Förderung der Verantwortung des einzelnen ein. Die Betonung der christlichen Praxis führt zum Ausbau von Jugenderziehung und -fürsorge. Ausbildung der Armen statt Verwahrung. Und Francke, ein Mann mit einem politischen Programm, bleibt nicht im diakonischen Ansatz stecken. Seine Schulen entsprechen der Dreiständegesellschaft Preußens. In einer Anstalt werden zukünftige Führungskräfte aus dem Adelsstand herangezogen. Einer von ihnen ist Hans Hermann Katte, der später als Freund Friedrichs II. für seine Hilfe bei dessen Fluchtversuch hingerichtet wird. Das Pädagogium bildet zukünftige Lehrer aus und bereitet auf das Studium, meist an der von Friedrich I. gegründeten Halleschen Universität, vor. Daneben existieren Real- und Bürgerschulen, die nicht nur von wohlhabenden Kindern, sondern auch von Mittellosen und Waisen besucht werden können. Die Einrichtung ist

Der Pietist August Hermann Francke (1663–1727) beginnt 1694 mit dem Aufbau einer Armenschule, aus der eine einzigartige Stiftung, eine »pietistische Stadt« mit Pädagogikum, Waisenhaus und angeschlossenen wirtschaftlichen Einrichtungen entsteht.

links: Graf Kolbe von Wartenberg spannt seine Frau, Catharina, geb. Rickers (1674–1734), einem Kammerdiener aus. Sie gilt bald als Mätresse des Königs. Glaubt man dem Hofklatsch, ist die Affäre eher eine platonische und der Mode der Zeit geschuldet.

rechts: Johann Kasimir Graf Kolbe von Wartenberg (1643–1712), ein Emporkömmling, von 1697 bis 1710 Premierminister, plündert den preußischen Staat nicht nur aus, sondern richtet auch dessen Finanzen zugrunde.

gekoppelt an ein Wirtschaftsunternehmen, in dem die Insassen der Anstalten produktive Arbeit leisten. Die Erträge dienen zu ihrem Unterhalt. Dieses Modell wird später unter dem Soldatenkönig mit dem Berliner Lagerhaus und dem angeschlossenen Waisenhaus zum Staatsbetrieb ausgebaut. Schüler Franckes und deren Schüler prägen als Lehrer, Feldprediger, Offiziere, Militärärzte, Beamte und Pfarrer zunehmend preußische Amtsstuben, Kasernen, Gemeinden, Lazarette, Schulen.

Steuerschraube und Verschwendung – oder »das dreifache Weh«

»Nehmet Euch wohl in acht, daß Ihr nicht gar zu weitläufigen Hofstaat haltet, sondern zieht denselben nach Gelegenheit der Zeit ein und reguliert allemal die Ausgabe nach den einkünften und lasset die Rechnungsführer alle Jahre fleißig Rechnung legen…«[29], hatte Friedrich Wilhelm im Testament seinem Sohn ans Herz gelegt. Friedrich befolgt den guten Rat nicht mal im Ansatz. Schon seit Jahren liegt der Staatshaushalt des Königs im argen. In der Zeit des »Sonnenkönigs« versucht er, wie viele barocke Herrscher, dessen Pomp und Hofhaltung nachzuahmen. Die Finanzen, wie überhaupt die gesamte Verwaltung des Staates, liegen in den Händen von drei korrupten, unfähigen Männern. Das Volk nennt sie »das dreifache Weh«: Hofmarschall Graf Sayn-Wittgenstein, Generalfeldmarschall von Wartensleben und der Emporkömmling Johann Kasimir Graf Kolbe von Wartenberg. Seit 1699 allmächtiger Premierminister, bläht er den Hofstaat ständig auf und plündert überdies die Staatskasse zu seinen Gunsten. Er bezieht 120.000 Taler Jahresgehalt, etwa genauso viel, wie das Salär von König und Königin zusammen beträgt. Wartenberg macht sich nicht nur durch seine Aktivitäten und Intrigen unentbehrlich, er dient dem König auch seine Frau als Mätresse an.
Zum Hofstaat gehören über 300 Personen, allein 85 davon arbeiten in der königlichen Küche. In der unmittelbaren Umgebung des Königs sind sieben Geheime Kammerdiener, zwei Leibchirurgen, ein Leibschneider, ein Kammerfourier, drei Kammerlakaien, zwei Kammerbediente, drei Kammermohren, zwei Kammerzwerge und ein Hofnarr tätig.

Etwa 30.000 Taler kostet der Hof pro Monat. Im Jahr 1706 werden die jährlichen Kosten mit 376.000 Talern beziffert. Dagegen betragen die gesamten Ausgaben für Verwaltung, Justiz, Behörden, Kirche, Schulen und Universitäten des ganzen Staates gerade mal 420.000 Taler. Im Jahr 1712 wachsen die Hofhaltungskosten gar auf 600.000 Taler. Graf Kolbe denkt sich ständig neue überflüssige Ämter aus und entwickelt monströse Phantasien beim Erfinden neuer Steuern, die Land und Leute unsäglich belasten. Neben der traditionellen Kontribution, der Grundsteuer, wird die Akzise, die Konsumsteuer, ständig in die Höhe getrieben. Allein für Berlin steigt sie zwischen 1690 und 1710 von 60.000 auf 180.000 Taler. Hinzu kommen Sondersteuern, so eine Kopfsteuer, die zwischen 60 Talern für einen Grafen und einem halben Taler für einen Kuhhirten differiert. Wer Tee, Kaffee oder Kakao trinken will, muß einen Erlaubnisschein erwerben, der pro Jahr zwei Taler kostet. Es folgen Perückensteuer, Hut-, Stiefel-, Strumpf- und Kutschensteuer, und junge Mädchen müssen bis zur Heirat auf ihre Jungfernschaft im Monat zwei Groschen Jungfernsteuer entrichten. Die Raubzüge Wartenbergs nehmen kein Ende. Schließlich wird auch noch der Salzverbrauch besteuert. Besonders geschröpft werden die Berliner Juden, deren Anteil an der Akzise sich von 1696 bis 1705 auf 117.437 Taler verzwölffacht. Das Geld reicht dennoch nicht. Als Friedrich I. am 25. Februar 1713 stirbt, hinterläßt er einen Schuldenberg von 20 Millionen Talern.

Kronprinz Friedrich Wilhelm auf einem Gemälde von Paul-Carl Leygebe. Am Tag nach dem Tod seines Vaters läßt der fünfundzwanzigjährige König seine Truppen den Eid schwören und reitet nach Wusterhausen.

Ein sparwütiger König mit Waschzwang

»Kaum hatte der neue König, der bis zum letzten Augenblick bei seinem sterbenden Vater gewesen war, seine Zimmer wieder betreten, als er dem Obermarschall von Printzen durch seinen Kammerdiener Abt den Befehl hinaussagen ließ, den Hofetat ihm zu überbringen. Als er die Liste ein wenig überlaufen hatte, verlangte er eine Feder und durchstrich den ganzen Etat, indem er dem bestürzten Marschall erklärte, daß er hiermit sämtliche Hofchargen aufhebe und kassiere, doch sollte sich niemand vom Hof entfernen, bis das Begräbnis des verstorbenen Herrn gehalten worden sei. Als Printzen voller Angst aus dem Kabinett wieder herauskam, riß ihm der durch seinen Sarkasmus renommierte General Tettau den durchstrichenen Etat aus der Hand und rief aus: ›Meine Herren! unser guter Herr ist tot und der neue König schickt euch alle zum Teufel!‹«[1]
Am nächsten Tag läßt der fünfundzwanzigjährige Friedrich Wilhelm seine Truppen den Eid schwören, dann setzt er sich aufs Pferd und reitet nach Wusterhausen. Hier, im Schloß seiner Jugend, denkt er über erste Maßnahmen nach, wie man von den 20 Millionen Talern Staatsschulden seines Vaters herunterkommen könne. – Schon mit acht Jahren hatte der Kronprinz ein Ausgabenbuch mit dem Titel »Rechnung über meine Dukaten« angelegt. – Er rechnet eine Woche lang, kalkuliert, reduziert, strukturiert. Als konsequenter Sanierer beginnt er mit dem Sparen im eigenen Haus. Entlassungen und radikale Gehaltskürzungen sind die Folge. Am Ende hat er die Lohnkosten seines Hofes von 276.000 auf 55.000 Taler reduziert. Kammerjunker und Pagen werden entlassen, Hofmarschall von Printzen erhält statt 1700 nur noch 400 Taler jährlich, Minister erhalten 12.000 bzw. 8000 Taler, zusätzliche Einkünfte sind gestrichen. Das Volk reimt schadenfroh:

»Wer große Bissen eingeschluckt,
dem hilft er von dem Steine,
wer sich in Kutschen fahren ließ,
den bringt er auf die Beine.
… Wer sich in Sänften tragen ließ,
der kann nun wieder gehen.
Wer auf der faulen Seite lag,
beginnet aufzustehen.«[2]

Eidesleistung der Truppen vor Friedrich Wilhelm I. am 26. Februar 1713. Unmittelbar danach begibt sich der neue König in Klausur nach Wusterhausen, um den Etat zusammenzustreichen.

Der König baut das Reglement der Chargen komplett um. Er reduziert die Anzahl der Ränge von 142 auf 46 und stellt die militärischen über die zivilen. An der Spitze steht von nun an der Generalfeldmarschall, ihm folgen die Statthalter und die Generäle der Infanterie und der Kavallerie, die Generalleutnants und erst dann, auf Rang fünf, die höchsten Verwaltungsbeamten, die Geheimen Räte und Minister. Mit dieser Maßnahme

Nach dem Amtsantritt von Friedrich Wilhelm I. sind bei Hofe üppige Perücken und prächtige Kleider, wie auf diesem Augsburger Spottbild dargestellt, verpönt. Ab sofort kommen der kurze Soldatenzopf, schlichte militärische Kleidung und Waschen mit Wasser in Mode.

und denen, die ihr folgen, gibt der König dem Gesamtstaat ein soldatisches Gepräge. Im Zentrum dieses Einheitsstaates steht die Armee, an ihrer Spitze der König, oberster Feldherr und Ministerpräsident des Staates. Alle Bereiche funktionieren in einer auf ihn zugeschnittenen Befehlsstruktur. »Ich will der Generalfeldmarschall und der Finanzminister des Königs von Preußen sein, das wird dem König von Preußen gut bekommen«, verkündet er.

Von den 24 Schlössern seines Vaters behält Friedrich Wilhelm I. sechs, die anderen werden verpachtet oder verkauft. Er löst die Hofkapelle auf, die kostbaren Weine, der Krönungsmantel, Karossen, Pferde, Sänften, Tafelsilber, Möbel werden verkauft oder versteigert. Hofbaumeister Johann Friedrich Eosander von Göthe wird entlassen, Andreas Schlüter darf noch den prunkvollen Sarkophag für den verstorbenen König vollenden und muß dann nach St. Petersburg wegen des eingestürzten Münzturms fliehen. Hofmaler Antoine Pesne darf bleiben, aber zum halben Gehalt. Der Wegfall von lukrativen Aufträgen für den Hof treibt viele Handwerker der Residenz an den Rand des Ruins. Akademien erhalten keine Förderung mehr, die Oper wird geschlossen. Leer stehende Gebäude, Parks und Gärten werden verpachtet, Lustgärten macht der König zu Exerzierplätzen. Ein kultureller Kahlschlag ohnegleichen. Keine üppigen Perücken mehr, der kurze Soldatenzopf ist jetzt Mode, keine prunkvollen Gewänder, sondern der schlichte Soldatenrock und – das Waschen mit Wasser wird Pflicht. Das barocke aufgedonnerte Europa staunt. Ein König wäscht sich mit Wasser und bringt die Reinlichkeit seinen Untertanen bei – mit dem Stock. Beim Exerzieren kontrolliert er Hände, Hälse und Monturen der Soldaten auf Sauberkeit.

In den Schlössern und Bürgerhäusern breitet sich Panik aus. Vorbei mit Prunk, Luxus, Schlendrian, Korruption, Vetternwirtschaft, Bereicherung und mit dem Nachäffen des französischen Hofes. Die Trinksprüche des neuen Königs gehen gegen die »Blitzfranzosen, dieses Kanaillenpack« oder »Auf Germania teutscher Nation! Ein Hundsfott, der's nicht von Herzen meint«[3]. In Preußen wird von nun an deutsch gesprochen. Friedrich Wilhelm I. mag sich an das Pamphlet seines deutschen Hauslehrers Cramer erinnert haben, als er in Preußen neue Sitten einführt. Cramer schrieb schon 1695: »Wer nicht französisch kann/der kommt zu Hof nicht an./Die deutsche Sprach' kömmt ab,/eine andere schleicht sich ein./Wer nicht französisch spricht, der muß ein Simpel sein. /...

In Frankreich spricht niemand deutsch; bei uns Deutschen ist die Sprache so gemein geworden, daß vielerorts bereits Schuster, Schneider, Kinder und selbst das Gesinde dieselbige Sprache zu sprechen pflegen. Will ein Junggeselle heutzutage einem Frauenzimmer erfolgreich den Hof machen, dann muß er mit französischem Hütchen, Weste, galanten Strümpfen etc. angeschwänzelt kommen. Mag er auch sonst eine schiefe Nase, Kalbsaugen, einen Buckel, Raffzähne, krumme Beine und dergleichen haben, das alles zählt nichts, wenn er sich nur à la mode frans präsentiert...«[4]

Damit ist es nun vorbei. Ein Zeitgenosse, der spätere preußische Geheime Rat und Regierungspräsident Johann Michael von Loen, staunt 1718:

»Es ist also möglich, daß man ein großer König sein kann, ohne die Majestät in dem äußerlichen Pomp und in einem langen Schweif buntfarbiger, mit Gold und Silber beschlagener Kreaturen zu suchen. – Wenn man vom Berliner Hof redet, so versteht man darunter fast nur die Kriegsleute: diese allein machen den königlichen Hof aus. Die Räte, Kammerherren, Hofjunker und dergl. wenn sie nicht zugleich Kriegsämter haben, werden an diesem Hof nicht viel geachtet und kommen meistenteils wenig an Hof; die Gelehrten aber haben sich bei dem König am meisten verächtlich gemacht. Er hat einige dieser Leute um sich, weil er ihrer nicht entbehren kann, sie sind aber bei weitem nicht so geschliffen, wie die Soldaten.«[5]

Die preußische Zucht ist herrlich

Dieser König ist mehr als ein Reformer, er hat etwas von einem Umstürzler. Zielstrebig krempelt er den ganzen Staat um und mit dem Staat seine Untertanen. Und alles soll cito, cito, citissimo – schnell, schnellstens – gehen. Jähzornig prügelt Friedrich Wilhelm seinen Untertanen, aber auch seinen Kindern Gehorsam, Fleiß und Pflichtgefühl, Gerechtigkeit, Ordnung und Sauberkeit ein. Preußische Dresche schafft preußische Tugenden. Der »Roi Sergeant« mit dem Prügelstock, das ist von nun an Preußen.

Die Maßnahmen erfolgen Schlag auf Schlag. »Er habe sich, als er das Governo bekommen, einen Plan gemacht; auf lauter Menage und guter Oekonomie beruhe seine ganze Verfassung.«[6] Bereits acht Tage nach dem Tod des Vaters setzt der neue König eine Kommission zur Überprüfung der Berliner Finanzverwaltung ein. Wie sich zeigt, ist dies der erste Schritt zu einer Neustrukturierung der städtischen Verwaltungen. Zentralisierung ist das Zauberwort für den neuen Staat. Für die größeren Städte endet es damit, daß vom König ernannte Stadtpräsidenten zugleich als Steuerräte der ganzen Region fungieren. Somit ist der Stadtpräsident von Berlin auch Kammervorsitzender für die ganze Kurmark und damit nicht nur für das Eintreiben der Akzise und anderer städtischer Steuern, sondern auch für die ständischen Steuern auf dem Land zuständig. Was separat war, wird jetzt verschmolzen, vereinheitlicht, vereinfacht, optimiert. Dieses organisatorische Prinzip verfolgt der König mit äußerster Konsequenz während seiner gesamten Regierungstätigkeit. Der Staat und seine Geschäfte werden überschaubarer, transparenter, kosten weniger Aufwand und Geld, sind leichter zu steuern und zu kontrollieren. Die nächste Kommission erhält den Auftrag, die General-Kriegskasse zu überprüfen. Ungeklärte Posten führen zur Entlassung des Hofrentmeisters, der obendrein 78.000 Taler Regreß zahlen muß.

Bereits 1723 beginnt das neugegründete Generaloberkriegs-, Finanz- und Domänendirektorium mit seiner Arbeit. Das Generaldirektorium, wie es kurz genannt wird, ist die

Friedrich Wilhelm I. (1688–1740) als Begründer des Generaldirektoriums auf einem Bild von Friedrich Wilhelm Weidemann. Die beiden Waagschalen symbolisieren die beiden Säulen der neuen Behörde: »Kriegescasse« und »Domainencasse«.

Behörde aller Behörden, die Krone einer zentralistischen Verwaltung für alle ökonomischen und finanziellen Angelegenheiten.

Einigen der fünf territorialen Departements sind außerdem Sachressorts zugeordnet. Das I. Departement ist für die Provinzen Preußen, Pommern, Neumark zuständig, das II. Departement verwaltet die Kurmark und Magdeburg, aber auch Marsch-, Verpflegungs- und Einquartierungsangelegenheiten. Das III. Departement, zuständig für die Herrschaften Moers, Geldern, Kleve, Mark, Neuchâtel und die »Oranische Erbschaft«, muß sich außerdem um das Salz- und Postwesen kümmern. Das Departement IV ist für die Landesteile Minden-Ravensberg, Tecklenburg, Lingen, Halberstadt und für das Münzwesen sowie die Invalidenversorgung verantwortlich. Dem Justizdepartement, der Nummer V, obliegt schließlich die Gerichtsbarkeit in allen Landesteilen. Der König hat durch Doppelzuständigkeiten wieder einmal grandios gespart. Lediglich fünf Minister verwalten sämtliche inneren und militärischen Angelegenheiten. Er ist von seinem neuen System so begeistert, daß er die Sache vom Hofporträtmaler Friedrich Wilhelm Weidemann in einem Gemälde verewigen läßt. Stolz zeigt der König mit dem ausgestreckten Arm auf eine Waage. Ihre zwei Schalen tragen die Aufschrift »Kriegescasse« und »Domainencasse«.

Jeder einzelne Minister muß den Eid schwören: »S. M. Nutzen und Bestes insonderheit die wahre Verbesserung und Vermehrung der sämtlichen Revenuen und Einkünfte, ingleichen die Konservation der Unterthanen in Stadt und Land nach allen Kräften zu fördern, alles was dem zuwider und S. M., sowie den sämtlichen Ländern und Unterthanen nachteilig sein möchte, abzuwenden und zu verhüten.«[7]

Beschlüsse werden gemeinsam gefaßt, die Leitung ist kollegial, d. h. jedes Schriftstück, das dem König vorgelegt wird, muß die Unterschrift aller fünf Minister tragen. Jeder haftet für das Ganze. Dienstbeginn ist um sieben bzw. acht Uhr, ein Zwölfstundentag die Regel. Wer eine Stunde zu spät kommt, bezahlt 50 oder 100 Dukaten Strafe, wer ohne Entschuldigung wegbleibt, soll ein halbes Jahresgehalt zahlen. Feierabend ist erst, »wenn all und jede Sache abgethan worden, damit nicht ein Zettel davon übrig bleibe«. Das Ganze wird kontrolliert von der »Ober-Kriegs- und Domänen-Rechenkammer«, einer autar-

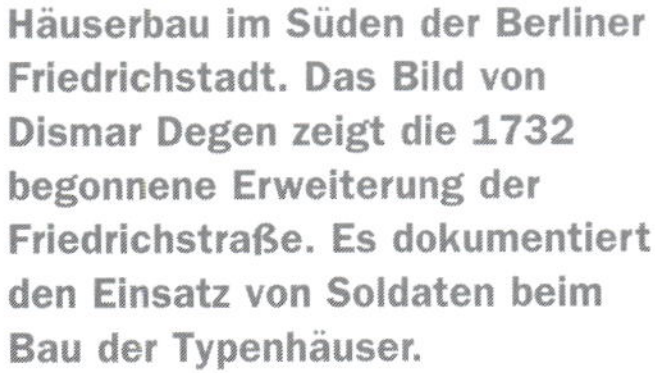

Häuserbau im Süden der Berliner Friedrichstadt. Das Bild von Dismar Degen zeigt die 1732 begonnene Erweiterung der Friedrichstraße. Es dokumentiert den Einsatz von Soldaten beim Bau der Typenhäuser.

ken Behörde, vergleichbar mit dem heutigen Bundesrechnungshof. Sie sitzt in Potsdam und ist dem König direkt unterstellt. Sie prüft sämtliche Einnahmen und Ausgaben und deren etatgerechte Verwendung. Es gilt das vernünftige Prinzip, daß nicht mehr ausgegeben werden darf als eingenommen wird. Verstöße dagegen werden streng bestraft, die Beamten müssen Kautionen hinterlegen, mit denen sie im Fall von schuldhaftem Versagen haften. Die obersten Behörden werden ausdrücklich aufgefordert, sich nicht nur auf die offiziellen Berichte zu verlassen, sondern Spitzelberichte von »sekrete(n) ... Korrespondenten und Espions (Spione), in denen Provinzen, von Pächtern, Bürgern, Bauern, Schulzen und was dergleichen mehr sind«[8], einzuholen. Das Mißtrauen des Königs gegenüber seinen Beamten ist immer wach. In seinem politischen Testament von 1722 rät er deshalb seinem Nachfolger: »... daß Ihr alle Zivilbediente in Berlin und in den Provinzen platt unter Euer Subordinacion bringen werdet, daß sie alle müssen von Euer Gnade dependieren und nicht von Euere Ministris oder Favoriten ... Die Etats zu streichen und Besoldung zuzulegen, müsset Ihr alleine ... tun und an keinen die Disposition davon geben, daß die ganze Welt weiß, daß es von Euch herkomme und nicht von andere.«[9]
Der König verlangt von seinen Beamten blinden Gehorsam, absolute Unterordnung, Disziplin, Diensteifer, Pflichtgefühl, Unbestechlichkeit, Ehrlichkeit, Gerechtigkeit. Für alles gibt es exakte Vorschriften, die peinlich genau befolgt werden müssen. Das fällt vielen Beamten nicht schwer, waren sie doch in ihrem Vorleben Offiziere und Unteroffiziere der preußischen Armee. Als drei Beamte sich weigern, sich von Königsberg nach Tilsit versetzen zu lassen, droht der König »die Leute wollen mir forciren. Sie sollen nach meiner pfeiffe dance(n) oder der Deuffel hohle mir ich laße hengen und Brahten wie der Zahr und tra(c)tire sie wie Rebeller«[10], und verordnet ihnen ein Jahr Festungshaft. So erzieht sich Friedrich Wilhelm den nach militärischen Prinzipien aufgebauten Beamtenstaat. Der soldatische, pflichtbewußte, disziplinierte, ordnungsbesessene und gehorsame Bürokrat wird von nun an das Bild vom preußischen Beamten prägen.
Und der König, selbst ein Arbeitstier, macht es allen vor: »Alles dirigiert der König einzig und allein und arbeitet anbei in publicis, Privat-, Haushaltungs- und Domänen-Affairen. Wer es nicht sieht, kann es nicht glauben, daß Ein Mensch in der Welt, von was Verstand er auch ist, so viele differente Sachen in einem Tage expedieren und selbst thun könnte, wie dieser König täglich thut.«[11] Und Johann Michael Loen äußert begeistert: »Hier ist die hohe Schule der Ordnung und der Haushaltungskunst, wo Große und Kleine sich nach dem Exempel ihres Oberhauptes meistern lernen – die Zucht macht Leute, und die preußische ist herrlich.«[12]

Mit zahllosen Edikten versucht Friedrich Wilhelm I. Staat und Untertanen zu reglementieren. Das Edikt vom 26. April 1718 verordnet, um die Textilproduktion anzukurbeln, das Tragen von rotem und blauem in Preußen hergestelltem Tuch. Andere Edikte verbieten die Einfuhr fremder Tuche.

Eine formidable Armee

Von einer gefürchteten, einer »formidablen Armee« verspricht sich Friedrich Wilhelm I. eine abschreckende Wirkung auf andere Mächte. In seinem politischen Testament von 1722 rät er seinem Nachfolger: »Also müsset Ihr jährlich zum jetzigen Tresor 500.000 Taler beilegen, denn eine formidable Armee und ein großen Tresor, die Armee in Zeit von Not mobil zu machen, kahn Euch ein großs respeck(t) in die Weldt gehber und (Ihr) ein wordt wie andehre Pu(i)ssancen (Mächte) mit reden Könnet.«[13]
Das System für den Aufbau und Unterhalt einer solchen Armee – sie wächst im Laufe der Regentschaft Friedrich Wilhelms I. auf 80.000 Mann –, für ihre Finanzierung, ihre Eingliederung in das ökonomische und soziale Gefüge des Staates und für die Aus-

bildung und Disziplinierung der Rekruten hat der »Soldatenkönig«, wie er bald genannt wird, nahezu perfekt entwickelt. Fast alle Neuerungen und Reformen im Staatswesen, aber auch Repressalien und der Bevölkerung auferlegte Lasten dienen dem einen Zweck: der Armee.

Zunächst geht es um die Sicherung des Personalbestandes. Brutale Zwangswerbung führt in den ersten Jahren der Regentschaft Friedrich Wilhelms I. zum Anwachsen von Desertation und Landesflucht. Am 17. Oktober 1713 erläßt der König ein Edikt, nach dem alle Untertanen, die ohne Erlaubnis das Land verlassen, wie Deserteure behandelt und mit dem Tode bestraft werden sollen. Dennoch fliehen 3471 Männer allein im Jahr 1714 aus der Armee. Die Werber veranstalten wahre Menschenjagden, um den Personalbestand auf die geforderte Stärke zu bringen. Und obwohl im gleichen Jahr der König die gewaltsame Zwangswerbung untersagt, setzen die Werber ihr Vorgehen ungebremst fort, es kommt zu weiteren Massenfluchten und zu Aufruhr.

Erst im Lauf der Jahre gehen die Desertationen zurück und pendeln sich nach der Einführung des Kantonsreglements auf 400 pro Jahr ein. Der vorübergehende Versuch, Soldaten vorwiegend aus dem Ausland zu werben, führt zu schweren Konflikten mit anderen Staaten. So wehrt sich 1731 Hannover: »Preußische und andere Werber ... sollen als Straßen- und Menschenräuber, Störer des Landfriedens und Verletzer unserer Hoheit traktiert und, wenn sie schuldig befunden werden, am Leben gestraft werden. Wollen sie sich nicht sofort ergeben, sondern greifen zum Wehre, so mag man sie totschlagen oder niederschießen. Wer einen solchen preußischen Werber tot oder lebendig einliefert, erhält aus der Kriegskasse fünfzig Taler.«[14]

Am 1. Mai 1733 wird das Kantonsystem eingerichtet. Damit sich die Werber ihre Einzugsgebiete nicht gegenseitig streitig machen, bekommt jedes Regiment ein ihm zugewiesenes Gebiet, aus dem es seinen Rekrutenbestand auffüllen kann. Ein Infanterieregiment erhält etwa 5000 Feuerstellen, ein Kavallerieregiment 1800. Die jungen Männer werden entrolliert, d. h. in Verzeichnisse eingetragen und ihren zukünftigen Regimentern zugeteilt. Zum Zeichen ihrer Registrierung müssen sie rote Büschel am Hut oder eine rote Armbinde tragen. Damit ist ihr Schicksal für immer besiegelt, ein Leben lang Soldat im Gefängnis Preußen zu sein. Selbst wenn sie eines Tages vorübergehend beurlaubt werden, müssen sie militärische Kluft tragen und unterstehen der Gerichtsbarkeit des Obersten oder des Grundherrn, was wenig Unterschied macht. Jedes Regiment darf in Friedenszeiten jährlich 30, in Kriegszeiten bis zu 100 Mann einziehen. Zwei aktiven Jahren folgen jährlich Beurlaubungen, die durch zwei Monate Reservistendienst unterbrochen werden. So bekommt die Landwirtschaft die dringend benötigten Arbeitskräfte. Während der Beurlaubung arbeiten die Soldatenbauern auf ihren Höfen oder in ihren Handwerken. Will der Kantonist heiraten, muß er die Erlaubnis bei seinem Kompaniechef oder dem Gutsherrn einholen. So ist das Leben des unterprivilegierten Untertanen von der Wiege bis zur Bahre vorgezeichnet und rundum reglementiert. Diese soziale Militarisierung macht aus dem Untertan genau jenes kleine Rädchen im staatlichen Uhrwerk, das sich der König wünscht. Betroffen sind im allgemeinen Handwerker und erbuntertänige Bauernsöhne. Untertanen mit Haus und Hof, Söhne reicher Bürger mit mehr als 10.000 Talern Kapital, privilegierte Immigranten, Söhne von Edelleuten, aber auch Manufakturarbeiter und geistige Berufe bleiben im Staatsinteresse vom Militärdienst meistens verschont.

Dem Adel ist es verboten, sich im Ausland anwerben zu lassen. Er ist verpflichtet, in der königlich-preußischen Armee zu dienen. Die Söhne des Landadels stellen den Offiziersnachwuchs. Sie werden im Kadettenkorps erzogen, das 1730 die Bezeichnung »Königliches Bataillon« erhält. Der Soldatenkönig hat eine genaue Vorstellung von seinen Offizieren: »Um folgende Eigenschaften hat der Offizier sich zu bemühen: Gottesfurcht, Klugheit, Herzhaftigkeit, Verachtung des Todes, Nüchternheit, Wachsamkeit, Geduld, innerliches Vergnügen und Zufriedenheit mit sich selber, unveränderliche Treue gegen seinen Herren, Gehorsam und Respekt gegen die Vorgesetzten, Aufmerksamkeit. Er soll danach trachten, sich Falkenaugen und leise Ohren zuzulegen, auch nichts zu vergessen, was man einmal gesehen und gehört.

Er braucht Feindschaft und Haß gegen die Weichheit und schnöden Listen, aber Begierde, Ruhm und Ehre zu erlangen.

Er darf kein Räsoneur sein, muß seinen Dienst und seine Schuldigkeit ohne Fehler verrichten, muß Wissenschaften besitzen oder sich bestreben, deren zu erlangen.

Fähnrich und Feldmarschall stehen als des Königs Offiziere in der Ehre völlig gleich.«[15] In seiner Doppelrolle als Offizier und Grundherr wird aus dem Landadligen jener preußische Junker, der die preußische Armee und den Staat bis zum Ende prägt.

Grundlage der Modernisierung der Armee ist eine radikale Vereinheitlichung: standardisierte Befehle, Uniformen, Bewaffnung, Reglements; Abläufe, die bis zur totalen Erschöpfung exerziert und damit automatisiert werden. Von diesem Drill profitiert später Friedrich II. in seinen Kriegen.

Lehr-, Exerzier- und Drillmeister ist General Leopold Fürst von Anhalt-Dessau, genannt der »Alte Dessauer«. Er führt den Gleichschritt und den eisernen Ladestock in der preußischen Armee ein. Friedrich II. berichtet aus eigener Anschauung: »Der Fürst von Anhalt, der das Kriegshandwerk gründlich verstand, hatte bemerkt, daß die Gewehre nicht ausgiebig genug gebraucht wurden.« Er führte eiserne Ladestöcke ein und brachte den Soldaten eine unglaubliche Feuergeschwindigkeit bei. Von 1733 an schoß das erste Glied mit aufgepflanztem Bajonett.

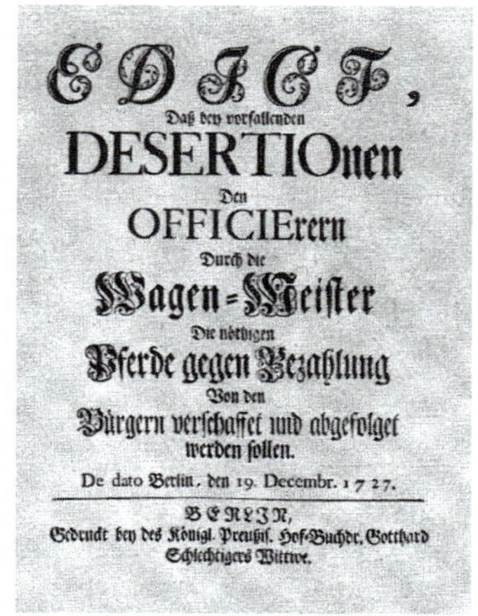

EDICT,
Daß bey vorfallenden
DESERTIOnen
Den
OFFICIErern
Durch die
Wagen-Meister
Die nöthigen
Pferde gegen Bezahlung
Von den
Bürgern verschaffet und abgefolget
werden sollen.
De dato Berlin, den 19. Decembr. 1727.
BERLIN,
Gedruckt bey des Königl. Preußl. Hof-Buchdr. Gotthard
Schlechtigers Wittwe.

Mit immer wieder neuen Edikten versucht Friedrich Wilhelm I. der Desertation Herr zu werden. Nicht nur den Fahnenflüchtigen, auch ihren Helfern droht die Todesstrafe.

Bis zu 5000 Taler pro Mann zahlt der König für seine großen Soldaten. Das Bild zeigt Schwerid Redivanoff aus Moskau von der »Riesengarde« in Originalgröße. Das Bild von Christof Merk hat die Maße 274 x 110 Zentimeter.

Leopold I., Fürst von Anhalt-Dessau
(1676–1747), dient unter drei Königen in der preußischen Armee.
Er gilt als der Erfinder des Gleich-
schritts und des preußischen Drills.

Das Exerzieren spielt sich nun folgendermaßen ab. »Zunächst wurden die Griffe geübt. Dann wurde zugweise und divisionsweise gefeuert. Dann wurde unter langsamem Vorrücken in gleicher Weise gefeuert, ebenso im Zurückgehen. Danach wurden zwei Karrees formiert, ein vor dem Feind unausführbares Manöver. Den Schluß bildete ein ganz unnützes Heckenfeuer. Immerhin wurden alle Übungen im Bataillon schon mit der Präzision eines tadellosen Uhrwerks ausgeführt.«[16]

In etlichen Reglements werden Befehle und Exerzieren, Ausrüstung und Montur, aber auch Leben und Dienst des Soldaten standardisiert. Ausbildung und Drill sind hart und grausam. Geringste Verstöße werden streng geahndet. »Der Ton im Heere war dem gemäß bis zur Grausamkeit streng und rauh, die Strafen furchtbar. Nach den Kriegsartikeln, die der König gleich nach seinem Regierungsantritt erließ, ward jedes Räsonieren gegen Ober- und Unteroffiziere mit 30 mal Gassen laufen, das Degenziehen gegen seine Vorgesetzten mit dem Tode bestraft. Deserteuren wurden noch immer Nasen und Ohren abgeschnitten oder sie wurden gehängt. Wurde bekannt, daß ein Soldat desertiert sei, so sollten Bürger und Bauern die Sturmglocken läuten und zu Fuß und zu Pferde ihm nacheilen. Wer den Deserteur wieder einbrachte, erhielt zwölf Taler. Taten die Gemeinden nicht alles, um den Deserteur wieder zu schaffen, so zahlte ein Dorf hundert Taler. Eine Stadt zweihundert Taler, ein Gutsbesitzer oder Landrat hundert Dukaten Strafe. War Dorf oder Stadt arm, so mußten die vornehmsten Bauern und Bürger zwei Monate karren. Überführte Durchhelfer von Deserteuren sollten sogleich, ohne die Genehmigung des Königs einzuholen, aufgeknüpft werden dürfen.«[17]

In den Stock spannen, Reiten auf dem scharfen Esel, Krummschließen und Arrest sind Strafen, die der Soldat schon aus dem Zivilleben kennt. Nicht vorschriftsmäßige Montur oder Frisur haben Prügel zur Folge. Neu ist das Spießrutenlaufen, womit Räsonieren, Trunkenheit, Prügelei und Glücksspiele bestraft werden. Die Todesstrafen werden nicht immer vollzogen. Zu kostbar ist das Leben des Soldaten. Eine besondere Liebhaberei des Königs ist sein Garderegiment, die blauen Grenadiere, im Volksmund auch »Lange Kerls« genannt. 2500 lange Kerls hat er überall in Europa werben und kaufen lassen. Ein Mann kostet im Schnitt 600 Taler, größere 1000 und »Riesen« mehrere 1000 Taler. Des Königs Spleen ist die wohl einzige Chance, ihn zu bestechen, was zuweilen zu einer Art Sklavenhandel mit groß gewachsenen Männern ausartet.

20 Jahre exerziert die preußische Armee nach 1720 im Frieden und wird zum Zentrum von Staatswesen und Wirtschaft. Die Regimenter von Infanterie und Kavallerie sind in die Städte verlegt worden und stellen damit einen erheblichen Wirtschaftsfaktor dar, von ihrer Versorgung leben viele Handwerker und Bauern. Die Steuern auf ihren Warenumsatz wiederum bringen Geld in die Kassen des Militärstaates. Wenn auch die Unterbringung der Armee in den Städten die Bauern von mancherlei Abgaben befreit, bleiben noch beträchtliche Lasten: Grund-, Kopf- und Klauensteuer, die »Kontribution«. Zu Kavalleriegeld und Naturalienlieferungen, zu Fuhrdiensten und Schanzen beim Festungsbau kommen die harten Dienste für den Grundherrn. Anfang des 18. Jahrhunderts ist es immer noch üblich, daß der Bauer vier bis sechs Tage in der Woche für den Gutsherrn Frondienste leisten muß. Als etwa 6000 Bauern im Raum Cottbus 1717 gegen ihre unerträglichen Lasten aufbegehren, schlägt der König den Aufstand mit militärischer Gewalt nieder. Nach wie vor hat der Grundherr die Gerichtsbarkeit und die Polizeigewalt inne, nach wie vor brauchen die Untertanen seine Erlaubnis zur Heirat, zum Erlernen eines Handwerks oder zum Wechsel in eine andere Gutsherrschaft. Ähnlich ist es auf den königlichen Domänen. Erst Friedrich Wilhelm I. legt fest, daß die Frondiensttage auf vier in der Woche begrenzt werden. Nachdem der König seinen beträchtlichen Domänenbesitz noch im Jahr 1713 verstaatlicht hat, geht er zu einem neuen Pachtsystem über. Die Höfe werden nur noch auf Dauer von sechs Jahren verpachtet. Der Adel ist von der Pacht ausgeschlossen. An die Pachtverträge sind Bedingungen zu rationellerer und effektiverer Bewirtschaftung geknüpft.

Beispielhaft ist des Königs Auseinandersetzung mit den ostpreußischen Ständen um eine Vereinheitlichung der Steuer und damit eine indirekte Entlastung der einfachen Leute. Er läßt durch eine Kommission insgeheim oder offen alle Steuern und Steuerbetrügereien registrieren. In Ostpreußen zeigt sich, daß nahezu 35.000 Hufen nicht angegeben waren, womit sich das zu besteuernde Land auf fast 100.000 Hufen erhöht. Indem der König jetzt die Steuer pro Hufe erhöht, entlastet er den kleinen Mann bei seinen Beiträgen zur Pauschalsteuer von 220.000 Talern. Da die Stände die Garantie für die Zahlung der jährlichen Steuern ablehnen, bekommen sie vom König einen bösen Brief: »sie sollen die herren dieses verlehsen (vorlesen), was ich habe Nottatta gemachet sie sollen mir Ihre meinung schreiben ob das nit angehet mein prejudice das ich den Landtdahge laße ausschreiben und gehbe auch 4000 dietter (4000 Thaler Diäten) aber die huben Comis (Hufenkommission) soll sein fortgant (Fortgang) haben ich komme zu meinen zweg und stabiliere die Suverenitet und sehtze die Krohne ferst (fest) wie ein Rocher von Bronse und laße die herren Juncker den windt vom Landtdahge. Man laße die leutte windt wen man zum zweg kommet Ich erwarte Ihr Sentiment Fr. Wilhelm«.[18]

Damit einher gehen Bemühungen in den Jahren 1719 und 1723, mit Edikten die Leibeigenschaft auf Staatsdomänen aufzuheben – erste Versuche, die Bauern aus der Fessel der Gutsherrschaft zu befreien. Die Ausführung dieser Bestimmungen bleibt oft stecken, die Güter des Adels werden davon gar nicht berührt. In einigen Landstrichen kommt es immerhin zur Zuteilung von Höfen und Viehbestand, zur Lieferung von modernen eisernen Pflügen, einer weiteren Entlastung von Frondiensten und einer Umwandlung der Naturalsteuer in Geldbeträge. Schutzzölle verhindern die Einfuhr von billigem

Im Zentrum des Staates steht die Armee, an ihrer Spitze der König, Friedrich Wilhelm I.

Friedrich Wilhelm I. versucht
die Frondienste der Bauern auf
seinen Domänengütern zu verringern, um eine effektivere Landwirtschaft zu ermöglichen.
Darstellung von Landarbeiten im
Amte Peitz um 1724.

ausländischen Getreide, von Flachs und Hanf. Die preußische Landwirtschaft soll konkurrenzfähig werden. Die jährlichen Einkünfte der Domänen steigern sich von 1,3 Millionen Talern auf 3,3 Millionen. Das ist fast die Hälfte der Staatseinkünfte. Ähnliche Ein- und Ausfuhrverbote betreffen die Woll- und Tuchindustrie und weitere wirtschaftliche Bereiche. Der König ist interessiert daran, daß Industrie, Handel und Landwirtschaft wachsen und damit höhere Steuern abwerfen. »Plus machen« heißt die Devise. Minister Grumbkow erläutert dem König anhand eines Beispiels, wieviel allein bei Verkauf und der Herstellung von ein Paar Wollstrümpfen König und Staat profitieren:

»Von ein Paar wollenen Strümpfen, so etwa 1 Rthlr. 4 Gr. kosten mögen, profitiren Ew. Königl. Majestät auf nachfolgende Weise:

1. Muß der Bauer seine Schafe versteuern.

2. Von der Wolle, so in der Stadt verkauft wird, muß Accise- und Wagegeld gegeben werden.

3. Der Strumpfmacher, welcher die Wolle kämmen lassen muß, giebe dafür dem Wollenkämmer das Seinige, davon derselbe von dem Bäcker, Fleischer, Brauer, Fischer, Schneider, Schuster das Ihrige zu seiner Nothdurft kaufen muß, und diese haben dasjenige, so sie verkaufen, bereits veracciset, wie denn auch der Materialiste das Baumöl, dessen der Wollenkämmer benöthigt ist, allbereit versteuert hat.

4. Der Wollenspinner lebet ebenfalls aus der Hand des Strumpfmachers und träget von dem, was er von Tage zu Tage verdienet seine Consumtions-Accise bei.

5. Wenn der Manufacturier die Wollen färben lässet, so subsistiret davon der Färber und contribuiret der Accise von seiner Haushaltung. Er muß auch

6. von der Farbe Accise entrichten.

7. Desgleichen wird der Strumpfweberstuhl veraccisiret, und muß

8. der Tischler das Holz und

9. der Schloßer das Eisen versteuern und beide von ihrer Nahrung und Lebensmitteln die Consumtionsaccise entrichten.

Der Strumpfmacher verdinet etwa von einem solchen Paar Strümpfe endlich 10 Gr. und weil er etwa 6 Paar die Woche über vor sich allein machen kann, wöchentlich zweieinhalb

Zeitweilig produzieren bis zu 5000 Heimarbeiter für das königliche Lagerhaus.

Rhtlr., hievon muß er sich mit seinem Weibe, Kindern und Gesinde ernähren, denen Seinigen Essen, Trinken, Kleider, Schuhe und alle Nothwendigkeiten des Leibes und Lebens anschaffen. Wache, Servis und andere bürgerliche Lasten tragen, Haus- und Budenmiethe entrichten, zu dem Rathhause, zur Kirche und Schule, dem Arzt und zur Apotheke das seine beitragen. Endlich verkauft er

10. seine Strümpfe an den Kaufmann, und wenn dieser

11. diese Waare verführet, muß er denen Fuhrleuten, oder der Post das Seinige entrichten und dasjenige, so er erwirbet, mit seiner Familie guten Theils verzehren. Eben die Beschaffenheit, welche es mit dieser einen Sorte von Waare hat, befindet sich auch bei allen übrigen.«[19]

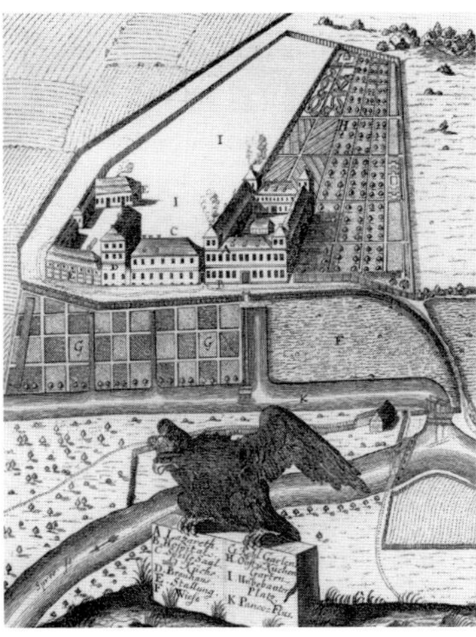

Zur Ausrüstung der Armee werden Tuche, Waffen und andere Ausstattung benötigt. Das königliche Lagerhaus, eine Tuchmanufaktur, beschäftigt bis zu 5000 Spinner und Weber. Mit den Tuchen wird nicht nur die preußische, sondern auch die russische Armee beliefert. Das Lagerhaus dient als Vorbild für neue Fertigungsstätten.

»Ein Land ohne Manufakturen ist ein Menschlicher Körper ohne Leben, ergo ein totes Land, das beständig pauvre und elendiglich ist und nicht zum Flor sein Tagelang gelangen kann«[20], konstatiert der König.

Später wird das Lagerhaus verstaatlicht, dem 1724 für 2400 Zöglinge gegründeten Großen Militärwaisenhaus in Potsdam zugeschlagen und so zu einem wesentlichen Wirtschaftsfaktor der Region. Noch später werden die Potsdamer Gewehrfabrik, die Berliner Tressenfabrik und das Freienwalder Alaunwerk dem Konzern angegliedert. Das Waisenhaus erfüllt zugleich den Zweck einer Berufsschule. Seine Absolventen können an die angeschlossenen Manufakturen vermittelt werden. Die Erträge der Produktion dienen wiederum dem Erhalt des Waisenhauses. Auch hier wieder ein beispielhafter Kreislauf der Einbindung des Militärs in die Wirtschaft. Daneben entstehen Kupfer- und Messingmanufakturen, Eisenhütten und eine Spiegelmanufaktur in Neustadt/Dosse, deren Produkte weltberühmt werden.

Den Initiativen des Königs im medizinischen Bereich liegen Überlegungen zur Volksgesundheit und natürlich zur medizinischen Betreuung der Armee zugrunde. Bereits 1719 richtet er das Collegium sanitatas ein, eine Art königliches Gesundheitsamt, verantwortlich für Gesundheitspflege, Hygiene und Seuchenbekämpfung. 1724 wird das Theatrum anatomicum zu einer medizinischen Schule erweitert, die Wundärzte und natürlich Feldscher für die Armee ausbildet. Und schließlich entsteht 1727 die Charité, eine völlig neue Lehr- und Heilstätte, an der sowohl Ärzte ausgebildet als auch Kranke klinisch beobachtet und behandelt werden können.

Justitiare, Schulmeister und Feldscher

Am 4. März 1713 gibt Friedrich Wilhelm I. ein Gutachten für eine dringende Justizreform in Auftrag. Das Gerichtswesen befindet sich in einem schlechten Zustand. Richter und Justizangestellte verschleppen Prozesse, lassen sich gern bestechen, begünstigen Reiche und Privilegierte. »Es ist mein absoluter Wille, daß die Justiz in meinem Staat schnell, unparteiisch, mit reinen Händen, gleich für arm und reich, hoch und niedrig administriert wird«[21], fordert der König. Schon im Sommer liefern die gestreßten Justizbeamten eine »Allgemeine Ordnung und Verbesserung das Justizwesen betreffend«. 1717 wird die allgemeine Kriminalgerichtsordnung eingeführt. Sie fordert, daß Kriminalkollegien die Gerichte der Stände staatlich beaufsichtigen und daß den ständischen Gerichten geprüfte Justitiare vorsitzen, die bei peinlichen Sachen von einem unparteiischen Richter kontrolliert werden sollen. Bei schweren Strafen und bei der Anwendung von Folter muß die königliche Zustimmung eingeholt werden. Allerdings wird berichtet, daß der König selten eine Strafe gemildert, häufig aber verschärft hätte. Daß die Rechtsreformen keineswegs zu milderen Strafen führten, zeigt ein Edikt des Jahres 1737: »Ob Wir wohl gegen das Einbrechen und Stehlen vorhin schon unterm 23. August 1700 ein gar Scharffes Edict öffentlich pibliciren lassen; so hat doch die Erfahrung gegeben, daß einige Zeit her viele Einbrüche und Diebstahle, so gar in Unseren Königlichen Häusern verübet worden ... Dahero Wir dann bewogen worden, Unser onangezogenes Edictum nicht nur nochmahls durch öffentlichen Druck publiciren, von denen Cantzeln ablesen und durch den Trommelschlag wiederholen und bekannt machen, sondern auch solches dahin schärffen zu lassen, daß von dato an nicht diejenige, es sey Mann oder weib, Christ oder Jude, Soldat, oder was Profession er wolle, welche in einen Diebstahl entweder so gleich ertappet oder hernach offenbar und erkundiget würden, alsobald durch summarischen Prozeß ohne Unterscheid des Gestohlenen, an oder vor dasselbe Hauß, darinn gestohlen, zum öffentlichen Spectaculum aufgehencket und mit dem strange vom Leben zum Tode gebracht werden ...«[22]

1721 erhält Ostpreußen ein von Cocceji ausgearbeitetes neues Landrecht. Es wird 1737 nochmals modernisiert und gilt als Vorläufer des späteren Allgemeinen Preußischen Landrechts. Dennoch bleiben all diese Versuche, in Preußen ein gerechtes Gerichtswesen einzuführen, in den Ansätzen stecken. Am Ende von Friedrich Wilhelms I. Regentschaft existieren die unterschiedlichsten Gerichtsbarkeiten, Richter sind ungenügend qualifiziert und unterbezahlt, leben von Sporteln (Gebühren), Nebenbeschäftigungen und dem Verschleppen von Prozessen, wodurch sie die Einnahmen erhöhen können.

Die preußischen Untertanen sollen gute Soldaten, fleißige Bauern, verständige Beamte, qualifizierte Manufakturarbeiter, gottgläubige Christen sein. Am 23. Oktober 1717 verordnet der König die allgemeine Schulpflicht. Was für Preußen ein Fortschritt, ist in kleineren deutschen Ländern längst Realität. Staatliche Volksschulen existieren in Weimar schon seit 1619, in Gotha seit 1642, in Braunschweig und Württemberg seit 1647 und 1649. Nun soll auch in Preußen jedes Kind von fünf bis zwölf Jahren zur Schule gehen,

Samuel Freiherr von Cocceji (1679–1755) verfaßt 1721 für Preußen ein neues Landrecht. Es wird 1737 modernisiert und gilt als Grundlage für das spätere Allgemeine Preußische Landrecht.

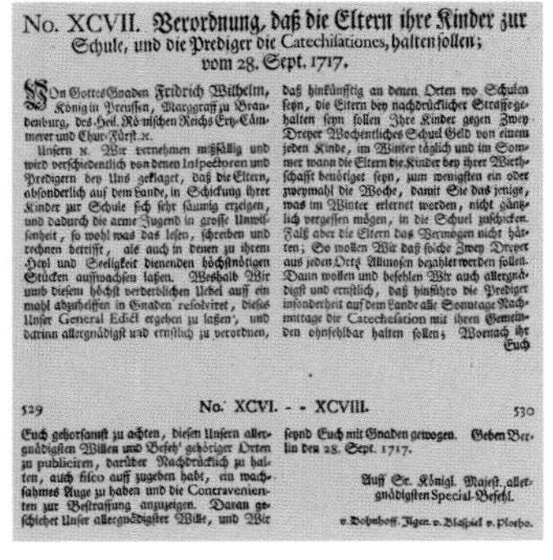

No. XCVII. Verordnung, daß die Eltern ihre Kinder zur Schule, und die Prediger die Catechisationes, halten sollen; vom 28. Sept. 1717.

Von Gottes Gnaden Fridrich Wilhelm, König in Preußen, Marggraff zu Brandenburg, des Heil. Römischen Reichs Ertz-Cämmerer und Chur-Fürst ꝛc.

Unsern ꝛc. Wir vernehmen mißfällig und wird verschiedentlich von denen Inspectoren und Predigern bey Uns geklaget, daß die Eltern, absonderlich auf dem Lande, in Schickung ihrer Kinder zur Schule sich sehr säumig erzeigen, und dadurch die arme Jugend in grosse Unwissenheit, so wohl was das lesen, schreiben und rechnen betrifft, als auch in denen zu ihrem Heyl und Seeligkeit dienenden höchstnötigen Stücken auffwachsen lassen. Weshalb Wir umb diesem höchst verderblichen Uebel auff ein mahl abzuhelffen in Gnaden resolviret, dieses Unser General Edict ergehen zu lassen, und darinn allergnädigst und ernstlich zu verordnen, daß hinkünfftig an denen Orten wo Schulen seyn, die Eltern bey nachdrücklicher Straffe gehalten seyn sollen Ihre Kinder gegen Zwey Dreyer Wochentliches Schul Geld von einem jeden Kinde, im Winter täglich und im Sommer wann die Eltern die Kinder bey ihrer Wirthschafft benötiget seyn, zum wenigsten ein oder zweymahl die Woche, damit Sie das jenige, was im Winter erlernet worden, nicht gäntzlich vergessen mögen, in die Schul zuschicken. Falß aber die Eltern das Vermögen nicht hätten; So wollen Wir daß solche Zwey Dreyer aus jeden Orts Allmosen bezahlet werden sollen. Dann wollen und befehlen Wir auch allergnädigst und ernstlich, daß hinführo die Prediger insonderheit auf dem Lande alle Sonntage Nachmittage die Catechisation mit ihren Gemeinden ohnfehlbar halten sollen; Wornach ihr Euch

529   No. XCVI. - - XCVIII.   530

Euch gehorsamst zu achten, diesen Unsern allergnädigsten Willen und Befehl gehöriger Orten zu publiciren, darüber Nachdrücklich zu halten, auch fisco auff zugeben habt, ein wachsahmes Auge zu haben und die Contravenienten zur Bestraffung anzuzeigen. Daran geschiehet Unser allergnädigster Wille, und Wir seynd Euch mit Gnaden gewogen. Geben Berlin den 28. Sept. 1717.

Auff Sr. Königl. Majest. allergnädigsten Special-Befehl.

v. Dohnhoff. Ilgen. v. Blaspiel v. Plotho.

»gegen zwei Dreier wöchentliches Schulgeld ..., im Winter täglich und im Sommer, wann die Eltern bei ihrer Wirtschaft benötigt sein, zum wenigsten ein- oder zweimal die Woche, damit sie dasjenige, was im Winter erlernet worden, nicht gänzlich vergessen mögen.«[23] Der Widerstand gegen die Schulreform ist groß. Er beginnt bei den Eltern, geht über die Gutsherren und die Kirche bis zum Generaldirektorium, das gewaltige Kosten für die Errichtung der Schulen auf sich zukommen sieht, denn das Baumaterial für die Schulhäuser stellt der König kostenlos zur Verfügung. Der König läßt nicht locker, schickt Kommissionen ins Land und verfertigt neue Reskripte. Den Einwänden seiner Minister, daß eine solche Reform zu kostspielig sei, entgegnet der sonst für seinen Geiz berüchtigte König: »Dieses ist alles nichts! ... Denn wenn ich baue und verbessere das Land und mache keine Christen, so hilft mir alles nichts ...«[24]

Der Schulbetrieb allerdings soll möglichst nichts kosten. Die Lehrer müssen deshalb ihren Unterhalt neben dem Unterricht selbst verdienen. Daher werden gern Handwerker, Tagelöhner, abgedankte Soldaten zum Schuldienst verpflichtet. Ihre Ausbildung ist mehr schlecht als recht. Häufig ist der Schulmeister auch der Küster des Dorfes, zumal der Pfarrer die inhaltliche Aufsicht über den Schulbetrieb hat. Der Küster wiederum ist zu vielerlei Diensten gegenüber dem Pfarrer verpflichtet, was zu mancherlei Spöttereien führt. Eine Schulordnung des Jahres 1736 für Ostpreußen regelt die Finanzierung und Versorgung der Schulmeister neu:

»1. Die Schulgebäude errichten und unterhalten die assoziierten Gemeinden, auf dem Fuß, wie die Priester- und Küsterhäuser.

2. Se. K. Maj. geben das freie Bauholz; Türen, Fenster und Kachelofen werden von den Kollektengeldern verfertigt.

3. Se. Maj. geben auch das freie Brennholz, welches die Gemeinden anfahren.

4. Jede Kirche, sowohl in den Städten, als auch auf dem Lande, zahlt zum Unterhalt der Schulmeister jährlich vier Taler. Dagegen der Pastor loci die Schulmeister dahin anhält, daß sie den Kirchendienst, also zum Beispiel die Kirchen rein zu machen, mit verrichten helfen.

5. Sollten so arme Kirchen sein, daß sie sotane 4 Taler jährlich aufzubringen nicht im Stande sind, zahlet solche der Patronus ecclesiae.

6. Zur Subsistenz wird dem Schulmeister eine Kuh und ein Kalb, item ein Paar Schweine und etwas Federvieh frei auf der Weide gehalten und 2 Fuder Heu und 2 Fuder Stroh gereichet. Hiernächst bekommt er –

7. Von Sr. K. Maj. einen Morgen Land, (welcher allemal hinter seinem Hause anzuweisen) solchen aufs beste zu nutzen. Die eingewidmeten Dorfschaften bearbeiten solchen und halten ihn im Gehege.

9. Jedes Schulkind à 5 bis 12 Jahren incl. gibt ihm jährlich, es gehe zur Schule oder nicht, 15 gr. prß. oder 4 sgr.

10. Ist der Schulmeister ein Handwerker, kann er sich schon ernähren; ist er keiner, wird ihm erlaubt, in der Ernte 6 Wochen auf Tagelohn zu gehen.

15. Die Beamte sind zwar frei, schicken sie aber ihre Kinder zur Schule, zahlen sie vor das Kind monatlich 2 sgr.

18. Jedem Schulmeister muß ein Platz zum Küchengarten gleich hinter seinem Hause angewiesen werden.

19. Wird sich der Adel hiernach zu richten haben und zur gemeinschaftlichen Einrichtung der Schulen die Hand bieten, wiewohl ihnen freistehet, die Sache nach ihrem besten Gefallen einzurichten, nur daß der Schulmeister seine Subsistenz habe, und der von Sr. K. Maj. intendierte Endzweck erreichet werde.«[25]

Diese Bestimmungen gelten natürlich nur für die königlichen Domänen. Den adligen Gutsbesitzern kann der König lediglich nahelegen, in ihren Herrschaftsgebieten ähnlich zu verfahren. Hier hat der König keine Weisungsbefugnisse.

Der Schulmeister darf nur eins von den fünf Handwerken ausüben, die auf dem Lande erlaubt sind: Schmied, Stellmacher, Zimmermann, Leineweber, Schneider. Bei den Schneidern regt sich daraufhin die Konkurrenz des städtischen Handwerks, was den König veranlaßt, ein Edikt über die Einschränkung des durch Schulmeister ausgeübten Schneiderhandwerks auf dem Lande herauszugeben. Unterrichtet werden von dem Lehrer-Küster-Schneider vor allem Religion, Lesen, Schreiben, Rechnen. Auch wenn man in Betracht zieht, daß viele Eltern aus Not oder Desinteresse ihre Kinder selten zur Schule schicken, daß auf den Gutshöfen oft keine Schulen existieren und der Schulmeister häufig des Schreibens nur mäßig kundig ist, war dieser Anfang dennoch ein Erfolg. Statt 320 Dorfschulen im Jahr 1713 gibt es in Preußen am Ende der Regentschaft des Soldatenkönigs schon 1480. Allein im Bezirk der Königsberger Kammer werden 855 und in Litauen 275 neue Schulen gegründet. Das Niveau der Lehrer steigt durch die Delegierung von Theologiestudenten aus dem Hallischen Waisenhaus August Hermann Franckes. In Königsberg werden täglich 1300 Kinder von 65 Studenten unterrichtet. So kann Hofprediger Schultz 1736 von dort berichten: »Die armen Leute, die früher zu Hunderten auf den Gassen bettelten, werden nicht nur mit dem nötigen Unterhalt versorgt, sondern mehr als 800 von ihnen im Christentum in den Kirchen unterrichtet. Seit zwei Jahren ist niemand mehr von den jungen Leuten ohne vorgängigen nöthigen Unterricht im Christentum und im Lesen konfirmiert worden.«[26]

»Menschen halte vor den größten Reichtum«

Seit Mitte des 17. Jahrhunderts wurde Ostpreußen von etlichen Katastrophen heimgesucht. 1656 hatten die Tataren 34.000 Menschen in die Sklaverei entführt, weitere 80.000 waren an Seuchen gestorben. 1709 wurden 235.806 Menschen Opfer der Pest, mehr als ein Drittel der Gesamtbevölkerung. Die Wirtschaft liegt darnieder, es herrscht Elend im Land. Schon 1721 veröffentlicht Friedrich Wilhelm I. ein Einwanderungspatent, das zahlreiche Zuwanderer aus der Pfalz, vom Rhein und vom Main,

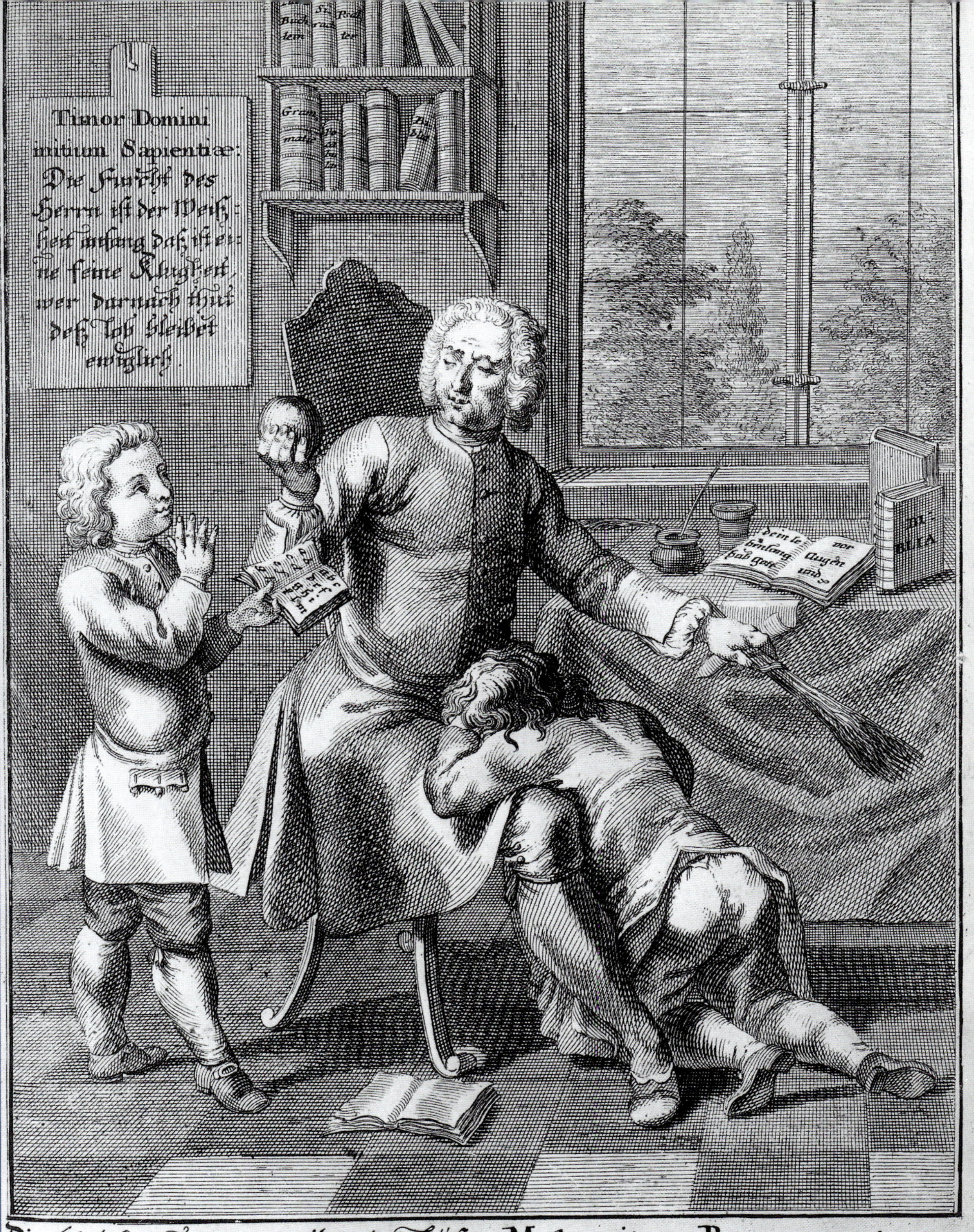

Die Kindheit von vermeidug des bösen
Zu erwählung des guten angewiesen.

Mala vitare, Bona appetere
docetur Pueritia.

Es wird die KinderZucht mit vieler Sorg getriebē,
Dieweil das böse schon im zartē Herzē wohnt,
Man hält sie an zum fleiß, u. tugend lieb u. üben,
Das arge wird gestrafft, das gute wohl belohnt.

Ardua res certe est, Puerorū fingere Mores
Insita dū tenero ja mala corde gerunt.
Incitat ad studiū Pater et Virtutis amorem,
Fert pœnas pravꝯ, præmia digna sequax.

Cum Priv. Sac. Cæs. Maj.

Mart. Engelbrecht excud. Aug. V.

Holländer, Schweizer, Böhmen und Franzosen nach Preußen lockt. Die spektakulärste Aktion aber findet 1732 statt. Im Salzburgischen lebende Protestanten sind durch den militanten katholischen Erzbischof Firmian von Salzburg den ärgsten Repressalien ausgesetzt. Im Herbst 1731 werden schließlich alle, die nicht katholischen Glaubens sind, des Landes verwiesen. Das protestantische Europa ist empört, Friedrich Wilhelm I. handelt. Am 2. Februar 1732 erläßt er ein Einwanderungspatent, schickt Kommissare los, die Transport und Reise der Salzburger betreuen. Die Flüchtlinge erhalten Zehrungsgelder, vier Groschen pro Tag für den Mann, drei für die Frau und zwei für jedes Kind. Von dem Tage an, an dem sie sich entschlossen haben, nach Preußen zu gehen, werden sie als preußische Staatsbürger respektiert. So ziehen lange Flüchtlingstrecks auf deutschen Straßen unter dem Schutz preußischer Kommissare nach Berlin. Schon am 30. April 1732 kommen die ersten 843 Salzburger in Berlin an. Ursprünglich war die Aktion für etwa 6000 Flüchtlinge gedacht, aber es bewerben sich über 20.000. Die königlichen Räte fürchten den finanziellen Aufwand, aber der König ist beglückt: »Sehr gut. Gottlob! Was thut Gott dem brandenburgischen Hause für Gnade! Denn dieses gewiss von Gott kommt!« Die logistisch bis ins Detail geplante Aktion kostet etwa fünf Millionen Groschen. Doch das Geld, meint der König, ist gut angelegt. Denn schließlich werden die Siedler »Plus« für den Staat machen. Und außerdem schlägt der König mit politischem Druck auch noch vier Millionen Gulden Entschädigung beim Salzburger Erzbischof heraus. Die Solidaritätsaktionen der Berliner tragen kultische Züge. Bäurischer Silberschmuck kommt in Mode, die Damen tragen spitze, folkloristische Salzburger Hüte. Der König ist tief gerührt angesichts der Erzählungen der Flüchtlinge, Dorothea bewirtet sie im Schloß Monbijou. Dann geht es weiter nach Stettin zur Einschiffung nach Königsberg. »Die Manufacturisten nach der Neumark, die Ackerleute nach Preußen«, ordnet der König an.

Von den 15.508 Asylanten, die in der Provinz Preußen angesiedelt werden, erhalten fast 12.000 eine Existenzgrundlage auf Kosten des Staates: Ackerland, Bauland, Bauholz, 12,5 Prozent der Baukosten, Vieh, Ackergeräte, Saatgut werden gestellt, dazu kommen drei

Für die Salzburger ist Brandenburg-Preußen das Gelobte Land. Allein 16.000 finden in Ostpreußen eine neue Heimat.

Jahre Abgabenfreiheit, großzügige Kredite und langfristige Befreiung vom Militärdienst. In Königsberg kommen in der zweiten Hälfte des Jahres 1732 mit 19 Schiffstransporten 10.780 Salzburger an, über Land erreichen 5533 Emigranten die Stadt. Sie werden in Kirchen geführt, hören dort eine Predigt, werden bewirtet und später an die ihnen zugewiesenen Siedlungsplätze gebracht. In Königsberg bleiben 715 Salzburger, darunter 59 Wollspinner- und -kämmerfamilien, 28 Brettschneider, acht Schuhmacher, fünf Kornstecher, drei Tischler, ein Zimmermann, zwei Flachsbinder, zwei Böttcher, ein Kupferschmied, ein Fleischer, ein Zeichner und ein Schalknecht.

Ein gigantisches Aufbauwerk beginnt. Sechs Städte, 332 neue Dörfer entstehen, 180.000 Morgen wüstes Land werden kultiviert. Als Kronprinz Friedrich im Sommer den Vater auf einer Inspektionsreise nach Ostpreußen begleitet, zeigt er sich stark beeindruckt vom Erfolg der Siedlungspolitik des Königs. Er schreibt begeistert an Voltaire:

»Insterburg, 27. Juli 1739

Endlich sind wir hier angekommen, lieber Freund. Wir waren drei Wochen unterwegs, und zwar in einem Lande, das ich für das Non plus ultra der zivilisierten Welt halte. Es

Der lange Flüchtlingszug der Salzburger durch Deutschland, begleitet von preußischen Kommissaren und vom König unterstützt mit Reisespesen, erregt Aufsehen in Europa. Einzug der Salzburger durch das Hallesche Tor vor Berlin am 30. April 1732.

ist eine in Europa wenig bekannte Provinz, die freilich bekannter zu sein verdient, da sie als Schöpfung des Königs, meines Vaters, gelten kann. Preußisch-Litauen ist ein Herzogtum von stark 30 deutschen Meilen in der Länge und 20 in der Breite, obwohl es nach Samogitien hin spitz zuläuft. Die Provinz wurde zu Anfang des Jahrhunderts von der Pest verheert; über 300.000 Einwohner raffte die Seuche und das Elend dahin. Der Hof, der von dem Unglück wenig wußte, unterließ es, der reichen und fruchtbaren Provinz, die an Einwohnern und an jeder Art von Erzeugnissen Überfluß hatte, wieder aufzuhelfen. Die Krankheit raffte das Volk hin; die Felder lagen brach und bedeckten sich mit Gestrüpp. Auch das Vieh ging in dem allgemeinen Elend zugrunde; kurz, unsere blühendste Provinz verwandelte sich in die schrecklichste Einöde.

Inzwischen starb Friedrich I. und wurde mit seiner falschen Größe begraben. Ihm lag nur an eitlem Prunk und an der pomphaften Zurschaustellung nichtiger Zeremonien.

Mein Vater, der ihm nachfolgte, wurde durch das öffentliche Unglück gerührt. Er begab sich selbst an Ort und Stelle und sah die weiten verheerten Länderstrecken nebst all den schrecklichen Spuren, die Seuche, Hungersnot und die schmutzige Habgier der Minister hinterlassen hatten. Zwölf bis fünfzehn entvölkerte Städte, vier- bis fünfhundert unbewohnte und verödete Dörfer boten seinen Augen einen trostlosen Anblick. Er ließ sich dadurch nicht abschrecken, im Gegenteil, er beschloß, das Land, das fast zur Wüstenei geworden war, neu zu besiedeln und Handel und Wandel wieder neu zu beleben.

Seitdem hat der König keine Ausgaben gescheut, um seine heilsamen Absichten zu verwirklichen. Er erließ zunächst weise Reglements, baute alles, was die Pest zerstört

Das Jägertor in Potsdam früh am Morgen. Das Bild zeigt die wesentlichen Elemente des preußischen Staates. Links das Haus des Steuereintreibers – Preußen hat die höchsten Steuern in Europa –, in der Mitte die emsigen steuerzahlenden Untertanen, rechts die Armee, die mit diesen Steuern finanziert wird und aufpaßt, daß keiner desertiert. Ganz links kommt der König herangaloppiert, um alles zu kontrollieren.
Gemälde von Dismar Degen.

hatte, wieder auf und ließ Tausende von Familien aus allen Ecken Europas kommen. Die Äcker wurden wieder bestellt, das Land bevölkerte sich, der Handel blühte wieder auf, und gegenwärtig herrscht in dieser fruchtbaren Gegend mehr Überfluß denn je. Litauen besitzt über eine halbe Million Einwohner. Es zählt mehr Städte und Herden als früher, hat mehr Wohlstand und Fruchtbarkeit als irgend eine Gegend Deutschlands. Und all das ist lediglich dem König zu danken, der die Ausführung persönlich angeordnet und auch selbst geleitet hat. Er hat die Pläne entworfen und sie allein ausgeführt; er hat weder Mühe noch Sorge, noch ungeheure Schätze, noch Versprechungen oder Belohnungen gespart, um einer halben Million denkender Wesen Glück und Leben zu sichern. Ihm allein verdanken sie ihr Wohlergehen und ihre Versorgung.« [27]

Königliche Vergnügungen

Der König liebt exzessive Jagden, denen er zugleich einen wirtschaftlichen Aspekt abgewinnt: »Den größten Teil des Jahres, Frühling bis Herbst, brachte der König in Potsdam zu, exerzierend und jagend. Die Hauptparforcejagden waren im Herbst zu Wusterhausen. Sie dauerten ein paar Monate und waren ungeheuer fatiguant. An einem Tage wurden oft 1500 Damhirsche und Rehe und 300–400 Wildschweine erlegt. … Wie Friedrich Wilhelm in allem industriös war, mußten ihm auch die Jagden außer dem ›Plaisier‹ noch einen ›Profit‹ abwerfen. Den Räten und Kanzelisten, Kaufleuten und Bürgern wurde die Jagdbeute zugeschickt, und sie hatten, das Stück zu drei bis sechs Taler, die erlegten Wildschweine abzukaufen. Sogar den Juden wurden sie zugesandt, und sie mußten sie, da sie dieselben nicht selbst essen konnten, weiterverkaufen.« [28]

Der König liebt auch zu bauen – genauer: bauen zu lassen, ohne daß es ihn etwas kostet. Leute mit Geld werden vom König zum Häuserbau verpflichtet. So wächst die Berliner Residenz. Auch hier dominiert das Nützlichkeitsprinzip. Keine Lustschlösser, sondern Wohn- und Rathäuser, Schulen und Kirchen entstehen; in Berlin und Potsdam allein 16 neue Gotteshäuser. Lediglich zwei bescheidene Repräsentationsbauten läßt Friedrich Wilhelm I. auf seine Kosten errichten: das Kronprinzenpalais in Berlin und das Jägertor in Potsdam. Das Tor wird 1731 von Hofmaler Dismar Degen gemalt. Auch Kunst muß nützlich sein. So malt Degen vorzugsweise Bilder, die das nützliche Tun seines Königs verherrlichen. Es sind schlichte, realistische Arrangements. 1735 entsteht das Bild »Häuserbau im Süden der Berliner Friedrichstadt«: schnurgerade, endlos lange, kasernenartige Häuserfronten, Hunderte emsiger Arbeiter, kein Müßiggang. Das wird dem König gefallen haben. Andere Künstler werden mit weiteren »nützlichen« Motiven beschäftigt, malen Pferde, Hunde, erbeutete Hirsche, des Königs Generale und die Langen Kerls. Hin und wieder Porträts der königlichen Familie.

Der König malt auch selbst. Ungeschickt, dilettantisch, naiv. Erschütternd ein Selbstbildnis des kranken Königs von 1737. Es entsteht im Schloß Kossenblatt. Wie die meisten dieser Bilder trägt es den Vermerk, »FRIDERICUS WILHELMUS in tormentis pinxit«, »Friedericus Wilhelmus hat dieses unter Schmerzen gemahlet«. Das Porträt ist überraschend ehrlich. Wir sehen einen energischen, verbissenen und zugleich unsicheren Menschen, der von Kummer und Schmerzen geplagt ist. Der König leidet bereits schwer unter Gicht und Wassersucht.

Das Hoforchester hat der König bei seinem Amtsantritt umgehend aufgelöst. Das führt zu dem Kuriosum, daß jene Kompositionen, die Johann Sebastian Bach dem Markgrafen

Christian Ludwig gewidmet hat und die später den Namen »Brandenburgische Konzerte« erhalten, zu Lebzeiten des Meisters nicht in Berlin aufgeführt werden, denn hier gibt es kein brauchbares Orchester mehr. Die »Brandenburgischen Konzerte« werden in Köthen uraufgeführt, zum Teil mit Berliner Musikern, die der König 1713 entlassen hat. Als der musikalische Nachlaß des Markgrafen nach seinem Tod 1734 inventarisiert und geschätzt wird, bewertet man die von Bach geschriebene Partitur mit 24 Groschen. Dafür hätte man zu Zeiten Friedrichs I. gerade mal eine Karte für die Oper bekommen. Aber die gibt es längst nicht mehr.

Dem König genügt die Militärkapelle, auch wenn der Komponist Georg Friedrich Händel heißt: »Und endlich hörte er noch und zuweilen und gern Musik auf eine ganz eigentümliche Art exekutiert. Er ließ sich nämlich einige Male in der Woche an Winterabenden Arien und Chöre aus heroischen Opern, besonders aus Händels Alessandro und Siroë auf Blasinstrumenten von den Hoboisten des Potsdamer Garderegiments vorspielen. Bei diesen Blasinstrumentkonzerten standen die Musiker mit ihren Pulten und Lichtern an dem einen Ende des langen Saals und der König saß ganz allein am andern. Zuweilen, natürlich nach einem kopiosen Diner schlief er bei dieser heroischen Musik ein. Eine besondere Kapelle hatte Friedrich Wilhelm nicht: bei Hoffeierlichkeiten versahen die Hoboisten des Garderegiments deren Stelle.

Außerordentliche Freude, so daß er sich den Bauch vor Lachen hielt, verursachte dem König ein ganz extraordinäres von Pepusch bei Gelegenheit einer Geschichte, die im Tabakskollegium vorgefallen war, für 6 Fagotte komponiertes Konzert, überschrieben: ›Porco primo, Porco secondo‹ usw. Auch Friedrich der Große wollte es hören und hatte dazu, um den Komponisten zu verspotten, eine große Gesellschaft geladen. Pepusch wollte ausweichen, mußte sich aber dem Kronprinzen fügen. Er stellte sich darauf nicht mit sechs, sondern mit sieben Hoboisten ein, legte ganz ernsthaft selbst die Noten auf die Pulte und blickte dann im Saale umher. Der Kronprinz kam auf ihn zu: ›Herr Kapellmeister, sucht er etwas?‹ – ›Es wird wohl noch ein Pult fehlen‹, antwortete Pepusch. ›Ich dachte‹, versetzte der Kronprinz lächelnd, ›es wären nur sechs Schweine in seiner Musik?‹ – ›Ganz recht, Ew. Königliche Hoheit‹, versetzte Pepusch, ›aber es ist noch da ein Ferkelchen gekommen – Flauto solo!‹ Friedrich, der Flötenspieler par excellence, erzählte diese Geschichte selbst seinem Lehrer Quanz und setzte hinzu: ›der alte Kerl hat mich doch angeführt und ich mußte ihm noch gute Worte geben lassen, daß er nur nicht noch dazu das Ferkelchen vor meinem Vater produzierte.‹«[29]

Großes Vergnügen bereitet es dem König, gut zu speisen, besonders wenn er eingeladen wird und es nichts kostet. Im eigenen Haushalt achtet er auf jeden Pfennig, geht auf die

Um sich von seiner Krankheit abzulenken, malt der König im Schloß Kossenblatt zahlreiche Bilder. Dieses Selbstbildnis entsteht 1737. Es trägt den Vermerk »... unter Schmerzen gemahlet«.

Friedrich Wilhelm I. auf Hirschhetze bei Wusterhausen. Das Bild zeigt in naiver Simultandarstellung die verschiedenen Phasen einer Hirschhetze, deshalb taucht der König dreimal auf dem Bild auf.

links: Jakob Paul Freiherr von Gundling (1673–1731). Der alkoholkranke Präsident der verwaisten Akademie der Wissenschaften ist immer wieder das Opfer grausamer Späße seines Königs.

rechts: Friedrich Heinrich Graf von Seckendorff (1673–1763). Der Gesandte des Kaisers in Wien nutzt die Kontakte am Berliner Hof für nachrichtendienstliche Zwecke und politische Ränke im Interesse des Kaisers.

unten: Friedrich Wilhelm von Grumbkow (1678–1739). Der Minister und Generalfeldmarschall Friedrich Wilhelms I. beteiligt sich auch an Intrigen gegen die Interessen seines Dienstherrn.

Märkte, um die günstigsten Preise zu kennen, und schaut dem Küchenchef auf die Finger. »Obschon im Etat für jeden Tag 93 Thaler bestimmt sind, so müssen diese nicht drauf gehen. Sondern wenn ich in Potsdam oder in Wusterhausen bin, die Königin aber in Berlin, dann müssen es täglich nicht mehr als 70 oder 72 Thaler sein. Wenn die Königin sich aber bei mir befindet, dann darf es täglich nur 55 Thaler kosten. Von dieser Woche an soll wieder angefangen werden, die gewöhnlichen Wochenzettel zu machen. Ich will auch, daß künftig von Hamburg oder anderen fremden Orten nichts soll verschrieben werden, ohne daß ich vorher gefragt worden bin und es approbiert (genehmigt) habe. Hingegen soll das Hofmarschallamt die Veranstaltung treffen, daß jederzeit gut Rindfleisch, gute fette Hühner und dergleichen vorhanden und konsumiert werden.«[30]

Eine nahezu demokratische Einrichtung, in der jegliche Etikette, nahezu jeglicher Rang abgeschafft und offene Worte erwünscht sind, ist das Tabakskollegium.

»Alle Abende gegen fünf oder sechs Uhr kam das Tabakskollegium zusammen und blieb bis neun, zehn, auch elf und zwölf und, wie Seckendorff am 22. Januar 1727 an Prinz Eugen schreibt, ›oft bis nach zwölf Uhr‹ versammelt. Es gehörten dazu besonders die Obersten und Generale, welche die tägliche Umgebung des Königs bildeten. Alle Bedienung war entfernt, um ganz ungestört zu sein. Gegen sieben Uhr ging der König zur Königin, wo stets ein Kuvert für ihn gedeckt war, kam aber bald zurück. Wer von den Gästen speisen wollte, fand auf einem Nebentisch kalte Küche, unangeschnittene Braten und Pasteten, die der König vom Mittagstische aufheben ließ. Gegen acht Uhr erschienen die jungen Prinzen und wünschten gute Nacht. Um den Haupttisch im Tabakskollegium herum saßen die Herren mit ihren breiten Ordensbändern und rauchten aus langen holländischen Pfeifen, vor jedem von ihnen stand ein weißer Krug mit Ducksteiner Bier von Königslutter im Braunschweigischen und ein Glas. Die nicht wirklich rauchen konnten, wie der alte Dessauer oder Seckendorff, mußten, weil es der König gern sah, wenigstens eine Pfeife in den Mund nehmen und kalt rauchen, Seckendorff war sogar so gefällig, sich durch fortwährendes Blasen mit der Oberlippe den Anschein eines recht wohlgeübten Rauchers zu geben. Es ergötzte den König, der ein

Freund der ›Schnurren‹, der derbsten und stärksten Späße war, höchlich, wenn fremde Prinzen durch das Bier betrunken gemacht werden konnten oder wenn ihnen das ungewohnte Tabakskraut Sterbensübelkeit machte. Er selbst rauchte passioniert, als der König Stanislaus 1736 nach Berlin kam, ebenfalls ein passionierter Raucher, jeden Abend 30 Pfeifen. Auf dem Tische lagen die Zeitungen, die Berliner, die Hamburger, die Leipziger, die Breslauer, die Wiener, die Frankfurter, auch holländische und französische. Ein Vorleser war bestellt, der sie vorlesen und was unverständlich war, aufklären mußte. Dieser Vorleser war der hochgelehrte, hochgepriesene und hochgefoppte Jakob Paul Freiherr von Gundling.«[31]

In diesem Tabakskollegium versucht der König zu erfahren, was er sonst nicht erfährt, läßt er kontroverse Debatten zu, inszeniert aber auch himmelschreiend entwürdigende sadistische Späße, die vor allem den alkoholabhängigen Gundling treffen. Ist man sonst geneigt, den Grausamkeiten noch eine erzieherische oder exemplarische Motivation zuzuordnen, sind die Quälereien an Gundling hemmungsloser Sadismus. Im Tabakskollegium wird der König, wie wir noch sehen werden, auch das Opfer von Intrigen der europäischen Politik.

Ihr sollt den König lieben

Kommt der König, gehen ihm die Leute, seinen Stock fürchtend, aus dem Weg. Einmal, als einer nicht schnell genug ist, erwischt ihn der König, traktiert ihn mit seinem Stock und bleut ihm ein: »Ihr sollt den König lieben, nicht fürchten!«

Der Stock des Berserkers auf dem Thron macht vor keinem halt. Er prügelt den Hohen und den Niedrigen, Despot und Demokrat, vor seinem Prügelstock sind alle gleich. Besonders hart geht er mit dem Kronprinzen um.

Als Friedrich Wilhelm König wird, ist er seit sieben Jahren verheiratet. Seine Gemahlin, Sophie Dorothea von Braunschweig-Lüneburg-Hannover, ist die Tochter des englischen

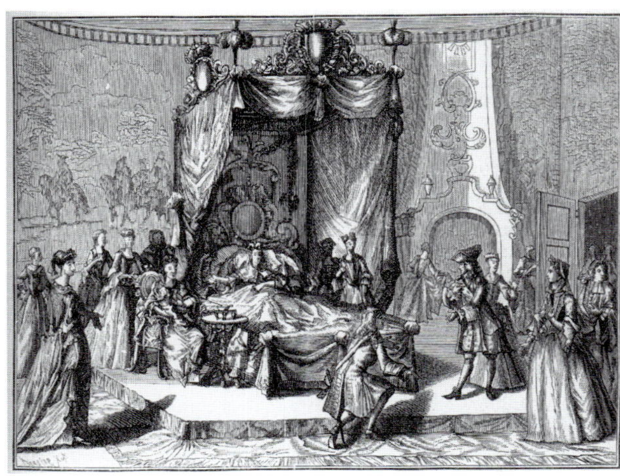

Königs Georg I., jenes Georg, dem ihr Schwiegervater Friedrich I. geholfen hat, auf den englischen Thron zu kommen. Friedrich Wilhelm nennt Sophie Dorothea sein »Fiekchen«. Seine Emsigkeit im Ehebett führt dazu, daß Sophie Dorothea vierzehnmal schwanger wird. Während der König meint, eine gute Ehe zu führen, wozu auch gehört, daß er seiner Frau absolut treu ist – ein ungewöhnliches Verhalten an den Höfen dieser Zeit –, leidet Sophie Dorothea nicht nur unter ihrer permanenten Mutterschaft, sondern wohl noch mehr unter der Abwesenheit von höfischem Glanz, Luxus, Repräsentation und geistiger Zerstreuung, dem unsäglichen Geiz und den brutalen pädagogischen Exzessen ihres Mannes.

Friedrich Wilhelm I. ist ein nüchterner, sparsamer Hausvater, eigentlich ein Bürgerlicher. Er lehnt Prunk und Verschwendung ab, trägt schlichte Uniformen, hat im Schloß alle Polstermöbel durch Holzschemel und Stühle ersetzen lassen, bevorzugt eine billige bürgerliche Küche, oft fettes schweres Fleisch oder gar zum Entsetzen seiner Gemahlin und der Kinder Innereien. Alles andere als königlich sind die Schlösser und die Tafeln. Im Sommer muß ihn die Familie zur Jagdsaison nach Wusterhausen begleiten.

»Wir speisten, gleichviel bei welchem Wetter, unter einer großen Linde in einem gedeckten Zelt, und wenn es stark regnete, hatten wir die Füße im Wasser, denn der Boden war ausgehöhlt. Es war stets für vierundzwanzig Personen gedeckt, von denen drei Viertel hungerten, da für gewöhnlich nicht mehr wie sechs karg zugemessene Schüsseln aufgetragen wurden.«[32] »Nach Tische schlief der König in einem Lehnstuhl nahe am Kamin; wir saßen alle ringsumher und hörten zu, wie er schnarchte, sein Schlaf währte bis um drei Uhr, worauf er ausritt.«[33]

Alles andere als freundlich oder liebevoll ist der Ton, der in der Familie herrscht:

»Wir waren gezwungen, früh neun Uhr in seinem Zimmer zu erscheinen; wir speisten dort und durften es unter keinem Vorwand verlassen. Den ganzen Tag überhäufte er mich und meinen Bruder mit Schmähungen. Der König nannte mich nur noch die englische Canaille, und mein Bruder hieß der Schuft von einem Fritz. Er zwang uns, Dinge zu essen und zu trinken, die uns widerstanden oder die unserer Konstitution zuwider waren, was uns manchmal nötigte, in seiner Gegenwart alles von uns zu geben, was wir im Magen hatten.«[34] »Eines Morgens, da wir zur Begrüßung bei ihm eintraten, schickte er uns fort. ›Hinaus!‹, fuhr er die Königin an, ›mit ihren verwünschten Kindern, ich will allein bleiben.‹«[35]

Hintergrund dieser Auseinandersetzung sind Heiratsverhandlungen, die seine Gemahlin hinter dem Rücken ihres Mannes mit ihrem Bruder, dem englischen König, führt. Ihre Tochter Wilhelmine soll Cousin Herzog Friedrich Ludwig von Gloucester, den zukünftigen englischen König heiraten, Kronprinz Friedrich wiederum dessen Schwester, Prinzessin Amalie ehelichen. Zwei Königreiche, doppelt verbunden, Sophie Dorothea die Mutter dieser Reiche. Europa ist sehr besorgt. Preußen müßte sich nach diesen Heiraten zur Seemacht England gesellen und damit gegen den Kaiser, gegen Wien und Spanien stellen. Und das alles ohne Zustimmung von Friedrich Wilhelm I. Als der König davon erfährt, ist er entsetzt, empört und außer sich: Seine eigene Familie will einen Keil zwischen ihn und den Kaiser treiben. Unabhängig davon, daß der verhängnisvolle Plan noch weit schlimmere von den europäischen Großmächten gesteuerte Intrigen nach sich zieht, ist diese Initiative seiner Frau Auslöser für das größte Familiendrama, von dem das Königshaus erschüttert wird, und wohl auch einer der Nägel zu Friedrich Wilhelms Sarg.

Die Gerechtigkeit muß leben, und wenn die Welt zugrunde geht

Friedrich hat sich einen anderen Vater gewünscht und Friedrich Wilhelm einen anderen Sohn. Der Vater gibt minutiöse Anweisungen, wie das Leben des Sohnes abzulaufen hat. Die Instruktionen zeugen von dem Wahn Friedrich Wilhelms I., mit ausgeklügelter Pädagogik den perfekten Menschen produzieren zu können.

Das folgende Dokument einer einzigartigen Reglementierung soll hier als Beleg dafür ausführlich wiedergegeben werden:

»Am Sonntage soll Er des Morgens um sieben Uhr aufstehen; sobald Er die Pantoffeln an hat, soll Er vor dem Bette auf die Knie niederfallen und zu Gott kurz beten und zwar laut ... Sobald dies geschehen ist, soll Er sich geschwinde und hurtig anziehen und so propre waschen, schwänzen und pudern und muß das Anziehen und kurze Gebet in einer viertel Stunde fix und fertig sein ... Dann soll Er frühstücken in sieben Minuten Zeit. Wenn das geschehn ist, dann sollen alle seine Domestiken und Duhan hereinkommen, das große Gebet zu halten ... Darauf Duhan ein Kapitel aus der Bibel lesen soll und ein oder ander gutes Lied singen, da es 3/4 auf 8 sein wird. Alsdann alles Domestiken wieder herausgehen sollen; Duhan soll alsdann mit Meinem Sohne das Evangelium vom Sonntage lesen, kurz explezieren und dabei allegieren, was zum wahren Christentum nötig ist ... und soll dieses geschehen bis 9 Uhr; alsdann mit Meinem Sohn zu Mir herunterkommen soll und mit mir in die Kirche gehen und essen; der Rest vom Tage ist vor Ihn. Des Abends soll Er um 1/2 10 Uhr von Mir guten Abend sagen, dann gleich nach der Kammer gehen, sich sehr geschwind ausziehen, die Hände waschen und sobald solches geschehen ist, soll Duhan ein Gebet auf den Knien halten, ein Lied singen, dabei alle Seine Domestiken wieder zugegen sein sollen, alsdann Mein Sohn gleich zu Bette gehen soll ... Des Montags um 6 Uhr wird Er gewecket, und sobald solches geschehen ist, sollen sie Ihn anhalten, daß Er sonder sich zu ruhen oder nochmals umzuwenden hurtig und sogleich aufstehen. Und muß Er alsdann niederknien und ein kleines Gebet halten, wie des Sonntags früh. Sobald Er solches getan, soll Er so geschwind als möglich die Schuhe und Stiefeletten anziehen, auch die Hände und das Gesicht waschen, aber nicht mit Seife ... Indes Er sich kämmen und einschwänzen läßt, soll Er zugleich Tee und Frühstück nehmen ... und muß dies alles vor 1/2 7 Uhr fertig sein. Alsdann Duhan und all seine Domestiken hereinkommen sollen, und wird

Kronprinz Friedrich wird schon früh mit dem Waffenhandwerk vertraut gemacht. Das Bild von Antoine Pesne zeigt ihn als Zwölfjährigen mit Hellebarde.

alsdann das große Gebet gehalten, ein Kapitel aus der Bibel gelesen, ein Lied gesungen wie am Sonntage, welches alles bis 7 Uhr dauert ... Von 7 bis 9 Uhr soll Duhan mit Ihm die Historie traktieren; um 9 Uhr kommt Noltenius, der soll Ihn bis 3/4 11 Uhr im Christentum informieren. Um 3/4 11 Uhr soll Er sich das Gesicht geschwind mit Wasser und die Hände mit Seife waschen, sich weiß anziehen, pudern und den Rock anziehen und um 11 Uhr zum König kommen; da bleibt Er bis 2 Uhr; alsdann Er gleich wieder nach seiner Kammer geht. Duhan soll alsdann auch gleich da sein, Ihn von 2 bis 3 Uhr die Landkarte zuweisen; dabei sie Ihm sollen alle europäischen Reiche Macht und Schwäche, Größe, Reichtum und Armut der Städte explizieren. Von 3 bis 4 Uhr soll Er die Moral traktieren, von 4 bis 5 Uhr soll Duhan deutsche Briefe mit Ihm schreiben und darauf sehen, daß Er einen guten Stylum bekomme. Um 5 Uhr soll Er die Hände waschen und zum Könige gehen, ausreiten, sich in der Luft und nicht in der Kammer divertieren und tun, was Er will, wenn es nur nicht gegen Gott ist ...«[36]

Der König ist dennoch mit dem Ergebnis seiner pädagogischen Bemühungen nicht zufrieden. Ein Kronprinz, der Flöte spielt und französische Bücher liest ... Er schreibt ihm: »Sein eigensinniger böser Kopf, der nit sein Vater liebet, dann wann man nun alles thut, absonderlich seinen Vater liebet, so thut man was er haben will, nit, wenn er dabei stehet, sondern wenn er nit alles sieht. Zum andern weiß er wohl, daß ich keinen efeminirten Kerl leiden mag, der keine mennliche Inclinationen hat, der sich schämt, nit reiten noch schießen kann, und dabei mal propre an seinem Leibe, seine Haare, wie ein Narr sich frisiret und nit verschneidet und ich alles dieses tausendmal retremandiret, aber alles umsonst und keine Besserung in nits ist. Zum andern hoffärthig, recht baurenstolz ist, mit keinem Menschen spricht, als mit welche, und nit popular und affabel ist, und mit dem Gesichte Grimassen macht, als wenn er ein Narr wäre, und in nits meinen Willen thut, als mit der Force angehalten; nits aus Liebe und er alles dazu nits Lust hat, als seinem eigenen Kopf folgen, sonst alles nitz nütze ist. Dieses ist die Antwort. Friedrich Wilhelm.«[37]

Schwester Wilhelmine berichtet über den Vater-Sohn-Konflikt: »Mit der Rückkehr des Königs fingen die Mißhandlungen von Neuem an; er konnte meines Bruders nicht ansichtig werden, ohne ihn mit dem Stocke zu bedrohen. Dieser sagte mir jeden Tag, daß er alles vom König ertragen würde, außer von ihm geschlagen zu werden; und daß

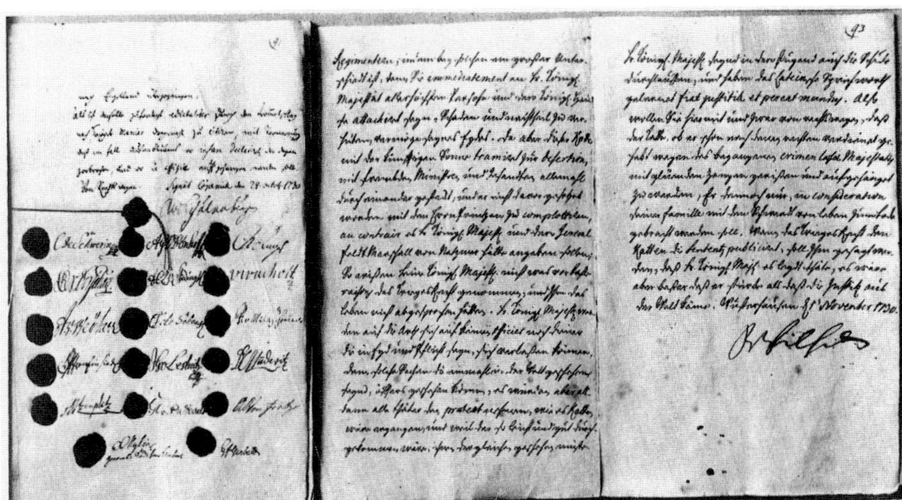

Dokumente zum Katte-Prozeß: Links das Votum des Kriegsgerichts »in sachen des Kronprinzen, Kattes und Konsorten«, rechts die Kabinettsorder des Königs mit Kattes Todesurteil.

er, sofern es je zu diesem Äußersten käme, sich durch die Flucht einer solchen Behandlung entziehen würde. Der Page Keith stand nunmehr als Offizier in einem Regiment, das in Kleve einquartiert war. Sein Abschied hatte mir große Freude bereitet, weil ich hoffte, mein Bruder würde jetzt ein geregelteres Leben führen; allein, es kam anders. … Die Königin erhielt von meinem Bruder einen Brief, der ihr von einem Diener heimlich zugestellt wurde. Dieser Brief machte auf mich einen so tiefen Eindruck, daß ich den Inhalt desselben ungefähr im Wortlaut wiedergebe:

›Ich bin in der größten Verzweiflung. Was ich immer befürchtete, ist mir endlich soeben widerfahren. Der König hat nämlich gänzlich vergessen, daß ich sein Sohn bin und mich wie den niedrigsten aller Menschen behandelt. Ich trat heute morgen wie gewöhnlich in sein Zimmer. Kaum hatte er mich erblickt, als er mich am Kragen packte und in der grausamsten Weise mit seinem Stocke auf mich losschlug. Ich suchte vergeblich, mich zu wehren; er war in einem so schrecklichen Zorn, daß er sich nicht mehr beherrschte, und hielt erst inne, als sein Arm vor Müdigkeit erlahmte. Ich habe zuviel Ehrgefühl, um derartige Behandlungen zu ertragen, und bin entschlossen, auf diese oder die andere Weise ihnen ein Ende zu machen.‹ Dieser Brief erfüllte die Königin wie mich mit größtem Kummer, aber er beunruhigte mich weit mehr als sie. Ich durchschaute deutlicher, was der letzte Satz bedeuten sollte, und erriet wohl, daß mit jenem Entschluß, sich seinen Leiden auf diese oder die andere Weise zu entziehen, mein Bruder nichts anderes beabsichtigte als die Flucht.«[38]

Der Konflikt eskaliert auf einer Inspektionsreise, die den König, den Kronprinzen und Gefolge nach Süddeutschland führt. Die Reise geht über Leipzig, Anspach, Augsburg, Stuttgart nach Frankfurt am Main. Der Kronprinz beabsichtigt, nach Holland zu entkommen, um von dort weiter nach England zu fliehen. Zwei Fluchtversuche scheitern, der letzte in Steinsfurth bei Sinsheim. Verehrer des Preußenkönigs haben dort eine Tafel angebracht: »Hier blieb auf seiner Flucht am 4./5. August 1730 Friedrich der Große dem Vaterlande erhalten.« Eine Gedenktafel für einen Mann, der weder seinen Vater noch sein Vaterland wollte. Der Vater ist außer sich. Sein Sohn, der Sohn des obersten Bestimmers und Dieners, ein Deserteur. Der König läßt den Kronprinzen unter schwerster Bewachung auf einem Rheinschiff zur preußischen Festung Wesel bringen. Zweimal ist der Vater nahe daran, den Sohn in seiner Rage umzubringen, was Offiziere verhindern. Weiter geht die Reise über Treuenbrietzen nach Küstrin, wo der Kronprinz eingekerkert wird. Der Mutter und Wilhelmine gelingt es gerade noch, belastende Briefe beiseite zu schaffen. Seine Frau erschreckt der König mit der Mitteilung, daß er den Schuft Fritz habe hinrichten lassen. Freund und Helfer von Katte wird verhaftet und ebenfalls nach Küstrin gebracht. Von einem Kriegsgericht verlangt der König, beide, Fritz und von Katte, zum Tode zu verurteilen. Das Gericht, das unter dem Vorsitz des Generalleutnants von der Schulenburg in Köpenick tagt, sieht sich für den Kronprinzen nicht zuständig, den Helfer verurteilt es zu lebenslänglicher Festungshaft. Dem König ist das nicht genug. Er will ein Exempel statuieren:

»Wenn das Kriegsgericht dem Katten die Sentenz publiciret, soll ihm gesagt werden, daß Sr. Königl. Majest. es leydt thäte; es wäre aber beßer, daß er stürbe als daß die Justiz aus der Welt käme. Wusterhausen d. 1. November 1730. Friedrich Wilhelm«[39] und läßt von Katte vor den Augen des Sohnes in Küstrin hinrichten. Die Potsdamer Kantorentochter Doris Ritter, die einer Affäre mit dem Kronprinzen verdächtigt wird, da er sie zuweilen aufgesucht hat, um mit ihr zu musizieren, wird auf Befehl des Königs vor

oben: In Rheinsberg verlebt Kronprinz Friedrich seine glücklichsten Jahre. Gemälde von Wenzeslaus von Knobelsdorff.

rechts: Kronprinz Friedrich heiratet 1733 auf Befehl des Vaters Elisabeth Christine von Braunschweig-Bevern (1715–1797). Die Ehe von Elisabeth Christine mit Friedrich II. bleibt glücklos und kinderlos. Nach seinem Amtsantritt im Jahr 1740 verbannt er sie auf Schloß Niederschönhausen.

dem Rathaus, vor ihrem Haus und an allen Ecken der Stadt ausgepeitscht und dann lebenslänglich ins Spinnhaus von Spandau gesteckt. Ihr Vater verliert seine Stelle. 1733 wird das Mädchen begnadigt.

Nach drei Monaten Haft leistet der Kronprinz den Eid, »blindlings den väterlichen willen und Ordres zu befolgen«. Daraufhin wird er am 19. November 1730 freigelassen, muß aber in Küstrin bleiben. Er erhält jährlich 2700 Taler Budget für Wohnung, Heizung, Kost und acht Domestiken. Als Referendar lernt Friedrich im Kammerkollegium in Küstrin die preußische Wirtschaftsführung kennen. 1733 heiratet der Kronprinz auf Befehl des Königs Elisabeth Christine von Braunschweig-Bevern. Er liebt sie nicht und kündigt an, daß jeder seiner Wege geht, zeigt sich aber von den Freuden im Bett durchaus begeistert. In Briefen schwärmt er von einer »Brunftzeit«, dem »wunderschönen Leib« und dem »zuckersüßen Vötzchen« der Gattin. Während der Zeit in Rheinsberg scheinen die beiden noch ein gutes Verhältnis zu haben.

Der Vater hat dem jungen Paar zunächst das Berliner Kronprinzenpalais und das Schloß Rheinsberg zur Verfügung gestellt. Hier, weitab von Berlin, frönt Friedrich seinen Leidenschaften. Musizieren, Philosophieren, Diskutieren, Schreiben. Champagnerfeste, Maskenbälle, Konzerte, Theateraufführungen wechseln am Rheinsberger Hof einander ab. Alles ohne höfische Etikette, ein fast demokratischer Musenhof. Zum Hofstaat gehören Bürgerliche, Adlige, einfache Soldaten, Musiker, Künstler. Hier beginnt Friedrich den Briefwechsel mit dem Kultschriftsteller der europäischen intellektuellen Szene, dem Philosophen Voltaire. Hier entsteht auch Friedrichs polemische Schrift gegen Fürstenwillkür, der »Antimachiavell«.

»Die Überschwemmungen, die ganze Landstriche verwüsten, der zündende Blitz, der Städte in Asche verwandelt, der Gifthauch der Pest, der Provinzen entvölkert – sie sind der Welt nicht so verhängnisvoll wie die schlechte Moral, wie die zügellosen Leidenschaften der Könige. Denn wie die Macht, Gutes zu tun, wofern sie dazu gewillt sind, in ihrer Hand gegeben ist, gleichermaßen steht es bei ihnen, böses auszuüben, wenn sie es wollen. Ein Jammer ist es aber um das Los der Völker, alles vom Mißbrauch der Herrschermacht fürchten zu müssen: wenn all ihre Habe der Gier des Fürsten, ihre Freiheit seinen Launen, ihre Ruhe seinem Ehrgeiz, ihre Sicherheit seiner Tücke, ihr Leben seiner Grausamkeit ausgeliefert ist! Wohlan, da haben wir das Bild eines Reiches unter einem politischen Ungeheuer von jenem Schlage, wie Machiavell es zu züchten sich anheischig macht!«[40] Der nahezu romantische Tugendkatalog für den Idealfürsten wird, noch bevor er gedruckt ist, für Friedrich überholt sein.

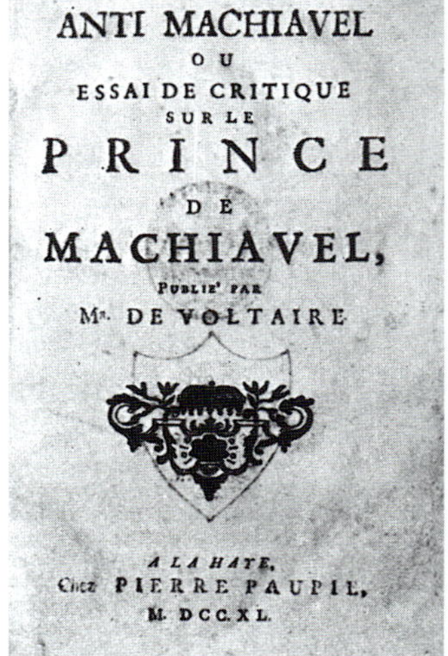

In Rheinsberg verfaßt Friedrich den »Antimachiavell«, einen Tugendkatalog für den Idealfürsten, den er allerdings kein Jahr später ad absurdum führt. Titelseite des »Antimachiavell«, der in Amsterdam 1740 anonym erscheint.

Der naive Diplomat

König Friedrich Wilhelm I. liebt zwar Soldaten, aber er liebt keine Kriege. Kriege kosten Geld, Kriege ramponieren die schöne Armee. Eher zögerlich läßt sich der Soldatenkönig auf einen einzigen Feldzug ein. Als er 1720 aus diesem Nordischen Krieg ausscheidet, bringt ihm das Gebietsgewinn. Vorpommern, die Inseln Usedom und Wollin und das von seinem Großvater so heiß begehrte Stettin werden preußisch.

Weitere außenpolitische Pläne kann der König in Ruhe angehen. Er ist alles andere als ein Abenteurer, schätzt Chancen und Risiken eher kaufmännisch ab. Seine formidable Armee ist ein guter Schutz gegen eventuelle Eroberungsgelüste seiner europäischen Rivalen, aber auch ein brauchbares Faustpfand für nützliche oder unausweichliche Alli-

Der König in der Uniform seines Leibregiments reitet auf dem linken Ufer der Havel, im Hintergrund Potsdam. Gemälde von Dismar Degen.

anzen. Während seiner weiteren Regentschaft ist sein Interesse auf die Umsetzung der Erbfolgerechte in Jülich und Berg gerichtet. Der Garant für diese Pläne ist für Friedrich Wilhelm I. traditionell der Kaiser. In nahezu treuherziger Manier wirbt er immer wieder um dessen Gunst und wird immer wieder von ihm an der Nase herumgeführt.

Als das Projekt der englischen Doppelheirat und ein Pakt zwischen Preußen, Hannover, England und Hannover bekannt wird, schickt Wien einen Geheimdiplomaten nach Berlin. Der kaiserliche Gesandte General von Seckendorff erwirbt sich die Gunst des Königs durch großzügige Geschenke und üppige Gelage. Er kauft Mitarbeiter des Königs als Spione. Allen voran Minister Grumbkow, aber auch einen Kammerdiener und den preußischen Gesandten in London. So ist Wien über alles informiert, was in London, Berlin und Preußen geschieht.

Unter Wiener Regie kann der König von England von den Heiratsplänen abgebracht werden. Die entscheidenden Gespräche finden im Tabakskollegium statt, ohne daß der König ahnt, daß er von Spionen umgeben ist.

Dem kaiserlichen Gesandten Generalleutnant von Seckendorff gelingt es, den König zu einem Geheimabkommen mit Wien zu bringen und die Garantie der Pragmatischen Sanktion einzureden. Als Gegenleistung soll Preußens Anspruch auf Jülich-Berg vom Kaiser bestätigt werden. Obwohl der Kaiser das Gegenteil macht, nämlich den Anspruch des konkurrierenden Hauses Pfalz-Sulzbach bestätigt, hält Friedrich Wilhelm I. nahezu servil dem Kaiser die Treue. Erst als 1738 nach dem Polnischen Erbfolgekrieg die Großmächte Österreich, Frankreich, England und Holland einhellig Preußens Ansprüche zurückweisen, bricht der König mit dem Kaiser. In seiner puritanischen Frömmigkeit, seinem ehrlichen offenen Sinn, ist er vom Verrat des Kaisers tief verletzt: »Es scheint beinahe, als habe man in Wien Treu und Glauben, wenigstens in Bezug auf uns, gänzlich bei Seite gesetzt; man will nach der Lehre Machiavellis nicht halbwegs böse sein, sondern ganz und gar; aber vielleicht kommt einmal eine Zeit, wo der Kaiser bereuen wird, daß er seinen besten Freund so empfindlich beleidigt und anderen aufopfert.«[41]

Erst auf seinem Sterbebett wird dem König endgültig klar, wie sehr ihn die Großmächte hintergangen haben. So spricht er zu seinem Nachfolger von der »unvariablen Maxime des Hauses Österreich, Preußen niederzuhalten«, von der Ambivalenz Englands, der Unzuverlässigkeit Rußlands und dem unsicheren Frankreich. Die Enttäuschung über das Verhalten der Großmächte beschleunigt nach der seelischen Erschütterung angesichts des Fluchtversuchs des Kronprinzen wahrscheinlich das Ende des Königs.

links: Versöhnung des kranken Königs mit Sohn Friedrich.

rechts: Der kranke König gibt penible Anweisungen, wie nach seinem Tod zu verfahren ist. Radierungen von Daniel Chodowiecki.

Der kranke König

Seit 1726 hat der König mit seiner Krankheit zu kämpfen. Er leidet schwer an Gicht und Wassersucht, hinzu kommen Nieren- und Gallensteine. 1738 verschlimmert sich sein Zustand, er wiegt inzwischen 300 Pfund, ein Herzleiden ist die Folge. Hin und wieder belastet ihn die Vorstellung, nicht genug getan zu haben. Dabei ist das Königreich in einem so guten Zustand wie noch nie. Es ist ihm gelungen, die Staatseinnahmen auf fast sieben Millionen Taler zu bringen, das sind 144 Prozent gegenüber 1713. Aus dem Schuldenberg des Vaters ist ein ansehnlicher Staatsschatz, der »Tresor« von 8,7 Millionen Talern geworden. Die Bevölkerung hat sich gegenüber 1688 mehr als verdoppelt, Preußen zählt jetzt 2,38 Millionen Einwohner. Land, Leute, Armee und Verwaltung haben Konturen bekommen, ein Erbe, mit dem etwas anzufangen ist. Sein Nachfolger schreibt später: »Die Einkünfte Preußens betrugen beim Tode König Friedrich Wilhelms I. nur 7.400.000 Taler. Die Bevölkerung in allen Provinzen belief sich höchstens auf drei Millionen Seelen. Der verstorbene König hinterließ im Schatze 8.700.000 Taler, keine Schulden, die Finanzen in guter Verwaltung, aber wenig Industrie; die Handelsbilanz verlor jährlich 1.200.000 Taler an das Ausland. Das Heer zählte 76.000 Mann, darunter fast 26.000 Ausländer: ein Beweis, daß seine Stärke die Kräfte des Landes überstieg und daß drei Millionen Einwohner nicht einmal zum Ersatz von 50.000 Mann hinreichten, zumal in Kriegszeiten. Der verstorbene König hatte sich in kein Bündnis eingelassen, um seinem Nachfolger freie Hand zu bewahren, welche Bündnisse er nach Zeit und Umständen als die für den Staat vorteilhaftesten eingehen wollte.«[42]
Gewissermaßen auf dem Weg zur Nachfolge auf dem Thron, beim Studium des Landes und seiner Verwaltung, beim Kennenlernen der Leistungen und Konzepte seines Vaters, beim Sicheinstellen auf die Pflicht und die Verantwortung eines »ersten Dieners seines Staates« söhnt sich der Sohn mit dem Vater aus. 1748 schreibt Friedrich: »Wenn es wahr ist, daß wir den Schatten der Eiche, der uns umfängt, der Kraft der Eichel verdanken, die den Baum sprossen ließ, so wird die ganze Welt darin übereinstimmen, daß in dem arbeitsreichen Leben dieses Fürsten und in der Weisheit seines Wirkens die

Urquellen des glücklichen Gedeihens zu erkennen sind, dessen sich das königliche Haus nach seinem Tode erfreut hat.«[43]

Am 31. Mai 1740 stirbt Friedrich Wilhelm I. im Potsdamer Stadtschloß. Für seinen Tod hat er penible Anweisungen verfaßt. Er legt fest, daß sein Körper geöffnet und untersucht werden, aber nichts entnommen werden soll, ferner entwirft er ein genaues Szenarium, wer wo beim Leichenbegängnis was tun soll:

»5. Der Leichenwagen, der aus dem Berliner Marstall genommen werden soll, muß an der grünen Treppe stehen; und zwar die Köpfe der Pferde nach dem Wasser zu. In den Leichenwagen sollen mich acht Kapitäns von meinem Regiment tragen. Sobald dies geschehen ist, treten sie wieder in Reih' und Glied. Sobald der Wagen herunterfährt, wird der Totenmarsch geschlagen. Die Hautboisten blasen das bekannte Lied: ›Oh, Haupt voll Blut und Wunden‹. Meine beiden Söhne Wilhelm und Heinrich bleiben beim Regiment. Ihr als mein ältester Sohn nebst dem kleinen Ferdinand marschiert in Uniform hinter dem Wagen; desgleichen die Generals und Offiziers sowie die beiden Feldprediger Cochius und Oedsfeld.

6. Hierauf soll meine Leiche in die Kirch getragen werden, und zwar durch die Tür durch welche ich sonst gegangen bin. Der Sarg wird kurz vor dem Gewölbe niedergesetzt, worauf die Hautboisten sich hören lassen. Mein Capellmeister Ludovici soll die Orgel spielen. Von den Generals und Offiziers werden schon welche sein, welche mir die letzte Ehre erweisen und mich in die Gruft tragen werden.

7. 24 sechspfündige Canonen, von Berlin gebracht, sollen mit Geschwindschüssen zwölfmal feuern, und zwar Feuer auf Feuer. Alsdann gibt ein Bataillon nach dem anderen Feuer.

8. Die Grenadiers bringen die Fahnen dahin, wo Ihr, mein lieber Sohn, befehlen werdet. Jeder Grenadier soll das gewöhnliche Biergeld haben, so wie in der Exerzierzeit.

9. Den anwesenden Generals und Offiziers soll das beste Faß Rheinwein zu trinken gegeben werden, wie überhaupt an diesem Abend nichts als guter Wein getrunken werden soll.

10. 14 Tage darauf soll in allen Kirchen über den Leichentext gepredigt werden: ›Ich habe einen guten Kampf gekämpft‹. Dann wird das Lied gesungen: ›Wer nur den lieben Gott läßt walten‹. Von meinem Leben und Wandel, von meine Aktionen und Personalien soll nicht ein Wort geäußert, dem Volk aber gesagt werden, ich hätte solches ausdrücklich verboten. Mit der Beifügung, daß ich als ein großer und armer Sünder gestorben sei, der aber bei Gott und seinem Heiland Gnade suchte. Überhaupt soll man mich in den Leichenpredigten nicht verächtlich machen, aber auch nicht loben.«[44]

Am 4. Juni erfolgt die Beisetzung, am 22. Juni die Leichenfeier.

Seinem Sohn rät der Verstorbene in seinem Testament: »Mätressen, Operas, Komödien, Redouten, Ballette und Maskeraden zu unterdrücken und nicht selber ein so gottloses Leben anzufangen«, keine Schulden zu machen, sich vor den Intrigen der Minister zu hüten, den Soldaten und Offizieren keinen Sold abzuziehen, Lutheraner und Reformierte gelten zu lassen, sich um die Manufakturen zu kümmern, die Länder, die Preußen zustehen, zu gewinnen und: »Kurfürst Friedrich Wilhelm hat eine rechte Blüte in unser Haus gebracht. Mein Vater hat die königliche Dignität geschaffen. Ich habe Land und Armee in Ordnung gebracht. An Euch, mein lieber Successor, ist es, das was Eure Vorfahren geschaffen haben, zu erhalten, und die Länder, auf die wir Anspruch haben, zu gewinnen, da sie unserm Haus von Gott und Rechtes wegen zustehen.

11. Betet zu Gott, und fanget nie einen ungerechten Kriege an! Wozu Ihr ein Recht habt, davon laßt nicht ab. Deshalb bitte ich Euch um Gottes Willen, die Armee wohl zu erhal-

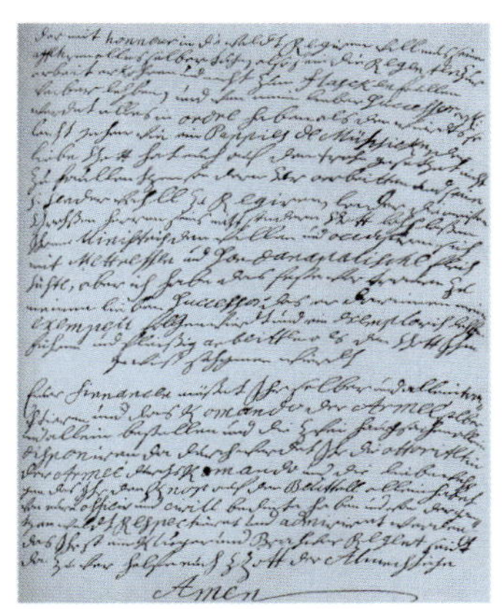

Letzte Seite des eigenhändig niedergeschriebenen Testaments des Königs Friedrich Wilhelm I. vom Jahre 1722.

ten, sie ständig stärker und schlagfertiger zu machen, sie aber mitnichten für Geld oder Subsidia zu vermieten. Haben die andern Euch nötig, so werden sie Euch geben, was Ihr verlangt. Haben sie Euch aber nicht nötig, so sitzet mit Eurer Armee stille und wartet ab. Die höchste Wohlfahrt eines Regenten ist es, wenn sein Land gut bevölkert ist. Das ist der rechte Reichtum eines Landes. Deshalb, mein lieber Successor, bitte ich Euch nochmals, keinen ungerechten Krieg anzufangen. Denn Gott hat ungerechte Kriege verboten! Und Ihr müsset einmal Rechenschaft ablegen für jeden Menschen, der in einem ungerechten Krieg sein Leben lassen mußte.«[45]

Ein anderes Vermächtnis ist im Zusammenhang mit einer Äußerung des Soldatenkönigs aus dem Jahr 1736 überliefert; damals erfuhr er, daß ihn der Kaiser hintergangen hatte. Anläßlich einer Truppenparade soll der König auf seinen Sohn gezeigt und vor den Ohren der gesamten Generalität gesagt haben: »Hier steht einer, der mich rächen wird.«[46] Ist es dieser Satz, der Friedrich wenige Monate später veranlaßt, alle ethischen Bedenken, alle Anweisungen, keine ungerechten Kriege anzufangen, alle Rücksichtnahme auf Land und Leute über den Haufen zu werfen?

Friedrich II. – Hoffnungsträger oder Aggressor?

Der junge König Friedrich II. ist ein Phänomen, das ganze Gegenteil seines Vaters, scheint es. Ein Erlaß jagt den anderen, alle erstaunlich, alle fortschrittlich. Die Minister sollen gute Laune haben und niemanden drangsalieren, die Folter soll abgeschafft, die Prügelstrafe gemildert und Kindesmörderinnen nicht mehr ertränkt werden. Die Gattin wird ins Exil des Schlosses Schönhausen geschickt, man sieht sich nur noch zu offiziellen Anlässen. Seine Mutter erhält Schloß Monbijou als Ruhesitz. Kornkammern werden für die Armen geöffnet, Zeitungen gegründet, die Zensur teilweise aufgehoben und – ein jeder soll nach seiner Fasson selig werden. Ein Opernhaus wird in Auftrag gegeben, Graun losgeschickt, um italienische Sänger zu engagieren, und der Schauspieler La Noue soll Schauspieler für ein Hoftheater finden. Friedrich erhöht die Gehälter der Wissenschaftler, ruft führende Philosophen und Schriftsteller nach Berlin und den verbannten Erzieher seiner Jugend, Duhan. Voltaire gestattet sich zunächst nur eine Stippvisite in Berlin und tritt zehn Jahre später in des Königs Dienste. Europa ist beeindruckt von dem intellektuellen, aufgeklärten, kunstliebenden, ja fast heiteren Preußen des neuen Königs. Aber dieses Bild strahlt nur eine kurze Zeit. Über den rasch folgenden Kriegen wird es die Geschichte vergessen. Doch zunächst lenkt es von militärischen Aktivitäten des neuen Königs ab: Die Armee läßt er sofort um 17 Infanteriebataillone und ein Kavallerieregiment aufstocken.

Die Regierung Friedrich II. ist ein Kontrastprogramm: Bedingungsloser Gehorsam und Staatsräson, Toleranz und Gerechtigkeit, egozentrische Machtpolitik, aufklärerische Humanität und zynische Menschenverachtung prägen seinen politischen Stil. Friedrich beeilt sich mit seinem Huldigungsbesuch in Königsberg. Bereits am 20. Juli hat er die Sache ohne Pomp hinter sich gebracht. Schon ein halbes Jahr nach seinem Machtantritt zieht es den aufgeklärten Monarchen, den »König der Philosophen«, wie Voltaire ihn euphorisch nennt, in einen abenteuerlichen Krieg, zum »Rendezvous des Ruhmes«.

Preußen wird zum Aggressor. Dieses Stigma wird bis zur Auflösung der Provinz Preußen im Jahr 1947 das Bild dieses Staates in der Welt prägen. Protagonist dieses Handelns ist der aufgeklärte Philosoph auf dem Thron, der noch vor einem Jahr in seinem »Anti-

Wenige Monate nach seinem Amtsantritt verläßt Friedrich II. (1712–1786) seinen menschenfreundlichen Kurs und zettelt die verlustreichste Serie von Kriegen seines Jahrhunderts an.

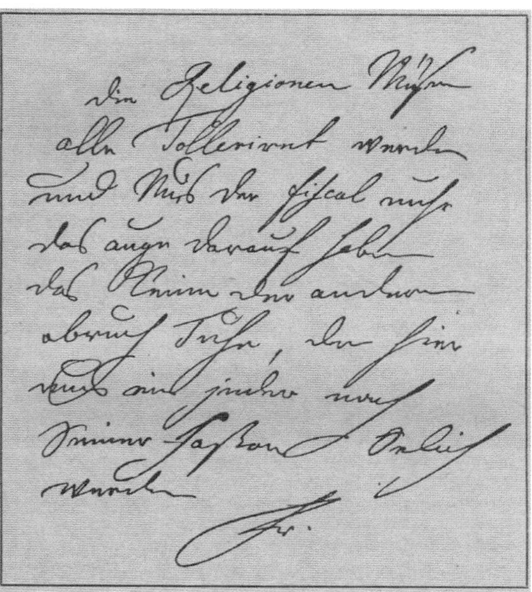

machiavell« gegen die Willkür von Despoten polemisiert hat. Über Nacht ist der Ehrgeiz, sich von jenen absolutistischen Herrschern zu unterscheiden, dem Ehrgeiz gewichen, mit ihnen zu wetteifern, dem Kreis der Mächtigen anzugehören.

Am 26. Oktober erreicht den König in Rheinsberg, wo er mit Fieber darniederliegt, die Nachricht vom überraschenden Tod des Kaisers. Karl VI., der letzte männliche Erbe aus dem Hause Habsburg, ist am 20. Oktober 1740 im Alter von 54 Jahren gestorben. Für diesen Fall sollte die pragmatische Sanktion vorsorgen. Diese Vereinbarung des Kaisers mit den Reichsfürsten und weiteren Staaten besagt, daß sie auch eine weibliche Erbfolge tolerieren, wenn keine männlichen Nachkommen existieren. Kandidatin für den Thron ist nun Maria Theresia, des Kaisers Tochter, respektive ihr Gatte Franz. Friedrich schreibt in seinen Erinnerungen: »Die Nachricht kam nach Rheinsberg, als der König dort an viertägigem Fieber krank lag. Die Ärzte, in alte Vorurteile verrannt, wollten ihm kein Chinin geben. Er nahm es gegen ihren Willen; denn er hatte wichtigeres vor, als seine Genesung abzuwarten. Unverzüglich entschloß er sich, die schlesischen Fürstentümer, auf die sein Haus unbestreitbare Ansprüche hatte, zurückzufordern und zugleich rüstete er sich, um seine Ansprüche, wenn es sein mußte, mit Waffengewalt durchzusetzen ... Hierzu kam ein schlagfertiges Heer, ein wohlgefüllter Kriegsschatz und vielleicht auch der Drang, sich einen Namen zu machen. Dies alles bewog den König von Preußen zu dem Kriege, den er an Maria Theresia von Österreich, Königin von Ungarn und Böhmen erklärte.«[47]

Am gleichen Tag schreibt er an Voltaire:

»Remusberg, 26. Oktober 1740.

Das allerunvermutetste Ereignis hindert mich diesmal, lieber Voltaire, meine Seele wie gewöhnlich der Ihren zu erschließen und zu plaudern, wie ich es möchte.

Der Kaiser ist tot!

Der Fürst, den Natur für den Thron nicht erschuf,

Ward König, dann Kaiser; Eugen hat Ruhm ihm erworben.

Doch ist er, zum Unglück für seinen Ruf, als Bankrottierer gestorben.

Erstmals erscheinen 1740 die »Berlinischen Nachrichten« in einer deutschen und einer französischen Ausgabe.

Dieser Todesfall wirft all meine Friedensideen über den Haufen. Ich glaube, im Monat Juni wird es sich eher um Schießpulver, Soldaten, Laufgräben handeln, als um Schauspielerinnen, Ballette und Theater ... Dies ist der Augenblick der völligen Umwandlung des alten politischen Systems; der Stein hat sich gelöst, den Nebukadnezar auf das Bild aus vier Metallen rollen sah, der sie alle vier zerstörte. Tausend Dank für die Vollendung des Druckes von Macciavell! Arbeiten kann ich jetzt nicht daran; ich bin mit Geschäften überlastet. Meinem Fieber gebe ich nun den Laufpaß; denn ich habe meine Maschine nötig. Sie muß jetzt alles hergeben, was nur nötig ist.«[48]

Es ist schon erstaunlich, wie dieser janusköpfige König seine Kriegspläne ankündigt und sich im gleichen Brief für den Druck seines Konzepts eines menschenfreundlichen Idealfürsten bedankt. Bereits zwei Tage später teilt Friedrich seinem Minister Heinrich Graf von Podewils und seinem Generalfeldmarschall mit, daß er beschlossen habe, Schlesien zu erobern.

Skrupellos kalkuliert, scheint die Gelegenheit tatsächlich günstig. Bayern, Sachsen und Frankreich verweigern ihre Zustimmung zur Thronfolge Maria Theresias und melden eigene Ansprüche an. In Rußland liegt die Zarin Anna im Sterben. Der junge, ehrgeizige König meint, für Preußen sei die einmalige Chance gekommen, das Königreich im Windschatten der Konflikte anderer zu vergrößern.

Vielleicht hat er die Worte seines Vaters von der Rache im Ohr, der Rache für die Demütigungen, die der Vater vom Kaiser in Wien ertragen mußte, vielleicht auch das väterliche Vermächtnis, für die Rechte Preußens zu kämpfen, das sich allerdings auf Jülich-Berg bezog, gewiß aber nicht die Mahnung, keine ungerechten Kriege zu führen. Daß auch nackter Ehrgeiz und Eitelkeit im Spiel sind, gesteht er selbst ein: »Meine Jugend, das Feuer der Leidenschaften, der Durst nach Ruhm, ja ... selbst die Neugier, kurz, ein geheimer Instinkt hat mich den Freuden der Ruhe entrissen. Die Befriedigung, meinen Namen in den Zeitungen zu lesen und dereinst auf den Blättern der Geschichte, hat mich verführt.«[49]

Unter dem fadenscheinigen Vorwand alter preußischer Rechte auf Schlesien beschließt Friedrich II., Österreich und der von vielen Seiten bedrohten Kaisertochter Schlesien zu rauben und damit die Reputation Preußens zu erhöhen. Am 11. Dezember 1740 schlägt Friedrich II. Maria Theresia ultimativ vor, Schlesien an Preußen abzutreten, dann würde er der Kaiserwahl ihres Gatten zustimmen und an ihrer Seite gegen ihre Widersacher kämpfen. Ohne ihre Antwort abzuwarten, hält er zwei Tage später eine pathetische Ansprache an seine Offiziere, die er selbst in seinen Werken überliefert hat: »Meine Herren, ich unternehme einen Krieg, für den ich keine anderen Bundesgenossen habe als ihre Tapferkeit und ihren guten Willen. Meine Sache ist gerecht, und ich vertraue meinem Glück. Bleiben Sie stets des Ruhmes eingedenk, den Ihre Vorfahren sich erwarben auf den Feldern von Warschau, von Fehrbellin und auf dem Zuge nach Preußen. Ihr Schicksal ruht in Ihren eigenen Händen; Auszeichnungen und Belohnungen warten nur darauf, das sie Sie durch glänzende Taten verdienen. Aber ich brauche sie nicht erst anzufeuern. Der Ruhm allein steht Ihnen vor Augen, nur er ist das würdige Ziel ihres Strebens. Wir werden Truppen angreifen, die unter dem Prinzen Eugen die Bewunderung der Welt errungen haben. Zwar ist dieser Prinz nicht mehr; aber unsere Siege werden darum nicht weniger ruhmvoll sein, da wir uns mit seinen braven Soldaten zu messen haben werden. Leben sie wohl! Brechen Sie auf zum Rendezvous des Ruhmes, wohin ich Ihnen ungesäumt folgen werde.«[50]

Ich habe den Rubikon überschritten – der Erste Schlesische Krieg

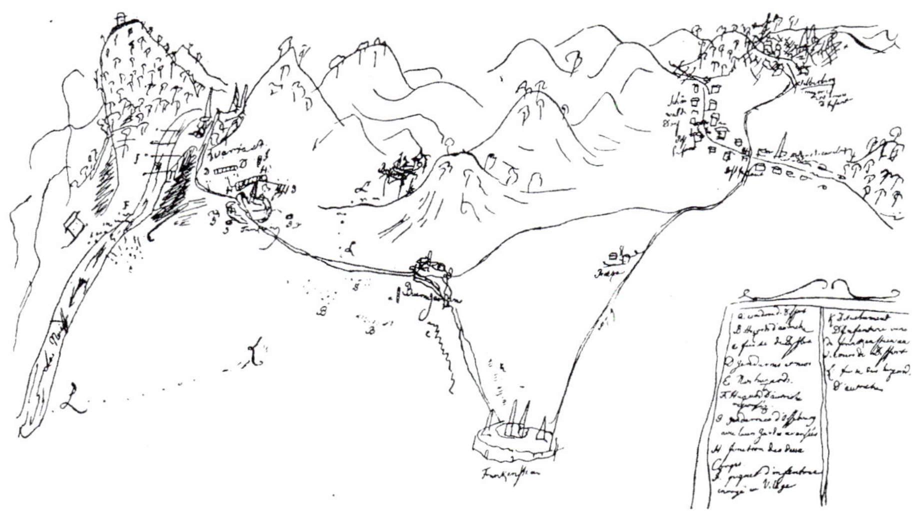

Die Skizze für den Überfall auf Schlesien zeichnet der König selbst.

Am 16. Dezember 1740 marschieren 15.000 preußische Infanteristen und 5000 Berittene in Schlesien ein. Die Skizze für den Einmarsch verfertigt der König selbst. Euphorisch schreibt der Mann, der sich als Cäsar fühlt, an seinen Minister:
»Schweidnitz, 16. Dezember 1740.
Lieber Podewils, ich habe den Rubikon überschritten mit fliegenden Fahnen und klingendem Spiel. Meine Truppen sind vom besten Willen beseelt, die Offiziere voller Ehrgeiz, und unsere Generale hungern nach Ruhm; alles wird nach Wunsch gehen, und ich habe Anlaß, mir alles erdenkliche Gute von diesem Unternehmen zu versprechen. ... Ich bin entschlossen, entweder unterzugehen oder mit diesem Unternehmen mir einen ehrenvollen Namen zu machen.«[51]
Zwei Tage nach dem Einmarsch veröffentlicht er eine zweideutige Deklaration, in der er versucht, den europäischen Mächten Sand in die Augen zu streuen. Darin heißt es, der Einmarsch »erfolge auf Anlaß der von mehreren Seiten auf die Succession der öster-

reichischen Lande erhobenen Ansprüche…, damit diese nicht von Andern eigenmächtig und gewaltsam in Besitz genommen würde.«[52] Selbst der Alte Dessauer ist über soviel Hinterlist empört. Deutlicher wird Friedrich in einem Manifest, das zunächst als diplomatische Argumentationshilfe gedacht an die Presse gerät:

»Da der Kaiser selbst keinerlei Anrecht auf die ihm strittig gemachten schlesischen Herzogtümer besitzt, mit welchem Recht kann seine Tochter sie dann beanspruchen? Man kann doch nichts erben, was den Eltern nicht gehört hat!

Nehmen wir aber den schlimmsten Fall an, daß man das Vorgehen des Königs als Verstoß gegen die pragmatische Sanktion betrachtet, so ist hervorzuheben, daß der König von Preußen dem Kaiser die Pragmatische Sanktion durch den Vertrag von 1732 nur unter der Bedingung der Garantie für das Herzogtum Berg gewährleistet hat. Diesen Vertrag aber hat das Haus Österreich gebrochen, indem es im Jahre 1738 und 1739 den vorläufigen Besitz der Herzogtümer Jülich und Berg dem Hause Sulzbach garantierte. Der König tritt also wieder in den Vollbesitz seiner Rechte, zumal man ihm als Äquivalent eigene Besitzungen des Kaisers versprochen hatte.« Die eigentliche Begründung

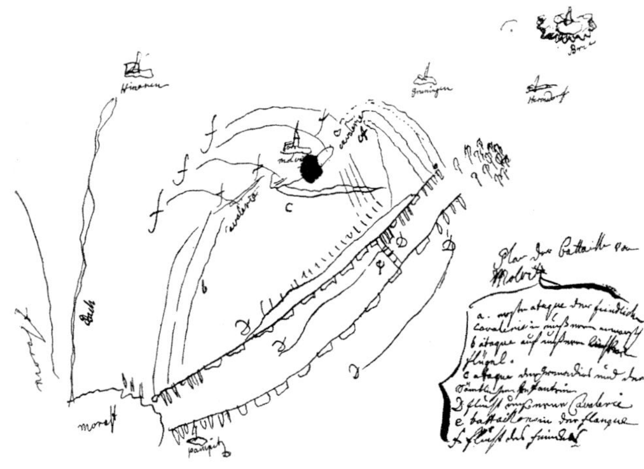

Auch für die erste Schlacht bei Mollwitz am 10. April 1741 entwirft der König den Aufmarschplan. Daß er ihn zu penibel befolgt, führt fast zur Niederlage der Preußen.

steht im P. S.: »N. B. Ich vergaß hinzuzufügen, daß Schlesien stets ein Mannslehen gewesen und nur durch die Pragmatische Sanktion zum Weiberlehen geworden ist. Da aber meine Garantie null und nichtig geworden ist, trete ich jetzt wieder in den Vollbesitz meiner Rechte; denn das Kaiserhaus hat keine männlichen Nachkommen mehr.«[53] Am 22. Dezember besetzen die Preußen Glogau, am 27. Dezember Bunzlau, am 1. Januar 1741 sind sie bereits in Breslau. Die preußischen Truppen haben schwer mit Regen, Schlamm und Kälte zu kämpfen, aber sie treffen kaum auf Widerstand, denn in Schlesien stehen nur geringe österreichische Kräfte. So erfolgt die Besetzung nahezu unblutig. Der Handstreich kostet Friedrich zwanzig Mann, zwei Offiziere und die Frau eines Dragoners, die bei der Überquerung eines Flusses ertrinkt. Die niederschlesische Bevölkerung, vorwiegend Protestanten, begrüßen die Eroberer; den Katholiken garantiert man Schutz und Glaubensfreiheit. In den besetzten Gebieten werden sofort zur Finanzierung des Feldzuges notwendige Steuern erhoben, Zwangswerbungen finden statt, und die verwaltungsmäßige Eingliederung beginnt umgehend. So hat Friedrich II., als sich Maria Theresia vom ersten Schock erholt hat und nach Koalitionen Ausschau hält, Tatsachen geschaffen. Schlesien ist nun preußisch. Wer es zurückhaben will, muß es

erobern. Am 16. Februar schließen sich England, Rußland, Österreich, Sachsen und Holland in Dresden zu einer zunächst militärisch noch nicht aktiven antipreußischen Koalition zusammen.

Erst am 10. April kommt es südlich von Breslau zur ersten Schlacht, die fast das Schicksal Preußens und seines Königs besiegelt hätte. Mit dieser Schlacht beginnt die wohl verlustreichste Serie von Kriegen dieses Jahrhunderts. Der König, das strenge militärische Reglement im Sinn, verschenkt kostbare Zeit, als er das preußische Heer schulmäßig aufmarschieren läßt. Die Österreicher scheinen zu siegen, der König bringt sich auf den Rat seines Generals Schwerin in Sicherheit. Schließlich entscheidet die gedrillte schnellschießende preußische Infanterie die Schlacht. Ein österreichischer Offizier berichtet später über das Vorgehen der preußischen Bataillone: »Ich kann wohl sagen, mein Lebtag nichts Schöneres gesehen zu haben. Sie marschierten mit der größten Contenance und so schnurgleich, als wenn es auf dem Paradeplatz wäre. Das blanke Gewehr machte in der Sonne den schönsten Effekt, und ihr Feuer ging nicht anders als ein stetiges Donnerwetter. Unsere Armee ließ den Mut völlig sinken.«[54] Alle zwölf Sekunden eine Salve feuern die Soldaten ab, wissend, daß sie nur die Chance des Angriffs und des Sieges haben. Denn die preußische Heeresordnung, von Friedrich erlassen, sieht für den Fall der Flucht vor: »Wenn ein Soldat sich während des Treffens nach der Flucht umsehen sollte, und zwar 1 Fuß breit aus der Linie sich begiebet, soll der hinter selben stehende Unter-Officier selben mit dem Kurzgewehre auf der Stelle durchstechen und massacriren.«[55]

Die preußische Infanterie gilt von nun an als die beste der Welt.

Nach seiner ersten, knapp gewonnenen Schlacht sucht Friedrich für den Dankgottesdienst folgende Bibelverse aus, adressiert an die Herrscherin in Wien: »Ein Weib lerne in der Stille mit aller Untertänigkeit. Einem Weibe aber gestatte ich nicht, daß sie mich lehre, auch nicht, daß sie des Mannes Herr sei, sondern stille sei.«[56]

Er meint, im Vorteil zu sein, weil sein Gegner eine Frau ist. Maria Theresia verteidigt ihre Ansprüche: »Ich will lieber das Hemd am Leibe als Schlesien missen!« Ein Spruch, wie geschaffen für die Karikaturisten. »De Koninginne van Hongaryen entkleedt« titeln die Niederländer und »The Queen of Hungary stript« die Engländer.

»What will you leave me, nothing?« fragt die Wiener Kaisertochter, »I must have your low countries«, antwortet der Preußenkönig. Die frivole Karikatur muß die prüde strenge Katholikin Maria Theresia, treue Ehefrau und Mutter – sollte sie diese jemals zu Gesicht bekommen haben – unglaublich verletzt haben. Zum Verlust ihres Besitzes kommt noch Schmach und Schande, die Feindschaft zwischen dem »bösen Mann in Berlin«, wie sie ihn nennt, und der »Königin von Ungarn«, wie er sie bezeichnet, bleibt unversöhnlich.

Im Sommer 1741 ändern sich erneut die Koalitionen. Im Nymphenburger Vertrag verbünden sich Frankreich, Spanien, Bayern, Sachsen und Preußen gegen Österreich. Nach erneut wechselnden Bündnissen und nicht nur gewonnenen Schlachten endet der Erste Schlesische Krieg mit dem Vertrag zu Breslau und Berlin. Hierin bestätigt Österreich den preußischen Besitz von Ober- und Niederschlesien und der Grafschaft Glatz. Im Gegenzug schert Preußen aus dem Bündnis gegen Österreich aus und übernimmt die österreichischen Schulden in Schlesien gegenüber England in Höhe von 1,7 Millionen Gulden.

Der von national denkenden Historikern als kühner Handstreich gefeierte Coup, der damals wie heute als Eroberungskrieg zu bewerten ist, scheint, soweit es Schlesien betrifft, erfolgreich. Am 6. November 1741 zieht Friedrich an der Spitze seiner Truppen in Breslau ein. Die Bürger sollen ihm zugejubelt haben. Für den Protestanten in ihnen mag das zutreffen, hat sie der Preuße doch von der katholischen Vormundschaft Wiens befreit, der Bürger in ihnen dürfte es eher bedauert haben, büßt er doch viel von seiner Selbständigkeit ein. Am 7. November 1741 huldigen die Stände von Breslau notgedrungen dem neuen Regenten. Da kein angemessener Thronsessel zur Hand ist, behelfen sie sich mit jenem, auf dem zuletzt Kaiser Matthias gehuldigt wurde. Dem Reichsadler wird der zweite Kopf abgesägt, eine Aktion, die symbolisch für den Sou-

Anlaß für diese frivole Karikatur war die Äußerung der Wiener Kaisertochter: »Ich will lieber das Hemd am Leibe als Schlesien missen«.

links: Das Dragonerregiment
Bayreuth führt die in der
Schlacht bei Hohenfriedberg
am 4. Juni 1745 eroberten
66 Fahnen dem König vor.

veränitätsverlust der Stadt ist. Schlesien erhält zwar eine eigene Provinzialverwaltung, die aber direkt dem König untersteht. Im Fürstensaal des Rathauses erinnert heute ein Porträt Friedrichs II. an das Ereignis. Der Bildkommentar beschreibt den Vorgang diplomatisch und präzise: »In diesem Teil des Fürstensaales haben am 7. November 1741 nach mehreren Schlachten gegen Österreich Vertreter der schlesischen Staaten Friedrich II., dem Preußenkönig und Eroberer Schlesiens gehuldigt.«[57]

»Ich will meine Machtstellung behaupten oder untergehen« – der Zweite Schlesische Krieg

oben rechts: In der Schlacht bei
Soor besiegen die Preußen die
Österreicher am 30. September,
trotz aussichtsloser Ausgangs-
situation und hoher Verluste.

Doch der preußische Hagestolz weiß, daß Huldigung und formale Anerkennung des Besitzes nur eine Atempause sind. Erst ein zweiter Krieg wird einen längeren Frieden und erneute Bestätigung des Besitzes bringen. Der Zweite Schlesische Krieg beginnt 1744. England und Holland sowie Österreich und Sachsen haben sich gegen Preußen verbündet. Frankreich auf der Seite Preußens fällt militärisch aus. Friedrich hat die Armee auf 140.000 Mann vergrößert. Im Winter 1744/45 muß er feststellen, daß die Soldaten zu Tausenden desertieren, 17.000 tauchen unter oder laufen zu den Österreichern über, eine der größten Desertationen der Kriegsgeschichte. Friedrich bleibt starrsinnig, unbeirrbar. In einem Brief an Podewils zitiert er sich selbst, zu allem entschlossen: »Ich habe den Rubikon überschritten und will meine Machtstellung behaupten oder untergehen und alles, selbst den Namen Preußen, mit ins Grab nehmen. Ich habe es zu meiner Ehrenpflicht gemacht, mehr als irgendein anderer zur Erhebung meines Hauses beizutragen.«[58] Da ist nichts mehr von dem aufgeklärten Philosophen, der den Regenten das Recht abspricht, Völker für eigene Ziele ins Unglück zu stürzen. Er stellt seine und die Existenz seines Landes auf eine Stufe, ist bereit, seinem Ehrgeiz beides zu opfern. Kriegsglück, Kriegskunst, eine noch perfektere Armee und ein Kriegsherr, der überall zugleich ist, lassen die Sache gut ausgehen. Schon im ersten Krieg hatte der französische Gesandte Valory überrascht beobachtet, wie sehr sich dieser König um alles selbst kümmert, alle Fäden selbst in der Hand hält: »Er quartiert sich unter einem Zelt ein, im Mittelpunkt seines Lagers; er ist es, der alle Befehle erteilt und sich um den ganzen Einzeldienst kümmert, welchen in den französischen Heeren der Quartiermeister von der Kavallerie und der Generalmajor versehen, er hat auch selber den Plan zur Brennung von Brieg entworfen. Er erhebt sich früh um vier Uhr, steigt zu Pferde und besucht vom rechten Flügel bis zum linken alle Posten und Außenposten seines Lagers. Er versieht persönlich alle Offiziere und Generale, die er abordnet, mit Befehlen und Verhaltensmaßregeln, und ihm persönlich erstatten alle, die sich zurückmelden, ihren Bericht.«[59]

Die Siege der Preußen über Sachsen und Österreicher in drei großen Schlachten, bei Hohenfriedberg, Soor und Kesselsdorf, prägen den Nimbus von der Unbesiegbarkeit der preußischen Armee. Am 25. Dezember 1745 bestätigt Wien im Frieden zu Dresden erneut den preußischen Besitz Schlesiens. Im Gegenzug akzeptiert Preußen das habsburgische Anrecht auf die Kaiserkrone. Der Dualismus Preußen–Österreich ist von nun an bestimmendes Element der deutschen Geschichte. Eine elfjährige Phase des Friedens beginnt. Friedrich II. nimmt am Dankgottesdienst in der Dresdener Kreuzkirche teil und kehrt dann in seine Residenz zurück. Er ist erst 32 Jahre alt, hat beschlossen, keine Kriege mehr anzuzetteln, und philosophiert voller Selbstmitleid und Heuchelei: »Sind wir armen Menschen dazu da, um Pläne zu schmieden, die soviel Blut kosten? Wir wollen leben, in dem wir andere leben lassen. Mein Gott, soll ich denn nie mein Leben genießen? Künftig greife ich keine Katze mehr an, außer um mich zu verteidigen.«[60]

Sanssouci – der Weinberg ohne Sorgen

In den Friedensjahren versucht Friedrich II. an das Bild des aufgeklärten Monarchen beim Amtsantritt anzuknüpfen. In Sanssouci, 1747 fertiggestellt, führt der Vierunddreißigjährige das Leben eines musikalischen, philosophisch interessierten, schreibenden und disputierenden Herrschers, der ohne Prunk, diszipliniert und bescheiden sein Land regiert. An der Tafelrunde des Idealmonarchen, einer Symbiose von Geist und Macht, sitzen Schriftsteller, Generale, Diplomaten, Offiziere, Philosophen. Zu den Intellektuellen gehören Akademiepräsident Maupertius, der Italiener Algarotti, d'Argens, Direktor der Literaturklasse an der Akademie, La Mettrie, Arzt und Vorleser des Königs, und natürlich Voltaire, der sich Anfang der fünfziger Jahre hier aufhält. Er dichtet einen Vierzeiler auf Friedrich II. in Sanssouci:

»Ein großer Herrscher bis zur Mittagsstunde,
Am Nachmittag Schriftsteller ersten Ranges,
Tagsüber Philosoph voll edlen Dranges
Und abends göttlich bei der Tafelrunde.«[61]

Entwurfskizze Friedrichs II. von Schloß Sanssouci, nach der Jugendfreund Wenzeslaus von Knobelsdorff das Schloß erbaut.

Im Schloß Sanssouci finden regelmäßig Flötenkonzerte mit prominenter Besetzung statt. Gespielt werden meistens Kompositionen von Friedrich II. mit ihm als Flötisten.

Die Tafelrunde in Sanssouci zeigt in der Bildmitte Friedrich II., links von der Mitte, dem König zugewandt, Voltaire. Weitere Tischgenossen von links nach rechts: Lordmarschall Georg Keith, (dann Voltaire), General von Stille, (dann Friedrich II.), Marquis d'Argens, Feldmarschall James Keith, Graf Algarotti, General Graf von Rothenburg und La Mettrie. Alle am Tisch sind Ausländer oder Militärs. Damen fehlen ganz.

Gemälde von Adolph von Menzel.

480000 font 40000 au [illegible]

Le Corp de loge de Pierre de taille

Pour les boutiques de brique

Friedrichs Bewunderung für Voltaire beginnt schon 1736, in jener Zeit, als er in Rheinsberg das glückliche Leben eines Intellektuellen führt. Der König hält Voltaire für den bedeutendsten Mann des Jahrhunderts. Er schickt ihm Geschenke und leidenschaftliche Briefe. Voltaire folgt schon 1740 und 1743 den Einladungen Friedrichs zu kurzen Aufenthalten, um dann 1750 die Stelle eines Kammerherrn in Sanssouci anzunehmen. Ein auskömmliches Gehalt von 5000 Talern, freie Wohnung, freie Tafel und Equipage haben den als habsüchtig geschilderten Starautoren überzeugt. Zunächst schwärmen beide in höchster Bewunderung füreinander, später trübt sich das Verhältnis, als sich Voltaire selbstherrlich in politische Vorgänge einmischt, betrügerische Finanzgeschäfte tätigt und schließlich gegen den Willen des Königs eine böse Satire gegen den Präsidenten der Berliner Akademie, Maupertius, veröffentlicht. Friedrich läßt die Schrift ostentativ öffentlich verbrennen. Das Zerwürfnis eskaliert so weit, daß Voltaire, als er am 26. März 1753 den Hof verläßt, heimlich einen Band Gedichte des Königs entwendet, um sie mit Gewinn drucken zu lassen. Der König schickt Emissäre hinter dem Schriftsteller her, die ihn in Frankfurt am Main festhalten und nicht nur die Gedichte, sondern auch den Kammerherrenschlüssel und einen Orden zurückfordern. Ein häßlicher publizistischer Kleinkrieg beginnt, der irgendwann wieder abebbt, so daß die Korrespondenz nach 1765 wieder auflebt.

Der mit einer französischen Amme und französischen Erziehern aufgewachsene König hat sein Leben lang wenig Sinn für einheimische Geister und kaum Vergnügen an deutscher Sprache. Und schließlich ist der König selbst Schriftsteller. Neben all den philosophischen, politischen und historischen Abhandlungen, zahllosen Gedichten und Briefen verfaßt er auch ein Libretto. Vom Französischen ins Italienische übersetzt, liefert es die Textvorlage für die Oper »Montezuma«. 1755 hat das Werk in der Königlichen Oper Premiere. Die Story dreht sich um einen Herrscher, der nicht in Frieden regieren kann, weil er von bösen Eroberern bedroht wird – damit hat der Dichter etwas über den Krieger verfaßt. Der Aufklärer Friedrich gerät immer mehr in Konflikt mit dem Feldherrn Friedrich; seine Werke werden zunehmend resignativ-pessimistisch.

Drei Jahre halten es Voltaire und Friedrich II. in Sanssouci miteinander aus.

»Wenn man zwey Weiber und die Franzosen am Halse hat, muß man wohl schlimm aussehen« – der Siebenjährige Krieg

Eine Bilderfolge aus dem Biedermeier über Episoden aus dem Leben des Alten Fritz gibt folgende Anekdote wieder. Eine Leipziger Wirtin, bei der er im Siebenjährigen Krieg einquartiert ist, erkundigt sich besorgt, warum Ihre Majestät so schlecht aussehe.
»Wenn man zwey Weiber und die Franzosen am Halse hat, muß man wohl schlimm aussehen«, antwortet Friedrich der Leipzigerin.
Tatsächlich sind es drei Frauen, die Friedrich »die drei größten Huren auf Europas Thronen« nennt, denen es fast gelungen wäre, dem kriegerischen Treiben des Preußenkönigs ein Ende zu setzen. Nicht auszuschließen, daß dies das Ende des Staates Preußen bedeutet hätte.
Maria Theresia, die Friedrich ewig für den Raub Schlesiens haßt, verbündet sich mit Zarin Elisabeth, die er einmal »infame Hure des Nordens« genannt hat. Auch die Marquise de Pompadour, Mätresse des Königs von Frankreich, Ludwigs XV., ist nicht gut auf Friedrich II. zu sprechen, seit er auf ihre Grüße, von Voltaire überbracht, antwortete: »Kenne ich nicht!« Maria Theresia gelingt es, die Pompadour für sich zu gewinnen. Die

streng katholische und äußerst moralische Kaisertochter stellt sich mit der Mätresse auf eine Stufe, schreibt ihr Briefe, nennt sie »teuerste Schwester« und erreicht, daß die Marquise 1756 den König von Frankreich dazu bewegt, das traditionelle Bündnis mit Preußen aufzukündigen und der Wienerin beizustehen.

So sieht sich zehn Jahre nach dem Frieden von Dresden das mächtiger gewordene Preußen einer neuen übermächtigen Phalanx gegenüber. Als Friedrich 1756 in den dritten der Schlesischen Kriege hineingeht, kommt er Plänen seiner Gegner zuvor, Preußen zu zerstückeln, Königsberg, Ostpreußen und dann Polen zu annektieren. Seine Hauptgegner Österreich, Rußland und Frankreich sind sich einig, daß Preußen zurückgestutzt werden muß, idealerweise auf den Stand von vor dem Dreißigjährigen Krieg. Friedrich soll bestenfalls Markgraf von Brandenburg bleiben, weder König noch Kurfürst. Er will die Angriffe der anderen nicht abwarten und eröffnet mit der Besetzung Sachsens den Krieg, der sieben Jahre währen wird und in dem mehr als einmal das Schicksal Preußens auf dem Spiel steht.

Die ersten beiden Kriegsjahre sind geprägt von drei legendären Siegen der Preußen, die ihre Niederlagen vergessen machen. Bei Lobositz und Prag schlägt Friedrich II. die Gegner, bei Kolin wird er katastrophal geschlagen. Im Herbst 1757 besiegt er bei Roßbach die Franzosen und die Reichsarmee, die nur noch Reißausarmee genannt wird. Der

Preußenkönig wird nicht nur in seinem Staat, sondern auch in England, aber auch beim französischen Volk, das seinen absolutistischen König haßt, zur Kultfigur, zum Heroen. Dieser Ruhm steigert sich noch nach der Schlacht bei Leuthen, wo er wider alle Vernunft eine Entscheidung erzwingen will. Vor der Schlacht hält er psychologisch geschickt eine Ansprache an seine Offiziere: »Meine Herren! Ich habe Sie hierher kommen lassen, um Ihnen erstlich für die treuen Dienste, die sie seither dem Vaterlande und mir geleistet haben, zu danken. Ich erkenne sie mit dem gerührtesten Gefühl. Es ist beinahe keiner unter Ihnen, der sich nicht durch eine große und ehrenbringende Handlung ausgezeichnet hätte. Mich auf Ihren Mut und Ihre Erfahrung verlassend, habe ich den Plan zur Bataille gemacht, die ich morgen liefern werde und liefern muß. Ich werde entgegen allen Regeln der Kunst einen beinahe zweimal stärkeren, auf Anhöhen verschanzt stehenden Feind angreifen. Ich muß es tun, oder es ist alles verloren. Wir müssen den Feind schlagen oder uns vor seinen Batterien begraben lassen. So denk' ich, so werde ich handeln. Ist einer oder der andere unter Ihnen, der nicht so denkt, der fordere hier auf der Stelle seinen Abschied. Ich werde ihm selbigen ohne den geringsten Vorwurf geben.« Niemand reagiert, so fährt der König fort: »Ich habe vermutet, daß mich keiner von Ihnen verlassen würde. Ich rechne nun also ganz auf Ihre treue Hilfe und auf den gewissen Sieg. Sollte ich bleiben und sie nicht für das, was Sie morgen tun werden, belohnen können, so wird es das Vaterland tun.«[62] Die Preußen siegen gegen eine Übermacht mit Hilfe taktischer Finten, der berühmten schiefen Schlachtordnung, mit Gottvertrauen und Pflichtgefühl. Der Sieg in der Schlacht bei Leuthen wird von nun an zum Zentrum des Mythos, der sich um die preußische Armee und ihren obersten Feldherrn rankt. Friedrichs Rede steht später in allen deutschen Schulbüchern, der Kampf um den Friedhof, an dem heute noch ein steinernes Kreuz an die Toten erinnert, der Choral »Nun danket alle Gott«, gesungen von den Überlebenden, liefern das Sujet für zahlreiche Gemälde. Auch Adolph von Menzel hat diesen Augenblick pathetisch festgehalten. Das Bild, das die Ansprache an die Generale darstellt, hat er nicht vollendet. Das Gemäldefragment hängt heute in der Nationalgalerie in Berlin.

Die Kaiserin von Rußland in Paradeuniform zu Pferd. Zarin Elisabeth Petrowna (1709–1762), Tochter Peter des Großen, gilt bis zu ihrem Tod als erbitterte Feindin Preußens.

links: Marquise de Pompadour (1721–1764) überzeugt Ludwig XV., den König von Frankreich, sich mit Maria Theresia zu verbünden.

rechts: Maria Theresia (1717–1780), hier mit Familie, will weder Schlesien noch den Anspruch auf die Kaiserkrone aufgeben.

Das Kriegsglück wendet sich, als die russische Armee in den Krieg eingreift. Friedrich II. wird in einen Mehrfrontenkrieg an weit auseinander liegenden Schauplätzen verwickelt. Im Sommer 1758 erficht Preußen bei Zorndorf in der Neumark einen Patt-Sieg gegen Rußland. Er kostet 21.000 russischen Soldaten und 12.500 preußischen Soldaten das Leben. 32.500 Tote, das entspricht einem Drittel der Bevölkerung Berlins, umgebracht an einem einzigen Tag. Wie hieß es im Vermächtnis seines Vaters? »Und Ihr müsset Rechenschaft ablegen für jeden Menschen, der in einem ungerechten Krieg sein Leben lassen mußte.« Friedrich ist nicht religiös, hat aber zuweilen Anwandlungen von Larmoyanz. In seiner ihm eigenen Ambivalenz schreibt er an Lordmarschall Georg Keith, dessen Bruder gefallen ist: »Auf beiden Seiten ist kein andrer Erfolg zu verzeichnen als der Verlust vieler braver Männer, das Unglück vieler braver Soldaten, die für immer Krüppel geworden sind, der Ruin so mancher Provinzen und Beraubung, Plünderung und Niederbrennung einiger blühender Städte. Derartige Taten, lieber Lord, flößen dem menschlichen Gefühle Entsetzen ein. Das sind traurige Folgen der Bosheit und Ehrsucht einiger Machthaber, die alles ihren zügellosen Leidenschaften opfern!«[63] Ein bemerkenswertes Dokument von Verdrängung und abwesendem Unrechtsbewußtsein. Alle

Der Sieg gegen eine Übermacht in der Schlacht bei Leuthen am 5. Dezember 1757 manifestiert den Mythos von der Unbesiegbarkeit der Preußen.

Schlachten sind ein grausames Gemetzel. Gewehrkugeln und Kartätschengeschosse zerfetzen die Soldaten, die ungeschützt in Sichtweite auf die gegnerischen Gewehre und Geschütze zumarschieren müssen und reihenweise fallen. Die Nachfolgenden waten im Blut ihrer Kameraden, hören ihre Schreie in Erwartung des Bajonettkampfes Mann gegen Mann. Immer wieder Tausende Tote, für deren Beerdigung Äcker gepachtet werden, immer wieder Tausende Verwundete, die in den Lazaretten verrecken oder brutal amputiert werden. Diese bestialischen Schlachten entbehren jeglicher Ethik und Humanität, die der aufgeklärte König in Friedenszeiten im zivilen Bereich durchzusetzen wünscht. Die Verlierer dieser Kriege sind die zahllosen Toten auf beiden Seiten, die bedenkenlos geopfert werden.

Friedrich der Große – Kriegsheld oder Durchhaltekrieger?

Die Legende schildert Friedrich als überragenden Feldherrn. In der Realität zeigt er sich jedoch rücksichtslos, wenn es darum geht, Menschen in den Schlachten zu opfern; skrupelloses Draufgängertum und leichtfertige Tollkühnheit führen zu blutigen Metzeleien und oft zu blamablen Niederlagen oder Pyrrhussiegen. Ohne seinen Bruder

Heinrich hätte Friedrich seine Kriege nie gewonnen und wahrscheinlich Preußen geopfert. Heinrich, zweiter Befehlshaber nach Friedrich, ist es, der durch seine Besonnenheit, sein umsichtiges und rasches Handeln dem Bruder an den Nebenfronten des Krieges den Rücken freihält. Heinrich ist es, der Friedrich und damit Preußen rettet. Friedrich favorisiert den schnellen Überraschungsangriff, alles auf eine Karte zu setzen. So verliert er bei den »Siegen« vor Prag und Torgau ein Drittel seiner Armee, tausend Mann mehr als der Gegner. Heinrich, um die Verluste gering zu halten, operiert so geschickt, daß der Gegner paralysiert und ein geeignetes Opfer für Flankenangriffe wird. Friedrich ist es, der, je länger der Krieg dauert und immer mehr Opfer unter den ausgebildeten Soldaten fordert, sogenannte Freibataillone ausheben läßt: Himmelfahrtskommandos von Gestrandeten, Kriminellen und den Ärmsten der Armen, die der regulären Armee voranmarschieren müssen und dem Feind als Kanonenfutter geopfert werden, um die besser ausgebildeten regulären Soldaten zu schonen. Dramatische Folgen hat es, wenn sich Friedrich gegen Bruder Heinrich durchsetzt. So verliert Preußen 1759 bei Maxen eine komplette Armee von 14.000 Mann, die aufgrund einer Fehlkalkulation Friedrichs kapitulieren muß. Heinrich fällt über seinen Bruder in einem Brief ein vernichtendes Urteil: »Von dem Tag an, da er zu meinem Heer gestoßen ist, hat er Unordnung und Unheil verbreitet; all meine Mühen in diesem Feldzug und das Glück, das mich begünstigt hat, alles ist verloren durch Friedrich … Du bist so freundlich, mir die Rettung des Staates zuzuschreiben; aber selbst wenn ich alle die Fähigkeiten hätte, mit denen Du mich so reich ausstattest, dann würden sie mir nichts nützen, da ich nichts gegen den Willen tun kann, der uns mitschleift. Wer unter dem König kommandiert, verliert dadurch Ehre und Ansehen … Der Staat, mein lieber Bruder, ist ein Name, den man dazu benutzt, der Öffentlichkeit Sand in die Augen zu streuen; er ist ein Bube, der jede Errungenschaft für sich in Anspruch nimmt und dem man daher seine Dienste nur zum Opfer bringt.«[64]

Von nun müssen sich die Preußen ständig einer Übermacht erwehren. In die Schlacht bei Breslau gehen sie mit 28.000 Soldaten gegen 83.606 Österreicher, bei der »Beinahe«-Niederlage am 14. Oktober 1758 bei Hochkirch werden 29.000 Preußen von 78.000 Österreichern überrannt, bei der Niederlage in Kunersdorf am 12. August 1759 stehen 49.000 Preußen 79.000 Russen und Österreichern gegenüber. Der König schreibt an Minister Graf Finckenstein nach Berlin einen verzweifelten Abschiedsbrief:

Friedrich der Große in der Nacht vor der Schlacht bei Lobositz.

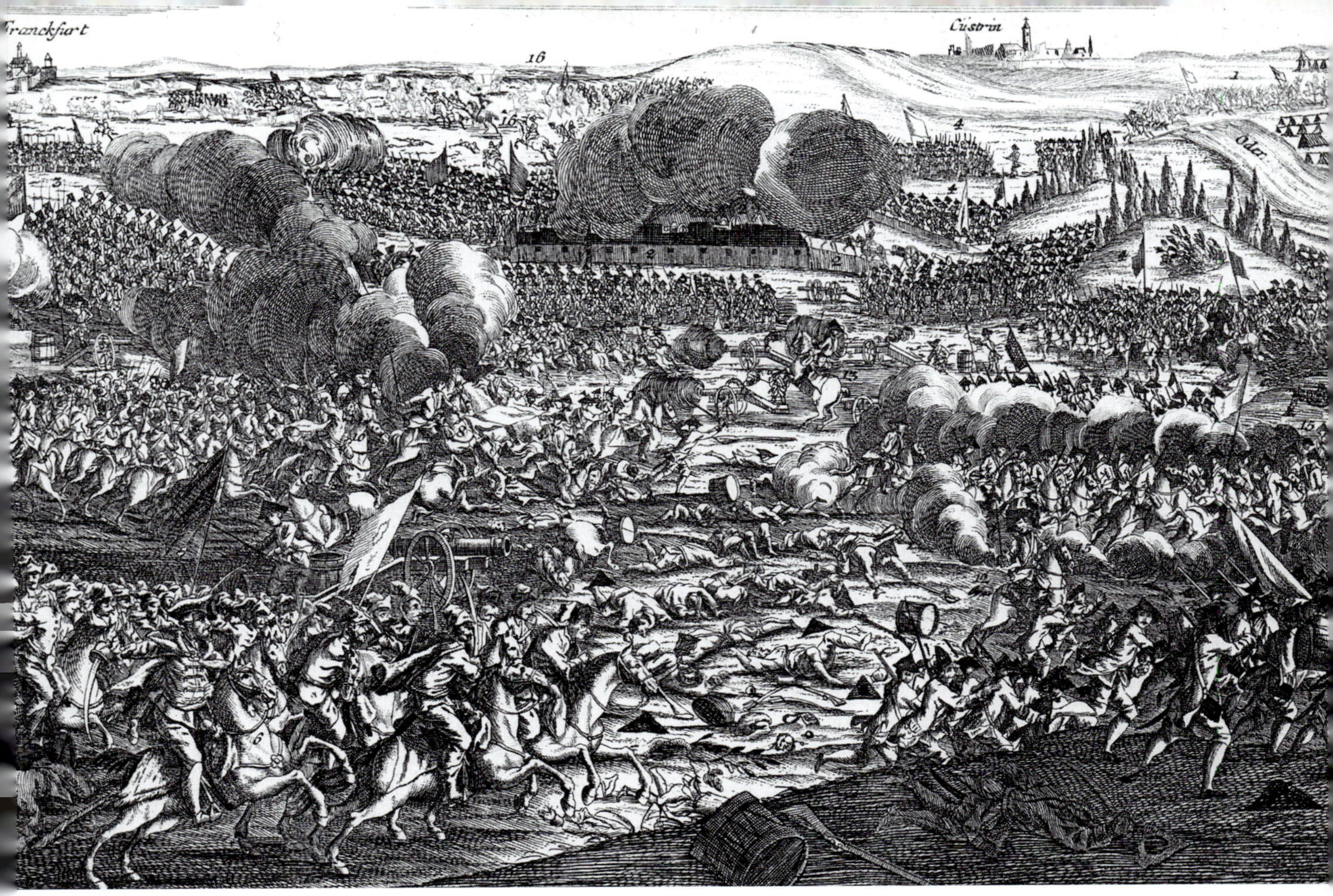

In der Schlacht bei Kunersdorf bei Frankfurt an der Oder werden die Preußen von den Russen am 12. August 1759 vernichtend geschlagen.

links: Nach der Niederlage bei Kunersdorf erwägt Friedrich II. den Freitod und schreibt einen Abschiedsbrief nach Berlin.

rechts: Prinz Heinrich, Friedrichs Bruder, wird oft als der bessere, umsichtigere Feldherr eingeschätzt, ohne den Preußen den Krieg verloren hätte.

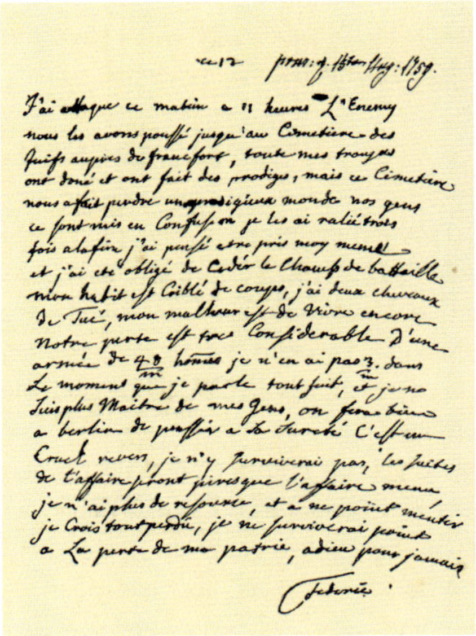

ce 12 [illegible] Aug: 1759.

J'ai attaqué ce matin a 11 heures L'Enemy nous les avons poussé jusqu'au Cimetière des Juifs auprès de francfort, toute mes troupes ont doné et ont fait des prodiges, mais ce Cimetière nous a fait perdre un prodigieux monde nos gens ce sont mis en Confusion je les ai ralié trois fois a la fin j'ai pensé etre pris moy meme et j'ai eté obligé de Ceder le Champ de bataille mon habit est Criblé de coups, j'ai deux chevaux de Tué, mon malheur est de vivre encore Notre perte est tres Considerable d'une armée de 48m homes je n'en ai pas 3m dans Le moment que je parle tout fuit, et je ne suis plus Maitre de mes Gens, on fera bien a berlin de penser a sa sureté C'est un Cruel revers, je n'y survivrai pas, les suites de l'affaire seront pires que l'affaire meme je n'ai plus de resource, et a ne point mentir je Crois tout perdu, je ne survivrai point a La perte de ma patrie, adieu pour jamais

Federic

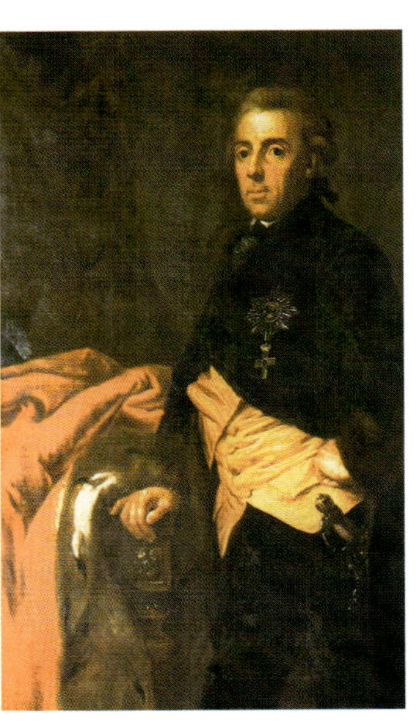

Am 16. Oktober 1757 erobern russische Truppen unter General Hadik kurzzeitig Berlin und plündern die Residenz.

»Reitwein, 12. August 1759

Heute morgen um 11 Uhr habe ich den Feind angegriffen. Wir haben ihn bis an den Judenfriedhof bei Frankfurt getrieben. Alle meine Truppen haben Wunder verrichtet, aber dieser Kirchhof hat uns ungeheure Verluste gebracht. Unsere Leute gerieten in Verwirrung, ich habe sie dreimal wieder gesammelt; schließlich wäre ich beinah selbst in Gefangenschaft geraten und mußte das Schlachtfeld räumen. Mein Rock ist von Kugeln durchbohrt, zwei Pferde sind mir unter dem Leibe erschossen. Zum Unglück lebe ich noch. Unser Verlust ist sehr beträchtlich; von einem Heere von 48.000 Mann habe ich jetzt, wo ich dies schreibe, keine 3000. Alles flieht, und ich bin nicht mehr Herr meiner Leute. Man wird in Berlin gut tun, an seine Sicherheit zu denken. Das ist ein grausamer Schlag, ich werde ihn nicht überleben. Die Folgen davon werden schlimmer sein, als die Sache selbst. Ich habe keine Hilfsmittel mehr; ungelogen, ich halte alles ist verloren. Den Untergang meines Vaterlandes werde ich nicht überleben. Adieu für immer. Frederic«[65]

Friedrich II., der sich nach dem Tod seiner Schwester im Vorjahr immer wieder mit Todesgedanken trägt, erwägt, die Giftpillen zu nehmen, die er bei sich führt. Er gibt den Befehl seiner Armee ab und richtet sich auf die unvermeidliche Katastrophe, das Ende des Krieges und das Ende Preußens ein. Doch die Russen und Österreicher marschieren nicht nach Berlin, sondern lassen von ihm ab – eine Atempause für Preußen.

Das Mirakel des Hauses Brandenburg

Ein Jahr später, 1760, gelingt den Preußen ein erneuter Sieg bei Liegnitz gegen eine dreifache Übermacht, 26.750 Preußen gegen 100.760 Österreicher. Aber dennoch ist der Krieg, der schon ins vierte Jahr geht – und das ahnt der König –, nach menschlichem Ermessen nicht mehr zu gewinnen. Preußen hat zu diesem Zeitpunkt bereits 120.000 Soldaten verloren, Verluste, die nicht mehr zu ersetzen sind, die Kriegskasse ist fast leer, die Vorräte gehen zur Neige.

Zwar gelingt es nach dem Sieg bei Torgau im Herbst 1760, die Kassen durch erbarmungsloses Auspressen der sächsischen Städte wieder etwas aufzufüllen, aber dafür bleiben die englischen Hilfsgelder aus. Schließlich besetzen Russen und Österreicher noch Berlin, plündern, zerstören und ziehen wieder ab, aber alle Versuche, Friedrich zu einem Frieden zu bewegen, scheitern an seinem Starrsinn. Frieden ja, aber ohne Verluste. Dazu sind weder Österreich noch Rußland bereit. So verharrt man im Jahr 1761 im Stellungskrieg. Bei Schweidnitz verschanzen sich 90.000 Preußen, denen etwa 230.000 Russen und Österreicher gegenüberstehen. Die Moral der Truppe sinkt, ihre Situation wird immer bedrohlicher, kein Ende ist abzusehen. Da rettet Preußen ein »Mirakel«. In St. Petersburg erkrankt Zarin Elisabeth, die unversöhnliche Feindin des Königs. Als sie am 5. Januar 1762 stirbt, ist Preußen gerettet. Ihr Nachfolger, Peter III., verheiratet mit einer Anhalter Prinzessin, ist ein Verehrer des großen Friedrich. Nach seiner Thronbesteigung zieht er sofort seine Truppen aus Pommern und Ostpreußen zurück und schließt am 16. März 1762 einen Waffenstillstand, dem im Juni sogar ein Bündnis folgt. Die 20.000 in Schlesien stehenden Russen wechseln die Fronten, stehen nun auf der Seite Preußens. Auch Schweden verläßt die Allianz, Österreich steht allein. Ein letztes großes Zittern setzt ein, als Katharina, die Gattin Peters III., zuläßt, daß ihr Gemahl im Juli 1762 ermordet wird, und selbst den Thron besteigt. Katharina die Große, wie sie später genannt wird, kündigt das Bündnis, erhält aber den Waffenstillstand aufrecht. Für Elisabeth dichtet Friedrich ein geschmackloses Epitaph: »Hier Wanderer, ruht Messaline, des Russen, des Kosaken Concubine ...«

links: Zarin Katharina die Große (1745–1796) tritt nach dem Mord an ihrem Gatten Peter III. dessen Nachfolge an, hält aber die Neutralität gegenüber Preußen aufrecht.

rechts: Zar Peter III. (1728–1762), ein Bewunderer Friedrichs II., rettet Preußen. Der Tod seiner Mutter Elisabeth gilt als das »Mirakel Brandenburgs«.

Preußen ist gerettet. Die erschöpften und kriegsmüden Parteien schließen am 15. Februar im Schlößchen Hubertusburg bei Grimma in Sachsen Frieden. Er besiegelt den Besitzstand von 1745. Preußen darf Schlesien, die »low countries«, behalten.
Keine Gewinne, aber riesige Verluste für alle. Preußens Gegner haben in den drei Kriegen fast 300.000 Menschen verloren. Preußen hat 180.000 tote und verwundete Soldaten und etwa eine halbe Million Tote in der Zivilbevölkerung zu beklagen. Die 120 Millionen Taler Kriegskosten hat es mit 30 Millionen englischen Subsidiengeldern, 40 Millionen erpreßten Kontributionen, diversen Steuern, Münzverschlechterung und Geldabwertung so geschickt gedeckt, daß am Ende noch 30 Millionen Taler im Staatsschatz sind. Schlimmer sieht es für Frankreich aus, das für den Krieg 700 Millionen Livre ausgeben mußte, und für Österreich, dessen Staatsschatz ein Defizit von 100 Millionen Reichstalern aufweist.
Das Volk nennt den Hagestolz nun nicht mehr Friedrich, den Großen, sondern Fritz, den Alten. Zurückgekehrt, will der König der Welt imponieren und zeigen, daß Preußen noch lange nicht am Ende ist. Er läßt in Potsdam das Neue Palais bauen. Der einzige Prunk-

Während des Siebenjährigen Krieges ist die Bevölkerungszahl von Berlin von 126.000 auf 98.000 zurückgegangen.

bau, der unter seiner Regierung entsteht, wird von ihm kaum genutzt. Über zwei Jahrzehnte verbleiben dem König noch, aber einen Krieg zettelt er nicht mehr an. Seine Soldaten und günstige Umstände haben ihn und den verhängnisvollen Nimbus von der preußischen Unüberwindlichkeit gerettet. Preußen ist neben Österreich die zweite deutsche Großmacht, der Dualismus Preußen–Österreich gesetzt.

Toleranz und Retablissement

Über eine halbe Million katholischer Untertanen hat der König durch die Eroberung Schlesiens nun mehr. Schon 1740 notierte er: »Die Religionen Müssen alle Tolleriert werden, und muß der Fiscal nuhr das auge darauf haben, daß Keine der anderen abbruch Tuhe, denn hier muß ein jeder nach Seiner Faßon Selich werden.« Später setzt er noch eins drauf und betont: »Alle Religionen seindt gleich und guht, wan nuhr die leute, so sie profesiren erlige leute seindt, und wen Türken und Heiden kähmen und wollten das Land pöplieren, so wollen wir sie Mosqueen und Kirchen bauen.«[66]

Der in Glaubensfragen toleranteste aller preußischen Könige hatte im Frieden zu Breslau den Schutz der Katholiken garantiert. Das geht so weit, daß er ihnen alle Gotteshäuser läßt, die diese zuvor den Protestanten entzogen hatten. Die evangelische Bevölkerung ist enttäuscht. Als Friedrich schließlich noch in Berlin direkt neben dem Opernhaus die katholische Hedwigskirche, benannt nach der Schutzpatronin Schlesiens, bauen läßt, hält sich hartnäckig das Gerücht, der König sei zum Katholizismus übergetreten. Friedrich steht durch seine Maßnahmen in gutem Einvernehmen mit dem Papst und gewinnt einen gewissen Bonus bei den katholischen Mächten. »Niemals werden wir aufhören«, schreibt Papst Benedikt im Jahre 1750, »die Billigkeit dieses Monarchen zu loben, der wahrhaft groß ist durch seine Tapferkeit, seine Klugheit, seinen Scharfsinn und durch seinen guten Willen, der ihn stets danach suchen läßt, was vernünftig ist.«[67] Das Toleranzprinzip zeichnet diesen preußischen Staat unverändert vor vielen europäischen Staaten aus, in denen die Machthaber ihre Religion immer noch zum Dogma machen. »Aufklärung ist Erziehung«, sagt der atheistische König und läßt in wenigen Jahren im eroberten Schlesien 750 neue Schulen bauen, 500 katholische und 250 protestantische.

Durch Verbote des Bauernlegens, erstmalig 1748 ausgesprochen und bis 1764 viermal erneuert, will Friedrich II. den größten Stand als Produzenten, als Rekruten und als

Dieses Porträt entsteht 1763, als Friedrich II. aus dem letzten Schlesischen Krieg heimgekehrt ist. Er ist 51 Jahre alt.

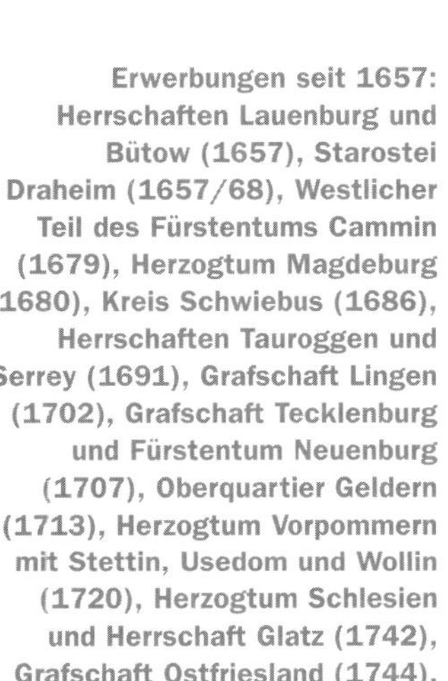

Erwerbungen seit 1657: Herrschaften Lauenburg und Bütow (1657), Starostei Draheim (1657/68), Westlicher Teil des Fürstentums Cammin (1679), Herzogtum Magdeburg (1680), Kreis Schwiebus (1686), Herrschaften Tauroggen und Serrey (1691), Grafschaft Lingen (1702), Grafschaft Tecklenburg und Fürstentum Neuenburg (1707), Oberquartier Geldern (1713), Herzogtum Vorpommern mit Stettin, Usedom und Wollin (1720), Herzogtum Schlesien und Herrschaft Glatz (1742), Grafschaft Ostfriesland (1744).

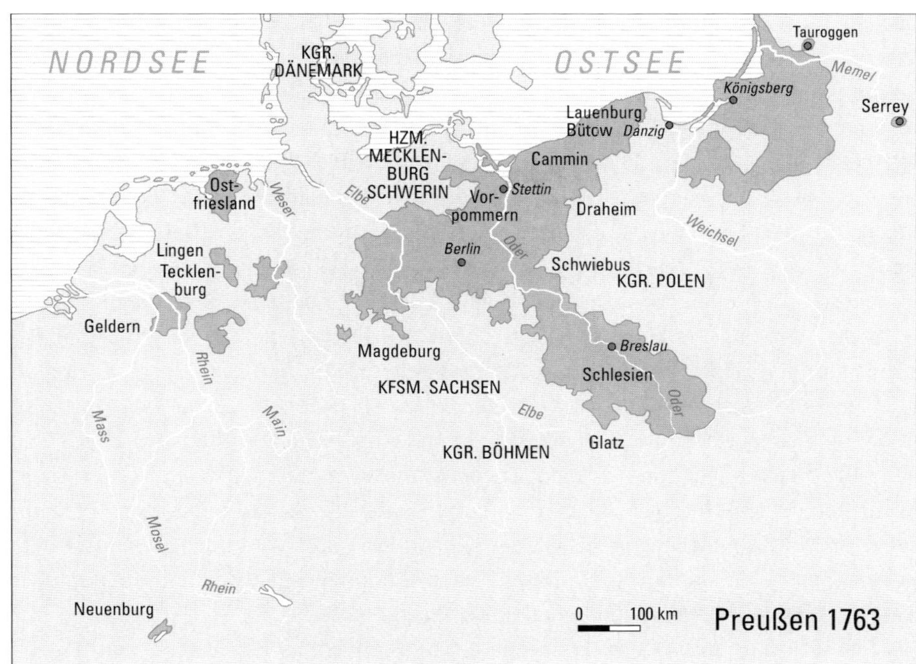

Steuerzahler vor dem Aufkauf durch den Gutsbesitzer schützen. Dennoch ist die Situation der abhängigen Bauern nach wie vor katastrophal. Trotz der Bemühungen schon des Soldatenkönigs, die Lasten der Bauern zu reduzieren, ist die Bedrückung kaum geringer geworden. Das veranlaßt seinen Sohn erneut zu intervenieren. In einer Randbemerkung zur Instruktion des Vaters aus dem Jahr 1722 schreibt Friedrich:

»I. Neuer artiquel

Dahr ich bedacht bin, das landt in allen Stüken zu soulagiren und aufzuhelfen, So weis ich das eins der Dinge so zu hart seint die grausamen Dienste so Sie thun müssen, wohrbei nichts als ihr verderb heraus kömt; also sol in jede provintz und jeden Creis So Wohl ambts, Stäte als adliche Dörfer dahin gesehen werden, ob man es nicht so einrichten Könnte, das der Bauer die Woche 3 tage högstens 4 dinte. Dießes wirdt was geschrei geben, alleine vohr den gemeinen Man ist es fast nicht aus zu Stehn, wan er 6 tage oder 5 die woche dinen Sol; und in meine Ämter, befehle ich, das Sich die Kammer Sollen angelegen Seinde lassen, die Wüsten huwen zu besetzen, theils mit das die Neuen bauren ihre Dienste denen alten mit zum Besten kommen uns sol denen alten sovohrt durch eine Ehrliche reparation was nach gelassen werden.«[68]

Wie sein Vater scheitert auch Friedrich am Widerstand des Adels. Einige wenige Gutsbesitzer mildern die Belastung ihrer Bauern. Lediglich auf den königlichen Domänen kann sich die neue Ordnung annähernd durchsetzen. Der König geht sogar soweit, Domänenpächter, denen bei einer Anhörung von den Bauern ungerechtfertigte Härte vorgeworfen wird, zu entlassen oder prügelnde Pächter mit Festungshaft zu bestrafen. Solche Ahndungen machen auch vor Adligen nicht halt, wie es der Fall der Gräfin Geßler, Gattin eines verdienstvollen Generals, beweist, die sich einer sechsjährigen Festungshaft nur durch die Flucht nach Polen entziehen kann. Dennoch wird die Stellung des Adels in keiner Weise angetastet, seine Privilegien werden eher gefestigt durch seine konsequente Einsetzung in führende militärische und Verwaltungspositionen. Der König achtet streng auf die Trennung von Adel und Bürgertum, verbietet Bürgern, Adelsgüter zu kaufen, schließt Bürgerliche, von wenigen Ausnahmen abgesehen, von der höheren Offiziers- und Beamtenlaufbahn aus. Gibt es herausragende Verdienste, werden Bürgerliche in den Adelsstand erhoben, damit bleibt das Prinzip gewahrt. Bürgerliche Offiziere müssen nach Beendigung des Krieges ihren Abschied einreichen. Unter 62 von Friedrich II. ernannten Geheimen Etaträten ist zwischen 1779 und 1781 lediglich einer nicht von Adel.

Friedrich II. sorgt für innovative Maßnahmen in der Landwirtschaft. Bereits 1746 verordnet er den Kartoffelanbau, wohl wissend, daß die Kartoffel zu einem Volksnahrungsmittel werden kann. Die neue Kultur setzt sich nur schleppend durch. (Später rettet die Kartoffel Preußen vor Hungersnöten.) Erfolgreicher sind zunächst die Bemühungen, den Hopfenanbau zu erweitern. Bereits 1776 kann der Bedarf an Hopfen aus eigenem Aufkommen gedeckt werden. Die Einfuhr von spanischen Merinoschafen erhöht die Ausbeute an Wolle. Beispielhaft ist die preußische Getreidepolitik. Der König läßt riesige Vorratsmagazine anlegen. Zunächst für Kriegszeiten gedacht, dienen sie in den Jahren der Mißernten auch der Versorgung der Bevölkerung zu erträglichen Preisen. Durch Einfuhrbeschränkungen sichert der König quasi das Staatsmonopol auf Getreide und kann so den Preis regulieren. Da er keinen Gewinn machen will, hat Preußen über Jahrzehnte stabile Getreidepreise und keine Hungersnöte.

Die Trockenlegung des Oderbruchs gehört zum Vermächtnis des Vaters, dem dieses Unternehmen zu kostspielig war. Im Juli 1747 beginnt das große Werk, im Jahr 1753 ist es vollendet. 32.500 Hektar Land sind gewonnen, 50 neue Dörfer gegründet. Die Kolonisten, die aus Pommern, Sachsen, Württemberg und aus der gesamten Mark kommen, erhalten enorme Vergünstigungen. Im Vertrag des Königs mit den Siedlern von Wuschewier im Oderbruch heißt es unter Paragraph 5: »Wegen dieses von dem annehmer selbst zu errichtenden Baues und der rahdung werden demselben Acht Frey Jahre dergestalt bewilligt, daß er bis den letzten Juni 1765 von dieser Nutzung nichts entrichten dürfe. Hiernächst soll er dem Amte Friedland jährlich 15 Handdienste thun, mit der sense oder nach Verlangen des Amts mit der harcke bey der heu oder getreyde Ernte, oder wozu er sonst noch der wahl des Amts bey den feldern garten und Ackerbau, bestellet wird, bey seiner eigenen Kost und Geträncke, mit seinen eigenen Geräthe fleißig und getreulich, zu dem Ende er sich mit der Sonnen Aufgang zu den ihr angewiesenen Orth verfüget und beym Untergang der Sonnen davon wieder abgehet, dabei

König Friedrich II. auf Inspektionsreise im Oderbruch.

oben: »Der König überall«
heißt dieses Bild von
Robert Warthemüller, das
auf die umfangreiche
Reisetätigkeit des Königs
beim Retablissement seiner
Länder anspielt.

rechts: »Alle Religionen
seindt gleich und guht, wan
nuhr die leute, so sie profesiren, erlige leute seindt,
und wen Türken und Heiden
kähmen und wollten das
Land pöplieren, so wollen
wir sie Mosqueen und Kir-
chen bauen.« Randbemer-
kung Friedrichs II. zu einer
Anfrage, ob ein Katholik in
einer preußischen Stadt
Bürger werden könne.

ihm zu Mittag Eßen eine Stunde Zeit gegeben wird, außer dem aber bey der Sense zum Früstück eine halbe Stunde und zum Abendbrod eine halbe Stunde.«[69]

Die neuen Siedler müssen weniger als ein Zehntel der üblichen Dienste leisten. Das gibt ihnen die Chance, mit Erfolg zu wirtschaften. Bis 1786 finden im trockengelegten Oder-, Warthe- und Netzebruch 300.000 Kolonisten eine neue Heimat. Mit diesen Maßnahmen gelingt es auch, die Zahl der nicht-abhängigen Bauern zu vergrößern.

Gleiches Recht für jeden und hohe Steuern für alles

Am 12. Januar 1746 fordert Friedrich II. von seinem Justizminister Samuel von Cocceji, er möge dafür sorgen, »daß jedermann ohne Ansehen der Person, eine kurze und solide Justiz, sonder großes Sportuliren und Kosten, auch mit Aufhebung der gewöhnlichen Dilationen und oft unnötigen Instanzen administrieret und alles dabei blos nach Vernunft, Recht, Billigkeit, auch wie es das Beste des Landes und der Unthertanen erfordert, eingerichtet werden möge.«[70]

In einer Rundreise durch alle Provinzen räumen Cocceji und sein Team auf. Sie erledigen in Stettin in kürzester Zeit 2101, in Köslin 927, in Berlin 1364 Prozesse. Zwischen 1747 und 1749 wird der »Codex Fridericianus«, die neue Prozeßordnung in Preußen, eingeführt. Sie sorgt für weniger Korruption, Willkür und Schlamperei an den Gerichten. Um der Bestechlichkeit zu begegnen, werden die Richter aus dem Staatssäckel bezahlt, Kommissionen prüfen ihre fachliche Kompetenz. Cocceji beginnt zunächst, Gerichtswesen und Zuständigkeiten zu vereinfachen und zu vereinheitlichen. Ein einheitliches Gesetzbuch kann er nicht vollenden. Als er 1755 stirbt, sind lediglich Personen- und Familien-, Sachen- und Erbrecht veröffentlicht und in Kraft.

1750 spricht sich Friedrich gegen die Todesstrafe für Diebe aus: »Sollten die Armen nicht mit Recht entgegenen können: warum hat man denn kein Mitleid mit unserem beklagenswerten Zustand? Wärt ihr menschlich, so würdet ihr uns in unserem Elend helfen, und wir würden nicht stehlen. Sprecht, ist es gerecht, daß alle Glücksgüter dieser Welt für Euch sind, während alle Mühseligkeiten auf uns lasten? Wenn man sich begnügt, die kleinen Fehler leicht zu ahnden, so spart man sich die äußerste Rache für die Räuber, Mörder und Meuchler auf, und die Strafe hält immer gleichen Schritt mit dem Verbrechen.«[71]

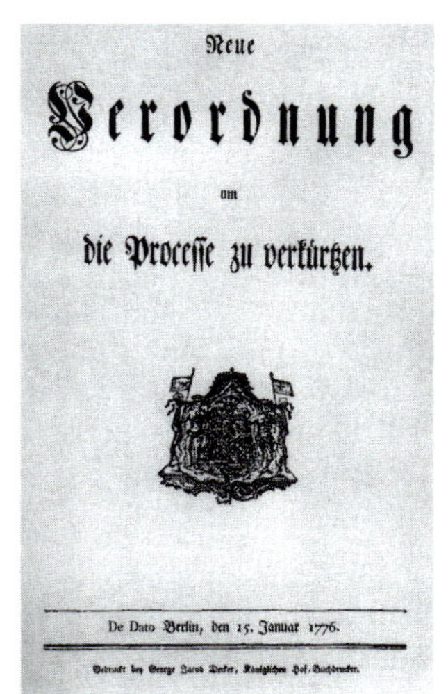

Immerhin ist Friedrich II. der erste Monarch Europas, der gleiches Recht für alle verordnet und der beschließt, sich als Souverän dort nicht einzumischen, wo die Gesetze sprechen sollen. Er stellt das Gesetz über die königliche Gewalt. Als er diesen Grundsatz einmal wegen einer offensichtlichen Ungerechtigkeit im Zusammenhang mit dem Müller-Arnold-Fall durchbricht, statuiert er, mit dem Blick auf dringende Rechtsreformen, ein Exempel. Die konservativen Richter sind empört, das einfache Volk demonstriert begeistert auf Berlins Straßen – für den König. Dennoch, die Justizreform bleibt stecken, ebenso wie die dringend notwendige Reform der Verhältnisse auf dem Lande. Das Tempo des preußischen Fortschritts verlangsamt sich, der Alte Fritz ist auf den Schlachtfeldern müde geworden. An die mütterliche Freundin, die Gräfin von Camas, schreibt der Fünfzigjährige am 6. März 1763: »Mich werden Sie als Greis und fast als alten Schwätzer wiedersehen. Ich bin grau wie ein Esel, verliere jeden Tag einen Zahn und bin von der Gicht halb gelähmt.«[72]

Eine Radierung von Daniel Chodowiecki zur Regie – eine Steuerbehörde, die vorwiegend aus Franzosen bestand. Die verhaßten Beamten wirtschafteten vor allem in die eigene Tasche.

Als zahnlos und nachteilig für Staat und Untertanen erweist sich der verbissene Versuch, die Staatskasse mit weiteren ausgeklügelten Steuern aufzufüllen. Zunächst muß einer drohenden Inflation durch Einziehen des staatlich veranlaßten Falschgeldes vorgebeugt werden. Friedrich hatte, während der Kriege in permanenter Geldnot, den Gold- oder Silberwert preußischer Münzen durch Umschmelzen immer mehr verringern lassen. Durch Umtausch der schlechten gegen gute Münzen auch im feindlichen Ausland ist den Gegnern schätzungsweise ein Schaden um die 50 Millionen Taler entstanden. Der damit beauftragte Veitel Ephraim rühmte sich: »Haben wir sie mit Kontributionen belegt, ohne gemacht zu haben einen Schuß.« Es erweist sich als aufwendig, die schlechten Münzen wieder aus dem Verkehr zu ziehen, um im Devisenkurs Verluste zu vermeiden.
Noch beschämender endet der Versuch des Königs, mit Hilfe windiger französischer Steuereintreiber, der sogenannten Regie, das letzte Geld aus den Untertanen herauszupressen. Wie bei seinem verschwenderischen Großvater gibt es fast nichts, was nicht besteuert wird. Der Konsum von Wein, Branntwein, Bier, Kaffee, Tee, Tabak, Fleisch, Zucker, Essig, Salz und vielem anderen kostet zusätzlich. Dennoch bringen die verhaßten Steuereintreiber wenig Geld in die Staatskasse, denn mehr als die Hälfte der Einnahmen stecken sie sich selbst in die Taschen oder wird von den hohen Betriebskosten der Behörde aufgefressen. Erst nach 17 Jahren macht der König diesem Treiben ein Ende. Aber da haben sich die Franzosen, die mit vollen Taschen das Land verlassen, wie die Berliner spotten, längst für die Niederlage bei Roßbach gerächt. Preußen bleibt für geraume Zeit das Land mit den höchsten Steuern Europas.

Zu den ersten Aktivitäten des neuen Königs nach seinem Regierungsantritt gehören Einladungen an Geistesgrößen seiner Zeit. Der Hallenser Christian Wolff, von Friedrichs Vater verbannt, wird rehabilitiert und mit hohen akademischen Würden an die Universität in Halle zurückgerufen. Von dort beeinflußt er in den nächsten Jahrzehnten sehr stark Theologie und Staatsrecht. Der französische Mathematiker Pierre Louis Moreau de Maupertius folgt dem Ruf des Königs und übernimmt die Präsidentschaft der Berliner Akademie der Wissenschaften. Einer der größten Mathematiker aller Zeiten, Leonhard Euler, ein Schweizer Kalvinist, der sich der hugenottischen Gemeinde angeschlossen hat, wird ebenfalls Akademiemitglied. Später gehört er zu dem Team, das die Berechnungen zur Trockenlegung des Oderbruchs anstellt. Franz Karl Achard, ein Hugenottenabkömmling und ebenfalls Mitglied der Akademie, errichtet nach zahlreichen Versuchen die erste Fabrik, in der aus Rüben Zucker gewonnen wird. Auswärtige Mitglieder sind die Enzyklopädisten Denis Diderot und Jean le Rond d'Alembert, mit dem Friedrich

98

links: Der französische Mathematiker Pierre Louis Moreau de Maupertius (1698–1759) wurde von Friedrich II. 1740 zum Präsidenten der Berliner Akademie der Wissenschaften berufen.

Mitte: Johann Christian Wolff (1679–1754), nach 1740 Professor für Natur- und Völkerrecht an der Universität zu Halle.

rechts: Gotthold Ephraim Lessing (1729–1781) als Sekretär des Gouverneurs von Breslau, General von Tauentzien.

später einen ausführlichen Briefwechsel pflegt, nachdem der Versuch, ihn für seine Residenz zu gewinnen, gescheitert ist. Dem Juden Moses Mendelssohn allerdings wird der Eintritt in die Akademie verwehrt. Und auch Immanuel Kant, der schon weit über die Grenzen Preußens hinaus bekannt ist, findet erst nach dem Tod des Königs Eintritt in die heiligen Hallen. Die einzige Frau unter den Akademiemitgliedern ist Katharina II., Zarin von Rußland, auch genannt Katharina die Große.

Friedrich Nicolai und Moses Mendelssohn machen Berlin zum Zentrum der Popularphilosophie, die in Schriften das Gedankengut der Aufklärung verbreitet. Nicolai ist der Initiator der »Allgemeinen Deutschen Bibliothek«, einer auf 268 Bände anwachsenden ehrgeizigen Edition, die sich unter dem frankophilen König ausschließlich der Verbreitung deutscher Literatur widmet. Moses Mendelssohn setzt sich in seinen aufklärerischen Schriften für die Gleichstellung der Juden und ihre Emanzipation ein. Erst als Mendelssohn 1763 einen ersten Preis der Akademie gewinnt, wird er zuweilen zur Tafelrunde des Königs geladen. Gemeinsam mit Nicolai und Gotthold Ephraim Lessing gibt er die Zeitschrift »Briefe, die neueste Literatur betreffend« heraus.

Lessing, der sich seit 1747 in Preußen aufhält, versucht vergeblich hier eine Bibliothekarsstelle zu bekommen. Der König hält nichts von deutscher Literatur und deutschen Literaten. Lessing, der in der deutschen Literatur schon einen Namen hat, übernimmt

Sechs Radierungen zu Lessings »Minna von Barnhelm« von Daniel Chodowiecki aus dem genealogischen Kalender auf das Jahr 1770.

die Stelle eines Sekretärs des preußischen Generals Bogislaw Friedrich von Tauentzien, Kommandeur von Breslau. Aus dieser Perspektive erlebt der Dramatiker den Siebenjährigen Krieg. Seine Eindrücke verarbeitet Lessing in dem Gegenwartsstück »Minna von Barnhelm«. Ein durch und durch preußisches Sujet. Die Heldin, eine Adlige aus dem durch preußische Eroberungen geplagten Sachsen, der Held, ein Veteran des Siebenjährigen Kriegs, Schauplatz ist ein Berliner Gasthaus. Lessings Freund und Verleger Nicolai, der mit dem König gut steht, macht sich zu Recht Sorgen wegen der Aktualität des Stückes. Er schreibt in einem Brief: »Die Idee ist gut und sonderbar. Inzwischen kommen viele Stiche auf die Preußische Regierung etc. darin vor, die ich als ein Preußischer Unterthan wohl wegwünschen möchte. Er hat dies freilich nur hineingesetzt, um sein Lustspiel local zu machen, ich befürchte aber doch daß sich mancher daran stoßen wird.«[73] In der Tat hat der abgedankte Offizier im Stück provokative Passagen: »Die Dienste der Großen sind gefährlich, und lohnen der Mühe, des Zwanges der Erniedrigung nicht, die sie kosten. Minna ist keine von den Eiteln, die in ihren Männern nichts als den Titel und die Ehrenstellen lieben. Sie wird mich um mich selbst lieben; und ich werde um sie die ganze Welt vergessen. Ich ward Soldat aus Parteilichkeit, ich weiß selbst nicht für welche politischen Grundsätze, und aus der Grille, daß es für jeden ehr-

links: Moses Mendelssohn (1729–1786) macht sich um die Emanzipation der Juden verdient.

rechts: Friedrich Nicolai (1733–1811) engagiert sich für die Verbreitung der deutschen Literatur.

lichen Mann gut sei, sich in diesem Stande eine Zeitlang zu versuchen, um sich mit allem, was Gefahr heißt, vertraulich zu machen, und Kälte und Entschlossenheit zu lernen. Nur die äußerste Not hätte mich zwingen können, aus diesem Versuche eine Bestimmung, aus dieser Beschäftigung ein Handwerk zu machen.«[74] Grenzt das nicht an Wehrkraftzersetzung?

Die Hamburger tun sich schwer mit der Aufführung, verschanzen sich hinter angeblichen Interventionen aus Berlin. Dann läuft das Stück doch und nach einigen Schwierigkeiten mit der Zensur am 21. März 1768 auch in Berlin. Ein Bombenerfolg. Theaterdirektor Döbbelin ist aus dem Häuschen, immer wieder völlig ausverkaufte Vorstellungen, immer wieder der Ruf des Publikums nach Fortsetzung – bis Angehörige der königlichen Familie das Theater besuchen. Zur 19. Vorstellung erscheinen Bruder Heinrich, Schwester Philipine und Markgraf Heinrich, natürlich ohne den König. Die Zuschauer wagen nicht, wie sonst, Bravo!! Da capo!! Minna! zu rufen. Auch Theaterbesucher sind gute preußische Untertanen. Das Stück wird abgesetzt, wegen mangelnder Nachfrage.

Schon vor der »Minna« hatte Lessing an Nicolai geschrieben: »Lassen Sie einen in Berlin auftreten, der für die Rechte der Untertanen und gegen die Aussaugung und den Despotismus seine Stimme erheben wollte wie es jetzt sogar in Frankreich und Dänemark geschieht, und Sie werden bald die Erfahrung haben, welches Land bis auf den heutigen Tag das sklavischste Land von Europa ist ...« Und nachdem das Stück abgesetzt wurde, schreibt er an einen Freund: »Sie sind krank gewesen? Aber wie kann man in Berlin gesund sein? Alles, was man da sieht, muß einem ja die Galle ins Geblüt jagen.«[75]

Und so verpaßt der »aufgeklärte« Despot, der nur französische Literatur gelten läßt und in französisch eine ebenso arrogante wie ignorante und inkompetente Kritik der deutschen Literatur schreibt, eines der wichtigsten deutschen Stücke des 18. Jahrhunderts, das erste deutsche bürgerliche Lustspiel. Goethe, der in Begleitung seines Herzogs den Preußenkönig 1778 besucht, äußert sich entsetzt und vorsichtig über den Monarchen. Vom Alten Fritz sind keinerlei Äußerungen zu diesem Treffen mit dem Dichter überliefert, der bereits durch »Werthers Leiden«, »Clavigo«, bedeutende Poeme und den »Götz« äußerst populär ist. Einzig der »Götz«, der am 12. April 1774 in Berlin aufgeführt wird, ist in oben genannter Kritik als schlechtes Beispiel deutscher Literatur erwähnt: »Um sich von dem Mangel an Geschmack zu überzeugen, der bis auf diesen Tag in Deutschland herrscht, brauchen sie nur ins Schauspiel zu gehen. Da sehen sie diese abscheulichen Stücke von Shakespeare in deutscher Sprache aufführen, sehen alle Zuhörer vor Wonne dahinschmelzen beim Anhören dieser lächerlichen Farcen, die eines kanadischen Wilden würdig sind ... Man mag Shakespeare solche wunderlichen Verirrungen verzeihen; denn die Geburt der Künste ist niemals die Zeit ihrer Reife. Aber nun erscheint noch ein ›Götz von Berlichingen‹ auf der Bühne, eine scheußliche Nachahmung der schlechten englischen Stücke, und das Publikum klatscht Beifall und verlangt mit Begeisterung die Wiederholung dieser abgeschmackten Plattheiten.«[76]

Friedrich und Immanuel – eine verpaßte Gelegenheit?

So verpaßt Friedrich auch Goethe und schließlich noch den größten Philosophen des Jahrhunderts, der im preußischen Königsberg die Aufklärung mit dem Satz: »Habe Mut, dich deines eigenen Verstandes zu bedienen!« auf den Punkt bringt. Königsberg, weit

oben: Die Königliche Oper in
Berlin, errichtet nach Entwürfen
von Georg Wenzeslaus von
Knobelsdorff, wird bereits am
7. Dezember 1742 eröffnet.

links: Kupferstich von Daniel
Chodowiecki mit einer Szene aus
»Götz von Berlichingen«, den
Friedrich II. als »scheußliche
Nachahmung« bezeichnet.

rechts: Lessings Freund, der
Verleger Friedrich Nicolai, macht
sich in diesem Brief Sorgen darüber, daß die Zensur an einigen
Passagen aus »Minna von Barnhelm« Anstoß nehmen könnte.

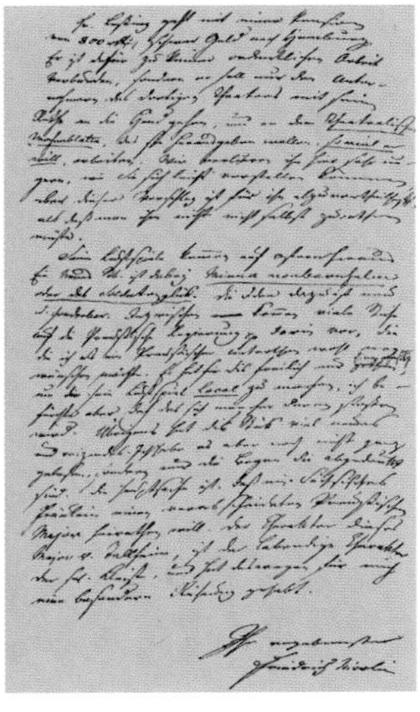

weg von den Zentren der Aufklärung Berlin und Halle, läuft diesen bald den Rang ab. Ein kleiner, bescheidener Mann sorgt dafür, daß die ferne Residenz nun die »Hauptstadt der Philosophie« genannt wird. Immanuel Kant, dort 1724 geboren, studiert an der Königsberger Universität, wird Hauslehrer und dann Dozent. Am 8. April 1756 bewirbt er sich in einem Schreiben an den König um die Professur für Logik und Metaphysik an der Königsberger Universität. Der Brief beginnt mit der Anrede »Allerdurchlauchtigster Großmächtigster König, Allergnädigster König und Herr« und enthält den lakonischen Kanzleivermerk »soll nur ad Acta gelegt werden«.[77] Im gleichen Jahr versucht Kant in einem Aufsatz über das Erdbeben von Lissabon vor einem neuen Krieg zu warnen. Friedrich II. beginnt den Dritten Schlesischen Krieg, und Kant wird abgelehnt. Als ein Jahr später die Russen Königsberg besetzen, leisten alle Einwohner der Zarin Elisabeth Petrowna den Treueid. Auch der Dozent Kant. Vielleicht ist das der Grund, weshalb der König fortan den Philosophen ebenso wie Königsberg ignoriert. Gerade mal zum Hilfsbibliothekar bringt es Kant 1765 unter dem König. 62 Taler pro Jahr verbessern nun etwas die kärgliche Finanzsituation des Dozenten. Rufe nach Erlangen, Jena und Halle lehnt er ab. Erst 1770 quittiert der König einen ministeriellen Vorschlag, Kant zum Professor für Logik und Metaphysik zu berufen, lakonisch mit dem kurzen »bené«. »Bené«, das war's. Andere Äußerungen Friedrichs zu Kant sind nicht bekannt. Kant widmet dann 1781 seine wegweisende Schrift »Kritik der reinen Vernunft« dem Kultusminister Zedlitz und nicht dem König: »Sr. Excellenz, dem Königl. Staatsminister Karl Abrahm von Zedlitz. Gnädiger Herr! Den Wachsthum der Wissenschaften an seinem Theile befördern, heißt, an Ew. Excellenz eigenem Interesse arbeiten; denn dieses ist mit jenen, nicht blos durch den erhabenen Posten eines Beschützers, sondern durch das viel vertrautere eines Liebhabers und erleuchteten Kenners innigst verbunden. Deswegen bediene ich mich auch des einigen Mittels, das gewissermaßen in meinem Vermögen ist, meine Dankbarkeit für das gnädige Zutrauen zu bezeigen, womit Ew. Excellenz mich beehren, als könnte ich zu dieser Absicht etwas beitragen.

Wen das speculative Leben vergnügt, dem ist, unter mäßigen Wünschen, der Beifall eines aufgeklärten, gültigen Richters eine kräftige Aufmunterung zu Bemühungen, deren Nutzen gross, obzwar entfernt ist, und daher von gemeinen Augen gänzlich ver-

Immanuel Kant wird erst nach dem Tod Friedrichs II. zum Mitglied der Berliner Akademie der Wissenschaften berufen.

Das Wohnhaus Kants in Königsberg. Der Philosoph verläßt die Stadt nie.

kannt wird. Einem Solchen und Dessen gnädiegem Augenmerke widme ich nun diese Schrift und, Seinem Schutze, alle übrige Angelegenheit meiner literarischen Bestimmung bin mit der tiefsten Verehrung
Ew. Excellenz
untertäniggehorsamster Diener
Immanuel Kant.
Königsberg, den 29. März 1781.«[78]

Keine Reaktion aus Sanssouci vom König, der immerhin diesen Minister aus Schlesien geholt hat und über alles schätzt. So als würde Friedrich den Professor Kant nicht kennen, dessen Berufung er gegengezeichnet hat, dessen Name hin und wieder in den Berliner Zeitungen steht, dessen Artikel »Was ist Aufklärung?« in der »Berlinischen Monatsschrift« einiges Aufsehen erregt – »bené«. Keine Reaktion des Mannes, der unverwandt geradezu hypnotisiert nach Frankreich starrt und dem es dennoch nicht gelingt, Philosophen wie Voltaire oder d'Alembert zum Bleiben in Sanssouci zu bewegen, der sich deshalb mit ausführlichem Briefwechsel trösten muß. Aufklärung von Königs Gnaden. Was wäre geschehen, wenn der greise Monarch und der geniale Philosoph, wie einst Friedrich und Voltaire, in Sanssouci disputiert hätten? Kants kategorischer Imperativ, »handle stets so, daß die Maxime deines Willens jederzeit zugleich als Prinzip einer allgemeinen Gesetzgebung gelten könnte«, gegen den selbstgerechten Egozentriker, der für den Despoten jegliche Willkür in Anspruch nimmt; Kants Aufforderung »Habe Mut, dich deines eigenen Verstandes zu bedienen!« gegen Friedrichs Forderung nach blindem Gehorsam. Kant bringt die Ambivalenz der aufgeklärten Monarchie noch zu Friedrichs Lebzeiten auf den Punkt. In seinem Aufsatz »Was ist Aufklärung?«, der 1784 in Berlin erscheint, schreibt Kant: »Nun höre ich aber von allen Seiten rufen: räsoniert nicht! Der Offizier sagt: räsoniert nicht, sondern exerziert! Der Finanzrat: räsoniert nicht, sondern bezahlt! Der Geistliche: räsoniert nicht, sondern glaubt! (Nur ein einziger Herr in der Welt sagt: Räsoniert, soviel ihr wollt, und worüber ihr wollt; aber gehorcht!‹)«[79] Dialektisch löst der geniale Philosoph dann den Antagonismus auf, indem er zwischen dem öffentlichen Gebrauch der Vernunft des Offiziers oder des Beamten, also außerhalb des Dienstes, und dem Privatgebrauch, im Dienst, wo diese der Gehorsamspflicht unterliegen, unterscheidet. Die Logik eines Philosophen, der zugleich preußischer Untertan ist

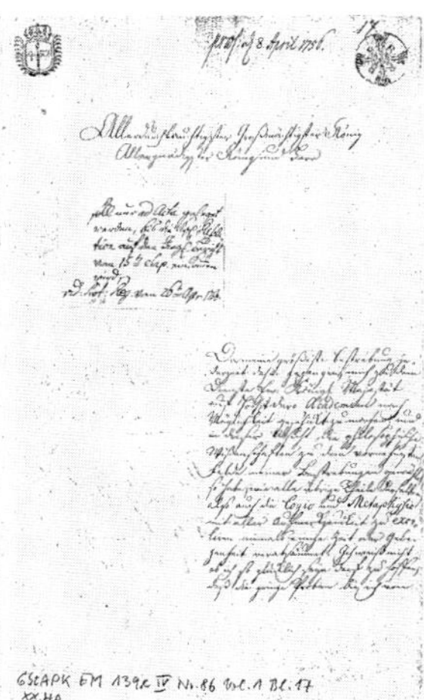

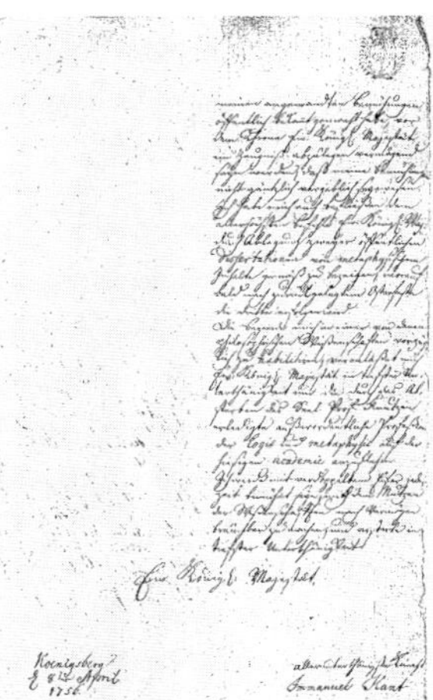

und schließlich noch die Toleranzpolitik des Monarchen in religiösen Fragen als einen Anfang würdigt: »In diesem Betracht ist dieses Zeitalter das Zeitalter der Aufklärung oder das Jahrhundert Friedrichs.«[80]

Erst nach dem Tod des Philosophen auf dem Thron wird Kant am 7. Dezember 1786 zum Mitglied der Berliner Akademie der Wissenschaften berufen. Danach erscheinen die »Kritik der praktischen Vernunft« (1788) und die »Kritik der Urteilskraft« (1790), mit denen er die klassische deutsche Philosophie begründet.

Vor diesem Hintergrund erscheint die berühmte Tafelrunde in Sanssouci, einige Jahre geadelt durch die Anwesenheit des französischen Aufklärers Voltaire, eher wie eine Vorzeigeveranstaltung. Betrachtet man die späten Schriften des zweifellos gebildetsten Königs seiner Zeit, entdeckt man Wehleidigkeit, Hadern mit seinem Schicksal und der Welt, Rezepturen für den perfekten Krieg und seltsame Gedichte. Der König ist nicht nur körperlich, er ist auch geistig frühzeitig gealtert und nicht mehr in der Lage, neue Impulse zu erkennen und zu befördern. Die deutsche Literatur und Philosophie findet im aufgeklärten Preußen zwar eine Bleibe, aber weder staatliche noch königliche Akzeptanz und Förderung.

Der Alte Fritz

1772, der Alte Fritz hat sich längst vom Kriegeführen verabschiedet, fällt ihm Westpreußen in den Schoß. Von der ersten polnischen Teilung profitieren nach einer Initiative Österreichs auch Rußland und Preußen. Das Stillhalteabkommen wird mit annektierten Territorien Polens bezahlt, das zu schwach ist, sich zu wehren. Die Landbrücke zwischen Pommern und Ostpreußen bringt auch einen neuen Titel: Er ist nun nicht mehr Köning *in* Preußen, sondern König *von* Preußen.

Preußen ist neben Österreich zur zweiten deutschen Großmacht aufgestiegen. Am Ende der Regierungszeit Friedrichs II. sind die jährlichen Staatseinnahmen von sieben Millionen Taler auf 23 Millionen gestiegen, die Einwohnerzahl hat sich von 2,2 auf 5,5 Millionen vergrößert. Ähnliches gilt für die Fläche, die von 120.000 Quadratkilometer auf 195.000 Quadratkilometer angewachsen ist. Der Staat reicht vom Rhein bis zur russischen Grenze, von Nordhausen bis zur Ostsee, von Böhmen bis nach Memel. Der Staatsschatz ist von 23 auf 54 Millionen Taler gewachsen, die Armee hat sich von 80.000 Mann auf 190.000 erhöht. Nicht zuletzt wegen dieser Armee und der Legendenbildung über ihre Kriegstaten und die ihres Königs wird Preußen als das dominierende deutsche Land respektiert. Das Königreich ist auf dem Weg zur europäischen Großmacht. Das preußische Staatswesen, sein Militär und preußische Tugenden besitzen Renommee in Europa. Und noch etwas haben der Alte Fritz und sein Vater geschaffen: den preußischen Untertanen. Dank des allgegenwärtigen königlichen Tausendsassas, der alles kann, alles anordnet, wenn möglich alles selbst kontrolliert, entwickelte sich im Königreich Preußen eine durch alle Schichten gehende Untertanenmentalität. Es ist bequem, sich regieren zu lassen. Abwarten statt Initiative, Gehorsam statt Freiheit, Obrigkeitsglaube statt kritischen Verstands; Fleiß, Pünktlichkeit, Zuverlässigkeit, Sparsamkeit, blinder Gehorsam, stoische Pflichttreue. Das gilt fortan als preußisch, und – Genügsamkeit bis zum Grab.

Immer wieder sinniert der alte Mann in Sanssouci über Leben und Tod. 1775 schreibt er für Voltaire das Gedicht »Dichter und Feldherr«:

104

oben: Die Lage des Königreichs Polen nach seiner ersten Teilung 1773. Von links nach rechts: Katharina II., Stanislaw Poniatowski, Kaiser Joseph II. und Friedrich II., Allegorie.

Anfang und Schluß des eigenhändig niedergeschriebenen Testaments Friedrichs II. vom 8. Januar 1769.

Notre Vie est un passage rapide du moment de Notre Naissance a celui
de notre mort, pendant ce Cour espace L'homme est destiné a travailler
pour Le bien de La Société dont il fait Corps. Depuis que je paroicis
au Maninuat des affaires, je me suis apliqué avec toute les forces que la nature
m'avoit donné et Selon mes faibles Lumieres a rendre heureux et florissont
cet etat que j'ai eu L'honneur de Gouverner, j'aù fait regner les Loix et la
Justice, j'ai mis de l'ordre et de la Neteté dans les finances, et j'ai entretenu L'armée dans cette
Discipline qui l'a rendüe Superieure aux Autres Troupes de L'Europe. apres avoir rempli ces
devoirs envers L'Etat, j'aurois un reproche eternel a me faires si je negligeois ce qui
concerne Ma famille, c'est donc pour éviter les brouilleries qui pouroient s'élever entre mes
proches a l'egard de mon heritage que je Declare par Cet Acte Solenel ma Volonté dernière :
Je rend de bongré et Sans regret ce Souffle de Vie qui m'anime a La Nature bienfaisante
qui a Daigné me le preter, et mon Corps aux Ellements dont il a été Composé. J'ai vecu
en filosofe et je veux etre enteré Come Tel, sans aparicié, sans faste, sans Pompe, je ne
veux etre ni Disequé ni embaumé, qu'on m'entere a Sanssouci au haut des terasses dans
une Sepulture que je me suis fait preparer, Le prince d'Je Naffau Moriffe a été inhumé de
meme dans un bois proche de Cleves, si je meurens en tems de Guerre ou dans en Voyage
il n'y a qu'a deposer mon Corps dans le premier Lieu et le transporter en hiverd a sanssouci au
Lieu que j'ai designé si deffus.

. . . .

Je recomande a Mon Succesaeur de respecter Son Sang dans la personne de Ses Oncles
De Ses Tantes et de tout Les parans, Le hazard qui preside au destin des homes
Regle La primogeniture, mais pour etre Roy on n'en vaut pas mieux pour cela
que Les Autres. je recomande a tout mes parans a Vivre en bonne Inteligence
et a Savoir quant il Le faut Sacriffier Leurs Interets personnels au bien
de La patrie et aux Avantages de L'Etat.

Mes Dernieres Vocux au moment ou j'experirerai Seront pour Le bonheur de Cet Empire
puisse t-il toujours etre Gouverné avec Justice, Sagesse et force, puisse t-il etre
Le plus heureux des Etats par La Doufeur des Loix, Le plus equitablement Administré
par raport aux finances, et le plus Vaillonment Defandu par un Militaire
qui ne respire que l'honeur et La belle Gloirne, et puisse t-il durer en
florissant jusqu'a La fin des Siecles.

Je nome pour mon executeur Testamantaire Le Duc Regnant Charles
de Bronsuic, de l'amitié de la Droiture, et de La probité du quel je me promais
quil se chargera de faire executer ma Dernière Volonte.

Fait a berlin Le 8 de Janvier 1769.

Federic

»Viel tausend Menschen töten der Kanonen Blitze,
Doch Leben spenden, nein das kann ich nicht!
Soldat im Frieden bin ich; mir entgleitet
Der Ruhm wie ein verschlissener Hermelin,
Und trüber Rost die Klinge überbreitet,
Die einst so hell durch ganz Europa schien!«[81]

Leben spenden kann ich nicht ... Seit seinem Regierungsantritt lebt er von seiner Gemahlin Elisabeth Christine getrennt. Die Ehe bleibt kinderlos. In seinem Gedicht »Lebensabend«, 1777 Voltaire gewidmet, zeichnet Friedrich ein ungeschöntes Bild seiner alten Tage, das sich mit den Beobachtungen von Zeitgenossen deckt:

»Da sitzt er nun, der alte Mann,
Phlegmatisch, schweigsam, herzenskalt,
Fängt er einmal zu sprechen an,
So gähnt ein jeder Hörer bald...«
und fährt fort:
»Luftsprünge früher, heute schleicht das an Krücken,
Einst Kraft und Leben, heut Lumpen und Flicken!...«
und endet:
»Der Baum steht da von Blättern bloß,
Der Garten kahl und blütenlos.
So spürt der Mensch mit leisem Beben
Die Hand der Zeit an seinem Leben;
Die Jugend geht im Irrtum dahin,
Kaum lernt man erkennen, kaum schärft sich der Sinn,
da kommt die Mühsal, da kommen die Leiden,
und es dauert nicht lange, da heißt es scheiden.«[82]

Der kranke König auf der Terrasse von Sanssouci. Am 17. April war Friedrich II. trotz seiner Krankheit in die Sommerresidenz übergesiedelt. Dort stirbt er am 17. August 1786.

Ein anderer Ausdruck seiner Beschäftigung mit dem Tod sind die zahlreichen Testamente und letzten Verfügungen, die Friedrich II. verfaßt. Schon im Frühjahr 1741, vor seiner ersten wirklichen Schlacht, verfügt er: »Falle ich, so ist mein Wille, daß mein Leib nach Römerart verbrannt und die Asche in einer Urne in Rheinsberg beigesetzt werde. Knobelsdorff soll mir ein Grabdenkmal errichten, wie das des Horaz im Tuskulum.«[83] Später, als es Sanssouci gibt, wo er sich auf der Terrasse eine Gruft hat herrichten lassen, ordnet er in immer wieder neuen Varianten an, dort neben seinen Hunden begraben zu werden. Vor fast jeder Schlacht, vor jedem neuen Krieg gibt es Testamente. Politische und private. Neben seinem »Politischen Testament« von 1752 und dem »Grundriß der preußischen Regierung«, ausführlichen Anleitungen zum Handeln für seine Nachfolger, verfaßt er immer neue letzte Verfügungen, die bis ins kleinste Detail alles Familiäre und Finanzielle regeln. 1757 ordnet er an: »Wenn die Russen durch die Neumark einbrechen und uns ein Unglück in der Lausitz zustößt, so muß alles nach Magdeburg gebracht werden. Die letzte Zufluchtsstätte endlich ist Stettin; man soll aber nur im äußersten Notfall dorthin gehen. Die Garnison, die königliche Familie und der Staatsschatz sind unzertrennlich und bleiben stets zusammen, dazu die Krondiamanten und das Silbergerät aus den Staatsgemächern, das in diesem Falle nebst dem goldenen

Service unverzüglich zu Geld geprägt werden muß. Sollte ich totgeschossen werden, so müssen die Geschäfte ohne die geringste Stockung und Veränderung weitergehen und ohne daß man merkt, daß sie in anderen Händen liegen.«[84] Im Testament von 1769 vererbt er seinem Neffen Friedrich Wilhelm »das Königreich Preußen, die Provinzen, Staaten, Schlösser, Festungen, Munition, Zeughäuser, die von mir eroberten oder ererbten Länder, alle Kronjuwelen, die Gold- und Silberservice, die in Berlin sind, meine Landhäuser, die Bibliothek, das Münzkabinett, die Gemäldegalerien, die Gärten usw. Ferner hinterlasse ich ihm den Staatsschatz, so wie er ihn am Tage meines Todes vorfinden wird, als Eigentum des Staates und allein dazu bestimmt, die Völker zu verteidigen oder ihnen Erleichterung zu verschaffen.« Im weiteren wird Friedrichs Gemahlin mit zusätzlichen 10.000 Talern jährlich bedacht, außerdem zwei Tonnen Wein, Brennholz, Wildbret. Und immer wiederholt Friedrich die Anweisung für sein Begräbnis:

»Im übrigen will ich, was meine Person anbetrifft, in Sanssouci beigesetzt werden, ohne Prunk, ohne Pomp und bei Nacht. Man soll meinen Körper nicht öffnen, sondern mich ohne Umstände dorthin bringen und mich bei Nacht beerdigen«, verfügt er 1757 vor der Schlacht bei Leuthen und 1758 vor der Schlacht bei Zorndorf: »Ich will, daß nach meinem Tod keine Umstände mit mir gemacht werden, man soll mir nicht öffnen, sondern still nach Sanssouci bringen und in meinem Garten begraben lassen« und 1769: »Ich habe als Philosoph gelebt und will als solcher begraben werden, ohne Gepränge, ohne feierlichen Pomp, ohne Prunk. Ich will weder geöffnet, noch einbalsamiert werden. Man bestatte mich in Sanssouci auf der Höhe der Terrassen in einer Gruft, die ich mir habe herrichten lassen … Sterbe ich in Kriegszeiten oder auf der Reise, soll man mich am ersten besten Ort beisetzen und im Winter nach Sanssouci bringen.«[85] Er wünscht kein Monument, eine Grabplatte. Aber sein Nachfolger auf dem Thron, sein Neffe Friedrich Wilhelm II., befolgt die Anweisungen seines Onkels nicht. Er läßt Friedrich II. unter großem Pomp in der Potsdamer Garnisonkirche beisetzen. Erst über 200 Jahre später werden die sterblichen Überreste des Königs und seines Vaters nach mancherlei Irrfahrten durch Deutschland und die deutsche Geschichte in Sanssouci neben seinen Hunden beigesetzt. Da ist Preußen schon fast ein halbes Jahrhundert von der Landkarte verschwunden.

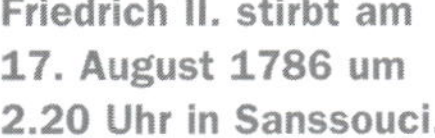

Nach dem Ende des Siebenjährigen Krieges läßt Friedrich II.
das Neue Palais als Ausdruck
ungebrochener Stärke bauen.
Auf der Allee reitet Friedrich II.
auf einem Schimmel.

WOLFGANG RIBBE

König Friedrich Wilhelm II. als Landesherr

Beim Tod des großen Friedrich ist Preußen ein Staatswesen mit 5,8 Millionen Einwohnern, die auf einer Fläche von 200.000 Quadratkilometern leben. Die Armee von fast 200.000 Mann repräsentiert eine militärische Großmacht. Doch die militärische Stärke und die geordneten Staatsfinanzen, die Friedrich hinterläßt – mit einem Staatsschatz von mehr als 51 Millionen Talern –, können Mängel des friderizianischen Regierungssystems nicht verbergen und aufheben. Es ist ganz auf die Person des Königs bezogen, in dessen Hand alle Fäden der Staatsverwaltung zusammenlaufen. Er allein trifft in jedem einzelnen Fall die Entscheidung. Ein solches System eignet sich wenig für einen Nachfolger, der schwach und nicht ausreichend auf sein Amt vorbereitet ist. Friedrich II. jedenfalls traut – wie berichtet wird – seinem Thronerben nicht über den Weg. »Mein Neffe wird den Staatsschatz verschwenden, die Armee ausarten lassen. Die Weiber werden regieren, der Staat wird zugrunde gehen«[1], soll er gesagt haben, und es sollte sich auch teilweise bewahrheiten. Doch ist dies nicht dem König allein, sondern auch den Zeitumständen, insbesondere den revolutionären Ereignissen in Frankreich, geschuldet.

Der wegen seiner Leibesfülle als »dicker Wilhelm« bespöttelte Herrscher wird auch hinsichtlich seiner amourösen Abenteuer belächelt. Neben zwei Ehen zur rechten und zwei weiteren zur linken Hand registriert man zahllose flüchtige Verbindungen, aber auch eine beständige: mit der Tochter eines Potsdamer Musikers, Wilhelmine Enke, die, in einer Scheinehe mit dem Kammerdiener Rietz verheiratet, zur Gräfin Lichtenau erhoben wird. Der Bildhauer Gottfried Schadow urteilt streng über die lockeren Sitten bei Hofe: »Zur Zeit Friedrich Wilhelms II. herrschte die größte Liederlichkeit, alles besoff sich in Champagner, fraß die größten Leckereien, frönte allen Lüsten. Ganz Potsdam war ein

links: Wilhelmine Enke (1752–1820), seit 1796 Gräfin Lichtenau, die »preußische Pompadour«; hier als »Reisigsammlerin« porträtiert.

rechts: König Friedrich Wilhelm II. von Preußen (1744–1797). Das Gemälde von Anton Graff kommt einer Charakterstudie nahe.

Bordell; alle Familien dort suchten nur mit dem Könige, mit dem Hof zu tun zu haben, Frauen und Töchter bot man um die Wette an, die größten Adligen waren am eifrigsten. Die Leute, die das wüste Leben mitgemacht haben, sind alle früh gestorben, zum Teil elendiglich, der König an der Spitze.«[2]

Das Günstlings- und Mätressenwesen erreicht in Preußen ein bis dahin unbekanntes Ausmaß und überschattet die Regierungszeit des Königs. Unter dem Einfluß der königlichen »Berater« Johann Christoph von Wöllner und Johann Rudolf von Bischoffswerder, die dem Orden der Rosenkreuzer, einem spiritistischen Geheimbund, angehören, kommt es zu bigotter Intoleranz und antiaufklärerischen Reaktionen. Wöllner hat in seinem Haus einen Raum für Geistererscheinungen eingerichtet. Einer seiner Gehilfen spielt die Geister. Der König erhält in den »Sitzungen« stärkende Tropfen. Wöllner, »der das Herz des Monarchen für sich eingenommen hat«, und Bischoffswerder, »der beständig um den König ist«, stehen an der »Spitze solcher Gaukelspieler«.[3] Der zeitgenössische Chronist, der seine Beobachtungen anonym veröffentlicht, kommt zu dem Schluß, daß es nicht der richtige Weg sei, wenn große und mächtige, fromme und christliche Dynasten sich durch »eine Bande Glücksritter« belehren lassen.[4] Vorbei ist es nun mit der milde gehandhabten Zensur unter Friedrich II. und der aus seiner Gleichgültigkeit gegenüber religiösen Dogmen erwachsenen Toleranz. Zum Konflikt zwischen der Geisteselite und dem Staat kommt es durch die Religions- und Zensuredikte des 1788 zum Leiter des Departements für die geistlichen Angelegenheiten ernannten Wöllner. Davon werden in gleicher Weise Aufklärer wie Friedrich Nicolai und andere Intellektuelle betroffen, die vorübergehend Preußen verlassen oder außerhalb Preußens publizieren müssen. Auf wirtschaftlichem Gebiet ergreift der neue König bei seinem Regierungsantritt durchaus populäre Maßnahmen. Er beseitigt die seit 1766 bestehende Form der Steuereintreibung (Regie), hebt das Tabak- und Kaffeemonopol auf und liberalisiert den Getreidehandel. Um den dadurch entstehenden Einnahmeausfall auszugleichen, wird eine höhere Besteuerung von Mehl, Zucker und Bier eingeführt sowie der Preis für Salz erhöht. Davon betroffen ist die gesamte Bevölkerung, die Hauptlast jedoch trägt der ärmere Teil. Die angestrebte Liberalisierung gelingt dadurch nur halbherzig und wird bald auch wieder gestoppt, als die Vergünstigungen rückgängig gemacht werden. Vor allem aber bleiben die nicht mehr zeitgemäßen merkantilistischen Wirtschaftsgrundsätze gültig.

Friedrich II. hat seine Bürokratie noch fest im Griff. Unter seinem Nachfolger, der sie weder lenkt noch kontrolliert, verselbständigt sie sich. Daran ändert auch die wütende Anweisung Friedrich Wilhelms II. vom Dezember 1787 nichts, in der es heißt: »Ich fordere bei dem Civil-Dienst von Meinen Ministers eben die Folgsamkeit und den strengen Gehorsam, als Ich von Meinen Generals bei der Armee fordere. Ich unterziehe Mich der Regierungsgeschäfte selbst und werde daher niemand erlauben, in den Departements eigenmächtige Verfügungen zu machen, sondern Ich will von allem vorher unterrichtet sein und verlange, daß man Meine Befehle abwarte.«[5] In Wahrheit entzieht sich Friedrich Wilhelm II. der täglichen Regierungspraxis weitgehend. Der Geheime Rat Borcke schildert 1787 das Hofleben, wobei er die von Bischoffswerder und Wöllner betriebene Personalpolitik kritisiert, die der Verwaltung viele unqualifizierte Kräfte beschert. »Der Herr von Bischoffswerder scheinet sich nur für diejenigen, die zu seiner Brüderschaft gehören, zu verwenden«[6], teilt er in seiner »chronique scandaleuse« mit. Einige der höheren Beamten entwickeln jedoch eigenständige Ideen, die sie und ihre

Der Rosenkreuzer Johann Christoph von Wöllner (1732–1800) bestärkt den König in seiner antiaufklärerischen Politik.

Nachfolger später befähigen, die preußischen Reformen zu initiieren und voranzutreiben, um damit nach der Niederlage im Krieg gegen Napoleon die Renaissance der preußischen Monarchie zu forcieren, wenn es sein muß, auch ohne Zutun des Herrschers und zuweilen auch gegen seine Intentionen. Staatsführung und Bürokratie sind sich bereits nach dem Tod Friedrichs II. wohl bewußt, daß der Staat Preußen reformbedürftig ist. Bis zur Revolution in Frankreich von 1789 war Preußen der modernste Staat auf dem europäischen Kontinent, nun aber hält das Land mit der politischen Entwicklung nicht mehr Schritt. Zwar sind alle wichtigen Reformer bereits vor der großen Niederlage Preußens gegen Napoleon im Jahr 1806 in verantwortlicher Position, doch das nachfriderizianische Preußen läßt nur halbherzig Reformansätze zu. Insbesondere die unzeitgemäße Ständeordnung wird nicht revidiert.

Die Politik der halbherzigen Modernisierung gilt teilweise auch für die Umsetzung einer Justizreform, die Friedrich II. noch auf den Weg bringt, indem er den Großkanzler Johann Heinrich Casimir von Carmer und den Juristen Karl Gottlieb von Svarez mit der Kodifizierung des preußischen Landrechts beauftragt. Ein Entwurf des Allgemeinen Landrechts wird 1783 veröffentlicht, in den folgenden fünf Jahren diskutiert, unter Friedrichs Neffen und Nachfolger Friedrich Wilhelm II. 1788 überarbeitet und 1791 publiziert, im folgenden Jahr durch den König, der seinen Machtanspruch nicht gewahrt sieht, wieder suspendiert und schließlich in veränderter Form 1794 als »Allgemeines Landrecht für die Preußischen Staaten (ALR)« in Kraft gesetzt. Das Landrecht enthält einerseits zukunftweisende Akzente: Das Recht wird neu formuliert und vereinheitlicht, die königlichen Rechte und Pflichten fixiert und allgemeine Rechtssicherheit, wie sie den bürgerlichen Rechtsstaat kennzeichnen sollte, hergestellt. So heißt es in Paragraph 79: »Die Gesetze und Verordnungen des Staates dürfen die natürliche Freiheit und Rechte der Bürger nicht weiter einschränken, als es der gemeinschaftliche Endzweck erfordert.«[7] Andererseits schreibt das neue Recht die ständische Gesellschaftsordnung fest, zumal die bisherigen Provinzial- und Statuarrechte formell weiter gültig bleiben und

Nachdem es 1794 Rechtskraft erlangt hat, wird das »Allgemeine Landrecht für die Preußischen Staaten« in den folgenden Jahren im gesamten Königreich verbreitet.

nur allmählich durch das ALR verdrängt werden. Insbesondere die absoluten Rechte des Herrschers sollen gewahrt bleiben, wenn es u. a. im Paragraphen 78 heißt: »Das Oberhaupt des Staates, welchem die Pflichten zur Beförderung des gemeinschaftlichen Wohls obliegen, ist die äußere Handlung aller Einwohner diesem Zweck gemäß zu leiten und zu bestimmen berechtigt.«[8] In seinem bürgerlich-rechtlichen Teil bleibt das ALR in den meisten Provinzen bis zur Ablösung durch das Bürgerliche Gesetzbuch (BGB) im Jahr 1900 in Kraft, mit Ausnahme des Rheinlandes, das nach 1815 das Französische Recht beibehält.

Zu weiteren Reformen ist Friedrich Wilhelm II. nicht bereit. Erst unter seinem Nachfolger wird 1799 mit der Beseitigung der Erbuntertänigkeit und der Ablösung der feudalen Verpflichtungen die Bauernbefreiung auf den königlichen Domänen eingeleitet. Sonst aber engen staatlicher Dirigismus, Zunftzwang, Sonderprivilegien und soziale Schranken die wirtschaftliche Entwicklung weiterhin ein. Es herrscht ständige Finanznot, und aus Friedrichs Staatsschatz von 54 Millionen Talern wird bis 1797 eine ebenso hohe Staatsschuld. Neben der verfehlten Wirtschaftspolitik gibt es hierfür zwei weitere Ursachen: das künstlerische Mäzenatentum des Königs und die Kriege, die er führt.

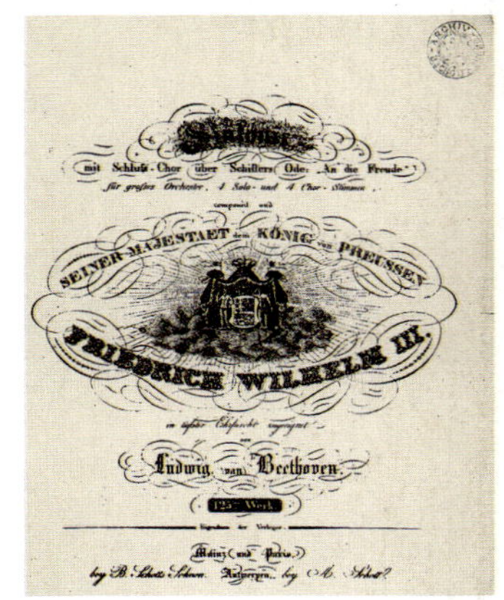

oben: Namhafte Künstler dedizieren preußischen Königinnen und Königen eigene Werke. Hier das Widmungsblatt der 9. Sinfonie von Ludwig van Beethoven für Friedrich Wilhelm III.

Kunst und Kultur im Wandel

Der König ist ein begeisterter Bauherr. Baukunst und Bauwesen stehen im Mittelpunkt seines Interesses. Er beruft 1788 sowohl Carl Gotthard Langhans, dessen Hauptwerk 1789 bis 1791 das »Brandenburger Tor« in Berlin wird und das zum Wahrzeichen der Stadt avanciert, als auch David Gilly, auf dessen Anregung hin 1799 die Bauakademie gegründet wird. Gillys Lehrtätigkeit und Publikationen prägen ebenso den neuen klassizistischen Charakter der Architektur wie die Bauten von Langhans. Ebenso deutlich bestimmen die Plastiken von Johann Gottfried Schadow und später auch die Bauten von Karl Friedrich Schinkel den klassizistischen Stil dieser Epoche. In der Potsdamer Residenzlandschaft entstehen das Marmorpalais und das Schloß auf der Pfaueninsel. Mit Schadows Grabmal für den Grafen von der Mark (1790), der »Quadriga« für das Brandenburger Tor (1794) und in seiner Marmorgruppe der Prinzessinnen Luise und Friederike erreicht der Klassizismus in der Bildhauerei seinen Höhepunkt.

Ein grundlegender künstlerischer Wandel vollzieht sich auch in der Musik. Wesentliche Neuerungen sind auch hier den Aktivitäten und Initiativen des Bürgertums zu verdanken, das seit der zweiten Hälfte des 18. Jahrhunderts eine eigene Hausmusikkultur entwickelt, die zur Grundlage von musikalischen Vereinigungen wird. Friedrich Wilhelm unterhält eine kleine Kapelle, in der er selbst Cello spielt. Mozart musiziert bei Hofe, auch Beethoven, der dem König Kompositionen widmet. Noch bevor es zu kammermusikalischen Zirkeln und Orchestergründungen kommt, schließen sich musikbegeisterte Bürger zu nichtkirchlichen Chorvereinigungen zusammen. Der Kammermusiker Carl Friedrich Fasch gründet 1791 die »Singakademie«, deren klassizistisches Domizil nach Entwürfen Karl Friedrich Schinkels errichtet wird, und ein Goethefreund, der Berliner Maurermeister Carl Friedrich Zelter – nach Faschs Tod im Jahr 1800 dessen Nachfolger als Leiter der »Singakademie« –, gründet 1809 die »Liedertafel«. Das Bürgertum wendet sich auch von der italienischen Hofoper ab und dem deutschen Singspiel zu. Christoph Willibald Glucks »Iphigenie auf Tauris« wird mit deutschen Sängern 1795 an der Berliner Hofoper gegeben.

Mit dem Doppelstandbild der Kronprinzessin Luise und ihrer Schwester Friederike von Mecklenburg-Strelitz (1778–1841) vollendet Gottfried Schadow 1797 eines der Meisterwerke der frühklassizistischen Plastik in Preußen.

Literarisch wird Preußens Hauptstadt um die Jahrhundertwende eine Hochburg der Romantik. Tieck, Wackenroder und Chamisso leben und wirken hier für längere oder kürzere Zeit. Die Hauptwortführer der deutschen Romantik, die Gebrüder Schlegel, kommen Ende des 18. Jahrhunderts nach Berlin. August Wilhelm Schlegel hält 1801 bis 1804 Vorlesungen, die das geistige Berlin nachhaltig beeinflussen. Doch nicht überall finden die Romantiker Anklang. Ihr Hang zum Mystizismus, ihre Flucht aus der Wirklichkeit in eine phantastische, übersinnliche Welt, ihre Verherrlichung des mittelalterlichen Lehnsstaates und ihre reaktionäre Haltung in politischen Fragen werden ebenso bekämpft wie ihre Kunsttheorie und -praxis. In einer von August von Kotzebue herausgegebenen Zeitschrift heißt es 1803: »Die deutsche Sprache, seit der Mitte des vorigen Jahrhunderts zu einer höheren Reinheit, Fülle und Kraft erhoben, erliegt unter dem Druck wild zusammengelesener Terminologien und unter einem sentimentalen Ausdrucke, dessen Inkorrektheit und Unverständlichkeit dem kranken Geschmack des Zeitalters wohltut.«[9]

Zum gesellschaftlichen Mittelpunkt der kulturellen Entwicklung an der Wende vom 18. zum 19. Jahrhundert werden die Berliner Salons des jüdischen Großbürgertums um Henriette Herz, Dorothea Veidt (seit 1804 mit Friedrich Schlegel verheiratet) und Rahel Levin (verehelichte Varnhagen von Ense). Ihre Gäste sind Beamte, Offiziere, Gelehrte und Künstler wie Alexander und Wilhelm von Humboldt, die Brüder Schlegel, Jean Paul, aber auch Prinz Louis Ferdinand von Preußen, ein politischer Hoffnungsträger dieser Generation. Hier treffen die jungen Schriftsteller der Frühromantik auf die Vertreter der gesellschaftsfähig gewordenen Spätaufklärung. Dem aufklärerischen Gelehrtenideal setzen sie die poetischen Erkenntnismöglichkeiten des genialen Künstlers entgegen, der in »produktiver Freundschaft« seine Projekte entwickelt. Solche gemeinsamen Vorhaben realisieren Schlegel, Friedrich Daniel Ernst Schleiermacher und Novalis mit den Fragmentsammlungen der Zeitschrift »Athenäum« (1798–1800), Wackenroder und

Karl Friedrich Zelter (1758–1832) leitet seit 1800 die Berliner Singakademie. Er vertont viele Gedichte seines Freundes Johann Wolfgang von Goethe.

unten links: Die Singakademie erhält 35 Jahre nach ihrer Gründung am Forum Fridericianum ein von Karl Friedrich Schinkel entworfenes eigenes Domizil, das 1826 eingeweiht wird.

unten: Henriette Julie Herz geb. de Lemos (1764–1847), hier dargestellt als Hebe, die griechische Göttin der Jugend und Mundschenkin der Götter, empfängt in ihrem Berliner Salon Künstler und Wissenschaftler zu geselligem Beisammensein. Ihrem Tugendbund gehören u. a. die Brüder Humboldt und der Theologe Schleiermacher an.

Tieck mit den »Herzergießungen eines kunstliebenden Klosterbruders« (1797) sowie vor allem Achim von Arnim und Clemens Brentano mit ihrer Volksliedsammlung »Des Knaben Wunderhorn«. Die literaturgeschichtlichen Vorlesungen August Wilhelm Schlegels (1801–1804) geben Anlaß zur Gründung des »Nordsternbundes« (1803), in dem sich u.a. Adelbert von Chamisso, Friedrich de la Motte-Fouqué und Karl-August Varnhagen von Ense zusammenfinden.

In literarischen Fehden sucht die Berliner Gesellschaft Ersatz für politische Betätigung. Man ereifert sich für oder gegen die Romantiker, für oder gegen die Klassiker. Berühmte Schriftsteller der Zeit, wie Jean Paul und Friedrich Schiller, werden bei ihren Aufenthalten in der preußischen Residenz umworben.

Mit August Wilhelm Iffland, den Friedrich Wilhelm III. 1797 als Intendant an das Schauspielhaus holt, beginnt die Blütezeit des Berliner Theaters. Zahlreiche Dramen Goethes und vor allem Schillers führt Iffland im Haus am Gendarmenmarkt erstmals auf und erlangt dadurch nicht nur bei den Bürgern der Stadt Ansehen. Dieser Erfolg bringt auch eine gesellschaftliche Neuerung, wie unter anderem ein Zeitgenosse zu berichten weiß: »Bis jetzt ist es an unserem Hofe noch ohne Beispiel, daß ein Schauspieler bei Prinzen gesessen hat; Iffland ist aber von der Prinzessin Ferdinand und auch von unserem Kronprinzen zu Tische gebeten worden.«[10]

Preußen und die Französische Revolution

August Wilhelm Iffland (1759–1814), Schauspieler und Direktor des Königlichen Nationaltheaters in Berlin. Die Federlithographie (um 1810) zeigt ihn in der Rolle des »Bittermann« in »Menschenhaß und Reue«.

Vor der Französischen Revolution galten Preußen und Österreich als die modernsten Staaten auf dem europäischen Kontinent. Sowohl der große Preußenkönig als auch der Habsburger Joseph II. sind mit dem von ihnen vertretenen aufgeklärten Absolutismus die fortschrittlichsten Herrscher ihrer Zeit. Dies ändert sich mit dem revolutionären Geschehen in Frankreich. Nun hinken die deutschen Staaten hinter der fortschrittlichen Entwicklung in Frankreich her, obwohl sich die führenden Intellektuellen der Zeit, wie zum Beispiel Schiller und Kant, für die Ideen der Revolution von 1789 begeistern, ohne die eingetretene Radikalisierung zu billigen. Aber die Ideale von 1789 bereiten schließlich auch den Reformen der napoleonischen Zeit in Preußen den Boden.

Die herrschende Schicht in Preußen und Österreich sieht sich durch die revolutionären Ereignisse in Frankreich in ihrer Existenz bedroht. Friedrich Wilhelm II. schließt daher 1791 mit Kaiser Leopold II., einem Bruder der französischen Königin Marie Antoinette, die Konvention von Pillnitz, die zur Intervention in Frankreich aufruft. Die Französische Nationalversammlung eröffnet daraufhin die Revolutionskriege, und bereits in der ersten bedeutenden Schlacht, einem stundenlangen Artillerieduell, der »Kanonade von Valmy« am 20. September 1792, zeigt sich die Überlegenheit der französischen Heere, die nicht mehr aus Söldnern und adligen Führern bestehen, sondern alle Kräfte des Volkes zu einem nationalen Verteidigungskrieg in sich vereinen. Goethe, der im Gefolge des Herzogs von Weimar den Feldzug beobachtet, erkennt als einer der ersten die eingetretene Wende: »Von hier und heute geht eine neue Epoche der Weltgeschichte aus, und Ihr könnt sagen, Ihr seid dabeigewesen.«[11] Das preußische Heer jedenfalls zeigte sich der modernen Kriegsführung der Franzosen auf Dauer nicht gewachsen, was auch das zeitgenössische Lied »Rückzug der Alliierten aus der Champagne« zum Ausdruck bringt:

»Ach Brüder, wie es uns geht,
Erbärmlich um uns steht!
Wie sind wir straplezieret!
Das hält kein Mensch mehr aus.
Ach wären wir zu Haus!«[12]

Zwar bildet sich 1793, nach der Hinrichtung Ludwigs XVI., eine europäische Koalition gegen Frankreich, das aber weiterhin militärisch den Ton angibt. Die Revolutionsführer rufen auf zum »Levée en masse«, zur Mitwirkung aller Kräfte des Volkes an der nationalen Verteidigung, und es gelingt den Franzosen, die österreichischen Niederlande und linksrheinische Reichsgebiete zu besetzen. In dieser Situation scheidet Preußen aus der Koalition gegen Frankreich aus. Im Frieden von Basel 1795 erklärt es sich für neutral. Preußens Interessen liegen jetzt nicht mehr im Westen, sondern an der Ostgrenze seines Staatsgebiets.

Zweite und Dritte Teilung Polens

Die revolutionären Ereignisse des Jahres 1789 mit der Bildung einer verfassunggebenden Nationalversammlung und dem Sturm auf die Bastille, dem Symbol der Unterdrückung, finden auch jenseits der Grenzen Frankreichs ein lebhaftes Echo. Polen führt 1791 eine an den Ideen der Französischen Revolution orientierte Verfassung ein, für Rußland und Preußen ein Vorwand, weite Gebiete Polens zu annektieren. Im Petersburger Vertrag wird 1793 die Zweite Teilung Polens zwischen Preußen und Rußland beschlossen. Preußen erhält Danzig mit Thorn sowie die Distrikte Gnesen, Kalisch und Posen; eine »Provinz Südpreußen«, die 55.000 Quadratkilometer umfaßt, wird gebildet. Gegen die Gewaltpolitik Preußens im Bunde mit Rußland und Österreich erheben sich

In der Kanonade von Valmy am 20. September 1792 behauptet sich ein Heer der französischen Revolutionäre gegenüber den Armeen aus dem Alten Reich, darunter auch preußische Truppen.

oben: Nach der Eroberung von Mainz
durch französische Verbände Ende 1792
belagern preußische und österreichische
Truppen die Stadt, die am 23. Juli 1793
kapituliert. Damit endet auch die Mainzer
Republik, in der sich unter französischem
Schutz die deutschen Jakobiner zusam-
mengefunden hatten.

rechts: Tadeusz Andrzej Bonaventura
Kościuszko (1746–1817) führt 1794
als »Staatschef« in Krakau den letztlich vergeblichen Aufstand gegen die
Zweite polnische Teilung an. 1796
aus russischer Kriegsgefangenschaft
entlassen, lebt er zunächst in Amerika,
dann bis zu seinem Tode 1817 in
Frankreich bzw. in der Schweiz.

die Polen unter der Führung von Tadeusz Kościuszko, dessen militärische Erfahrungen aus dem amerikanischen Unabhängigkeitskrieg stammen. Der Aufstand scheitert. Kościuszko wird in der Schlacht von Maciejowice am 10. Oktober 1794 vom Pferd geschossen und als Gefangener in das russische Feldlager gebracht. Sein Kommentar: »Finis Poloniae« (das Ende Polens) ist nicht als authentisch verbürgt, trifft aber den Kern der politischen Entwicklung, denn die nationale Erhebung unter seiner Führung gegen den Teilungsvertrag von 1793 nehmen Rußland, Österreich und Preußen 1795 zum Anlaß für eine dritte polnische Teilung, die praktisch als Auflösung des polnischen Staates anzusehen ist. Preußen erhält Teile Litauens und Masowiens mit Warschau (Neu-Ostpreußen) und der Wojwodschaft Krakau (Neu-Schlesien), eine Fläche von insgesamt 47.000 Quadratkilometern mit 2,5 Millionen Einwohnern. Damit hat Preußen unter seinen 7,5 Millionen Einwohnern 3,5 Millionen polnische Untertanen und befindet sich auf dem Weg zum Zweinationenstaat, denn mit der Auflösung des polnischen Staates gelingt es den Teilungsmächten nicht, die polnische Nation auszulöschen. Die Teilungen belasten im Zeitalter des Nationalismus zunehmend das Verhältnis zwischen den Völkern im östlichen Mitteleuropa.

Die Polen finden sich keineswegs mit der Auflösung ihres Staates ab. Kurze Zeit später entsteht das Kampflied »Noch ist Polen nicht verloren« über den heldenhaften Kampf des Generals Jan Henryk Dabrowski, der Dabrowski-Marsch. Er wird einmal Polens Nationalhymne werden. Die Unterdrückung der Polen durch die europäischen Großmächte stößt auch in in einigen Kreisen Preußens auf Ablehnung. Der langjährige Minister Graf Herzberg, der bereits 1791 den auswärtigen Dienst quittiert, schreibt drei Jahre später an Friedrich Wilhelm II.: »Überhaupt aber ist das Recht, durch welches die drei Mächte sich Pohlen theilen, so verhaßt und Abscheu erregend, daß es ein ewiger Schandfleck in dem Ruhm der drei Regenten seyn wird; es verdunkelt ihre Namen in der Geschichte, und ich begreife nicht, wie sich diese Handlung mit ihrem Gewissen und mit ihrer Religiosität verträgt.«[13]

Während also Preußen unter Friedrich Wilhelm II. im Westen eine eher erfolglose Territorialpolitik betreibt, gelingt es ihm im Osten im Bündnis mit Rußland und Österreich, auf Kosten des polnischen Staates umfangreiche Gebiete zu annektieren, die sich jedoch später als ein verhängnisvolles Erbe erweisen sollten. Die Außenpolitik des Taktierens und Lavierens hat zunächst immerhin zwei Erfolge zu verzeichnen: zum einen eine relative Friedensperiode und zum anderen die größte territoriale Ausdehnung Preußens bis zu diesem Zeitpunkt.

Modernisierung und Beharrung unter Friedrich Wilhelm III.

Mit Friedrich Wilhelm III. kommt 1797 ein nüchtern denkender, zurückhaltend agierender, einen eher bürgerlichen Lebensstil pflegender, aber entschlußschwacher, konservativer und stark durch seine Kabinettsräte beeinflußter Monarch auf den preußischen Thron. Er verweist die Günstlinge und Mätressen seines Vaters vom Hof und leitet mit Hilfe seiner Kabinettsräte Johann Wilhelm Lombard und Karl Friedrich von Beyme eine vorsichtige Reformpolitik ein. Die Kriegs- und Domänenkammern erhalten mehr Selbständigkeit, die Kammerjustiz wird abgeschafft und die Bauernbefreiung auf den königlichen Domänen eingeleitet. Die dortigen Bauernstellen werden in freies Eigentum umgewandelt, doch bleibt der adlige Grundbesitz unbehelligt. Aus wirtschaftlichen Gründen

übernimmt aber ein Teil des Adels die Reform. Noch vor der tiefgreifenderen Agrarreform ab 1808 werden die Domänenbauern 1804 von den Hand- und Spanndiensten befreit. Karl Freiherr vom und zum Stein modernisiert als Leiter des Akzise- und Fabrikendepartements (1804–1807) die Akziseverwaltung und das Salzmonopol, hebt die Binnenzölle auf, errichtet ein statistisches Bureau und führt zur Rüstungsfinanzierung das Papiergeld ein. Diese »Reformen von oben« bleiben aber in ihren Ansätzen stecken. Vor allem sehen ihre Träger sich mit den »Reformen von unten« konfrontiert, die von der Französischen Revolution ausgehen. Sie kommen in Preußen zwar nicht zum Zuge, weil die politischen Voraussetzungen dafür fehlen, dennoch sind auch hier und in den übrigen deutschen Staaten die gesellschaftlichen Veränderungen nicht aufzuhalten.

Die Neuordnung Deutschlands durch Napoleon

Nach der Besetzung deutscher Gebiete durch die napoleonischen Truppen wird nicht nur die territoriale Ordnung Deutschlands von Grund auf umgestaltet, die Politik Napoleons schafft zugleich die Voraussetzungen für eine umfassende, alle Gesellschaftsbereiche berührende Veränderung. Vor allem in Süd- und Westdeutschland werden Staats- und Verwaltungsreformen (z. B. die bürgerliche Selbstverwaltung) eingeleitet; das Bürgertum wird in seinem Freiheits- und Bildungswillen gestärkt. Die Reformen der napoleonischen Zeit beschleunigen dort den Übergang vom agrarisch-feudalen Ständestaat zum modernen, liberalen Verfassungsstaat.

Der Untergang Preußens im Krieg gegen Napoleon 1806 wird nicht nur durch eine verfehlte Innenpolitik, insbesondere durch die Reformunfähigkeit des Staates, durch Mißwirtschaft und Verschwendungssucht herbeigeführt, sondern vor allem auch durch eine verfehlte Außenpolitik, die zunächst einen extrem österreichfeindlichen Kurs steuert. Dies ändert sich – vorübergehend – 1791, als Preußen mit Österreich ein Militärbündnis schließt, das zum Eintritt in den ersten Koalitionskrieg gegen das revolutionäre Frankreich führt, mit dem Ziel, dort das bourbonische Königtum wieder herzustellen. Das Unternehmen erweist sich als militärischer Mißerfolg, und der französische König Ludwig XVI. wird nach dem Rückzug der alliierten Heere von der Gesetzgebenden Versammlung zum Tode verurteilt und hingerichtet. Der militärische Mißerfolg Preußens macht eines deutlich: Die friderizianische Armee ist den modernen Anforderungen der Waffentechnik, aber auch von Taktik und Strategie nicht mehr gewachsen. Ein Bündniswechsel, den Preußen nun vornimmt, ersetzt aber nicht die ausbleibenden Reformen. Der Staat ist auch finanziell nicht mehr in der Lage, sich am Krieg gegen Frankreich zu beteiligen, und hat andere politische Interessen, im Osten. Preußen schließt 1795 in Basel einen Sonderfrieden mit Frankreich und verbündet sich mit Rußland. Österreich, das nun weitgehend auf sich allein gestellt bleibt, stimmt im Frieden von Campo Formio (1797) der Abtretung der linksrheinischen deutschen Gebiete an Frankreich zu. Die dadurch beeinträchtigten Fürsten werden entschädigt.

Der Friedensschluß von Lunéville (1801) bestätigt die Annexion der linksrheinischen Gebiete durch Frankreich und erlaubt es, die territoriale Neuordnung auf deutschem Gebiet nach den Bedürfnissen der französischen Politik zu bestimmen. Das Ziel ist ein vergrößertes Preußen als unabhängiges Gegengewicht zur österreichischen Reichspolitik. Unter dem Druck Frankreichs, Rußlands sowie einzelner deutscher Staaten ent-

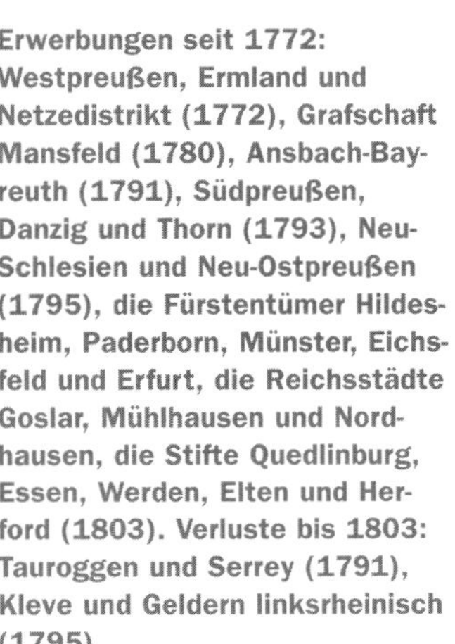

Erwerbungen seit 1772: Westpreußen, Ermland und Netzedistrikt (1772), Grafschaft Mansfeld (1780), Ansbach-Bayreuth (1791), Südpreußen, Danzig und Thorn (1793), Neu-Schlesien und Neu-Ostpreußen (1795), die Fürstentümer Hildesheim, Paderborn, Münster, Eichsfeld und Erfurt, die Reichsstädte Goslar, Mühlhausen und Nordhausen, die Stifte Quedlinburg, Essen, Werden, Elten und Herford (1803). Verluste bis 1803: Tauroggen und Serrey (1791), Kleve und Geldern linksrheinisch (1795).

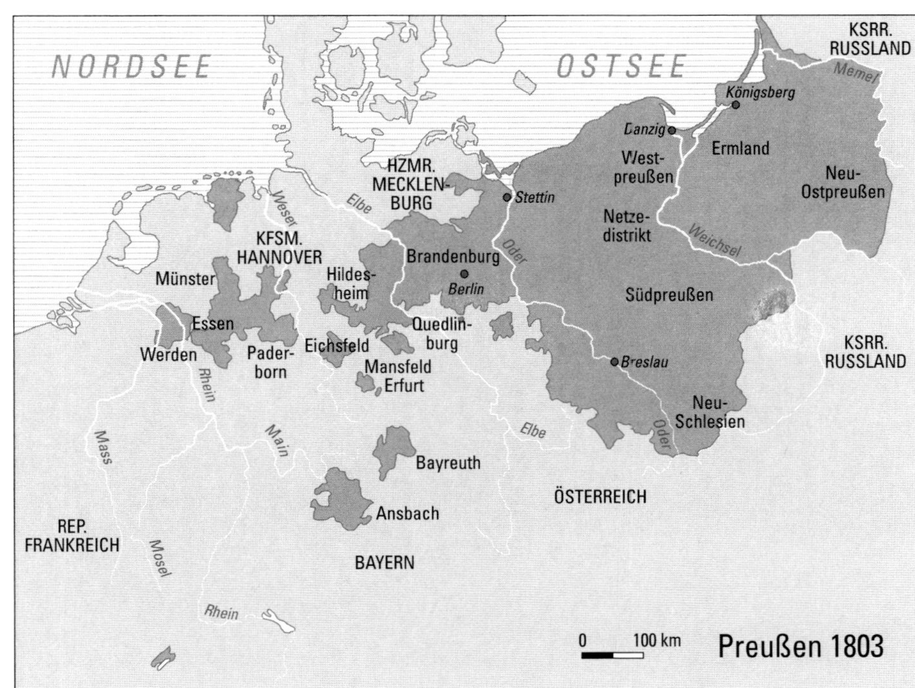

eignet ein vom Reichstag in Regensburg (1803) gebildeter Ausschuß, Reichsdeputation genannt, die geistlichen Fürstentümer. Außerdem verlieren zahlreiche deutsche Kleinstaaten und 45 der 51 reichsunmittelbaren Städte ihre Selbständigkeit. Sie werden dem jeweiligen neuen Landesherrn unterstellt. Nur die Hansestädte Hamburg, Bremen und Lübeck sowie Augsburg, Frankfurt am Main und Nürnberg bleiben noch selbständig. Preußen erhält für seine neutrale Haltung und als Entschädigung für seine verlorenen niederrheinischen Herzogtümer ein fünffach größeres Territorium (u. a. Erfurt, das Eichsfeld, Mühlhausen, Nordhausen und Goslar, die Fürstbistümer Hildesheim und Paderborn, Teile des Fürstbistums Münster sowie Elten, Quedlinburg, Essen und Werden); Bayern und Württemberg gewinnen annähernd ihre heutige Ausdehnung. Die kleine Markgrafschaft Baden mit vielen zerstreut liegenden Gebieten wird als zusammenhängender Territorialstaat von Basel bis Mannheim neu geschaffen. Der sogenannte „Reichsdeputationshauptschluß« besiegelt zugleich die Auflösung des mittelalterlichen deutschen Kaiserreichs. Die napoleonische Flurbereinigung räumt mit der Kleinstaaterei auf. Rund 300 Fürstentümer, Bistümer und freie Reichsstädte werden aufgelöst.

Sechzehn süddeutsche Staaten scheiden aus dem alten Reichsverband aus und konstituieren sich unter der Schutzherrschaft Napoleons zum Rheinbund. Ihnen folgen bis 1811 sämtliche deutsche Fürsten außer den Herrschern von Österreich, Preußen, Braunschweig und Kurhessen. Frankreich schafft sich damit eine Kette von abhängigen Staaten. Der Rheinbund bedeutet eine grundlegende Umwälzung der alten Reichsordnung. Mit Napoleons Unterstützung werden Bayern, Württemberg und Sachsen zu Königreichen erhoben, Baden, Hessen-Darmstadt und Berg zu Großherzogtümern bzw. Nassau zum Herzogtum. Die Rheinbundstaaten verpflichten sich, als Gegenleistung für den französischen Schutz Truppenkontingente und Festungen zur Verfügung zu stellen

sowie Abgaben zu leisten. Kaiser Franz II. legt wenige Wochen nach der Konstituierung des Rheinbundes die Krone des Heiligen Römischen Reiches Deutscher Nation nieder. Damit endet auch formell eine fast tausendjährige Reichsgeschichte.

Unter den Nachwirkungen der Französischen Revolution wandelt sich auch in Deutschland das Kräfteverhältnis zwischen der alten feudalen und der neuen bürgerlichen Ordnung. Den Liberalen und den Demokraten erscheint Napoleon zunächst als Träger des politischen und sozialen Fortschritts, als Befreier aus dem feudalistischen Ständesystem. Das nationale Selbstbewußtsein der Franzosen wird zum europäischen Vorbild. Diese Veränderungen stärken die Idee des Nationalstaates, und die Volksbewegungen in den deutschen Einzelstaaten tragen dazu bei, den Herrschenden Zugeständnisse an Bürger und Bauern abzuringen.

Ähnlich wirkt sich auch der unmittelbare französische Einfluß in den von Frankreich annektierten linksrheinischen Gebieten und in den deutschen Staaten rechts des Rheins (besonders in den Rheinbundstaaten) aus. Hier werden nach französischem Vorbild umfangreiche Verwaltungs- und Sozialreformen eingeleitet. Vor allem im süd- und westdeutschen Raum entstehen modernere Staatswesen. Mit der Einführung des »Code Napoléon«, der revolutionären französischen Kodifikation des Rechts, werden in den Rheinbundstaaten Grundprinzipien der Französischen Revolution wirksam: die Freiheit und Sicherheit der Person, die Gleichheit vor dem Gesetz, die Beseitigung der Standesunterschiede, die Sicherheit und Unverletzlichkeit des Eigentums, die Trennung von Staat und Kirche, die Trennung der Justiz von der Verwaltung. Die Leibeigenschaft wird abgeschafft, ebenso Unterschiede zwischen dem Adel und dem Bürgerstand. Die Bauern sind nicht länger von ihren Gutsherren und von den alten feudalherrlichen Privilegien abhängig. – An so weitgehende Reformen können die preußischen Reformer nicht denken.

Louis Ferdinand, Prinz von Preußen (1772–1806), ein Neffe Friedrichs des Großen. Man sah in ihm »die Hoffnung Preußens«. Er fand in einem Vorhutgefecht der Schlacht von Jena und Auerstedt den Tod. Neben der Kriegswissenschaft widmete er sich der Literatur und der Philosophie sowie der Musik.

Preußen gerät mit seiner entscheidungsschwachen Neutralitätspolitik in eine außenpolitische Isolierung. Als England Mitte Mai 1803 Frankreich den Krieg erklärt, besetzen französische Truppen das mit England in Personalunion verbundene Kurfürstentum Hannover und sperren Elbe und Weser für den englischen Handel. Preußen droht in den Konflikt hineingezogen zu werden, denn Napoleon zögert nicht, die vereinbarte Neutralität Norddeutschlands zu verletzen. Friedrich Wilhelm III. versucht sich aber weiterhin aus allem herauszuhalten. Als napoleonische Truppen durch preußisches Gebiet marschieren, läßt er zwar die Mobilmachung folgen, tritt aber nicht in den Krieg gegen Frankreich ein. Damit trägt Preußen seinen Teil bei zur Niederlage der österreichischrussischen Armee gegen Napoleon am 2. Dezember 1805 in der Schlacht bei Austerlitz. Der Kaiser der Franzosen kann nun seine militärischen Kräfte bündeln, um gegen Preußen vorzugehen. Das versucht sich durch ein Bündnis mit Napoleon zu schützen, zumal ihm dieser die Inbesitznahme Hannovers zusagt. Als Preußen dann unter französischem Druck im März 1806 Hannover besetzt und die Nordseehäfen für englische Schiffe sperrt, erklärt ihm England Mitte Juni 1806 den Krieg. Frankreich erweist sich nicht als treuer Bündnispartner, sondern bietet England bei seinen Friedenssondierungen die Rückgabe des nunmehr preußischen Hannovers an. Erst jetzt macht Friedrich Wilhelm III. seine Armee gegen Napoleon mobil, und trotz weiteren Taktierens und Lavierens des preußischen Königs ist der Krieg, in den Preußen nun fast völlig isoliert geht, nicht mehr aufzuhalten.

Der Zustand der preußischen Armee entspricht bei weitem nicht der Einschätzung ihrer Führung, die offenbar an einen Sieg gegen Napoleon glaubt. Unter dem Oberbefehl des einundsiebzigjährigen Herzogs von Braunschweig geht sie ruhmlos unter. Prinz Louis Ferdinand, die Hoffnung Preußens, fällt am 10. Oktober 1806 bei Saalfeld in Thüringen, nachdem französische Truppen leichtes Spiel mit einer preußischen Vorhut hatten. Noch ehe die getrennt operierenden preußischen Armeen an der mittleren Saale vereinigt werden können, greift Napoleon an. Bei Jena wird am 14. Oktober 1806 ein Teil

123

Im November 1806 sucht Napoleon I. die Fürstengruft in der Potsdamer Garnisonkirche auf, um den Sarkophag Friedrichs des Großen zu sehen.

der preußischen Armee geschlagen und die preußische Hauptarmee anschließend bei dem nördlich von Jena gelegenen Dorf Auerstedt trotz zahlenmäßiger Überlegenheit vernichtet. Die totale Desorganisation des Generalstabs und der Truppenführung lassen zwei Fünftel der preußischen Armee erst gar nicht zum Einsatz kommen. Sie flieht und kapituliert. Am 25. Oktober erreichen französische Truppen Preußens Hauptstadt, in die Napoleon zwei Tage später feierlich einzieht. Da kann er noch die berühmte Mitteilung des Gouverneurs von Berlin an den Hauswänden lesen:

»Der König hat eine Bataille verlohren. Jetzt ist Ruhe die erste Bürgerpflicht. Ich fordere die Einwohner Berlins dazu auf. Der König und seine Brüder leben!
Berlin, den 17. October 1806.
Graf v. d. Schulenburg.«[14]

Zu dieser Zeit befindet sich der preußische König bereits auf der Flucht in das weit entfernte Ostpreußen. Seine noch in Berlin anwesenden Minister und die preußischen Beamten leisten Napoleon den Treueid. Am Ende der militärischen Niederlage steht die Kapitulation der preußischen Festungen. Die meisten werden kampflos übergeben. Einige, so Spandau, waren auf ernsthaften Widerstand nicht vorbereitet und hatten teilweise keine Munition. Die rühmlichen Ausnahmen sollten dann in der nationalistischen Propaganda gebührend gefeiert werden, vor allem Kolberg in Pommern, aber auch Kosel in Schlesien und Graudenz in Westpreußen.
Doch schließlich wird fast das gesamte preußische Territorium besetzt. Während der französischen Besatzungszeit ordnet Napoleon zahlreiche Maßnahmen an, die tief in das politische, finanzielle und wirtschaftliche Gefüge der betroffenen Landesteile eingreifen. Das gilt vor allem auch für die preußische Hauptstadt Berlin. Zunächst verändert er hier die bestehende Verwaltungsorganisation. Gleich nach seinem Einzug befiehlt er, 2000 der angesehensten Bürger der Stadt auszuwählen und sie am folgenden Tag in der Petrikirche zu versammeln. Die vom Magistrat bestimmten Bürger wählen am 29. Oktober 1806 aus ihrer Mitte 60 Personen, die die Generalverwaltungsbehörde der Stadt bilden. Aus diesem Kreis, der ein zweites Mal nicht zusammentritt, wird ein Siebenerkollegium gewählt, das nach seiner Bestätigung durch Napoleon als »Comité administratif« bis zum Abzug der Franzosen die Stadtverwaltung in den Händen hält. Obwohl es als unmittelbare Aufsicht und Kontrollinstanz des Comité administratif das Amt des Intendanten gibt, bedeutet dieses aus der Bürgerschaft heraus gebildete Verfassungsorgan einen ersten Schritt zu einer modernen Verwaltungs- und Verfassungsreform in Preußen.
Das Kollegium, das keinen Leiter wählt, ist allerdings im wesentlichen damit beschäftigt, die der Stadt auferlegten Lasten auf die einzelnen Bevölkerungskreise zu verteilen. Die materiellen Forderungen, die den Berlinern in der Phase der Besetzung zugemutet werden, erstrecken sich im wesentlichen auf vier Bereiche:

• Beschlagnahmung staatlichen Eigentums und des persönlichen Besitzes der Hohenzollern und anderer Adelsfamilien. Viele Kunstschätze werden auf diese Weise aus den Schlössern in Berlin, Charlottenburg und Potsdam nach Paris gebracht. Sehr zur Empörung der Berliner gehört dazu auch Schadows Quadriga vom Brandenburger Tor.

Um an »neutraler« Stelle mit
Zar Alexander I. verhandeln zu
können, läßt Kaiser Napoleon I.
ein Floß auf dem Njemen
(d. i. die Memel) bauen. Es ist
der Grenzfluß zwischen Preußen
und Rußland. Hier werden am
25. Juni 1807 die Bedingungen
des Bündnis- und Friedensvertrages festgelegt, den die
Beteiligten am 7. bzw. 9. Juli
in Tilsit unterzeichnen.

- Einquartierungen, unter denen besonders die Hausbesitzer zu leiden haben. Zwischen 12.000 und 30.000 Mann durchziehender französischer Truppen müssen täglich untergebracht werden.
- Lieferungen für die französische Armee und schließlich
- Zahlungen (Kontributionen) für den Unterhalt der Besatzungstruppen (insgesamt ein Betrag von 2,7 Millionen Talern).

Die französischen Kapitulations- und Friedensbedingungen sind hart. Anbiederungsversuche des preußischen Königs bei Napoleon bleiben wirkungslos. Der erweitert seine ohnehin schon beträchtlichen Forderungen, die Friedrich Wilhelm III. aber unter dem Einfluß des Zaren ablehnt. Der wichtigste Politiker Preußens, Karl Reichsfreiherr vom und zum Stein, der sich vehement für eine Regierungsreform in Preußen einsetzt, indem er eine politisch handlungsfähige Ministerkonferenz fordert, erhält von seinem König Anfang 1807 den Abschied. Der hatte seinem fähigsten Berater geschrieben, er sei »ein widerspenstiger, trotziger, hartnäckiger und ungehorsamer Staatsdiener ... der, auf sein Genie und seine Talente pochend, weit entfernt, das Beste des Staates im Auge zu haben, nur durch Kapricen geleitet, aus Leidenschaft und aus persönlichem Haß und Erbitterung handelt«.[15]

Nach der totalen Niederlage Preußens wendet sich Napoleon gegen Rußland. Anfang Februar 1807 treffen die Armeen bei Preußisch-Eylau aufeinander, ohne daß eine Entscheidung fällt. Napoleon versucht nun noch einmal den preußischen König auf seine Seite zu ziehen, doch der festigt Ende April 1807 durch den Vertrag von Bartenstein sein Bündnis mit dem Zaren. Beide verpflichten sich darin, die Waffen nicht eher ruhen zu lassen, bis sich Napoleons Truppen wieder jenseits des Rheines befinden. Doch dann gelingt Napoleon am 14. Juni bei Friedland der entscheidende Schlag gegen die vereinigte russisch-preußische Armee.

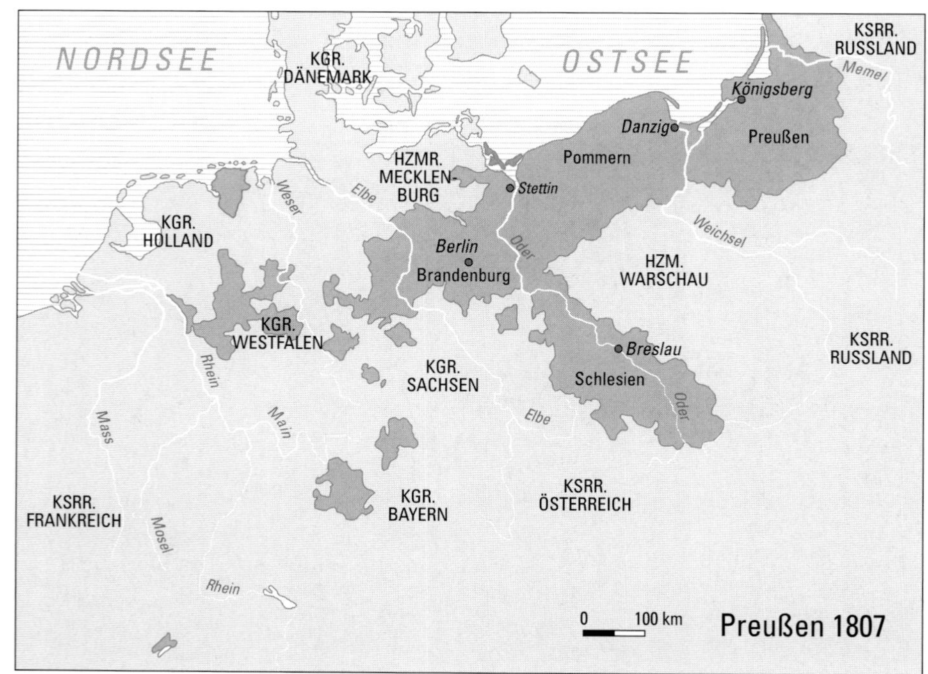

Verluste seit 1805: Ansbach und Neuenburg (1805), alle Gebiete westlich der Elbe, Cottbus und Peitz sowie die Erwerbungen aus der Zweiten und Dritten polnischen Teilung (1807).

Die Friedensverhandlungen zwischen Frankreich und Rußland finden am 25. Juni 1807 unter Ausschluß Preußens auf dem Njemen (nach deutschem Sprachgebrauch: Memel) bei Tilsit statt. In der Mitte des Stromes ist ein großes Floß als künstliche Insel hergerichtet, mit einem Zeltaufbau als »Sitzungssaal« für Napoleon und Alexander I. Erst auf Fürsprache Alexanders darf Friedrich Wilhelm III., der inmitten russischer Offiziere wartet, als Beobachter an den Beratungen teilnehmen, ohne in diese eingreifen zu können. Frankreich und Rußland einigen sich bald. Frankreich und Preußen auch, allerdings zu Bedingungen, die beinahe zur Auflösung des preußischen Staates führen. Daran ändert auch ein Bittgang der Königin Luise zum Kaiser der Franzosen nichts, den die Waffen einer Frau nicht umstimmen können. Preußen verliert mehr als die Hälfte seines Territoriums und fast die Hälfte seiner Einwohner. Aus den Gebieten der polnischen Teilungen entsteht – in Personalunion mit Sachsen verbunden – das Herzogtum Warschau. Danzig wird »freie Stadt« mit französischer Besatzung. Preußen verliert darüber hinaus seine westelbischen Provinzen einschließlich Magdeburg, die als Königreich Westfalen an Napoleons jüngsten Bruder Jérôme gehen.

Ebenso schwer wie die Gebietsverluste wiegen die von Preußen zu leistenden Kriegskontributionen von 140 Millionen Talern. Frankreich beansprucht auch sieben Militärstraßen in Preußen sowie die Festungen Glogau, Küstrin und Stettin mit 10.000 Mann französischer Besatzung sowie die Begrenzung des preußischen Heeres auf 42.000 Mann unter Ausschluß von jeder Art von Volksbewaffnung. Nach dem Frieden von Tilsit ist Preußen keine europäische Großmacht mehr, während Frankreich den Höhepunkt seiner Machtentfaltung erreicht. Gefahr droht Napoleon allerdings von den nationalen Freiheitsbewegungen der unterdrückten Völker. Widerstand regt sich allenthalben, auch in Preußen, wo sich allmählich eine breite Oppositionsbewegung gegen die französische Besatzungsmacht entwickelt. Sie orientiert sich an so herausragenden Persönlichkeiten wie dem Philosophen Johann Gottlieb Fichte, dessen »Reden an die deutsche Nation« im Winter 1807/08 überall in Preußen verbreitet werden, oder dem Theologen Friedrich Schleiermacher, der in der Berliner Dreifaltigkeitskirche die umfassende Erneuerung der geistigen und moralischen Grundlagen des preußischen Staates predigt.

Wenn Preußen auch durch die totale Niederlage gegen Napoleon nur knapp dem Untergang entgeht, erweist sich diese Situation doch zugleich als Chance für eine umfassende Erneuerung. Die Vorreformen bis 1806 waren noch ohne zielgerichtetes Gesamtprogramm eingeleitet worden, im Militär-, Finanz-, Agrar- und Verwaltungsbereich gibt es nur Reformansätze. Nun zwingen die hohen Kontributionszahlungen, die Kosten für den Unterhalt der Besatzer und wirtschaftliche Einschränkungen infolge der Kontinentalsperre zu außergewöhnlichen Maßnahmen. Die finanzielle Not, die unter anderem die Veräußerung königlicher Domänen, die Säkularisierung von Kirchengütern und sogar die zeitweise erwogene Abtretung eines Teils von Schlesien zur Folge hat, stützt eine grundsätzliche Reformbereitschaft und treibt sie voran.

Wenige Wochen nach dem vernichtenden Friedensdiktat von Tilsit muß König Friedrich Wilhelm III. den Berater in preußische Dienste zurückrufen, den er ein dreiviertel Jahr zuvor auf Betreiben der Hofkamarilla entlassen hat: Heinrich Friedrich Karl Reichsfreiherr vom und zum Stein, seit nunmehr einem Vierteljahrhundert im preußischen Staatsdienst. Stein tritt an die Stelle des bei Napoleon in Ungnade gefallenen Karl August von Hardenberg. Auf die Beteuerungen Friedrich Wilhelms III., er habe keinen Ersatz für Hardenberg, empfiehlt ihm Napoleon: »Nehmen Sie den Baron vom Stein, das ist ein Mann von Geist«[16]. Allerdings sieht er in Stein wohl eher einen Garanten für die Aufbringung der hohen französischen Kriegskontributionen. Der Kaiser der Franzosen, der sicher auch die Gegensätze zwischen Stein und dem König kennt, befördert damit unwissentlich einen seiner erbittertsten und gefährlichsten Gegner in die einflußreichste politische Position, die Preußen zu bieten hat. Stein leitet die innere Verwaltung Preußens, nimmt den Vorsitz im Departement des Auswärtigen wahr und erhält Sitz und Stimme in der neu gebildeten Militärreorganisationskommission. Ein Organisationsedikt vom 24. November 1808 löst die nichtverantwortliche Kabinettsregierung und das Generaldirektorium von verantwortlichen Ministern mit Vortragsrecht beim König und der Pflicht der Gegenzeichnung königlicher Entschließungen ab. Ressorts werden gebildet für Inneres, Auswärtiges, Justiz, Finanzen und Krieg. Nicht durchsetzen kann sich vorläufig der von Stein vorgesehene Staatsrat als Koordinierungsstelle der Ressorts. An die Stelle der Kriegs- und Domänenkammern treten (Bezirks-)Regierungen mit Oberpräsidenten an der Spitze, die zwischen den Ministerien und den Provinzen vermitteln.

Die Reformer artikulieren ihre Absichten in Denkschriften. Stein fordert eine umfassende Erneuerung des Staates, die auf der Erziehung zu bürgerlicher Selbständigkeit und Mitverantwortung aufbaut. Seine »Nassauer Denkschrift« gründet auf dem Staatsdenken von Montesquieu und Justus Möser sowie auf dem Vorbildcharakter englischer Institutionen, aber auch auf ständisch-romantisch geprägtem Reformismus. Münden soll das Reformwerk in eine Nationalrepräsentation, die Preußen auf den Weg zum Verfassungsstaat bringt. Pragmatischer und an der Effektivität der Verwaltung nach französischem Vorbild und der wirtschaftsliberalen Beseitigung ständischer Hemmnisse orientiert ist die gemeinsame »Rigaer Denkschrift« des Freiherrn von Hardenberg und von Karl vom Stein zum Altenstein aus dem Jahre 1807. Weitere Reformer, die größtenteils dem engen Kreis der höheren Beamtenschaft angehören, sind Wilhelm von Humboldt, Theodor von Schön sowie die Militärs Gerhard Johann David von Scharnhorst, August

Der Reichsfreiherr vom und zum Stein (1757–1831) wird als ein führender Reformer 1807 erneut an die Spitze der preußischen Regierung berufen, nachdem ihn der König auf Betreiben der Hofkamarilla kurze Zeit zuvor entlassen hatte.

Karl August Fürst von Hardenberg (1750–1822) führt als Staatskanzler seit 1810 die preußischen Reformen fort und vertritt Preußen auf dem Wiener Kongreß (1815).

128

Neidhardt von Gneisenau und Hermann von Boyen. Sie führen viele Reformen als »Revolution von oben« ohne Mitbeteiligung der Betroffenen oft auch am König vorbei durch. Behindert werden sie durch den wachsenden Widerstand der ständisch organisierten adligen Grundbesitzer, deren retardierende Kräfte nach 1815, als die napoleonische Bedrohung nicht mehr besteht, die Oberhand gewinnen.

Am Anfang der Neuordnung in Preußen steht die bereits früher in Angriff genommene Agrarreform. In Verbindung mit Theodor von Schön, einem der führenden Vertreter liberaler Ansichten in der Beamtenschaft Ostpreußens, gibt Stein den ihm vorgelegten Entwürfen für eine Agrarreform die endgültige Gestalt und läßt sie am 9. Oktober 1807 als »Edikt, den erleichterten Besitz und freien Gebrauch des Grundeigentums sowie die persönlichen Verhältnisse der Landbewohner betreffend« in Preußen verkünden. Mit der entschädigungslosen Abschaffung der Gutsuntertänigkeit leitet das Edikt die allgemeine Bauernbefreiung ein. So bestimmt der Paragraph 1: »Jeder Einwohner Unsrer Staaten ist, ohne alle Einschränkung in Beziehung auf den Staat, zum eigenthümlichen

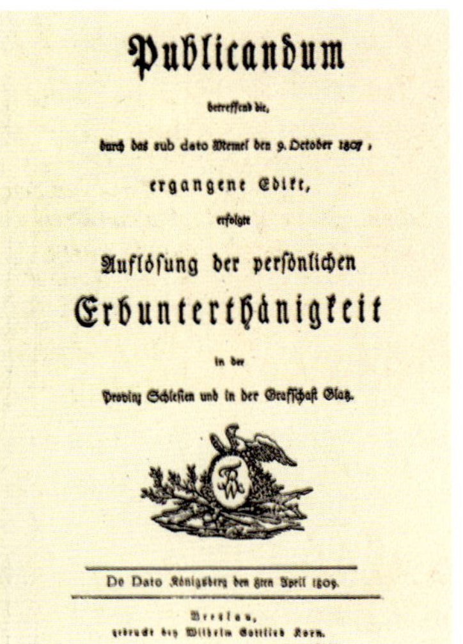

Publicandum

betreffend die,

durch das sub dato Memel den 9. October 1807, ergangene Edikt,

erfolgte

Auflösung der persönlichen Erbunterthänigkeit

in der

Provinz Schlesien und in der Grafschaft Glatz.

De Dato Königsberg den 8ten April 1809.

Breslau,
gedruckt bey Wilhelm Gottlieb Korn.

und Pfandbesitz unbeweglicher Grundstücke aller Art berechtigt; der Edelmann also zum Besitz nicht blos adelicher, sondern auch unadelicher, bürgerlicher und bäuerlicher Güter aller Art, und der Bürger und Bauer zum Besitz nicht blos bürgerlicher, bäuerlicher und anderer unadelicher, sondern auch adelicher Grundstücke, ohne daß der eine oder der andere zu irgend einem Gütererwerb einer besonderen Erlaubnis bedarf, wenn gleich, nach wie vor, jede Besitzveränderung den Behörden angezeigt werden muß. Alle Vorzüge, welche die Güter-Erbschaften der adeliche vor dem bürgerlichen Erbe hatte, und die bisher durch den persönlichen Stand des Besitzers begründete Einschränkung und Suspension gewisser gutsherrlichen Rechte, fallen gänzlich weg.«[17] Und im zweiten Paragraphen heißt es: »Jeder Edelmann ist, ohne allen Nachtheil seines Standes, befugt, bürgerliche Gewerbe zu treiben; und jeder Bürger oder Bauer ist berechtigt, aus dem Bauern- in den Bürger- und aus dem Bürger- in den Bauernstand zu treten.«[18] Bauern mit dem günstigeren Besitzrecht erlangen sofort den Status eines Freien, die anderen erst 1810. Die Dienst- und Abgabeverpflichtungen an den Gutsherrn bleiben jedoch bestehen. Mit der Aufhebung der ständischen Berufsschranken ist zugleich der freie Kauf und Verkauf von Grundstücken gestattet. Doch die Bauernbefreiung kapita-

lisiert das gutsherrlich-bäuerliche Verhältnis und schwächt damit die wirtschaftliche Lage derjenigen Bauern, die ohne Bauernschutz ihre verkleinerten Höfe häufig nicht selbständig bewirtschaften können. Dagegen können die Großgrundbesitzer – ohne daß dies die Reformer anstreben – ihre Güter vergrößern und ihre wirtschaftliche und soziale Dominanz ausbauen, zumal ihnen – neben den Steuerprivilegien – auch die Patrimonialgerichtsbarkeit und die niedrige Polizeigewalt sowie das Kirchenpatronat bleiben. Unter maßgeblicher Beteiligung des Königsberger Verwaltungsbeamten und Polizeidirektors Johann Gottfried Frey wird eine Städteordnung erarbeitet, mit dem Ziel, die kommunale Selbstverwaltung in Preußen einzuführen. Die Stadt soll als ein vom Staat unabhängiger Verwaltungskörper ihre Angelegenheiten durch die Bürger selbst regeln. Im einzelnen enthält die Städteordnung folgende neue, wegweisende Bestimmungen:

- Die Wahl der Stadtverordneten erfolgt unmittelbar durch die wahlfähigen Mitglieder der Bürgerschaft.
- Der kollegialisch organisierte Magistrat wird von der Stadtverordnetenversammlung gewählt. Die Verwaltung der Stadt obliegt der Stadtverordnetenversammlung, deren Beschlüsse bindend für den Magistrat sind.
- Für die laufenden Geschäfte werden Deputationen (Ausschüsse) eingesetzt, die aus Magistratsmitgliedern, Stadtverordneten und Bürgervertretern bestehen.
- Gerichtsbarkeit und Polizei bleiben beim Staat.
- Die Mediatstädte werden unabhängig von patrimonialer Herrschaft.
- Die ständerechtlichen Unterschiede zwischen den privilegierten Großbürgern und den benachteiligten Kleinbürgern werden beseitigt, doch die sozial restriktive Unterscheidung zwischen Bürgern und Schutzverwandten bleibt bestehen.

Als die Städteordnung am 19. November 1808 in Kraft tritt, ist das Bürgerrecht erwerbspflichtig sowie an Grundbesitz bzw. an ein Jahreseinkommen von 150 bis 200 Talern gebunden. Damit sind höchstens zehn Prozent der Einwohner wahlberechtigte Vollbürger. Mit dieser neuen Städteordnung hofft Stein auch, das besitzende und gebildete Bürgertum an der Regierung beteiligen zu können, überfordert damit jedoch noch diesen sich erst konstituierenden Stand. 1831 wird die Städteordnung teilweise revidiert.

Wilhelm Freiherr von Humboldt (1767–1835) wirkt als entscheidender Bildungsreformer in Preußen. Er führt u. a. das Abitur ein und veranlaßt die Gründung einer Universität in Berlin, die am 9. September 1810 feierlich eröffnet wird.

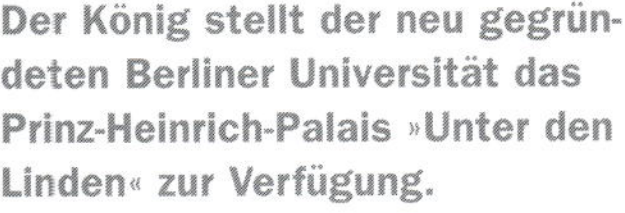

Der König stellt der neu gegründeten Berliner Universität das Prinz-Heinrich-Palais »Unter den Linden« zur Verfügung.

Mit Scharnhorst als Leiter der Militärorganisationskommission und unter Mitwirkung von Gneisenau, Clausewitz, Boyen und Karl Wilhelm von Grolmann wird die Heeresreform durchgeführt. Von den 143 Generälen, die 1806 den napoleonischen Gruppen unterlegen waren, werden nach der Völkerschlacht bei Leipzig 1813 nur noch zwei im Amt sein: Gebhardt Leberecht von Blücher und Friedrich Graf Tauentzien. Gneisenau fordert die »Freiheit des Rückens«, also die Abschaffung der Prügelstrafe, und drängt auf weniger Drill und mildere militärische Strafen. Der Adel verliert sein Privileg auf Offiziersstellen, die künftig nach militärischen Leistungsprinzipien besetzt werden. Gleiches gilt für Beförderungen. Zwar scheitert zunächst noch die Einführung der allgemeinen Wehrpflicht an den napoleonischen Rüstungsbeschränkungen und am konservativen Widerstand in Preußen, doch bringt die Erhebung gegen Napoleon 1813 die Wende: Zunächst wird die allgemeine Wehrpflicht für die Dauer des Krieges eingeführt, von 1814 an aber gilt sie generell. In Preußen gibt es nun ein stehendes Heer mit dreijähriger Dienstzeit sowie Landwehr und Landsturm. Die Neuorganisation des Heeres ist und bleibt die einzige konsequent zu Ende geführte Reform mit unmittelbarem Erfolg. Allerdings ist diese moderne Wehrverfassung mit der allgemeinen Wehrpflicht an die monarchische Staatsverfassung ohne Wahlrecht gebunden. Als schließlich die Heeresreform von 1860 durch die Verdrängung der Landwehr dem Heer seinen letzten bürgerlichen Akzent nimmt, wird es ausschließlich zum Machtinstrument der Krone.

Aus der preußischen Verwaltung heraus wird auch ein Edikt zur Judenemanzipation entwickelt, das die rechtliche und wirtschaftliche Gleichstellung der Juden anstrebt. Dazu gehört in erster Linie, die Juden zu preußischen Staatsbürgern zu machen, und so bestimmt das Edikt vom 11. März 1812:

- »Die in Unsern Staaten jetzt wohnhaften, mit General-Privilegien, Naturalisations-Patenten, Schutzbriefen und Konzessionen versehenen Juden und deren Familien sind für Einländer und Preußische Staatsbürger zu achten.

- Die Fortdauer dieser ihnen beigelegten Eigenschaft als Einländer und Staatsbürger wird aber nur unter der Verpflichtung gestattet: daß sie fest bestimmte Familien-Namen führen, und daß sie nicht nur bei Führung ihrer Handelsbücher, sondern auch bei der Abfassung ihrer Verträge und rechtlichen Willens-Erklärungen der deutschen oder einer andern lebenden Sprache, und bei ihren Namens-Unterschriften keiner andern, als deutscher oder lateinischer Schriftzüge sich bedienen sollen.«[19]

Erreicht wird die angestrebte Gleichstellung damit noch nicht, denn in Staatsdienst, Verwaltung und Justiz sowie in Offiziersstellen können Juden nur einrücken, wenn sie zum Christentum konvertiert sind. Die »assimilierten« Juden bekennen sich in Preußen vorrangig zum Protestantismus.

Die Bildungspolitik des beginnenden 19. Jahrhunderts bewegt sich in einem Spannungsfeld von reformerischem Aufbruch und konservativem Rückschlag. Organisatorisch wird die Loslösung des Unterrichtswesens von der kirchlichen Oberaufsicht fortgesetzt, vor allem mit den Schulartikeln des Allgemeinen Landrechts (1794) und der Gründung des Oberschulkollegiums (1787). Wilhelm von Humboldt wird 1809 Leiter der Sektion für Kultus und Unterricht im Innenministerium. Er reorganisiert das Bildungswesen: Das Schulsystem wird vereinheitlicht, es gibt nun eine Dreigliederung in Elementarschule, Gymnasium und Universität unter staatlicher Aufsicht. Das humanistische Gymnasium und die Humboldtsche Universität bleiben bis in unsere Zeit von nachhaltiger Wirkung. Lehrerseminare werden eingerichtet, um die Ausbildung der Pädagogen zu verbessern. Weniger erfolgreich verläuft die Bildungsreform an den ländlichen Volksschulen (Landschulen), die bei ihrer engen Bindung an die Kirche zunächst verbleiben, ohne die Ansätze der »Volksaufklärung« und der landschulpädagogischen Bemühungen Friedrich Eberhard von Rochos aufzunehmen. Die Reform erreicht diese Bereiche erst nach Jahrzehnten.

Bereits mit der Berufung des bürokratisch-konservativen Friedrich von Schuckmann (1810) erhält die Bildungsreform stärkere obrigkeitsstaatliche Züge. Insbesondere seine Universitätspolitik weist ausschließlich technokratische Züge auf.

In der preußischen Hauptstadt wird eine Universität gegründet mit dem Philosophen Johann Gottlieb Fichte als ihrem ersten Rektor an der Spitze. Aber nicht nur die Mitte Preußens erhält eine Universität, sondern auch die östlichen und westlichen Landesteile werden damit ausgestattet: In Schlesien ist es Breslau (1811), nach der Auflösung der Viadrina in Frankfurt an der Oder, und im Rheinland Bonn (1818), nach der Auflösung Duisburgs. Die Universitäten Halle und Wittenberg werden 1816 zusammengelegt. Von nun an gilt an den Universitäten der Grundsatz der Freiheit und Einheit von Forschung und Lehre. Besondere Förderung genießt das humanistische Gymnasium, dessen Abitur zum Universitätsbesuch berechtigt.

Als weniger erfolgreich erweist sich der Versuch einer umfassenden Finanzreform. Das Finanzedikt vom 27. Oktober 1809 vereinheitlicht das Steuerwesen und hebt die hier noch bestehende Trennung von Stadt und Land auf. Kontribution und Akzise sollen sich zu Grund- und Verbrauchssteuern entwickeln. Doch die Einführung einer Einkommensteuer scheitert, und es gelingt nicht, die adligen Steuerprivilegien zu beseitigen.

Nach dem Erlaß einer neuen Gewerbeordnung unter der Einführung einer Gewerbesteuer wird zusammen mit dem Edikt über die Gewerbepolizei vom 7. September 1811 die Gewerbefreiheit verkündet und damit der mittelalterliche Zunftzwang beseitigt. Keine

Friedrich August Ludwig von der Marwitz (1777–1837), einer der Hauptgegner der preußischen Reformen und wegen seines Widerstandes zu Festungshaft verurteilt, zeichnet sich während der Befreiungskriege als Soldat aus. Der Kavallerieoffizier schreibt eine klassische Abhandlung mit dem bezeichnenden Titel »Die Zähmung mit der Kandare«.

ständischen Schranken und keine korporativen Bindungen behindern nunmehr den freien
Wettbewerb im Sinne des Wirtschaftsliberalismus. Andererseits führt der freie Wettbewerb im Gewerbe zur Übersetzung und zu wachsendem Konkurrenzdruck im Handwerk.
Nur kapitalkräftige Großbürger behaupten sich. Die unterlegenen Kleinbauern und kleinen
Gewerbetreibenden werden in ein Bauern- und Handwerkerproletariat abgedrängt, das
sich als Arbeitskräftereservoir der Industrialisierung erweisen wird. Langfristig gesehen
bilden diese Reformen die Grundlage für eine wirtschaftliche Öffnung des landwirtschaftlich ausgerichteten Ständestaates und seine Wandlung zum modernen Industriestaat.

Der bedeutende preußische Bildhauer Gottfried Schadow beobachtet kritisch die Ereignisse seiner Zeit, die er in Karikaturen festhält. Dem hier abgebildeten Aquatinta-Blatt gibt er nicht nur den ironisierenden Titel »Freiwilliger Rückzug der großen französischen Armee«, sondern fügt ihm noch einen spöttischen Kommentar bei.

Weitere Reformpläne kann Freiherr vom und zum Stein zunächst nicht realisieren, da er
auf den Druck Napoleons hin entlassen wird. Unter Karl Freiherr von Hardenberg als Leiter der Regierung wird dann ab Mitte 1810 die Staatsführung weiter reformiert, der
Staatskanzler ist nun dem Ministerkollegium übergeordnet. 1811 wird als Vorläufer
einer Nationalrepräsentation eine Notablenversammlung mit beratender Funktion berufen, 1812 sowie 1814/15 ersetzt durch eine interimistische Nationalrepräsentation.
Sie besteht aus gewählten Provinzialdeputierten, hat aber ebenfalls nur beratende
Funktion innerhalb eines schmalen Zuständigkeitsbereiches. Selbst dagegen regt sich
heftiger Widerstand der altständischen Opposition. Ihre Führer, Friedrich August Ludwig
von der Marwitz und Friedrich Ludwig Karl Reichsgraf Fink von Finckenstein, werden für
fünf Wochen in der Festung Spandau inhaftiert. Auch gegen andere Verwaltungsreformen regt sich Widerstand. Die Proteste vor allem des Landadels haben bald die
Aufhebung des Gendarmerieediktes von 1812 zur Folge, das den Landrat durch einen
staatlich bestellten Kreisdirektor ersetzt. Erst 1872 wird der Landrat Staatsbeamter.
Die Niederlage von Jena und Auerstedt wird nicht nur für die politische und gesellschaftliche Zukunft Preußens zum entscheidenden Wendepunkt, sondern auch für die
kulturelle Entwicklung, die ganz im Zeichen der »Nationalen Erhebung« steht. Johann
Gottlieb Fichte ruft 1807/08 mit seinen »Reden an die deutsche Nation« zum Wider-

stand gegen Napoleon auf, ebenso Daniel Friedrich Schleiermacher mit seinen »Predigten« (1808). Von 1810 bis 1811 erscheinen Heinrich von Kleists »Berliner Abendblätter«. In dieser Tageszeitung werden zahlreiche Gedichte und ein Teil seiner Dramen (»Die Hermannsschlacht«, 1808; »Prinz Friedrich von Homburg«, 1811) mit nationalem Impetus abgedruckt. Andere Schriftsteller und Intellektuelle wie Schleiermacher, Iffland, Zelter und Georg Andreas Reimer schließen sich 1809 in der »Gesetzlosen Gesellschaft« zusammen. Arnim, Brentano, Fichte, Fouqué und Kleist treffen sich seit 1811 in der »Christlich-deutschen Tischgesellschaft«. Ihre nationalen Hoffnungen richten sich auf die schöpferische Restauration eines reformgestärkten Preußens, zu dessen Symbol die 1810 verstorbene Königin Luise wird. Die Erwartungen der Reformer sind hoch gesteckt, denn mit der Befreiung des Vaterlandes im Kampf gegen Napoleon soll zugleich die Einigung Deutschlands erreicht werden. Dieser Patriotismus wie Nationalismus, der durch zahlreiche Aufrufe und populäre Lieder von Ernst Moritz Arndt, Joseph von Görres, Friedrich Ludwig Jahn und Theodor Körner rasche Verbreitung findet, wird zum neuen Glaubensinhalt gerade der jüngeren Generation. Um so bitterer wird sie die auf den militärischen Sieg folgende Enttäuschung empfinden, die Festschreibung einer reformfeindlichen Restauration durch den Wiener Kongreß 1815.

Die Befreiungskriege gegen Napoleon

Napoleons Versuch, seine Herrschaft auf den gesamten europäischen Kontinent auszudehnen, schlägt fehl. Das »Zeitalter der Erhebung der Völker« gegen Napoleon bricht an. Die erste entscheidende Niederlage muß er im Spanischen Unabhängigkeitskrieg 1808 hinnehmen. Das Ende des Kaisers der Franzosen bahnt sich an, als er 1812 versucht, Rußland zu besiegen, nachdem sein Bündnis mit dem Zaren bereits 1809 zerbrochen ist. Mit seiner 700.000 Mann starken Großen Armee, der zwanzig Nationen Truppenkontingente zur Verfügung stellen müssen, überschreitet er am 24. Juni die russische Grenze, trifft aber auf keinen Gegner. Die russische Armee zieht sich in die Weite ihres Landes zurück, in einer Taktik der »verbrannten Erde«, sämtliche Vorräte hinter sich vernichtend. Selbst Moskau, das Napoleon Mitte September 1812 erreicht, wird über den Köpfen der Großen Armee angezündet. Vergeblich wartet der Kaiser der Franzosen auf ein russisches Friedensangebot. Der drohende Wintereinbruch zwingt ihn im Oktober zum Rückzug. Mitte November wird er bei Smolensk geschlagen. Ende November 1812, beim Übergang über die Beresina, verliert er 96 Prozent seiner Truppen. In dieser Niederlage sehen viele ein Gottesgericht, und so dichtet der Berliner Gymnasiast Ernst Ferdinand August unter dem Einfluß des »Turnvaters« Friedrich Ludwig Jahn das als Flugblatt weit verbreitete »Fluchtlied«:

»Mit Mann und Roß und Wagen
So hat sie Gott geschlagen!
Es irrt durch Schnee und Wald umher
Das große mächt'ge Franschenheer.
Der Kaiser auf der Flucht,
Soldaten ohne Zucht.
Mit Mann und Roß und Wagen
So hat sie Gott geschlagen.«[20]

Napoleon kehrt nach Paris zurück, während die preußisch-russische Konvention von Tauroggen die Befreiungskriege einleitet. Das geschieht zunächst gegen den Willen des preußischen Königs, der wie immer eine Entscheidung hinauszögert. Die nimmt ihm sein General Yorck von Wartenburg in Tauroggen am 30. Dezember 1812 ab, der in Verhandlungen mit dem russischen General Diebitsch das preußische Korps neutralisiert. Aus Furcht vor französischer Vergeltung entzieht Friedrich Wilhelm III. seinem General das Kommando, was dieser lediglich aus der Zeitung erfährt und nicht zur Kenntnis nimmt: »Ich werde daher um so unbedenklicher fortfahren, das General-Kommando des Korps und andere Funktions usw. auszuüben, da bekanntlich im preußischen Staat eine Zeitung kein offizielles Staatsblatt ist, und bis jetzt noch kein General seine Verhaltungsbefehle durch die Zeitungen erhalten hat.«[21]

Unter dem Einfluß von Theodor von Schön und dem Freiherrn vom Stein erheben sich Anfang Februar 1813 die ostpreußischen Stände gegen die napoleonische Fremdherrschaft, ebenfalls ohne Zustimmung des Königs. Inwieweit er die Verhandlungen mit Rußland deckt, die zum Bündnis von Kalisch vom 28. Februar 1813 führen, ist nicht sicher. Erst der Rückzug der Franzosen aus Berlin und Hamburg, das Erscheinen der ersten Kosakentruppen und der Abfall Mecklenburgs vom Rheinbund reißen auch Friedrich Wilhelm III. mit. Am 17. März erläßt er von Breslau aus, das nicht von napoleonischen Truppen besetzt war, Aufrufe »An mein Kriegsheer« und »An mein Volk«: »Brandenburger, Preußen, Schlesier, Pommern, Lithauer! Ihr wißt, was Ihr seit fast sieben Jahren erduldet habt, Ihr wißt, was Euer trauriges Loos [sein wird], wenn wir den beginnenden Kampf nicht ehrenvoll enden. Erinnert Euch an die Vorzeit, an den großen Kurfürsten, den großen Friedrich! Bleibt eingedenk der Güter, die unter ihnen unsere Vorfahren blutig erkämpften: Gewissensfreiheit, Ehre, Unabhängigkeit, Handel, Kunstfleiß und Wissenschaft. Gedenkt des großen Beispiels unserer mächtigen Verbündeten, der Russen, gedenkt der Spanier, der Portugiesen. Selbst kleinere Völker sind für gleiche Güter gegen mächtigere Feinde in den Kampf gezogen und haben den Sieg errungen. Große Opfer werden von allen Ständen gefordert werden: denn unser Beginnen ist groß, und nicht geringe die Zahl und die Mittel unserer Feinde. Aber, welche Opfer auch von Einzelnen gefordert werden mögen, sie wiegen die heiligen Güter nicht auf, für die wir sie hingeben, für die wir streiten und siegen müssen, wenn wir nicht aufhören wollen, Preußen und Deutsche zu sein.«[22] Der Aufruf wird auch publizistisch unterstützt. Die

links: Die Lithographie »Fichte in Reih und Glied des Berliner Landsturmes« zeigt den Philosophen und ersten Rektor der Berliner Universität Johann Gottlieb Fichte (1762–1814) im militärischen Widerstand gegen die Napoleonische Herrschaft in Deutschland.

rechts: Gebhardt Leberecht von Blücher (1742–1819). Seinen Kriegstaten 1813–1815 verdankt die preußische Armee zu einem beträchtlichen Teil ihre Rehabilitierung nach der Niederlage von 1806.

Preußische Staatszeitung veröffentlicht ein patriotisches Lied ihres Redakteurs Heinrich Clauren, das Friedrich Wilhelm III. als Initiator des Unabhängigkeitskampfes sieht: »Der König rief, und alle, alle kamen.«[23]

Der König ordnet nach den Plänen der Reformer die Aufstellung von Landwehr und Landsturm an, was sich aber keineswegs überall ohne Widerstände vollzieht. Aufgaben und Ziele von Landwehr und Landsturm, die sich im anbahnenden Befreiungskampf gegen Napoleon als äußerst effektiv erweisen sollten, hat Ernst Moritz Arndt in seiner 1813 in Königsberg erschienenen Schrift »Was bedeutet Landsturm und Landwehr?« eindrucksvoll erläutert: »Die Landwehr ... wird ordentlich soldatisch geübt und bewaffnet und ist bestimmt, nicht allein die Landschaft, wo sie errichtet wird, zu verteidigen, sondern auch weiter auszuziehen, und das wirkliche Kriegsheer zu verstärken. Sie ist die Wehr des Vaterlandes in Zeiten des Krieges, besonders wann ein feindliches Volk mit zahlreichen Haufen sich heranwälzt und das Vaterland zu unterdrücken droht.«[24]

Ganz andere Aufgaben sind dem Landsturm zugedacht. Nach Arndt handelt es sich hier um Partisanen, die einen Guerilla-Krieg führen: »Der Landsturm besteht neben und außer der Landwehr aus allen waffenfähigen Männern ohne Unterschied des Alters und des Standes. Er ist bloß bestimmt, die Landschaft und den nächsten eigenen Herd zu beschützen, und wird nicht aus der Landschaft in entfernte Gebiete geführt. Wo der Feind ein- und andringt, da sammeln sich die Männer, fallen auf ihn, umrennen ihn, schneiden ihn ab, überfallen seine Zufuhren und Rekruten, erschlagen seine Kuriere, Boten, Kundschafter und Späher, kurz, tun ihm allen Schaden und Abbruch, den sie ihm möglicherweise tun können; welches ihnen durch die Kenntnis von Stegen und Wegen und von allen Gelegenheiten und Schlupfwinkeln möglich ist. Sie sind dem Feinde ein furchtbares Heer, weit furchtbarer als ordentliche Soldaten, weil sie allenthalben und nirgend sind, weil sie immer verschwinden und immer wieder kommen. Dieser Landsturm steht nun auf, wann der Feind da oder doch nahe ist; wann die Gefahr vorüber, so geht jeder, wie ihm gefällt, wieder in sein Haus, an seine Arbeit, an sein Geschäft. Er gebraucht alles, was Waffen heißt, und wodurch man Überzieher und Bedränger ausrotten kann: Büchsen, Flinten, Speere, Keulen, Sensen usw.; auch sind ihm alle Kriegskünste, Listen und Hinterlisten erlaubt, wodurch er mit der mindesten Gefahr bei Tag und Nacht den Feind vertilgen kann: denn der Räuber und Überzieher hat in seinem

Der Historiker und Theologe Ernst Moritz Arndt (1769–1860) wirkte schriftstellerisch mit Flugschriften und Liedern wie »Was ist des Deutschen Vaterland?« und »Der Gott, der Eisen wachsen ließ« für die Erhebung gegen Napoleon und für die Einheit Deutschlands.

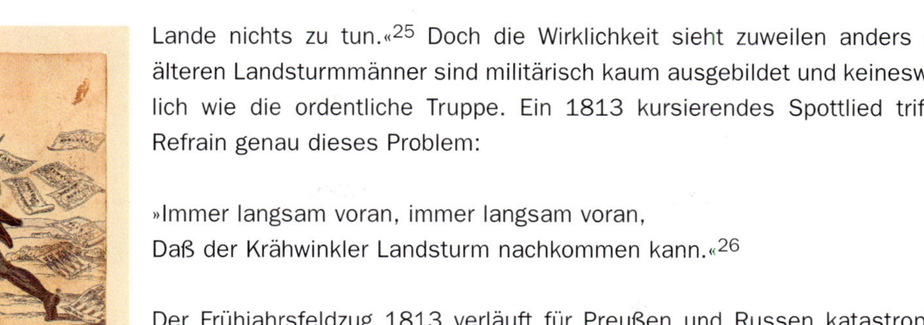

Napoleon als »Rheinischer Courier«. Karikatur auf den Rückzug des Kaisers der Franzosen aus dem rechtsrheinischen Deutschland nach der Leipziger »Völkerschlacht« 1813.

Lande nichts zu tun.«[25] Doch die Wirklichkeit sieht zuweilen anders aus, denn die älteren Landsturmmänner sind militärisch kaum ausgebildet und keineswegs so beweglich wie die ordentliche Truppe. Ein 1813 kursierendes Spottlied trifft mit seinem Refrain genau dieses Problem:

»Immer langsam voran, immer langsam voran,
Daß der Krähwinkler Landsturm nachkommen kann.«[26]

Der Frühjahrsfeldzug 1813 verläuft für Preußen und Russen katastrophal. Bei Großgörschen, Dresden und Bautzen erleiden sie Niederlagen gegen Napoleon. Erst die Unterstützung durch neue Partner bringt die Wende. Österreich tritt in den Krieg ein, und Schweden landet Truppen in Pommern. England leistet Subsidien, gewährt also materielle Unterstützung für die Kriegsführung. Drei Armeen treten nun gegen die napoleonischen Truppen an, eine böhmische unter Fürst Schwarzenberg, eine schlesische unter Fürst Blücher und die Nordarmee unter dem Schweden Graf Bernadotte. Die Kämpfe sind äußerst verlustreich. Das ganze Land ist in diesen Befreiungskrieg einbezogen. Gräfin Schwerin berichtet über die Pflege der verwundeten Soldaten im August 1813 in Berlin: »Schon damals bildeten sich die Frauenvereine und legten den Grund zu der schönen Stiftung des Damenlazaretts und zur Unterstützung aller übrigen Lazarette mit Speise, Trank und Kleidungsstücken. Durch eine nie zu erklärende Nachlässigkeit war nämlich von der Regierung nichts für diese Zwecke vorbereitet. Die Lazarette waren in demselben Zustande geblieben, wie die Franzosen sie verlassen hatten (nämlich von allem und jedem Gerät und Zubehör, das vor dem Abzug meistbietend verkauft war, entblößt), und sogar ungereinigt zurückgelassen worden. Das große Lazarett von Monbijou ward nur dadurch erhalten, daß die Hotho- und Welpersche Fabrik ihre Kessel zum Kochen hergab. Nach der Affäre von Wittstock und Großbeeren [22. und 23. August] ward es an die Straßenecken angeschlagen, daß alle Besitzer von Pferden und Wagen die Verwundeten von den Schlachtfeldern hereinzuholen hätten. Fast jede Familie nahm einen Verwundeten mit nach Haus.«[27]

Für Verdienste in den Befreiungskriegen stiftet Friedrich Wilhelm III. 1813 das Eiserne Kreuz. Die Entwurfzeichnung stammt von Karl Friedrich Schinkel.

Am Ende zahlreicher Gefechte und Schlachten, die in der nationalen und nationalistischen Geschichtsschreibung gebührend hervorgehoben werden, steht die Völkerschlacht bei Leipzig (16.–19. Oktober 1813), aus der Napoleon nur klägliche Reste seiner letzten Armee nach Westen retten kann. Er kämpft sich den Weg zum Rhein frei, doch gelingt es Blücher, dem »Marschall Vorwärts«, wie er seit dem Sturm auf das Leipziger Gerbertor genannt wird, mit seiner Armee in der Neujahrsnacht bei Kaub den Rhein zu überqueren. Erstmals seit 1793 spielen sich die nachfolgenden Kämpfe wieder auf französischem Boden ab. Mit der Schlacht um Paris am 30./31. März 1814 endet die Herrschaft Napoleons über Preußen und Europa. Daran ändert auch sein Versuch der Rückkehr ein knappes Jahr später nichts mehr. Am 18. Juni 1815 schlagen Arthur W. Wellington und Blücher Napoleons Korps bei Waterloo.

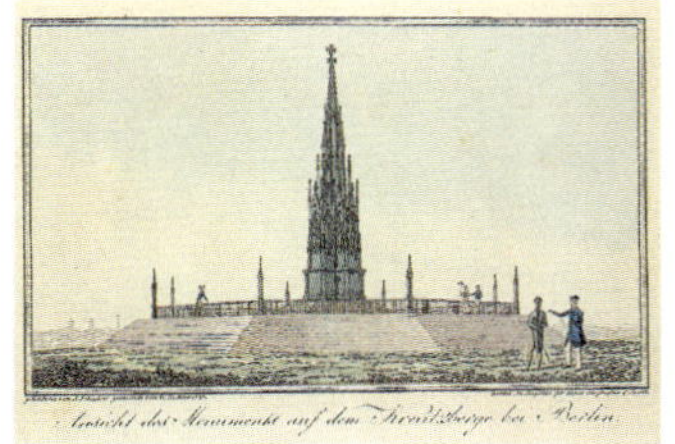

Wiener Kongreß und Karlsbader Beschlüsse festigen alte Strukturen

Die Zeit seit dem Wiener Kongreß bis zu den Revolutionen von 1830 bzw. 1848/49 wird mit dem Begriff »Restauration« treffend charakterisiert. Es ist der Versuch, den politischen Zustand Europas der Zeit vor Ausbruch der Französischen Revolution wiederherzustellen. Wie für die französische Verfassung von 1814 ist auch für die Staaten des Deutschen Bundes das monarchische Prinzip verbindlich, nach welchem die alleinige und einheitliche Staatsgewalt in der Hand des Monarchen liegt. Dieser kann zwar seine Befugnisse durch eine Verfassung begrenzen, doch darf die Verfassung niemals Grundlage der Staatsgewalt des Monarchen sein. Für Preußen beginnt zwar mit dem Ende der Befreiungskriege eine lange Periode des Friedens, die politischen Hoffnungen der fortschrittlichen Kräfte auf die Weiterführung der inneren Reformen erfüllen sich aber nicht; die preußische Reformzeit ist nur von kurzer Dauer. Auch das Versprechen Friedrich Wilhelms III., eine »Repräsentation des Volkes« zuzulassen, wird nicht eingelöst. In seiner Verordnung vom 22. Mai 1815 gibt der König bereits seine Distanz zu erkennen: »Die Geschichte des Preußischen Staats zeigt zwar, daß der wohlthätige Zustand bürgerlicher Freiheit und die Dauer einer gerechten, auf Ordnung gegründeten Verwaltung in

links: Der österreichische Staatskanzler Klemens Fürst von Metternich (1773–1859) nutzt den Wiener Kongreß, um den Hauptsieger gegen Napoleon, Preußen, nicht zu stark werden zu lassen. Er kennt Friedrich Wilhelm III. seit seiner Berliner Gesandtenzeit 1805 und nutzt nach dem Kongreß die Schwächen des Königs für seine Restaurationspolitik.

rechts: Der Berliner Kammergerichtsrat, Dichter, Musiker und Maler E. T. A. Hoffmann (1776–1822) veröffentlicht auch politische Karikaturen zum Zeitgeschehen: »Die Excorcisten«, entstanden 1814.

den Eigenschaften der Regenten und in ihrer Eintracht mit dem Volke bisher diejenige Sicherheit fanden, die sich bei der Unvollkommenheit und dem Unbestande menschlicher Einrichtungen erreichen läßt. Damit sie jedoch desto fester begründet, der Preußischen Nation ein Pfand Unseres Vertrauens gegeben und der Nachkommenschaft die Grundsätze, nach welchen Unsere Vorfahren und Wir selbst die Regierung Unseres Reichs mit ernstlicher Vorsorge für das Glück Unserer Unterthanen geführt haben, treu überliefert und vermittelst einer schriftlichen Urkunde, als Verfassung des Preußischen Reichs, dauerhaft bewahrt werden, haben wir Nachstehendes beschlossen: Paragraph 1: Es soll eine Repräsentation des Volks gebildet werden.«[28]

Freiheitliche Bestrebungen sind nun wieder unerwünscht. Bezeichnenderweise organisiert sich die »Deutsche Burschenschaft« außerhalb Preußens. Enttäuscht von der politischen Entwicklung, die den erhofften Einheitsstaat aller Deutschen nicht gebracht hat, vereinigen sich die in verschiedenen Landsmannschaften organisierten Jenaer Studenten zu einer übergreifenden Organisation. Symbolisch wollen sie die kommende Einheit des deutschen Vaterlandes vorbereiten. Als Bundesfarben wählen sie die der Uniform des Lützowschen Freikorps der Befreiungskriege: Schwarz-Rot-Gold. Zum Wartburgfest 1817 kommen bereits Studentenabordnungen aus elf deutschen Universitäten. Eine Minderheit der Studenten verbrennt mehrere als reaktionär bezeichnete »undeutsche Schriften« sowie einige Uniformstücke, um so gegen Fürstenherrschaft und Unterdrückung zu protestieren. Besonders diese Vorgänge, die allerdings nicht im Mittelpunkt des Wartburgfestes stehen, lassen die Polizeibehörden in Preußen und Österreich aufhorchen. Der preußische König läßt Teilnehmer des Festes vernehmen und Polizeiakten anlegen.
1818 gründen die Vertreter von vierzehn deutschen Universitäten in Jena die »Allgemeine deutsche Burschenschaft«.

Die Beschlüsse des Wiener Kongresses machen alle patriotisch-nationalen Hoffnungen endgültig zunichte. Die nun folgende politische, gesellschaftliche und kulturelle Entwicklung bis zur Reichsgründung im Jahr 1871 ist von Widersprüchen geprägt, von fortschrittlichen Anstößen und reaktionären Rückschlägen. Es beginnt der Aufstieg Preußens zur Industriemacht mit modernster Wissenschaft und Technik. Weit dahinter zurück, überdeckt durch den Rückzug der Geschichte, bleibt die gesellschaftspolitische Entwicklung. Am 8. Juni 1815 wird in Wien der Deutsche Bund gegründet, eine lockere Vereinigung der »Souveränen Fürsten und Freien Städte Deutschlands«, wie es in der Präambel der Bundesakte heißt. Preußen erhält Nordsachsen, die Rheinprovinz, Westfalen und Schwedisch-Pommern mit Rügen, muß dafür aber Ansbach und Bayreuth, Ostfriesland und die polnischen Gebiete aus der Dritten Teilung Polens abtreten. Daraus resultiert eine Westverlagerung Preußens mit weitreichenden Folgen für dessen weitere innere und äußere Entwicklung.

Die Heilige Alliance, die am 29. September 1815 zwischen Rußland, Österreich und Preußen mit dem Ziel geschlossen wird, das politische Handeln den christlichen Moralprinzipien unterzuordnen, und die sich zu monarchischer Solidarität und zum Gottesgnadentum bekennt, kennzeichnet die restaurative Grundhaltung der Herrschenden. Sie wenden sich nun gegen die nationalen und freiheitlich-liberalen Bewegungen, indem sie Zensur- und Verfolgungsmaßnahmen ergreifen. Folgerichtig löst auch Friedrich Wilhelm III. das 1815 gegebene Verfassungsversprechen nur teilweise und widerwillig ein. Ende März 1817 beruft er einen Preußischen Staatsrat ein, zu dessen Mitgliedern auch die hohe Beamtenschaft Preußens gehört, die nun König und Regierung beraten soll. Drei Jahre später erneuert der König sein Verfassungsversprechen im Staatsschuldengesetz, doch betont die Wiener Schlußakte das monarchische Prinzip und läßt somit die Chancen für eine demokratische Repräsentanz erneut sinken. In Preußen wird 1821 die Einführung einer gesamtstaatlichen Repräsentativverfassung auf unbestimmte Zeit vertagt und der Staatskanzler Hardenberg damit faktisch entmachtet. Adel und Großgrundbesitz beherrschen die seit 1823 eingeführten eigenständigen Provinziallandtage, mit denen das königliche Verfassungsversprechen in einem altständisch-feudalen Sinne ausgelegt wird. In dieselbe Richtung wirkt auch die Revision der preußischen Städteordnung von 1808, mit der 1831 die städtisch-kommunale Selbstverwaltung zurückgedrängt und die Aufsicht der staatlichen Behörden gefördert wird.

Der Deutsche Bund betreibt eine antinationale und antiliberale Politik, die vor allem auch gegen das liberale Bürgertum gerichtet ist, das den radikalen politischen Kurswechsel aber weitgehend resignierend hinnimmt. Es wendet sich enttäuscht von der Politik ab und zieht sich in den privaten häuslichen Bereich zurück, pflegt seine künstlerischen und literarischen Interessen und widmet sich in den »besseren Kreisen« einem unpolitischen, geselligen Leben. Der für diese Lebenshaltung geprägte Begriff »Biedermeier« verdeckt aber, daß der größte Teil der Bevölkerung keineswegs idyllisch und behaglich lebt, sondern sich in großer sozialer Not befindet. Die reaktionäre Politik des wiedererstandenen Obrigkeitsstaates kümmert sich nicht um die sozialen und ökonomischen Probleme der beginnenden Industrialisierung. Daran können auch die Verfechter der preußischen Reformpolitik nichts ändern.

Ausgelöst durch die Ermordung des als Gegner demokratischer Freiheiten geltenden deutschen Schriftstellers August von Kotzebue durch den Studenten und Burschenschaftler Karl Ludwig Sand in Mannheim, setzt Mitte 1819 eine Verhaftungswelle ein. Auf den vom österreichischen Staatskanzler Klemens Wenzel Fürst von Metternich nach Karlsbad einberufenen Konferenzen fassen zehn deutsche Staaten restriktive Beschlüsse, die am 20. September 1819 von der Bundesversammlung einstimmig angenommen werden. Sie sehen u. a. die Überwachung der Universitäten sowie die Buch- und Pressezensur vor. Die liberale Phase in Preußen findet ihr Ende. Wilhelm von Humboldt wird entlassen, Polizeispitzel überwachen die Predigten des Theologen Schleiermacher, und andere führende Intellektuelle, Wissenschaftler und Politiker wie der Freiherr vom Stein, Gneisenau und Ernst Moritz Arndt werden beschattet. Die Karlsbader Beschlüsse gelten in allen Staaten des Deutschen Bundes, doch wirken sie sich in Preußen besonders verheerend aus. Mit der Verfolgung Arndts und Schleiermachers sowie mit der Verhaftung des Turnvaters Jahn (1819) und der Zurechtweisung des Kammergerichts, an dem sich der Dichter, Musiker und Maler E.T.A. Hoffmann als Jurist für

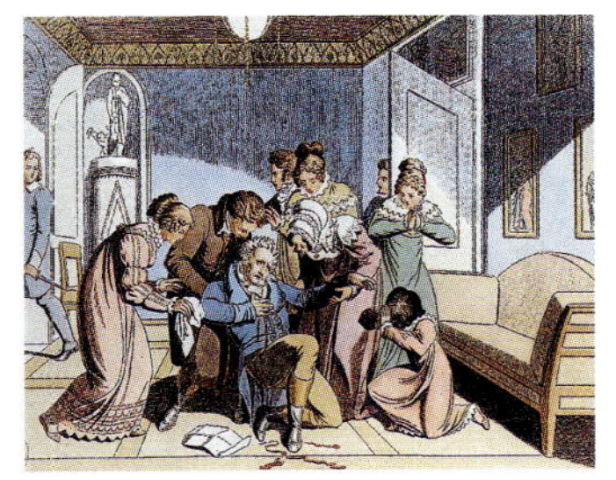

Am 23. März 1819 ermordet der Student Karl Ludwig Sand in Mannheim den deutschen Lustspieldichter (und russischen Staatsrat) August von Kotzebue. »Demagogen«verfolgung und Zensur sind in allen deutschen Staaten die Folge.

Erwerbungen 1815: Herzogtum Westfalen, Grafschaft Wittgenstein und Berleburg, Fürstentum Siegen und die Grafschaft Altenkirchen, die ehemals kurkölnischen und kurtrierschen Ämter, Wetzlar, Suhl, die nördlichen Teile des Königreichs Sachsen, die Stifte Merseburg und Naumburg-Zeitz, die Grafschaft Stolberg, das Fürstentum Querfurt, Neu-Vorpommern mit Rügen sowie die 1807 verlorenen Landesteile (außer: Ansbach, Bayreuth, Hildesheim, Goslar, die niedere Grafschaft Lingen, Teile des Fürstentums Münster, Ostfriesland, Neu-Schlesien, Neu-Ostpreußen und die östlichen Gebiete Südpreußens).

die Wahrung der Rechtsnormen einsetzt, aber auch mit der Überwachung der Universitäten und dem Verbot der Burschenschaften und der Turnbewegung werden die Beschlüsse hier besonders rigide ausgeführt.

Die in Preußen bereits bestehende eingeschränkte Pressefreiheit wird vollends beseitigt. In der Zensur-Verordnung vom 18. Oktober 1819 heißt es: »Alle in Unserem Lande herauszugebende Bücher und Schriften, sollen der in den nachstehenden Artikeln verordneten Zensur zur Genehmigung vorgelegt, und ohne deren schriftliche Erlaubniß weder gedruckt noch verkauft werden ... Zeitungen und andere periodische Schriften, sobald sie Gegenstände der Religion, der Politik, Staatsverwaltung und der Geschichte gegenwärtiger Zeit in sich aufnehmen, dürfen nur mit Genehmigung der oben gedachten Ministerien erscheinen, und sind von denselben zu unterdrücken, wenn sie von dieser Genehmigung schädlichen Gebrauch machen.«[29] Der von Joseph von Görres herausgegebene »Rheinische Merkur« muß sein Erscheinen einstellen. Wer an einer patriotischen Erinnerungsfeier zum Gedenken an die Befreiungskriege teilnimmt, macht sich verdächtig. Fichtes »Reden an die deutsche Nation« erhalten 1824 keine Druckerlaubnis mehr. Das Spitzelwesen und die Postzensur nehmen groteske Formen an. Ein Zeitzeuge berichtet darüber: »Das Spionwesen über die Gesinnung solcher Leute, wie Schriftsteller, Korrespondenten, freier Gebildeter usw., erstreckt sich aber nicht bloß auf das Vigilieren ihrer Reden an öffentlichen Orten, sondern hat sich auch deutlicher, tatsächlicher Nachforschung zu bedienen gewußt. Die Haussuchungen werden zwar nicht so allgemein ausgedehnt und jedenfalls wird die Polizei des öffentlichen Skandals halber diesen Fall nur dann eintreten lassen, wenn sie gewisse Wahrscheinlichkeit auf den Erfolg hat ... Unter den Postbeamten befinden sich Leute, welche von der Polizei besoldet und verpflichtet sind, sowohl diejenigen Briefe, welche den Adressen nach reglementmäßig hierzu gehören, als auch diejenigen, welche ihnen selbst von Interesse scheinen, aus den Arbeitsschränken der Postexpedition an sich zu nehmen. Die Vorsteher des schwarzen Kabinetts erhalten dieselben zur ›Perlustration‹. Sie werden mit besonderen Werkzeugen geöffnet, dann kopiert oder exzerpiert und von neuem vorsichtig geschlossen zur Weiterbeförderung auf die Expedition gegeben.«[30] Das öffentliche Leben stagniert. Bis in die dreißiger Jahre ist von Widerstand und Opposition gegen diese Politik nichts zu spüren. Unruhen, ausgelöst durch die französische Julirevolution von 1830, werden durch verschärfte Verfolgungsmaßnahmen im Keim erstickt.

Mit den Karlsbader Beschlüssen werden auch die Burschenschaften verboten. In Preußen sowie in neun weiteren Staaten des Deutschen Bundes überwachen außerordentliche landesherrliche Bevollmächtigte an den Universitäten das Auftreten und Verhalten der Professoren und Studenten. Alle Hochschullehrer, die »durch Mißbrauch ihres rechtmäßigen Einflusses auf die Gemüter der Jugend, durch Verbreitung verderblicher, der öffentlichen Ordnung und Ruhe feindseliger oder die Grundlagen der bestehenden Staatseinrichtungen untergrabender Lehren ihre Unfähigkeit zur Verwaltung des ihnen anvertrauten wichtigen Amtes unverkennbar an den Tag«[31] legen, sollen rigoros aus ihren Ämtern entfernt und auch in keinem anderen Bundesstaat wieder angestellt werden. Ferner führen die Karlsbader Beschlüsse eine staatliche Vorzensur für alle Zeitungen, Zeitschriften und sonstige Druckschriften »unter zwanzig Bogen im Druck« ein.

Am schärfsten geht die preußische Regierung gegen diejenigen vor, die in Veröffentlichungen, Vorlesungen und bei öffentlichen Anlässen für die nationale und liberale Bewegung eintreten. Unter den Verfolgten, die aus ihren Ämtern vertrieben und teilweise zu Gefängnisstrafen verurteilt werden, sind auch prominente Teilnehmer der Befreiungskriege, wie der Bonner Universitätsprofessor Ernst Moritz Arndt und der Vater der Turnbewegung, Friedrich Ludwig Jahn. Das Turnen wird in Preußen verboten. Auch der mecklenburgische Dichter Fritz Reuter gerät in den Sog der Demagogenverfolgung und wird 1836 in Preußen zu Festungshaft verurteilt, worüber er in seiner Autobiographie »Ut mine Festungstid« berichtet. Sieben Göttinger Professoren, der Historiker Friedrich Christoph Dahlmann, der Rechtshistoriker Wilhelm Eduard Albrecht, der Theologe und Orientalist Heinrich von Ewald, der Historiker und Literaturhistoriker Georg Gottfried Gervinus, der Physiker Wilhelm Weber und die Germanisten Jacob und Wilhelm Grimm, protestieren 1837 öffentlich gegen die Aufhebung der Verfassung des Königreichs Hannover durch König Ernst August II. und werden deshalb aus ihren Ämtern entlassen. Sie berufen sich bei ihrem Protest auf ihren Verfassungseid, durch den sie zur Verteidigung der Verfassung selbst der Staatsgewalt gegenüber verpflichtet seien. Ihr außergewöhnliches Handeln erregt großes Aufsehen, die öffentliche Meinung ergreift für die Göttinger Professoren Partei, die mit ihrem Schritt wesentlich zur Ausbildung des deutschen Liberalismus beitragen. Wenig Verständnis dafür hat auch der preußische Innenminister von Rochow, der den Bürgern von Elbing in Ostpreußen, die sich für ihren Landsmann, den Göttinger Staatsrechtler Wilhelm Eduard Albrecht, einsetzen, folgenden »Amtlichen Verweis« erteilt: »Dem Unterthan ziemt es nicht, an die Handlungen des Staatsoberhauptes den Maßstab seiner beschränkten Einsicht anzulegen und sich in dünkelhaftem Übermuthe ein öffentliches Urtheil über die Rechtmäßigkeit derselben anzumaßen; die Unterzeichner der Adresse hätten daher in dem Benehmen der Göttinger Professoren nicht eine Vertheidigung des gesetzmäßigen Ordnung, sondern nur ein unziemliches Auflehnen, ein vermessenes Unternehmen erblicken sollen.«[32]

So drohen gerade auch im Bildungsbereich mit den Karlsbader Beschlüssen die Reformansätze unterzugehen. Es ist das Verdienst des geschickt taktierenden Karl

Mit Karl Freiherr vom Stein zum Altenstein (1770–1840) als Kultusminister (1817–1838) entwickelt sich Preußen zum »intelligenten Beamtenstaat« im Sinne des Idealismus. Altensteins staatskirchliche Vorstellungen stoßen allerdings auf den Widerstand von Altlutheranern (bei der Einführung der Union 1817) und Katholiken (im Kölner Kirchenstreit 1836–1841).

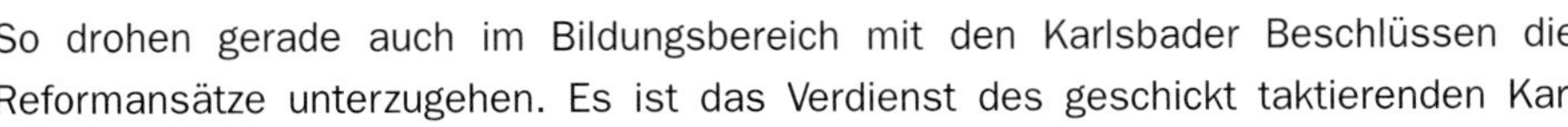

Freiherrn vom Stein zum Altenstein, der 1817 zum ersten Minister des neu gegründeten »Ministeriums für Kultus und Unterricht« ernannt wird, daß die Kernpunkte der Reform erhalten bleiben und weiterentwickelt werden können. Altensteins Mitarbeiter Wilhelm Süvern sorgt für den Ausbau des Elementar- und des Gymnasialschulwesens sowie für die tatsächliche Durchsetzung der allgemeinen Schulpflicht. August Spillecke begründet 1822 die moderne Ober-Realschule. Von der Modernität des preußischen Schulwesens zeugt schließlich auch die Einführung der ersten Gewerbeschule (1824) sowie die grundlegende Regelung der Lehrerausbildung.

Altenstein gelingt es auch, die Universitäten vor einem radikalen Zugriff der Reaktion zu schützen, und er kann die Berufung Georg Wilhelm Friedrich Hegels an die Berliner Universität durchsetzen, die nun zum Zentrum der deutschen Philosophie aufsteigt. In Hegels Berliner Hauptwerk, den »Grundlinien der Philosophie des Rechts« (1821), verbindet sich das aufklärerische Vernunftprinzip mit der Anerkennung der scheinbar notwendigen realpolitischen Entwicklung. Hegels unterschwellige Forderung, daß das Bestehende vernünftig werden soll, wird jedoch relativiert durch seine Feststellung, daß das Bestehende (also auch der preußische Staat) schon vernünftig sei. Dieser Dualismus im Denken Hegels wird von seinen Schülern in beide Richtungen weiterentwickelt. Nach dem Tod des Philosophen, der 1831 in Berlin an der Cholera stirbt, entwickeln sich die links- und rechtshegelianischen Schulen, die das philosophische Denken im Vormärz bestimmen.

In Preußen treten die seit zwei Jahrhunderten bestehenden Gegensätze zwischen Lutheranern und Reformierten zurück, als beide Konfessionen 1817 endlich in der evangelischen Kirche der Union vereinigt werden. Der preußische König ist ihr »summus episcopus«, ihr geistliches Oberhaupt. Weder durch Zensur noch durch andere polizeiliche Maßnahmen lassen sich die religiösen und nationalen Konflikte lösen, die der preußische Staat jenseits seiner protestantischen Kerngebiete im katholischen Osten und im katholischen Westen provoziert, denn es gelingt ihm nicht, eine annehmbare Verständigung mit den Katholiken herbeizuführen. Im polnischen Osten Preußens ist der religiöse Konflikt mit dem Freiheitskampf der Polen verbunden, der seinen Schwerpunkt in der Provinz Posen hat. Insbesondere die antipolnischen Maßnahmen der preußischen Obrigkeit, die gegenüber den Polen in Preußen eine Germanisierungspolitik betreibt, verbunden mit der Zurückdrängung der polnischen Sprache im amtlichen Verkehr, werden von den Liberalen bekämpft. Die Handhabung konfessioneller Mischehen mit dem Problem der Erziehung der daraus hervorgehenden Kinder spielt für den Metropoliten von Posen-Gnesen, Marcin Dunin-Sulgustowski, eine entscheidende Rolle. Als er auf einer rein katholischen Erziehung besteht, setzt ihn die preußische Regierung ab. Es folgt die Verurteilung zu Festungshaft. Im Kölner Kirchenkonflikt erhebt Erzbischof Klemens August Freiherr von Droste zu Vischering dieselbe Forderung. Auch er wird verhaftet und eingesperrt. Erst Friedrich Wilhelm IV. kann den Konflikt beenden, mit dem sein Vorgänger der Politisierung des deutschen Katholizismus Vorschub leistet. Eine Versöhnung von Staat und Kirche nach dem Kölner Kirchenkonflikt (1836–1841) demonstrieren die Beteiligten im Kölner Dombaufest, das den Anstoß gibt zur baulichen Vollendung des Domes. Friedrich Wilhelm IV. propagiert damit zugleich seinen Lieblingsgedanken, die Idee eines christlichen Staates. Zugleich mit dem Kölner Kirchenstreit wird auch der Posener Kirchenstreit beigelegt, und mit der Begnadigung Arndts und

Georg Wilhelm Friedrich Hegel (1770–1831) gilt seit seiner Berufung nach Berlin (1818) als der preußische Staatsphilosoph. Er sieht im preußischen Staat die Verwirklichung der sittlichen Idee.

anderer Opfer der Demagogenverfolgung sowie mit der Berufung der aus politischen Gründen von der Göttinger Universität vertriebenen Gebrüder Grimm (1840) steigt die Hoffnung auf mehr Liberalität in Preußen.

Doch auch dies erweist sich bald als Irrtum, als der König den konservativen Staatsrechtler Friedrich Julius Stahl an die Berliner Universität holt. Zudem beruft er den alternden Friedrich Wilhelm Joseph Schelling, dessen christliche Offenbarungsphilosophie dem religiösen und altständischen Gesellschaftsideal des Königs entgegenkommt. Damit soll der Einfluß der Hegelschen Philosophie zurückgedrängt werden.

Der restaurative Charakter Preußens nach den Karlsbader Beschlüssen, der Abschied von den nationalen und gesellschaftspolitischen Hoffnungen, die auch Hegels Philosophie durchscheinen, wird überdeckt vom äußeren Glanz einer fortdauernden bürgerlichen Kultur. So entsteht noch in der ersten Hälfte des 19. Jahrhunderts das Stadtbild des »klassischen« Berlin mit den Bauwerken Karl Friedrich Schinkels (Neue Wache, 1818; Schauspielhaus, 1821; Altes Museum, 1828; Bauakademie, 1835) und den Plastiken bzw. Denkmälern Christian Daniel Rauchs (Friedrich Wilhelm III., 1822; Scharnhorst, 1822; Blücher, 1827; Friedrich II., 1851).

In den Berliner Salons zeigt sich der Anpassungsprozeß des jüdischen Bürgertums und sein Aufstieg in den »bürgerlichen Bildungsadel«. Zwar setzt die Restauration dem liberalen Denken in den Salons gewisse Grenzen, doch verlieren diese Institutionen keineswegs ihre Anziehungskraft auf die kritischen Intellektuellen der Zeit, darunter Heinrich Heine. Die Distanz des gebildeten Bürgertums zum wiedererstarkten Obrigkeitsstaat findet vielfältigen Ausdruck in der zeitgenössischen Kunst. So wird unterschwellige Zeitkritik zum Beispiel in E.T.A. Hoffmanns phantastisch-ironischen Nacht- und Gespenstergeschichten sichtbar oder in den Bildern von Caspar David Friedrich. 1823/24 malt er »Das Eismeer«, ein Gemälde, das die enttäuschten Hoffnungen seiner Generation versinnbildlicht.

Auch in der Musik setzt sich das romantische Gesellschaftsbild und damit das Bürgertum durch. Verbunden ist diese Entwicklung mit der nationalen Idee, die hier eng mit der Sprache verbunden ist. Sowohl auf der Opernbühne als auch auf dem Theater werden

links: Karl Friedrich Schinkel (1781–1841), der auch als Maler, Innendekorateur und Bühnenbildner hervortritt, ist der maßgebende preußische Architekt in der ersten Hälfte des 19. Jahrhunderts.

rechts: Eine enge Künstlerfreundschaft verbindet in Berlin den Kammergerichtsrat und vielseitigen Künstler E.T. A. Hoffmann (1776–1822) mit dem Schauspieler Ludwig Devrient (1784–1832). Ihre Zechgelage im Weinkeller von Lutter & Wegner sind stadtbekannt.

jetzt deutsche Stücke gegeben, wenn auch noch nicht in der Hofoper und der Hofbühne, die noch immer dem spätfeudalen Geschmack verpflichtet bleiben und das italienische bzw. französische Repertoire pflegen. Die Uraufführung der ersten romantischen deutschen Oper, Carl Maria von Webers »Freischütz«, wird 1821 im Schauspielhaus am Gendarmenmarkt zu dem herausragendsten kulturellen Ereignis der Zeit, über das Heinrich Heine spottet: »Haben Sie noch nicht Maria von Webers ›Freischütz‹ gehört? Nein? Unglücklicher Mann! Aber haben Sie nicht wenigstens aus dieser Oper ›das Lied der Brautjungfern‹ oder den ›Jungfernkranz‹ gehört? Nein? Glücklicher Mann! Wenn Sie vom Halleschen nach dem Oranienburger Tore und vom Brandenburger nach dem Königstor, ja selbst wenn Sie vom Unterbaum nach dem Köpenicker Tor gehen, hören Sie jetzt immer und ewig dieselbe Melodie, das Lied aller Lieder – den ›Jungfernkranz‹«.[33]

Es gehört zu den Widersprüchlichkeiten der preußischen Geschichte, daß gerade in einer Zeit politischer Unterdrückung und aufziehender sozialer Probleme die Wissenschaft und die Bildung, Kunst und Kultur eine ihrer glanzvollsten Epochen erleben. Der Ruf der Berliner Universität mit der größten Anzahl von Studenten aller deutschen Hochschulen und mit Gelehrten von Rang reicht weit über die deutschen Grenzen hinaus. Die Königliche Akademie der Wissenschaften und die Akademie der Künste besitzen europäisches Format. Das Volksschulwesen, lange Zeit vernachlässigt, erfährt seit den dreißiger Jahren erhebliche Verbesserungen, und nach 1850 bleiben keine schulpflichtigen Kinder mehr ohne Unterricht. Andererseits geraten die Dichter des »Jungen Deutschland« unter den Druck einer verschärften Zensur und müssen wie Georg Herwegh und August Heinrich Hoffmann von Fallersleben mit ihrer Ausweisung rechnen. Sie alle werden wie auch Adolf Glaßbrenner, in dessen »Neuem Reinecke Fuchs« (1846) und in dessen »Guckkasten-Szenen« (1848) eine bisher nicht bekannte sozialkritische Volkstümlichkeit sichtbar ist, zu Wegbereitern der Revolution.

Frühindustrialisierung

Die politische Situation in Deutschland zwischen 1770 und 1820 ist gekennzeichnet durch die Kleinstaaterei. Die Landkarte zeigt den berühmten »Fleckenteppich«. Nach dem Wiener Kongreß von 1815 gibt es immerhin noch 39 deutsche Staaten. Alle sind souverän und durch Zoll- und Wirtschaftsbarrieren voneinander getrennt. Das städtische Handwerk ist noch immer durch Zunftschranken gelähmt, und erst durch die Ein-

Um die Stimmung in der neu erworbenen Rheinprovinz dem preußischen Staat gegenüber zu verbessern, unternimmt Friedrich Wilhelm III. eine »Goodwilltour«. Am 14. September 1825 macht der Dampfer »De Rijn« in Köln fest. Im Hintergrund ist der noch unvollendete Dom zu sehen.

150

führung der Gewerbefreiheit im Zuge der Stein-Hardenbergschen Reformen wird in Preußen etwas verändert. Auch in anderen deutschen Staaten, wie z. B. in Sachsen, Hannover, Baden oder Württemberg, kommt es nun zu ähnlichen Entwicklungen, wenn auch teilweise langsamer im Tempo.

Von Bedeutung ist auch die Aufhebung der persönlichen Unfreiheit auf dem Lande zu Beginn des 19. Jahrhunderts. Von nun an ist es den Bauern möglich, aus ihrem Dorf ungestraft abzuwandern, um anderswo ihren Lebensunterhalt zu verdienen. Seit der Mitte des 18. Jahrhunderts nimmt die Bevölkerung schnell zu, so daß ein Bevölkerungsüberschuß entsteht und die Landwirtschaft ihre Produktivität steigern muß, um alle ernähren zu können.

Der Beginn der Industriellen Revolution ist zeitlich nicht genau zu bestimmen. Bereits 1783/84 arbeiten in der Fabrik eines Elberfelder Kaufmanns in Ratingen die ersten »Spinning Jennies«, die der Unternehmer sich durch einen aus England abgeworbenen Mechaniker bauen läßt. Kurz vor der Jahrhundertwende, 1798, läuft – nach englischem Vorbild – die erste Dampfmaschine im Ruhrgebiet, und schon bald darauf baut ein ehemaliger Zimmermeister Dampfmaschinen in seiner Essener Werkstatt. In Schlesien werden gegen Ende des 18. Jahrhunderts die ersten Kokshochöfen zur Eisengewinnung betrieben, ebenfalls aufgrund von Kenntnissen, die in England gewonnen wurden. Das alles sind jedoch nur erste Versuche, die noch keine wesentliche Bedeutung für die Gesamtwirtschaft haben und die auch keine Umgestaltung der Arbeitswelt bewirken. Dazu sind die Voraussetzungen immer noch zu ungünstig.

Die politische Zersplitterung Deutschlands mit ihren vielen Zollschranken hemmt die wirtschaftliche Entwicklung ebenso wie die großen Kriege der napoleonischen Zeit. Die von Napoleon gegen England verhängte Kontinentalsperre trifft nicht England, sondern die europäische Wirtschaft. So gehen z. B. die wenigen wichtigen Überseemärkte, die deutsche Hersteller sich aufgebaut haben, während der Sperre an englische Kaufleute verloren, und da es auch weiterhin an technischem Wissen und Fertigkeiten, vor allem

Zu den frühen Stätten der Industrialisierung in Berlin gehört die Königliche Eisengießerei in der Invalidenstraße vor dem Oranienburger Tor, an der Panke.

aber an der Nachfrage mangelt, kommt die weitere Entwicklung nach 1820 nur langsam in Gang. Die Industrielle Revolution beginnt in Deutschland erst um 1840 und dann auch nur in einigen Regionen, neben Sachsen vor allem in Preußen, und zwar im Rheinland, in Westfalen, in Schlesien und im Berliner Raum.

Diese Regionen sind kein wirtschaftliches Niemandsland, kein gänzlich unerschlossenes Gebiet. Am Anfang der industriellen Entwicklung steht fast überall das Textilgewerbe, an das dann der Maschinenbau anknüpft. Die Handarbeit verliert an Bedeutung, sie wird von Maschinen übernommen. Dies gilt nicht nur für den Berliner Raum und vor allem für Schlesien, wo sich mit den Weberaufständen die sozialen Folgen der Industrialisierung besonders deutlich zeigen sollten. Auch um die Städte Krefeld und Mönchengladbach oder im Tal der Wupper hat das Textilgewerbe (Leinen, Wolle, Seide) eine alte Tradition. Hier besteht schon im 18. Jahrhundert eine ausgedehnte Heimindustrie. Im Bergischen Land, zu dem auch das Wuppertal gehört, werden darüber hinaus Eisenwaren, z. B. Sensen, Tuchscheren und Klingen, von hoher Qualität hergestellt und in viele Gebiete Europas – sogar in das industrielle Mutterland, nach England – vertrieben. Für die Heranschaffung der nicht vorhandenen Rohstoffe und den Transport der Fertigwaren stehen vor allem der Rhein und alte Fernhandelsstraßen zur Verfügung.

Nördlich des Bergischen Landes zwischen der Ruhr und dem alten Hellweg, der in Ost-West-Richtung u. a. Unna, Dortmund, Bochum und Essen verbindet, gibt es Bodenschätze, vor allem Steinkohle, die von entscheidender Bedeutung für die wirtschaftliche Entwicklung der Region werden. Um 1820 ist diese Gegend noch wenig entwickelt. Dortmund und Essen zählen weniger als 5000 Einwohner, doch der Bergbau hat bereits Tradition. Seit dem 18. Jahrhundert gibt es einige Dutzend Kleinzechen, doch sind in den ersten Jahrzehnten des 19. Jahrhunderts die Fördermengen noch verschwindend gering. Der Kohle aber gehört die Zukunft.

Der sich anbahnende wirtschaftliche und technische Fortschritt bleibt nicht unbemerkt, und so berichtet 1822 die »Allgemeine Preussische Staatszeitung« über die Anfänge der Industrialisierung in Preußen: »Nichts kann erfreulicher sein, als die sich immer mehr und mehr erhebende Fabrikindustrie in Deutschland zu sehen. In dieser letzteren Beziehung verdient besondere Aufmerksamkeit die zu Wetter, unweit Hagen, durch Herrn Kemp, Schwager und Associé des Herrn Jakob Aders in Elberfeld, in Gemeinschaft mit Herrn Harkort gegründete fabrikmäßige Anfertigung des großen Hebels aller Fabriken, nämlich der Dampfmaschinen. Für die Fabrikation selbst ist die Kraft der Dampfmaschine der des Wassers auch noch um deswillen vorzuziehen, weil sie an keine Jahreszeit gebunden ist, weder durch Dürre noch durch Frost unterbrochen wird, und mithin eine weit richtigere, gleichmäßigere Berechnung zulässig macht. Kurz, nur wenn die Dampfmaschine der Hebel der zur Fabrikation nötigen Kraft und Bewegung ist, wird diese auf den Grad der Vollkommenheit Anspruch machen können, der heutzutage nötig ist, um mit den Nachbarstaaten zu konkurrieren.«[34]

Doch manchmal bleiben die Erfolge aus, und auch die Firma des Herrn Harkort, die »Mechanische Werkstätte« in der Burg Wetter an der Ruhr, macht Bankrott. 1832 entwirft Harkort den »Plan des Terrains der Eisenbahn von Minden nach Cöln und deren Seitenverbindungen«, der im großen und ganzen der späteren Streckenführung entspricht. An der Realisierung des Vorhabens ist er allerdings nicht mehr beteiligt, wie überhaupt alle seine wirtschaftlichen Projekte fehlschlagen – ein Zeichen dafür, wie viele günstige Voraussetzungen zusammenkommen müssen, um ein Industrieunter-

Der gebürtige Westfale Friedrich Harkort (1793–1880) ist einer der Pioniere der Industrialisierung in den preußischen Westprovinzen.

nehmen aufzubauen. Ideenreichtum ist noch kein Garant für den Erfolg. Trotz seiner Fehlschläge und Erfolglosigkeit ist Friedrich Harkort ein Pionier der Industriellen Revolution in Preußen. In seiner zweiten Lebenshälfte macht er sich als liberaler Abgeordneter und Sozialpolitiker einen Namen.

Zollverein und Eisenbahn als Vorboten der politischen Einheit

Bereits seit 1818 gibt es in einzelnen Staaten des Deutschen Bundes Bestrebungen, durch Aufhebung der Binnenzölle den Handelsverkehr zu erleichtern. Preußen stellt für seine weit auseinanderliegenden Staatsteile ein einheitliches Zollgebiet her und gründet 1828 mit Hessen-Darmstadt einen Zollverein, während gleichzeitig im süddeutschen Raum Bayern und Württemberg eine Zollvereinbarung treffen. Im selben Jahr schließen sich auch Hannover, Kurhessen, Sachsen und die thüringischen Staaten zum »Mitteldeutschen Handelsverein« zusammen. In einer Denkschrift legt der preußische Finanzminister Friedrich Christian Adolf von Motz 1829 die Ziele seiner Zollpolitik dar: »Wenn es staatswissenschaftliche Wahrheit ist, daß Ein-, Aus- und Durchgangszölle nur die Folge politischer Trennung verschiedener Staaten sind (und das ist wahr), so muß es umgewandt auch Wahrheit sein, daß Einigung zu einem und demselben politischen System mit sich führt. Denn es erscheint unnatürlich, daß solche Staaten in der Politik divergierende Ansichten hegen und verfolgen sollten, deren Völker zu einem Kommerzialsystem gebunden sind und in diesem System sich wohl befinden. Und in dieser auf gleichem Interesse und natürlicher Grundlage beruhenden und sich notwendig noch in der Mitte von Deutschland erweiternden Verbindung wird erst wieder ein real verbündetes, von innen und von außen wahrhaft freies Deutschland unter dem Schutz und Schirm von Preußen erstehen und glücklich sein.«[35] Hier wird erstmals deutlich, daß der wirtschaftlichen Einigung Deutschlands unter Preußens Führung die politische folgen soll.

Obwohl die mittleren und kleineren Staaten eine preußische Vormachtstellung nicht wünschen, kommt es unter Preußens Führung 1834/35 zur Gründung des Deutschen Zollvereins, dem auch die meisten Staaten des Mitteldeutschen Handelsvereins beitreten. Österreich gehört dem Deutschen Zollverein nicht an. Seine Versuche, einen großdeutschen Handels- und Zollverband zu errichten, bleiben ohne Erfolg. In gewisser Weise zeichnet sich mit der Gründung des Deutschen Zollvereins unter preußischer

Führung und unter Ausschluß Österreichs bereits die kleindeutsche Reichsgründung Bismarcks ab. Diesen Zusammenhang von gemeinsamen Wirtschaftsinteressen und politischen Einigungsbestrebungen beschreibt auch Hoffmann von Fallersleben in seinen »Unpolitischen Liedern« mit dem Gedicht »Der deutsche Zollverein«[36]:

»Schwefelhölzer, Fenchel, Bricken,
Kühe, Käse, Krapp, Papier,
Schinken, Scheren, Stiefel, Wicken,
Wolle, Seife, Garn und Bier;
Pfefferkuchen, Lumpen, Trichter,
Nüsse, Tabak, Gläser, Flachs,
Leder, Salz, Schmalz, Puppen, Lichter,
Rettich, Rips, Raps, Schnaps, Lachs, Wachs!

Und ihr andern deutschen Sachen,
Tausend Dank sei euch gebracht!
Was kein Geist je konnte machen,
Ei, das habet ihr gemacht:
Denn ihr habt ein Band gewunden
Um das deutsche Vaterland,
Und die Herzen hat verbunden
Mehr, als unser Bund, dies Band.«[37]

Industrialisierung und Verkehrsentwicklung sind untrennbar verbunden. 1816 verkehrt die »Prinzeß Charlott« als erstes Dampfschiff auf der Spree bei Berlin, im Hintergrund das Schloß Bellevue.

Die Eisenbahn, für deren Bau sich die rheinischen Brüder Harkort, der Schwabe Friedrich List und andere Vorkämpfer mit großer Kraft einsetzen, ist für die Industrielle Revolution auf doppelte Weise von Bedeutung. Sie dient in erster Linie als Transportmittel, mit dem man auch schwere Güter für einen Bruchteil der bisherigen Kosten befördern kann. Deshalb müssen nicht mehr unbedingt Eisenerze und Steinkohle in derselben Region gefördert werden, in der man Stahl erzeugen will. Das Ruhrgebiet und Oberschlesien besitzen große Kohlevorkommen. Wenn man auf dem Wasser- und Schienenweg Erz dort hinbringen kann, sind günstige Voraussetzungen für den Aufbau von Hüttenwerken erfüllt. Und selbstverständlich transportiert die Eisenbahn auch fertige Industriegüter wie z. B. Maschinen oder landwirtschaftliche Produkte. Die Eisenbahn ist aber nicht nur Verkehrsmittel, sondern setzt auch die Nachfrage in Gang. Es wird viel Stahl für die Gleisanlagen benötigt; Bahnhöfe und Brücken müssen gebaut werden, Waggons sind herzustellen und vor allem Lokomotiven, die fahrenden Dampfmaschinen.

Nach Inbetriebnahme der ersten deutschen Strecke (Nürnberg–Fürth, 1834) geht es Schlag auf Schlag: 1836 Baubeginn der Leipzig-Dresdener-Eisenbahn, 1838 erste Teilstücke von Düsseldorf nach Elberfeld und Erkrath, 1838 auch Braunschweig–Wolfenbüttel, 1840 Mannheim–Heidelberg, und 1841 sind Köln–Aachen, Berlin–Anhalt, Berlin–Stettin und Magdeburg–Leipzig im Bau. Bereits 1838 wird die erste Eisenbahnstrecke Preußens in Betrieb genommen, die zwischen den Residenzen Berlin und Potsdam verkehrt. Das Schienennetz wird rasch ausgebaut, 1850 umfaßt es bereits 3869 Kilometer. Ein Jahrzehnt später ist die preußische Hauptstadt schon der wichtigste Eisenbahnknotenpunkt im weitverzweigten preußischen Eisenbahnnetz.

Wie stark die Eisenbahn die Entwicklung der Eisen- und Stahlindustrie beeinflußt, zeigt
der Lokomotivbau. Zwar laufen in Deutschland zwischen 1835 und 1845 noch überwiegend englische Zugmaschinen, doch seit 1839 stellen Firmen in Sachsen und Bayern sowie seit 1841 auch August Borsig in Berlin erste eigene Lokomotiven her. Es entstehen Werke, die noch lange Zeit internationale Bedeutung haben. Borsig beschäftigt
1848 schon 1300 Arbeiter und erhält in diesem Jahr Aufträge für insgesamt 67 Lokomotiven. Bereits 1843 hat seine Maschine »Beuth« die englischen Lokomotiven an Zug-
kraft und Höchstgeschwindigkeit übertroffen.

Der Werkstoff für Maschinen ist Stahl, der auch für andere Zwecke, wie für den Brücken-
und Hallenbau, für Schiffe und Kanonen, zunehmend Verwendung findet. So wachsen
im Ruhrgebiet, in Oberschlesien und – etwas später – an der Saar auf der Basis ein-
heimischer Kohle große Hütten- und Walzwerke empor. Zu einem für damalige Verhältnisse gigantischen Unternehmen entwickelt sich die Firma Krupp in Essen. Als der Grün-
der Friedrich Krupp 1826 unerwartet stirbt, übernimmt sein erst vierzehnjähriger Sohn
Alfred die Firma. Er baut den Betrieb systematisch aus, läßt neue technische Verfahren
entwickeln und in eigenen Produktionsstätten anwenden. 1851 erregt die Firma Krupp
bei der Londoner Weltausstellung großes Aufsehen, als sie ein Gußstahlgeschütz von
bisher unerreichter Größe und einen Stahlblock von bisher nicht gekannten Dimensio-
nen vorstellt. 1857 sind bei Krupp bereits 1200 Arbeiter beschäftigt.

Die Textilbranche wird von der Schwerindustrie nicht verdrängt. Neben Krefeld, Mönchengladbach, dem Bergischen Land und Aachen sind noch die Regionen Sachsen,
Schlesien, Ostwestfalen und vor allem die Region Berlin mit Teilen der Provinz Brandenburg und der Niederlausitz zu nennen. Auch hier hält die Industrialisierung Einzug, entstehen große Fabriken, werden Maschinen gebraucht, für die wiederum entsprechende
Maschinenfabriken benötigt werden. Zu dieser Zeit sind die meisten Erwerbstätigen
noch in der Textilindustrie beschäftigt.

Seit 1810 ist in Preußen die Gewerbefreiheit eingeführt, und durch ein neues Zollge-
setz, das Preußen 1818 in ein einheitliches Wirtschafts- und Zollgebiet verwandelt,
kommt eine bisher nicht gekannte Handelsfreiheit hinzu. Für die Wirtschaft ergeben
sich daraus zunächst Anpassungsprobleme, die aber durch stützende Aktivitäten des
preußischen Staates rasch überwunden werden. Ohne die neuen liberalen Grundsätze
preiszugeben, entwickelt der Direktor der Abteilung für Handel und Gewerbe im preußischen Finanzministerium, Christian Peter Wilhelm Beuth, ein gut funktionierendes Lern-,
Förderungs- und Unterstützungsprogramm für die Wirtschaft. Erstes Ziel ist der Aufbau
einer konkurrenzfähigen Industrie in Preußen und damit der Anschluß an die europäischen Industriestaaten, insbesondere an England.

Industrielle Revolution und soziale Krise

Die bahnbrechenden Erfindungen der Dampfmaschine, der Spinnmaschine und des
mechanischen Webstuhls in England gegen Ende des 18. Jahrhunderts bewirken auch
in Preußen in der ersten Hälfte des 19. Jahrhunderts eine rasante wirtschaftliche und
technische Entwicklung. Diese Industrielle Revolution erreicht seit der Mitte des
19. Jahrhunderts ein immer schnelleres Tempo und führt zu Veränderungen in nahezu
allen Lebensbereichen. In vielen Teilen Deutschlands wandelt sich die bisherige Agrar-

Die Lokomotive »Borsig« wird
1841 in einer Berliner Maschinenfabrik gebaut. Es handelt
sich um die erste in Deutschland
hergestellte Lokomotive für die
Berlin-Potsdamer-Eisenbahn.

Die erste Eisenbahnlinie in Preußen verbindet die Residenzen Berlin und Potsdam. Es entstehen die ersten Bahnhofsanlagen, hier der Potsdamer Bahnhof in Berlin (um 1845).

Der Schlesier Johann Friedrich August Borsig (1804–1854) gründet 1837 in Berlin eine Maschinenfabrik mit Eisengießerei. Daraus entsteht die größte europäische Lokomotivfabrik, der Berg-, Hütten- und Halbzeugwerke in Oberschlesien angegliedert werden.

gesellschaft in eine Industriegesellschaft. Leben 1830 noch vier Fünftel der deutschen Bevölkerung auf dem platten Land, ist es fünfzig Jahre später nur noch knapp die Hälfte. In den preußischen Provinzen verläuft die Entwicklung ungleich. An Rhein, Ruhr und Saar, an Havel und Spree sowie in Oberschlesien entstehen Fabriken. Besonders in den Gebieten, die über gute Rohstoffvorräte oder günstige Verkehrsanbindung verfügen, entwickeln sich Großbetriebe. Sie ziehen die Massen der arbeitslos gewordenen Handwerksgesellen sowie die verarmten und besitzlosen Kleinbauernsöhne an, ein schier unerschöpfliches Arbeitskräftereservoir für die Wirtschaft. Im preußischen Ruhrgebiet entstehen Großfirmen wie Krupp, Klöckner und Mannesmann, in Berlin z. B. Borsig. Zur Finanzierung industrieller Vorhaben entstehen Kapitalgesellschaften, Großbanken werden gegründet. Das Ruhrgebiet entwickelt sich zu einem der größten Industrieräume in Europa.

Der Erfolg dieser Politik bewirkt die Vormachtstellung Preußens im deutschen Raum. Hier kann sich der von den dreißiger bis in die siebziger Jahre andauernde Prozeß der Industriellen Revolution voll entfalten. Die Modernisierung der Industrie, deren Grundlage zunächst die Dampfmaschine ist, führt zum Ausbau der Maschinenbau- und Metallindustrie und zur Herausbildung einer Konfektionsindustrie, deren Betriebe noch nicht als Aktiengesellschaften firmieren, sondern patriarchalisch von den Firmengründern geführt werden. Aber auch sie bedürfen der Unterstützung durch Bankiers, die das für Betriebserweiterungen und die Herstellung neuer Produkte notwendige Kapital bereitstellen können. Es sind jüdische Bankiers, wie die Mendelssohns, die sich nun in der preußischen Hauptstadt niederlassen, ihnen folgen die Rheinländer, wie David Hansemann. Den hohen Stand der preußischen Wirtschaft repräsentiert 1844 die Gewerbeausstellung im Berliner Zeughaus. Hier ist die gesamte Produktion des Zollvereins und darüber hinaus ganz Deutschlands vertreten.

Die Industrialisierung führt zu Abhängigkeiten von Unternehmern und Fabrikherren, denen die unteren Bevölkerungsschichten zunächst hilflos ausgeliefert sind. Gesetzliche Bestimmungen gegen die Ausbeutung der Lohnarbeiter existieren noch nicht. In der preußischen Bürokratie ist man sich der Problematik wohl bewußt, bereits 1827 ver-

Preußen erhält nicht nur ver-
kehrstechnisch eine moderne
Infrastruktur. Bereits um 1850
ist die Hauptstadt mit den wichtigsten Zentren in ganz Deutschland auch telegraphisch verbunden.

Not und Elend der schlesischen
Weber sind kaum in Gemälden
festgehalten worden, wohl
aber die Propaganda der Unternehmer: Auf dem Bild des Malers
Carl Wilhelm Hübner (entstanden
1844) weist ein Fabrikant die
gewebten Tuche wegen angeblich schlechter Qualität zurück.

faßt die Kultusverwaltung ein Zirkularreskript über die Kinderarbeit in den Fabriken: »Schon seit längerer Zeit ist das Ministerium bemüht gewesen, in Beziehung auf die in Fabriken arbeitenden Kinder Anordnungen herbeizuführen, durch welche den Nachteilen vorgebeugt werden könne, welche für Unterricht, Erziehung, Moralität und Gesundheit dieser armen Geschöpfe zu besorgen sind, solange ihre Benutzung zu Fabrikarbeiten ohne feste Norm und Kontrolle der Willkür der Eltern und Fabrikherren überlassen ist.«[38] Bis es aber zu wirksamen Maßnahmen kommt, vergeht ein Vierteljahrhundert. Erst am 16. Mai 1853 erläßt die Regierung Bestimmungen über die Beschäftigung jugendlicher Fabrikarbeiter, die allerdings weiterhin Ausnahmen zugunsten der Industrie und zu Lasten der Betroffenen zulassen. Es heißt in der Verordnung u. a.: »Jugendliche Arbeiter dürfen bis zum vollendeten vierzehnten Lebensjahre täglich nur sechs Stunden bei den im § 1 des Regulativs gedachten Anstalten beschäftigt werden; für dieselben genügt ein in diese Arbeitszeit nicht einzurechnender dreistündiger Schulunterricht. Sollte durch Ausführung dieser Bestimmung bereits bestehenden Anstalten die nötige Arbeitskraft entzogen werden, so ist der Minister für Handel, Gewerbe und öffentliche Arbeiten ermächtigt, im Einvernehmen mit dem Minister der Unterrichtsangelegenheiten auf bestimmte Zeit Ausnahmevorschriften zu erlassen.«[39]

Seitens der Unternehmer denkt man darüber ganz anders. In einer Denkschrift des Bankiers David Hansemann für Friedrich Wilhelm IV. vom August/September 1840 lesen wir: »Welche Einrichtungen auch immerhin im Staate stattfinden, und was auch die Gesetze verfügen mögen, so werden nach ewigen Naturgesetzen allezeit eine gewisse Anzahl Menschen in elender, notdürftiger Lage sich befinden und als Folge hiervon frühzeitiger sterben, als in besserer Lage der Fall gewesen sein würde. Wie hart dieses Naturgesetz auch einem weichlichen Philanthropismus vorkommen möge, so ist es, wie jede Gottesordnung, weise; es sichert die Dauer des Menschengeschlechts und bewirkt, daß dieses schnell zunehmen kann, wenn der Mensch seine Lebensbedürfnisse sich zu schaffen vermag.«[40] Von seiten des Kapitals dürfen die Betroffenen also kaum auf Unterstützung hoffen.

Um ihre Lage zu verbessern, um sich wehren zu können, bleibt den Arbeitern nur die Möglichkeit, sich zusammenzuschließen. Zusammenschlüsse von Arbeitern und Handwerkern sind noch verboten, als es im Sommer 1844 zu einem Aufstand von 3000 schlesischen Webern gegen ihre Arbeitgeber kommt. Die schlesischen Weber sind Heimarbeiter, die ihre Webstühle im Handbetrieb bedienen. Ihre Arbeitgeber, die Verleger, liefern ihnen die Rohstoffe, um anschließend die fertigen Waren abzunehmen. Zum Verhängnis wird den schlesischen Webern die Mechanisierung der Webstühle, die andernorts, vor allem in England, eine erheblich preisgünstigere Produktion ermöglicht. In Schlesien können auch Kinderarbeit und die Ausdehnung der täglichen Arbeitszeit den Lohnverfall nicht mehr ausgleichen. Die mit ihren Familien im Elend lebenden Weber schließen sich zusammen und fordern höhere Löhne. Als dies abgelehnt wird, dringen sie in die Häuser der Fabrikanten ein, zerstören Einrichtungen und Maschinen. Ihr Aufstand wird nach drei Tagen durch preußisches Militär blutig niedergeworfen.

Die Vorgänge in Schlesien haben ein breites Presseecho. Die »Triersche Zeitung« schreibt am 8. Juni 1844 aus Breslau: »In dem Zusammentreffen mit den Truppen am 5. und 6. haben sich die Arbeiter mit furchtbarer Erbitterung geschlagen; Weiber und Kinder haben ihnen die Steine herzugetragen. Nur allein in dem Gehöfte eines Fabrikanten wurden dreizehn Weber niedergeschossen. Bei dieser Gelegenheit ereignete sich der schreckliche Zufall, daß ein Soldat seinen eigenen Bruder unter den fallenden Arbeitern erkannte und, seine Flinte wegwerfend, sich und sein Leben über diese That verfluchte. Die bestürzten Soldaten wurden nun unter entsetzlichem Rachegeschrei angegriffen und nach Reichenbach zurückgeworfen.«[41] Eine amtliche Stellungnahme der königlichen Regierung zu Breslau, Abteilung des Innern, veröffentlicht in der »Schlesischen Zeitung« vom 6. Juli 1844, hält dagegen: »Ein allgemeiner Nothstand hat sich bei den Webern jener Gegend keineswegs eingefunden; es fehlte ihnen im Ganzen nicht an Arbeit, und ihr Lohn reichte zur Bestreitung ihrer nothwendigsten Lebensbedürfnisse aus. Insbesondere fanden fleißige und geschickte Weber bei gutem Betragen und Sparsamkeit stets ihren Lebensunterhalt, zumal die gewöhnlichen Lebensbedürfnisse bisher keineswegs ungewöhnlich hoch waren. Auch konnten Tagearbeiter bei ländlichen Beschäftigungen in der Regel Verdienst finden. Die Hauptschuldigen sind größtentheils Menschen, die im Rufe der Liederlichkeiten standen.«[42] Damit werden die Tatsachen auf den Kopf gestellt, die bestehenden Probleme geleugnet und die um ihre nackte Existenz kämpfenden Menschen kriminalisiert.

Kein Geringerer als der Arzt und liberale Sozialpolitiker Rudolf Virchow stellt die Lage der Landbevölkerung Oberschlesiens in ihren Gesamtzusammenhang: »Mehr, als in irgend einem Teile der östlichen Provinzen Preußens, findet sich in Oberschlesien eine Aristokratie mit ungeheurem Grundbesitz, und mehr als in irgend einem Teile von Preußen überhaupt, hält sich diese Aristokratie fern von ihren Besitzungen auf, dem Beispiel des irischen Adels folgend. In den Hauptstädten (Breslau, Wien, Berlin usw.) oder außerhalb Deutschlands verschwendet ein großer Teil derselben ungeheure Geldsummen, die fort und fort dem Lande entzogen werden. Woher aber soll eine Entwicklung des Wohlstandes in einem Lande kommen, welches immer nur den Ertrag seiner Tätigkeit nach außen abgibt?«[43] Ändern kann auch Virchow zunächst nichts, doch gewinnen die Vorgänge in Schlesien am Vorabend der Revolution von 1848 bereits überregionale Bedeutung.

Sozialen Sprengstoff bieten auch die entstehenden Arbeiterquartiere der Industriestädte, vor allem in Berlin. Die Lage in der preußischen Hauptstadt erweist sich in der ersten Hälfte des 19. Jahrhunderts als äußerst kritisch. Dies liegt zum einen an der raschen Zunahme der Bevölkerung. In den drei Jahrzehnten nach den Befreiungskriegen verdoppelt sich die Einwohnerzahl auf mehr als 400.000; Berlin wird nach London, Paris und Sankt Petersburg damit zur viertgrößten europäischen Stadt. Die Zuwanderer kommen vor allem aus dem Regierungsbezirk Potsdam und der Provinz Sachsen. Diese enorme Zahl von Zuwanderern, die sich in der aufstrebenden Großstadt Arbeits- und Beschäftigungsmöglichkeiten erhoffen, läßt die sozialen Probleme anwachsen. Die Gegensätze zwischen dem begüterten Teil der Bevölkerung und der großen Zahl der Arbeiter, Tagelöhner, Handwerksgesellen und kleinen Gewerbetreibenden, die eine notdürftige Existenz fristen, verschärfen sich zunehmend. Mehr Einwohner verlangen nach mehr Wohnraum. Es kommt zur verstärkten Bebauung der innerstädtischen Bereiche, aber auch zur Einbeziehung weiter Areale außerhalb der Stadtmauern, wo sich immer mehr Industriebetriebe ansiedeln. An der sozialen Situation der breiten Unterschicht ändert dies kaum etwas. Auch Friedrich Wilhelm IV. verschließt sich der Kritik an den menschenunwürdigen Zuständen in seiner Residenz. Als Bettina von Arnim ihm 1843 ihre Schrift »Dies Buch gehört dem König« überreicht, in der sie die soziale Not und das Elend in den Arbeiterfamilien beschreibt, appelliert sie vergeblich an den König, die Zeichen der Zeit endlich zu begreifen und christlich zu handeln.

Die mit ihren Familien in Hunger und Elend lebenden schlesischen Weber nehmen die wirtschaftlichen und sozialen Mißstände nicht länger hin. 1844 kommt es zu gewalttätigen Unruhen, bei denen etliche Aufständische vom preußischen Militär erschossen werden. Die Zeichnung aus den »Fliegenden Blättern« von 1848 zeigt, wie dem »Elend in Schlesien« »Offizielle Abhilfe« zuteil wird.

Bettina von Arnim, geb. Brentano (1785–1859) widmet sich, neben ihrem literarischen Schaffen, sozialen und frauenrechtlichen Fragen, setzt sich für politische Gefangene ein und sammelt Material über die Lebensverhältnisse der Armen. Bei Friedrich Wilhelm IV. stößt sie damit aber auf wenig Interesse.

Verfassungsrechtlich steht Preußen vor einer Zerreißprobe, als 1840 Friedrich Wilhelm IV. den preußischen Thron besteigt. Insbesondere das Bürgertum erhofft sich von ihm mehr Liberalität, doch erfüllt er die auf ihn als König von Preußen gesetzten Erwartungen nicht. Seine geistige Grundhaltung ist von einer christlich-altständischen Staatsauffassung geprägt, die sich auf das Gottesgnadentum des Herrschers beruft. Heinrich Heine spöttelt von Paris aus:

»Ich hab ein Faible für diesen König.
Ich glaube, wir sind uns ähnlich ein wenig.
Ein vornehmer Geist, hat viel Talent.
Auch ich, ich wäre ein schlechter Regent.«[44]

Einzelne fortschrittliche Maßnahmen Friedrich Wilhelms zu Beginn seiner Herrschaft – wie die Rehabilitierung des nach den Karlsbader Beschlüssen suspendierten Bonner Gelehrten Ernst Moritz Arndt – bleiben Einzelfälle. Auch sein Kabinett, das weiterhin dem ineffektiven Kollegialsystem verbunden bleibt, verleiht keine neuen Impulse. Den nachhaltigsten Einfluß auf den König übt eine überwiegend konservative Hofkamarilla aus, und die Parlamente repräsentieren weiterhin die altständische Herrschaftsordnung. Dies gilt besonders für die im Oktober 1842 erstmals tagenden »Vereinigten Ausschüsse« der Provinziallandtage und für den »Vereinigten Landtag« von 1847. In seiner Thronrede vor dem Vereinigten Landtag am 11. April 1847 spricht sich Friedrich Wilhelm IV. klar gegen eine geschriebene Verfassung für Preußen aus: »Edle Herren und getreue Stände! Es drängt Mich zu der feierlichen Erklärung: daß es keiner Macht der Erde je gelingen soll, Mich zu bewegen, das natürliche, gerade bei uns durch seine innere Wahrheit so mächtig machende Verhältnis zwischen Fürst und Volk in ein konventionelles, konstitutionelles zu wandeln, und daß Ich es nun und nimmermehr zugeben werde, daß sich zwischen unseren Herr Gott im Himmel und dieses Land ein beschriebenes Blatt, gleichsam als eine zweite Vorsehung, eindränge, um uns mit seinen Paragraphen zu regieren und durch sie die alte heilige Treue zu ersetzen.«[45] Populärer Ausdruck der politisch gewünschten Bindung des Volkes an den Thron ist das »Preußenlied« von Friedrich Thiersch, das in seiner ersten Strophe an die Freiheitskriege gegen Napoleon erinnert:

»Ich bin ein Preuße, kennt' ihr meine Farben?
Die Fahne schwebt mir weiß und schwarz voran;
Daß für die Freiheit meine Väter starben,
Das deuten, merkt es, meine Farben an.
Nie werd' ich bang verzagen,
Wie jene, will ich's wagen.
Sei's trüber Tag, sei's heitrer Sonnenschein:
Ich bin ein Preuße, will ein Preuße sein!«

In der letzten Strophe wird dann das politische Ziel deutlich: Um für Preußen das beste zu erreichen, müssen nur Fürst und Volk einig sein (also bedarf es keiner Verfassung, im Gegenteil, sie könnte nur stören):

links: Friedrich Wilhelm IV. (im Zentrum) mit seinen wichtigsten Ratgebern und Ministern (von oben, rechts herum): v. Canitz, v. Savigny, v. Mühler, v. Bodelschwingh, v. Boyen, v. Eichhorn, v. Thile und Rother (1847).

rechts: Friedrich Wilhelm IV. neigt zuweilen auch zur Selbstironie: Auf der eigenhändigen Zeichnung stellt sich der zur Korpulenz neigende Monarch als »Flunder« dar. Der handschriftliche Text lautet: »Darf ich mich zugleich unterstehen, meinen alleraufrichtigsten, herzlichsten, besten Neujahrs-Wunsch zu Füßen zu legen, und zwar in Person«.

»Wo Lieb' und Treu' sich so dem König weihen,
Wo Fürst und Volk sich reichen so die Hand:
Da muß des Volkes wahres Glück gedeihen,
Da blüht und wächst das schöne Vaterland.
So schwöre mir auf's Neue,
Dem König Lieb' und Treue!
Fest sei der Bund! Ja, schlaget muthig ein,
Wir sind ja Preußen, laßt uns Preußen sein!«[46]

Die Realität sieht aber anders aus. Sowohl wirtschaftliche Schwierigkeiten und eine Versorgungskrise als auch Forderungen nach einer liberalen Verfassung und nach nationaler Einigung lösen Unruhen aus, die 1847/48 zur Revolution führen. Von den französischen Revolutionsunruhen im Februar 1848, die zur Abdankung des »Bürgerkönigs« Louis Philipp und zur Ausrufung der Republik führen, springt der Funke der Revolution auf die Staaten des Deutschen Bundes über. In Wien muß der verhaßte Staatskanzler Metternich abtreten; er flieht nach England. Der österreichische Kaiser verspricht, eine Verfassung zu bewilligen; die vielen Völker der Donaumonarchie verlangen nach einer solchen Vereinbarung, die ihnen mehr Autonomie gewährt.

Auch in der preußischen Metropole, vor allem in den Biergärten und vor den Toren der Stadt, »In den Zelten« am Tiergarten, finden politische Versammlungen und Demonstrationen statt, die in eine »Adresse an den König« münden. Mit dieser Adresse, die den König nicht erreicht, werden freiheitliche Forderungen verbunden. Auch die Bewilligung einer Verfassung steht zur Debatte.

Friedrich Wilhelm IV. zeigt sich der Situation nicht gewachsen. Zwar richtet er eine Adresse »An mein Volk und die deutsche Nation« (18./21. März 1848) und erneuert sein Verfassungsversprechen, stellt Pressefreiheit in Aussicht und will die deutsche Einigungsbewegung vorantreiben, doch kommt es in der preußischen Hauptstadt zum Eklat. Als am 18. März 1848 auf einer großen Kundgebung eine Proklamation verlesen werden soll, rückt plötzlich Militär an, und Schüsse fallen. Das Volk bewaffnet sich.

Die Bereitschaft der Bevölkerung, das Leben des Monarchen während der revolutionären Ereignisse zu schützen, hat auch biedermeierlich-skurrile Facetten: »Schlafende Posten der Bürgerwehr vor der Wohnung Friedrich Wilhelms IV. im Berliner Schloß« nennt Eduard Grawert 1848 sein Gemälde.

Prinz Wilhelm, der einmal König sein wird, weigert sich, wie Varnhagen von Ense »aus sehr zuverlässiger Mittheilung vom Hofe her« zu berichten weiß, das Militär zurückzuziehen. »Nein, das soll nicht geschehen«, ruft er, »eher soll Berlin mit allen seinen Einwohnern zu Grunde gehen. Wir müssen die Aufrührer mit Kartätschen zusammenschießen.«[47] Damit beginnt der blutige Akt der Revolution in Preußen. Aus herumliegenden Baumaterialien, aus Marktständen und Transportkarren, werden Barrikaden errichtet. Bei den Kämpfen gibt es zahlreiche Tote und Verwundete auf beiden Seiten. Berlin ist nun Zentrum der Märzrevolution.

Nach vierzehnstündigem blutigen Kampf verfaßt der König die Proklamation »An meine lieben Berliner«, in der er zur Räumung der Barrikaden auffordert. Die Revolutionäre verlangen jedoch zuvor den Abzug des Militärs. Um weiteres Blutvergießen zu vermeiden, ruft der König die Truppen in die Kasernen zurück und läßt sie dann aus der Stadt abmarschieren. Darüber hinaus sagt Friedrich Wilhelm die Umbildung der Regierung zu und genehmigt die Bewaffnung der Bürger. Auch muß er persönlich erscheinen, um den Toten seine Referenz zu erweisen. Alle, die wegen Verstoßes gegen die Pressezensur und anderer politischer Vergehen verurteilt sind, werden amnestiert.
Am 21. März 1848 reitet der König mit einer schwarzrotgoldenen Armbinde durch die Stadt. Er bewilligt eine verfassunggebende Nationalversammlung in Preußen und verkündet, daß er an die Spitze der deutschen Bewegung für Freiheit und Einheit trete. Preußen soll fortan in Deutschland aufgehen. Vor dem Gebäude der Friedrich-Wilhelms-Universität richtet er, wie Adolf Wolff in seiner Revolutions-Chronik berichtet, eine Adresse an die Studentenschaft: »Ich trage die Farben, die nicht mein sind, aber ich will

damit Nichts usurpiren, ich will keine Krone, keine Herrschaft, ich will Deutschlands Freiheit, Deutschlands Einigkeit, ich will Ordnung, das schwöre ich zu Gott! (Hier erhob der König seine Rechte zum Himmel.) Ich habe nur gethan, was in der deutschen Geschichte schon oft geschehen ist, daß mächtige Fürsten und Herzöge, wenn die Ordnung niedergetreten war, das Banner ergriffen und sich an die Spitze des ganzen Volkes gestellt haben, und ich glaube, daß die Herzen der Fürsten mir entgegenschlagen, und der Wille des Volkes mich unterstützen werden. Merken Sie sich das, meine Herren, schreiben Sie es auf, daß ich nichts usurpiren, nichts will, als deutsche Freiheit und Einheit. Sagen Sie es der abwesenden studirenden Jugend; es thut mir unendlich leid, daß sie nicht Alle da sind. Sagen Sie es Allen!«[48]

Am folgenden Tag findet die feierliche Beisetzung der 183 bei den revolutionären Unruhen Gefallenen im Friedrichshain statt. Der Leichenzug hält vor dem Schloß. Bei den Toten handelt es sich um Berliner Arbeiter, Handwerksgesellen, kaufmännische Angestellte, aber auch um Angehörige der »gebildeten Stände«. Ihnen muß der König nun entblößten Hauptes die letzte Ehre erweisen.

Die Revolution beschert den Berlinern große und kleine Freiheiten: Von nun an darf auf der Straße geraucht werden, Presse- und Versammlungsfreiheit lassen ein lebhaftes öffentliches Leben zu. Berlin wird mit Flugblättern, Maueranschlägen und Plakaten überschwemmt, eine politische Presse entsteht. In den letzten Märztagen bilden sich die ersten politischen Vereinigungen als Vorläufer der politischen Parteien. Politisch Gleichgesinnte schließen sich in sogenannten »Klubs« zusammen. Zu den bedeutendsten zählt der »Politische«, aus dem sich später dann der »Demokratische Klub« entwickelt. Er fordert die vollständige Verwirklichung der Volkssouveränität. Der »Konstitutionelle Klub« findet vor allem in konservativen Kreisen Anhänger und Unterstützung. Aus der Arbeiterschaft bildet sich der »Arbeiterklub«, an dessen Spitze der Drucker Stefan Born steht. Im April wird das »Zentralkomitee für Arbeiter« gegründet. Dieser erste Schritt zur organisatorischen Selbständigkeit der Arbeiterschaft führt schließlich zum ersten »Allgemeinen Arbeiterkongreß«, der vom 23. August bis 3. September 1848 in Berlin stattfindet. Auch Diskussionsforen wie die von Karl Marx und Friedrich Engels gegründete »Neue Rheinische Zeitung« der politischen Linken sowie die »Neue Preußische Zeitung« (»Kreuzzeitung«) als Organ der Konservativen tragen nun zur politischen Meinungsbildung bei.

Das Streben der preußischen Bevölkerung nach einer Verfassung stößt bei König Friedrich Wilhelm IV. auf wenig Gegenliebe. Seine ablehnende Haltung wird durchaus treffend karikiert: »Zwischen mich und meinem Volk soll sich kein Stück Papier drängen«. Er erhält dabei Unterstützung durch den Prinzen von Preußen (rechts im Bild), den späteren König (und Kaiser) Wilhelm I.

Am 21. März 1848 reitet König Friedrich Wilhelm IV. durch die Straßen Berlins und verkündet der staunenden Öffentlichkeit seine Bereitschaft, eine verfassunggebende Nationalversammlung für Preußen zu bewilligen und an der Spitze der deutschen Bewegung für Einheit und Freiheit eintreten zu wollen.

Nationalversammlungen und Reichsverfassung

Auf der Grundlage des allgemeinen und gleichen Stimmrechts für Männer werden im Mai 1848 die Wahlen zur Preußischen und zur Deutschen Nationalversammlung durchgeführt, die seit dem 20. Mai in der Berliner Singakademie tagt. Später werden die Sitzungen in das Schauspielhaus am Gendarmenmarkt verlegt. Die Auseinandersetzungen um eine Verfassung bestimmen den parlamentarischen Disput.

Die Einzelstaaten des Deutschen Bundes willigen ein, durch allgemeine und gleiche Wahlen ein gesamtdeutsches Parlament wählen zu lassen, das in Frankfurt am Main zusammentritt, um eine Verfassung auszuarbeiten. Ein schnell und willkürlich zusammengerufenes »Vorparlament« bereitet in Frankfurt die Einberufung einer deutschen Nationalversammlung vor. Doch bereits hier sind die politischen Gegensätze nicht überbrückbar. Radikale Abgeordnete fordern die Abschaffung aller Monarchien und eine föderative Bundesverfassung nach amerikanischem Muster mit einem frei gewählten Präsidenten an der Spitze. Die Gemäßigten halten an einer monarchischen Staatsform fest. Als am 18. Mai 1848 in der Frankfurter Paulskirche das erste gesamtdeutsche Parlament zusammentritt, entspricht es in seiner Zusammensetzung nicht der sozialen Gliederung des Volkes. Nur vier Abgeordnete kommen aus dem Handwerk, Arbeiter sind überhaupt nicht vertreten, die übrigen 581 Abgeordneten sind überwiegend Akademiker, höhere Verwaltungsbeamte, Richter, Staatsanwälte oder Rechtsanwälte. Die Versammlung wird deshalb auch als »Professoren«- oder »Honoratioren«-Parlament bezeichnet. Sein Verfassungsversprechen löst der preußische König nicht ein. Die preußische Nationalversammlung berät darüber, ohne sich auf ein bestimmtes Verfassungsprogramm zu einigen. Der Streit um die rechtliche Anerkennung der Errungenschaften der Märzrevolution, die Diskussion um die Frage, ob das Volk ein Recht zur Revolution hat (Volkssouveränität), führen zu neuen Unruhen, die am 14. Juni 1848 im Berliner Sturm auf das Zeughaus (ein Waffenarsenal) gipfeln. Nachdem sich in Paris und Wien die Reaktion durchsetzt, siegt in der ersten Novemberhälfte auch in Berlin die reaktionäre Staatsmacht über die liberal-republikanischen Tendenzen. Friedrich Wilhelm IV. schreibt nach dem Zeughaussturm an den preußischen Ministerpräsidenten: »Was not tut, ist die Zähmung Berlins.« Folgerichtig setzt er ein neues konservatives Kabinett ein, das überwiegend aus Offizieren und Beamten besteht. Die Regierung verlegt die Sitzungen der Nationalversammlung in die Provinz, in die Stadt Brandenburg an der Havel. Vergeblich versuchen die Abgeordneten in Berlin weiter zu tagen. Preußische Truppen unter dem Befehl des Generals von Wrangel marschieren in die Stadt ein, am 12. November wird der Belagerungszustand verkündet. Zu dieser Zeit kursieren in der preußischen Hauptstadt Spottverse eines Oberstleutnants, die an der Haltung des Militärs keinen Zweifel lassen:

»Also heulen durch das Land
Die unsaubern Geister,
Bis das Kreuz mit fester Hand
Drüber schlägt der Meister.
Bei dem ersten Trommelklang
Fahren sie davon mit Stank!
Gegen Demokraten
Helfen nur – Soldaten!«[49]

Der Theologe und preußische Diplomat Christian Karl Josias Freiherr von Bunsen (1791–1860) erwirkte 1830 als Vertreter Preußens am Hl. Stuhl das päpstliche Breve für Mischehen und unterzeichnete 1832 als Gesandter in London das Protokoll über Schleswig-Holstein. Ihm vertraute Friedrich Wilhelm IV. seine persönlichen Gründe für die Zurückweisung der angetragenen deutschen Kaiserkrone an.

Als die preußische Nationalversammlung mehr Demokratie, verankert in der Verfassung, fordert und auch noch das Gottesgnadentum und die Privilegien des Adels abschaffen will, kommt es zum Bruch zwischen der Regierung und dem Parlament, dessen Tagungsort nach Brandenburg an der Havel verlegt werden soll. Vergeblich versuchen die Abgeordneten in Berlin weiter zu tagen. Das Militär hindert sie daran, die Nationalversammlung löst sich auf.

Eine Deputation der Frankfurter Nationalversammlung unter Führung ihres Präsidenten Eduard Simson trägt am 3. April 1849 König Friedrich Wilhelm IV. von Preußen die Würde eines Kaisers der Deutschen an.

Friedrich Wilhelm IV. hat die ihm angetragene Kaiserkrone abgelehnt, aber zeitweise auch mit der Annahme der Kaiserwürde geliebäugelt. Mit roter Nase und dem gewohnten Champagner zur Seite hält er in der zeitgenössischen Karikatur die Krone in seiner Rechten. Mit der linken Hand zählt er – unentschlossen wie immer – ab, ob er annehmen soll oder nicht.

Die Regierung hat die Pressefreiheit bereits wieder aufgehoben sowie Bürgerwehr und die Preußische Nationalversammlung aufgelöst. Am 5. Dezember 1848 wird auf königliches Geheiß eine Verfassung oktroyiert, also aufgezwungen. Sie stärkt die königliche Gewalt, enthält aber zur Überraschung der konservativen Kreise auch eine ganze Reihe liberaler Zugeständnisse. Sie macht Preußen zu einer konstitutionellen Monarchie und läßt noch auf die Reformfähigkeit des preußischen Staates hoffen.

Die in Frankfurt am Main tagende Deutsche Nationalversammlung gelangt ebenfalls nicht an das angestrebte Ziel. Zwar erkennen 28 deutsche Regierungen die von der Nationalversammlung ausgearbeitete Reichsverfassung an, und die Abgeordneten wählen mit 290 Stimmen (bei 248 Enthaltungen) Friedrich Wilhelm IV. zum Kaiser der Deutschen, doch lehnt dieser die Kaiserkrone ab und verwirft die Reichsverfassung. Dem preußischen Gesandten in London, Christian Karl Josias Freiherr von Bunsen, offenbart er brieflich seine Beweggründe: »Die Krone, welche die Ottonen, die Hohenstaufen, die Habsburger getragen, kann natürlich ein Hohenzoller tragen; sie ehrt ihn überschwänglich mit tausendjährigem Glanze. Die aber, die Sie – leider meinen, verunehrt überschwänglich mit ihrem Ludergeruch der Revolution von 1848, der albernsten, dümmsten, schlechtesten –, wenn auch, Gottlob, nicht bösesten dieses Jahrhunderts. Einen solchen imaginären Reif, aus Dreck und Letten gebacken, soll ein legitimer König von Gottes Gnaden und nun gar der König von Preußen sich geben lassen, der den Segen hat, wenn auch nicht die älteste, doch die edelste Krone, die Niemand gestohlen worden ist, zu tragen? ... Ich sage es Ihnen rund heraus: Soll die tausendjährige Krone deutscher Nation, die 42 Jahre geruht hat, wieder einmal vergeben werden, so bin ich es und meines Gleichen, die sie vergeben werden. Und wehe dem, der sich anmaßt, was ihm nicht zukommt!«[50]

Als anschließend in Sachsen, Baden und in der Pfalz für die Durchsetzung des Frankfurter Verfassungswerkes gekämpft wird, werden die Aufstände mit Hilfe preußischer Truppen blutig niedergeschlagen. Am Oberrhein stehen sie unter dem Befehl des Prinzen Wilhelm, der für sein militärisches Eingreifen in Berlin und anderswo von nun an den Beinamen »Kartätschenprinz« erhält. Im Hinblick auf das militärische Eingreifen Preußens dichtet Ludwig Pfau den badischen Demokraten ein »Wiegenlied«:

»Schlaf, mein Kind, schlaf leis,
Dort draußen geht der Preuß!
Gott aber weiß, wie lang er geht,
Bis daß die Freiheit aufersteht,
Und wo dein Vater liegt, mein Schatz,
Da hat noch mancher Preuße Platz!
Schrei, mein Kindlein, schrei's,
Dort draußen liegt der Preuß!«[51]

Auch die deutsche Nationalversammlung scheitert am Widerstand des Königs von Preußen. Der konservativ-monarchische Obrigkeitsstaat behält, gestützt auf Armee und Bürokratie, das politische Ruder fest in der Hand. Insbesondere das Bürgertum, dem der gleichzeitige wirtschaftliche und kulturelle Aufstieg Preußens im wesentlichen zu verdanken ist, verliert an politischem Selbstvertrauen.

Einer der unbestechlichsten Beobachter des politischen Geschehens seiner Zeit, Theodor Fontane, zieht noch vor dem endgültigen Scheitern der Revolution ein historisches Resümee. Seinem Freund Bernhard von Lepel schreibt er am 12. Oktober 1848: »Ich verkenne nicht, daß das preußische Volk seine Bedeutsamkeit mehr seinen Fürsten als sich selber zuzuschreiben hat: der Große Kurfürst und der Alte Fritz haben Preußen gemacht. Aber schon an diesen beiden Männern tritt der Charakterzug der Hohenzollern: ›erst sie und dann das Volk‹ ins grellste Licht, und nur die Unbildung des Volkes einerseits, andererseits die leuchtenden Geistesgaben jener Fürsten sind imstande gewesen, jenes ausgeprägte Herrschergelüst vergessen zu machen. Es kam die Französische Revolution, und der Gottesodem der Freiheit wehte über die Welt. Er berührte auch Preußen; Stein wurde Minister, und in den Jahren der Erniedrigung wurde uns ein wahrhaft königliches Geschenk – die Städteordnung. Es schien, als ob uns der Segen des Jahres 92 treffen sollte ohne seine Greuel. Volksvertretung in zwei Kammern, Steuerbewilligungsrecht, Preßfreiheit – der ganze konstitutionelle Hausrat ward uns in Aussicht gestellt, es war eine Zeit des Schenkens wie in den Märztagen dieses Jahres. Man schenkte, damit es nicht genommen würde. Das Jahr 13 kam; das Volk und nochmals und nur das Volk befreite sich und seinen König mit. Aber Friedrich Wilhelm III. bekundete damals seine ganze Schwäche und Unbedeutendheit. Die Schlacht bei Belle-Alliance war geschlagen; das Volk pflanzte Freiheitsbäume, in seinem Jubel vergaß es, daran zu denken, daß es auch innere Feinde gibt, die ein freies Volk nicht dulden darf. Nicht großgezogen in der Freiheit, noch ohne Sinn und Zunge für ihren Feuerwein – wohl aber, nach Tagen voll Mut und Kraft, von dem verzeihlichen Wunsche beseelt, nun auch in aller Muße des Sieges und seines Teils daran sich zu freuen: in dieser Stimmung schlich sich jene politische Flauheit ein, die von der königlichen Herrschsucht so schnöde mißbraucht und der Grund zu allen Kämpfen wurde, deren kleinsten Teil wir

Truppen unter Führung des Prinzen von Preußen (dem späteren König und Kaiser Wilhelm I.) stehen in vorderster Front bei der endgültigen Niederschlagung der Revolution in Baden. Das Bild zeigt einen Beobachtungsstand des Prinzen.

erst bestanden haben. Der Sturz Humboldts und Boyens, die Beseitigung aller freisinnigen, ehrlichen Männer, die dem Volke nun auch geben wollten, was ihm versprochen war, die Metternichsche Politik und, als ihre Blüte, die Karlsbader Beschlüsse, alle diese Einzelheiten sind Schandflecke auf den Purpurmänteln unserer Fürsten. Ich weiß, daß milde Seelen bemüht gewesen sind, dies geizige Zurückhalten mit der Phrase zu entschuldigen: ›Das Volk war noch nicht reif‹; ich aber erwidere darauf: ›Ein gutes und gesittetes Volk ist immer reif für die Freiheit.‹ Wir haben jetzt eine konstitutionelle Monarchie, und – mag man über unsre Zustände denken, wie man will – kein Mensch wird behaupten, wir wären nicht reif dafür oder unsre Unreife wäre der Quell aller Wehen dieser Zeit ... Es liegt mir an der Freiheit, nicht an ihrer Form im Staate! Ich will keine Republik, um sagen zu können, ich lebe in solcher. Ich will ein freies Volk; Namen tun nichts zur Sache; ich hasse nicht die Könige, sondern den Druck, den sie mit sich führen. Man spielt kein ehrliches Spiel, und darum will ich die Republik. Es gibt keine deutsche Einheit bei 37 Fürsten, und deshalb will ich sie noch einmal. Von dieser letztern Wahrheit bin ich so tief durchdrungen, und das Aufgehn aller Sonderinteressen, jeder kleinen Eitelkeit und aller Vorurteile zur Ehre und zum Ruhme des großen deutschen Vaterlandes ist so sehr Gewissenssache bei mir geworden, daß um des gewaltigen Zweckes willen die Fürsten fallen müßten, und wenn sie Engel wären.«[52]

Die Fürsten aber fallen nicht. Der preußische König veröffentlicht am 15. Mai 1849 eine Proklamation »An mein Volk!«, die keinen Zweifel an seiner reaktionären Haltung läßt: »Preußen ist dazu berufen, in so schwerer Zeit Deutschland gegen innere und äußere Feinde zu schirmen, und es muß und wird diese Pflicht erfüllen. Deshalb rufe Ich schon jetzt Mein Volk in die Waffen. Es gilt, Ordnung und Gesetz herzustellen im eigenen Lande und in den übrigen deutschen Ländern, wo unsere Hülfe verlangt wird; es gilt, Deutschlands Einheit zu gründen, seine Freiheit zu schützen vor der Schreckensherrschaft einer Partei, welche Gesittung, Ehre und Treue ihren Leidenschaften opfern will, einer Partei, welcher es gelungen ist, ein Netz der Betörung und des Irrwahns über einen Teil des Volkes zu werfen.«[53]

WOLFGANG RIBBE

Sieg der Reaktion in der Revolution von 1848/49

168 Im Frühjahr 1849 siegt überall in Deutschland die Reaktion. Als der preußische König seine Wahl zum deutschen Kaiser durch die Paulskirchen-Versammlung ablehnt, ist der Versuch, einen parlamentarisch-monarchischen Verfassungsstaat zu schaffen, ebenso gescheitert wie die nationale Einigung. Überall in Preußen hat der Sieg der Reaktion schwerwiegende Folgen: Verhaftungen, Bespitzelungen, Ausweisungen, Verurteilungen von Demokraten, Paßkontrollen auf den Bahnhöfen, Beschlagnahmungen, eine strenge Pressezensur und Polizeischikanen bestimmen das Bild des nachfolgenden Jahrzehnts. Auch die geringen Hoffnungen, die sich mit der neuen »Oktroyierten Verfassung« verbinden, werden bald enttäuscht. Friedrich Wilhelm IV. drängt schon nach kurzer Zeit auf ihre Revision, da sie seiner Meinung nach zu sehr »vom Zeitgeist des Liberalismus« durchdrungen ist. Neben der Rücknahme politischer Mitbestimmungsrechte besteht die wichtigste Änderung darin, daß sie das allgemeine Wahlrecht durch das Dreiklassenwahlrecht ersetzt. Das entscheidende Merkmal des preußischen Dreiklassenwahlrechts, das bis zum Ende des Ersten Weltkriegs gültig bleibt, ist seine Ungleichheit. In der ersten Klasse befinden sich einige wenige Höchstbesteuerte, in der zweiten Klasse weitere wenige Wähler mit hohem Steueraufkommen und in der dritten Klasse die restlichen Wähler einschließlich derjenigen, die keine Steuern zahlen. Jede Klasse wählt dabei die gleiche Anzahl von Abgeordneten, so daß die breite Masse der Bevölkerung nur von vergleichsweise sehr wenigen Parlamentariern, die jederzeit überstimmt werden können, vertreten ist.

Nach dem Sieg über Napoleon und den Regelungen des Wiener Kongresses ist aus Deutschland kein Nationalstaat geworden und der Deutsche Bund kein Ersatz dafür. Diesen Zustand halten viele für unbefriedigend. Sie wollen Deutschland geeint und frei sehen, aber auch mächtig und respektiert. So entsteht eine Nationalbewegung, die

Unter dem Titel »Rundgemälde von Europa im August 1849« karikiert F. Schröter in den »Düsseldorfer Monatsheften« die politische Lage.

Die politischen Konflikte zwischen dem preußischen Staat
und seiner neu erworbenen
Rheinprovinz verdecken zuweilen
die Sicht auf die Bemühungen
der Monarchen um eine Annäherung auf anderen Gebieten.
Friedrich Wilhelm III., der wie
sein Nachfolger zu mittelalter-
lichem Romantizismus neigte,
ließ die 1689 zerstörte Burg
»Stolzenfels« von Karl Friedrich
Schinkel seit 1825 als neugoti-
sches Schloß wieder aufbauen,
um so seine Verbindung zu den
Rheinlanden zu dokumentieren.

einen deutschen Nationalstaat anstrebt. Enttäuschung macht sich breit, als nicht Einheit und Freiheit, sondern die Wiederherstellung der alten Zustände auf der Tagesordnung steht. Doch gelingt die Restauration nicht vollständig. Der Deutsche Bund ist moderner als das alte Reich. Der Fortschritt zeigt sich in den Verfassungen einiger süddeutscher Staaten, aber auch in den Initiativen einzelner Bevölkerungsgruppen. Zunächst sind es vor allem Akademiker und Studenten, die Einheit und Freiheit fordern, aber schon bald schließen sich weitere Teile des Bürgertums an, die von den nationalen und liberalen Ideen ergriffen werden. In den Landtagen, auf Kongressen, in Vereinen und auf großen Volksversammlungen verbreiten sie ihre Auffassungen. In dieselbe Richtung wirkt auch der Deutsche Zollverein von 1834, der die wirtschaftliche Einheit wirkungsvoll vorbereitet.

Die nationale Bewegung wird auch von außen angestoßen. Als Frankreich um die Mitte des 19. Jahrhunderts die Rückgewinnung der Rheinlinie als seine angeblich »natürliche Grenze« fordert, bleibt das Echo in Deutschland nicht aus. Eine spontane Gegenbewegung, die auf alle Schichten der Bevölkerung übergreift, weist solche Forderungen zurück. Es entstehen patriotische Gedichte, darunter viele »Rheinlieder«, wie »Die Wacht am Rhein« oder die Verse des rheinischen Amtsschreibers Nikolaus Becker mit dem Titel »Der deutsche Rhein«, in denen es heißt:

»Sie sollen ihn nicht haben,
den freien, deutschen Rhein,
wenn Sie wie gier'ge Raben
sich heiser danach schrei'n.«

Der deutsche Nationalismus erhält in dieser Zeit eine antifranzösische Prägung, die ein Jahrhundert andauern wird.

Preußens Verfassung von 1850 verleiht dem König eine große Machtfülle. Bei ihm liegt die Regierungsgewalt, die er durch seine Minister ausübt, er führt den Oberbefehl über die Armee, er lenkt die Außenpolitik und ist in allem das politische Zentrum. Neben ihm gibt es aber auch eine Volksvertretung, das nach dem Dreiklassenwahlrecht gewählte preußische Abgeordnetenhaus. Sein bedeutendstes Recht besteht darin, den Staatshaushalt zu beschließen. Damit übt es eine Kontrolle über die Regierungspolitik aus; es ist dem preußischen König unmöglich, ohne Mitwirkung der Volksvertretung zu regieren. Solange aber der König und seine Regierung im Abgeordnetenhaus eine gefügige Mehrheit haben, können sie ihre »Reaktionspolitik« ungehindert betreiben.

Bewegung kommt in diese Politik von außen. Im Krimkrieg (1853–1856) verhindern die Großmächte England, Frankreich und das Osmanische Reich (Türkei) die Ausdehnung des russischen Einflusses auf Südosteuropa. Österreich, das sich in dieser Auseinandersetzung gegen Rußland stellt, macht sich den Zaren zum Feind und verliert einen Bundesgenossen. Den gewinnt Preußen, das neutral bleibt. Es kann seine Stellung im Deutschen Bund bedeutend ausbauen und sein Ansehen als Großmacht festigen. Auch in der Einigungsbewegung Italiens treffen preußische und österreichische Interessen aufeinander. Als Österreich 1859 in Oberitalien Krieg führt, will Preußen in keinen Gegensatz zu Frankreich und Rußland geraten und bleibt mit den Ländern im Deutschen Bund neutral. Österreich wird hier politisch geschwächt, und Preußens politisches Gewicht wächst. Der italienische Einigungskrieg hat noch weitere Folgen: Er bringt die öffentliche Diskus-

Otto von Manteuffel (1805–1882), Preußischer Ministerpräsident von 1850 bis 1858.

sion über Einheit und Freiheit in Deutschland wieder in Gang. Dabei wird eine Reform des Deutschen Bundes angestrebt, in dem unterschiedliche Machtinteressen vertreten sind. Preußen erstrebt die Gleichberechtigung mit Österreich im Deutschen Bund und beansprucht die Vorherrschaft in Deutschland bis zur Mainlinie, sei es durch Konfrontation und Druck auf Österreich oder durch Kooperation mit dem Rivalen. Österreich will aber weder seine führende Stellung in Deutschland aufgeben noch seinen Einfluß mit Preußen teilen, und es kann sich nicht entscheiden zwischen einer antipreußischen Politik des Widerstandes und einer Politik der Zusammenarbeit. Die übrigen Länder, die sogenannten Mittelstaaten, lehnen sowohl eine gemeinsame Vorherrschaft Preußens und Österreichs als auch die einer der beiden Großen ab. Sie wollen das föderale Gefüge erhalten und die Zuständigkeiten des Bundes erweitern. Außerparlamentarische Institutionen beteiligen sich lebhaft an der Debatte. In Süddeutschland ist es der »Deutsche Reformverein«, der den Mittelstaaten nahesteht und pro-österreichisch eingestellt ist. In Norddeutschland fordert der »Deutsche Nationalverein« einen Nationalstaat mit starker Zentralregierung und einem Nationalparlament auf der Grundlage eines allgemeinen Wahlrechts. Hier ist die Führung Preußen zugedacht, denn die Ziele dieser Nationalbewegung sind weitgehend mit denen der preußischen Politik identisch.

Joseph Maria von Radowitz (1797–1853), preußischer General und Führer der äußersten Rechten in der Frankfurter Nationalversammlung, fungiert als enger Ratgeber und »göttlicher Freund« König Friedrich Wilhelms IV.

Auf der Grundlage seiner konservativ-restaurativen Verfassungspolitik regelt Preußen seine Außenbeziehungen, nicht nur zu den europäischen, sondern vor allem zu den anderen deutschen Staaten. Unter dem bestimmenden Einfluß von Joseph Maria von Radowitz, der zeitweise auch als Außenminister fungiert, betreibt Friedrich Wilhelm IV. die Gründung einer Union deutscher Staaten unter Führung eines Fürstenkollegiums, in dem der preußische König als Vorstand die entscheidende Rolle spielen soll. Ein am 26. Mai 1849 geschlossenes »Dreikönigsbündnis« zwischen Preußen, Sachsen und Hannover, dem sich viele deutsche Staaten anschließen, soll die Grundlage dazu bilden. Bayern, Württemberg und Schleswig-Holstein, vor allem aber Österreich, das auch Gegenmaßnahmen ergreift, schließen sich aus. Unter russischer Vermittlung gelingt es Österreich, in der Olmützer Punktation vom 2. November 1850 Preußen, das sich wieder in den Deutschen Bund einreiht, zur Aufgabe des Unions-Projektes zu bewegen. Doch damit ist ein Konflikt zwischen Österreich und Preußen nur vorerst vermieden worden. Beide Mächte geraten immer stärker in einen konkurrierenden Dualismus, wobei das Ringen um die Vormachtstellung in Deutschland zunächst auf wirtschaftlichem Gebiet stattfindet.

Soziale Frage und Arbeiterbewegung

In der Phase der beginnenden Industrialisierung werden Tausende von Handwerksgesellen arbeitslos. Sie strömen ebenso in die Fabriken und Industriestädte wie die besitzlosen Landarbeiter und verarmten Kleinbauern. Ihr Schicksal resultiert teilweise auch aus den Folgen der preußischen Reformen. Die Gewerbefreiheit verändert grundlegend die Situation der Handwerker, die sich der zahlreichen Konkurrenz stellen müssen und nicht mehr »auf Bestellung« arbeiten, sondern für den Markt produzieren. Die Agrarreform in Preußen hat auch die Bauern nicht nur »befreit«, sondern viele von ihnen »freigesetzt«. Um sich persönlich freizukaufen, müssen viele von ihnen Land an die Grundherren abgeben. Die Großfamilie ist mit dem verbleibenden Grund und Boden nicht mehr in der Lage, allen Mitgliedern ein Auskommen zu ermöglichen, so daß viele in die entstehenden Industriezentren abwandern, wo sie bald das Proletariat bilden. Trotz »Bauernbefreiung« bleibt die Lage auf dem Land unerträglich. Noch 1854 wird ein »Gesetz, betreffend die Verletzungen der Dienstpflichten des Gesindes und der ländlichen Arbeiter« erlassen, in dem es heißt: »Gesinde, welches hartnäckigen Ungehorsam oder Widerspenstigkeit gegen die Befehle der Herrschaft oder der zu seiner Aufsicht bestellten Personen sich zuschulden kommen läßt oder ohne gesetzmäßige Ursache den Dienst versagt oder verläßt, hat auf den Antrag der Herrschaft, unbeschadet deren Rechts zu seiner Entlassung oder Beibehaltung, Geldstrafe bis zu fünf Talern oder Gefängnis bis zu drei Tagen verwirkt. Die festgesetzten Geldstrafen fließen zur Ortsarmenkasse.«[1]

172 Ein Teufelskreis entsteht durch Bevölkerungsexplosion und Landflucht, die das Arbeitskräfteangebot vermehren, was wiederum die Löhne drückt und auch zur Ausnutzung der noch billigeren Frauen- und Kinderarbeit führt. Die täglichen Arbeitszeiten liegen bei zwölf, vierzehn und mehr Stunden, und es gibt keinerlei Versicherung gegen Krankheit und Unfall am Arbeitsplatz. Mangelhafte Arbeits- und Wohnverhältnisse verstärken die physischen und psychischen Schäden der Arbeiter, die in menschenunwürdigen Mietskasernen mit ihren Familien untergebracht sind. Die Lebenserwartung ist gering. Der Tod des Ernährers, Krankheit, Arbeitsunfähigkeit durch Unfall oder Arbeitslosigkeit bei konjunkturellen Schwankungen bedrohen die Existenz ganzer Familien.

Der Staat versucht zunächst nichts zur Beseitigung dieser Mißstände. Es sind einzelne Persönlichkeiten, vor allem aus den Kirchen, die sich für die Minderung des sozialen Elends einsetzen, aber auch Unternehmer, die versuchen, in patriarchalischer Manier die Probleme zu lösen. Werner von Siemens beispielsweise legt darauf Wert, in seinem Werk einen festen Stamm von Arbeitern zu beschäftigen. Er richtet eine Unterstützungskasse für den Krankheits- und Invaliditätsfall ein und baut, allerdings nur im geringen Umfang, Werkswohnungen.

Nur allmählich wachsen auch in der Arbeiterschaft Kräfte und entstehen Initiativen mit dem Ziel, die soziale Lage der Arbeiterschaft zu verbessern. Die Handwerkerbünde und Arbeitervereine repräsentieren zugleich die Anfänge der Arbeiterbewegung. Bereits die Hungerrevolte der schlesischen Weber von 1844 zeigt, daß die am Rande des Existenzminimums dahinvegetierenden Menschen nicht mehr bereit sind, ihre verzweifelte Lage als gottgewollt hinzunehmen. Doch die preußische Polizeibehörde verbietet jede Zusammenkunft und Vereinsbildung unter den Arbeitern. So stellt auch die preußische Gewerbeordnung von 1845 die Bildung von Verbindungen unter Arbeitern, Gesellen, Gehilfen oder Lehrlingen unter Geld- bzw. Gefängnisstrafe und bedroht den Streik mit Gefängnis bis zu einem Jahr. Die im Zusammenhang mit der Revolution von 1848/49 gegründeten gewerkschaftlichen Vereinigungen, die sich 1848 in der »Allgemeinen deutschen Arbeiterverbrüderung« zusammenschließen, werden bereits kurze Zeit später in den deutschen Bundesstaaten verfolgt. Daher entstehen weitere deutsche Arbeiterorganisationen im Ausland, in der Schweiz, in Paris und in London. Der »Preuße« Karl Marx gründet zusammen mit Friedrich Engels in London den »Bund der Kommunisten«. Erst Anfang der sechziger Jahre des 19. Jahrhunderts entstehen auch in Deutschland politische Arbeiterorganisationen, die allerdings sämtlich außerhalb Preußens gegründet werden. Erst die Gewerbeordnung für den Norddeutschen Bund hebt alle Verbote auf, die sich gegen das Koalitionsrecht richten. Nun ist es möglich, mit Hilfe des

Arbeitskampfes und der Politik soziale Forderungen durchzusetzen, wozu auch die 1863 auf Anregung von Lassalle entstandene und von Hans von Bülow vertonte erste Hymne der deutschen Arbeiterbewegung (in der 10. Strophe!) aufruft:

»Mann der Arbeit, aufgewacht!
Und erkenne Deine Macht!
Alle Räder stehen still,
Wenn Dein starker Arm es will.«[2]

Stärker als zuvor nehmen sich kirchliche Institutionen der sozialen Not der Arbeiterschaft an. Die »Innere Mission« der evangelischen Kirchen verbindet soziale Fürsorge mit christlicher Unterweisung. Der von Adolph Kolping in Elberfeld gegründete katholische Gesellenverein bietet vor allem unverheirateten Handwerkern in den Häusern des »Kolpingwerkes« ein christliches Zuhause, und der »Arbeiterbischof« Ketteler macht sich in seinen Predigten zum Sprecher der Industriearbeiterschaft: »Die erste Forderung des Arbeiterstandes ist eine dem wahren Werte der Arbeit entsprechende Erhöhung des Arbeitslohnes ...; auch die Religion fordert, daß die menschliche Arbeit nicht wie eine Ware behandelt und lediglich durch An- und Abgebot abgeschätzt wird.«[3]
Eine weitere, politische Antwort auf die soziale Frage besteht in der Forderung nach Sozialreformen. Bessere Bildungschancen für die Unterschichten werden gefordert sowie wirtschaftliche Selbsthilfevereine für Versicherung und Konsum. Solche und ähnliche Vorschläge und Einrichtungen verbreiten und unterstützen viele bürgerliche Organisationen. Die bedeutendste unter ihnen ist der bereits 1845 von Staatsbeamten in Preußen gegründete »Zentralverein für das Wohl der arbeitenden Klassen«.

In den politischen Klubs der Revolutionsjahre 1848/49 finden sich bereits politische Gruppierungen mit konservativer, liberaler oder demokratischer Zielrichtung zusammen, aus denen sich die ersten politischen Parteien entwickeln. Im preußisch-protestantischen Raum werden auch katholische Interessen artikuliert, und mit der entstehenden Arbeiterbewegung organisieren sich die Sozialisten.

Nach dem Scheitern der Revolution und unter dem Einfluß der politischen Restauration formieren sich aber zunächst die Konservativen. In Preußen bildet sich eine als »hochkonservativ-reaktionär« bezeichnete Gruppierung heraus, die vor allem die Interessen der ostelbischen Großagrarier vertritt. Nach ihrem Presseorgan, der »Neuen preußischen Zeitung«, die ein Balkenkreuz im Titel trägt, wird diese politische Vereinigung auch als »Kreuzzeitungspartei« bezeichnet. Ganz im Sinne des Monarchen lehnen ihre Mitglieder die Bindung des preußischen Staates an eine Verfassung ab, halten an der althergebrachten Ständeordnung mit der religiös begründeten Verbindung von Thron und Altar fest und sehen in der nationalen Bewegung zur Einigung Deutschlands eine die gottgewollte Ordnung zerstörende Strömung.

Von dieser konservativen Partei spaltet sich 1851 ein liberal-konservativer Flügel ab, dessen Vertreter an der Verfassung von 1850 festhalten, aber eine Einigung Deutschlands unter preußischer Führung anstreben. Sie lehnen die reaktionäre Politik der ultrakonservativen preußischen Regierung ab. Nach ihrem Publikationsorgan, dem »Preußischen Wochenblatt zur Besprechung politischer Tagesfragen«, wird diese Gruppierung als »Wochenblattpartei« bezeichnet. Ihr gehören nicht nur viele Unternehmer der preußischen Westprovinzen an, auch der Kronprinz Wilhelm steht ihr nahe. Nach dessen Thronbesteigung verlieren sie aber an Einfluß.

Aus dem »Deutschen Nationalverein«, den Liberale und gemäßigte Demokraten 1859 mit dem Ziel gründen, den mit der Reichsverfassung von 1850 begonnenen Weg wiederaufzunehmen und einen deutschen Bundesstaat unter preußischer Führung zu schaffen, geht 1861 die »Deutsche Fortschrittspartei« hervor. Sie richtet ihre Tätigkeit über die preußischen Grenzen hinweg auf ganz Deutschland aus und erweitert ihre politischen Ziele um die konsequente Trennung von Kirche und Staat. Außerdem fordert sie die Verwirklichung des Verfassungsstaates mit der vollen politischen Verantwortlichkeit der Minister. Die Mitglieder dieser Partei kommen aus dem kaufmännischen und industriellen Unternehmertum, dem Bildungsbürgertum und aus dem Kreis liberaler Großgrundbesitzer.

Die »Neue Ära«

Seit König Friedrich Wilhelm IV. 1857 wegen einer schweren Erkrankung für amtsunfähig erklärt ist, regiert sein Bruder Wilhelm, vorerst als Stellvertreter, seit 1858 als Regent und nach dem Tode Friedrich Wilhelms, 1861, als König Wilhelm I. Anknüpfend an die Selbstkrönung Friedrichs I. 1701 in Königsberg findet wieder eine Krönungsfeier in der ostpreußischen Residenz statt und anschließend eine Huldigung in Berlin.

Auf Wilhelm I. als Repräsentanten einer »Neuen Ära« setzen vor allem die Liberalen große Hoffnungen. Der König nimmt zunächst auch gemäßigt liberale Minister in seine Regierung auf, und fortschrittlicher Geist kehrt auch in das preußische Parlament

Zu den politischen Vereinigungen, die nach der Niederschlagung der Revolution von 1848/49 in Preußen entstehen, gehört auch der »Treubund für König und Vaterland«. Die Gründungsurkunde eines Zweigbundes zeugt von seiner großen Resonanz vor allem im Bürgertum.

Der Haupt-Vorstand des Treubundes für König und Vaterland

ertheilt kraft seines Constitutions-Statutes vom 2ten März 1849 den in Oschersleben constituirten Treubünden für König und Vaterland, mit Beziehung auf das Protocoll vom 18 , als

seinen Zweig-Bund.

Wir ertheilen diesem Zweig-Treubünde für König und Vaterland hierdurch unser Constitutions-Statut, und ertheilen ihm dadurch die Mitberechtigung, auf Grund der Statuten vom 20ten März 1849, Mitglieder in den Treubünde für König und Vaterland aufzunehmen, auferlegen ihm aber gleichzeitig die Verpflichtung, gemäß § 6 der Statuten, mit aller Kraft unsere Rechte zu wahren, unsere Anordnungen gewissenhaft zu befolgen. Der bünd ergehe wie unser Losung.

„Mit Gott, für König und Vaterland!"

Gegeben urkundlich unseres Insiegels und unserer Namensunterschriften.

Berlin, den 18

Der Haupt-Vorstand des Treubündes für König und Vaterland.

Mehr als anderthalb Jahrhunderte nach der Selbstkrönung
des ersten Hohenzollernkönigs
findet wieder ein solches Zere-
moniell in Königsberg statt.
In der Schloßkirche krönt sich
Wilhelm I. am 18. Oktober 1861
zum König von Preußen.

zurück. Die Restaurationszeit scheint endlich vorüber zu sein, eine »Neue Ära« anzu-
brechen. Die »Freisinnigen Vaterlandsfreunde« erklären am 19. Juli 1859: »Unsere Hoffnung richten wir daher auf Preußens Regierung, welche durch den im vorigen Jahre aus
freiem Antriebe eingeführten Systemwechsel ihrem Volke und ganz Deutschland gezeigt
hat, daß sie als ihre Aufgabe erkannt hat, ihre Interessen und die ihres Landes in Übereinstimmung zu bringen, und für einen solchen Zweck Opfer an ihrer Machtvollkommen-
heit sowie die Betretung neuer und schwieriger Bahnen nicht scheut. Die Ziele der
preußischen Politik fallen mit denen Deutschlands im wesentlichen zusammen. Wir dürfen hoffen, daß die preußische Regierung immer mehr in der Erkenntnis wachsen wird,
daß eine Trennung Preußens von Deutschland und die Verfolgung angeblich rein preußischer Großmachtzwecke nur zu Preußens Ruin führen kann.«[4]

Doch die allgemeine politische Lage trübt sich bald wieder ein. Ursache ist der Konflikt
zwischen der Volksvertretung Preußens und seiner Regierung in den Jahren von 1861
bis 1866. Die Auseinandersetzungen entzünden sich an der Heeresreform, die Wilhelm I.
durchführen will. Bereits in seiner Regierungserklärung als Prinzregent vom 8. November
1858 äußert er seine Vorstellungen klar und unmißverständlich: »Die Armee hat
Preußens Größe geschaffen und dessen Wachstum erkämpft; ihre Vernachlässigung
hat eine Katastrophe über sie und dadurch über den Staat gebracht, die glorreich verwischt worden ist durch die zeitgemäße Reorganisation des Heeres, welche die Siege
des Befreiungskrieges bezeichneten. Eine vierzigjährige Erfahrung und zwei kurze Kriegs-
episoden haben uns indes auch jetzt aufmerksam gemacht, daß manches, was sich
nicht bewährt hat, zu Änderungen Veranlassung geben wird. Dazu gehören ruhige politische Zustände und – Geld, und es wäre ein schwer sich bestrafender Fehler, wollte
man mit einer wohlfeilen Heeresverfassung prangen, die deshalb im Momente der Entscheidung den Erwartungen nicht entspräche. Preußens Heer muß mächtig und ange-
sehen sein, um, wenn es gilt, ein schwerwiegendes politisches Gewicht in die Waag-
schale legen zu können. Und so kommen wir zu Preußens politischer Stellung nach

außen. Preußen muß mit allen Großmächten im freundschaftlichsten Vernehmen stehen, ohne sich fremden Einflüssen hinzugeben und ohne sich die Hände frühzeitig durch Traktate zu binden. Mit allen übrigen Mächten ist das freundliche Verhältnis geboten, in Deutschland muß Preußen moralische Eroberungen machen, durch eine weise Gesetzgebung bei sich, durch Hebung aller sittlichen Elemente und durch Ergreifung von Einigungselementen, wie der Zollverband es ist, der indes einer Reform wird unterworfen werden müssen. – Die Welt muß wissen, daß Preußen überall das Recht zu schützen bereit ist. Ein festes, konsequentes und, wenn es sein muß, energisches Verhalten in der Politik gepaart mit Klugheit und Besonnenheit, muß Preußen das politische Ansehen und die Machtstellung verschaffen, die es durch seine materielle Macht allein nicht zu erreichen imstande ist.«[5]

177

Militärische Stärke ist also das politische Ziel, aber wie soll es erreicht werden? Die Pläne für eine Reorganisation des Heeres vom 10. Februar 1860 halten an der allgemeinen Wehrpflicht fest: »Die allgemeine Wehrpflicht hat ihre Bedeutung nicht allein in der patriotischen Beteiligung aller an der ehrenvollen Aufgabe, für die höchsten Güter der Nation einzutreten, sondern sie ist auch insofern eine allgemeine, als sie eine für alle gleiche sein und die aus derselben für die einzelnen erwachsenden Lasten auf möglichst viele gleichmäßig verteilen soll.«[6] Es sind aber auch grundlegende Änderungen vorgesehen: Die Dienstzeit wird auf drei Jahre verlängert, die königliche Kommandogewalt gestärkt, das Kontrollrecht des preußischen Abgeordnetenhauses dagegen geschwächt. Außerdem soll die im Befreiungskrieg gegen Napoleon mit eigener Führung geschaffene Landwehr ihre Eigenständigkeit verlieren. Das Abgeordnetenhaus, das nach der Verfassung die Geldmittel bewilligen muß, wendet sich heftig gegen die Richtung dieser Reform. In diesem Streit, der sich schließlich zu einem Verfassungskonflikt ausweitet, steht die öffentliche Meinung geschlossen hinter den Abgeordneten. Die 1861 gegründete liberale Deutsche Fortschrittspartei, die konsequent für die Parlaments-Bürgerrechte eintritt, wird auf Anhieb die stärkste Partei im Abgeordnetenhaus, und auch nach Auflösung und Neuwahl des Parlaments stellt sie 1862 zusammen mit anderen liberalen »Linken« die Mehrheit. Sie sehen sich durch die Politik des Königs brüskiert. Besonders erzürnt sind sie, als im Herbst 1862 Otto von Bismarck zum Ministerpräsidenten berufen wird, den man seit 1848/49 als Gegner der Revolutionsziele kennt. Bismarck nutzt eine angebliche Lücke in der Verfassung, regiert gegen die Mehrheit im Parlament, setzt die Heeresreform durch und führt die Staatsgeschäfte ohne einen verfassungsmäßig zustande gekommenen Haushalt. Der von Bismarck eskalierte Verfassungskonflikt führt zu einer schweren innenpolitischen Krise. Die Hoffnungen auf eine »Neue Ära« sind rasch verflogen, und der Widerstand gegen die Regierungspolitik regt sich heftig. Erneut gibt es in Preußen politische Verfolgungen und politische Zensur. Wieder droht eine Phase der Reaktion, und in Regierungskreisen befürchtet man abermals revolutionäre Aktivitäten.

Adolph von Menzel (1815–1905), die »kleine Exzellenz«, ist mehr als ein Historienmaler, der die Epoche Friedrichs des Großen und die Ereignisse seiner Zeit dokumentiert (vgl. die abgebildete Ölskizze zu seinem 1861–1865 entstandenen Krönungsbild auf der gegenüberliegenden Seite).

»Mit Eisen und Blut«: Preußen auf dem Weg zur Reichsgründung

Bereits seit dem Ende der fünfziger Jahre wird die preußische Außenpolitik von Bismarck beeinflußt. Ihm gelingt es, die traditionell guten Beziehungen zu Rußland zu pflegen und zu erhalten. Militärische Stärke ist ein wesentlicher Faktor seiner Politik. Gegen heftige Widerstände insbesondere der liberalen Opposition in der Deutschen Fort-

»Das Ministerium Bismarck« ist hier dargestellt in der Zeit des Verfassungskonfliktes um die Heeresreform. Neben dem Ministerpräsidenten (rechts sitzend im Profil) als Redner der Kriegsminister Albrecht Graf von Roon.

schrittspartei setzt Wilhelm I. unter der tatkräftigen Führung seines Ministerpräsidenten die Bereitstellung der für die Aufrüstung benötigten Finanzmittel auch ohne Zustimmung des Parlamentes durch.

Bismarck, ein Mitbegründer der »Kreuzzeitungspartei«, steht auf dem äußersten rechten Flügel der Konservativen. Als Gesandter Preußens am Deutschen Bundestag in Frankfurt am Main von 1851 bis 1859 setzt er sich für die Gleichberechtigung Preußens ein und lehnt den Führungsanspruch Österreichs mit Entschiedenheit ab. Er ist der Überzeugung, daß im Deutschen Bund kein Platz für zwei Großmächte ist und daß eine von beiden, also Österreich, eines Tages zu weichen hat. Zur Zeit der »Neuen Ära« wird er als Gesandter nach Sankt Petersburg versetzt und, wie er es selber einschätzt, »an der Newa kaltgestellt«. Nach kurzem Zwischenaufenthalt als Gesandter in Paris wird Bismarck auf Empfehlung des Kriegsministers Albrecht Graf von Roon mit der Führung der Regierungsgeschäfte als Ministerpräsident betraut, nachdem er sich bereit erklärt, die Heeresreform notfalls auch ohne Zustimmung des Parlaments durchzusetzen. Bismarck entwickelt eine »Lückentheorie«: Bei fehlender Übereinstimmung hinsichtlich des Haushalts zwischen Krone und Parlament entsteht ein Vakuum in der Verfassung, so daß der Krone die Entscheidung zufällt. Damit gelingt es Preußen, die militärischen Voraussetzungen für seine Außenpolitik zu schaffen.

Verfassungskonflikt um die Heeresreform

Für eine Reform des preußischen Heeres gibt es gute Gründe, die auch die Liberalen anerkennen. Die preußische Heeresorganisation beruht auf der allgemeinen Wehrpflicht. Das Heer besteht aus den »Linien«-Truppen, den aktiven Soldaten, und der Landwehr, zu der die älteren Jahrgänge gehören, die den aktiven Wehrdienst abgeleistet haben. Beide, Linie und Landwehr, verkörpern das Volk in Waffen. Der Landwehr, die Bürgergeist und Soldatentum miteinander verbindet, hat Preußen in den Freiheitskriegen große Erfolge zu verdanken. Deshalb ist das liberale Bürgertum besonders stolz auf sie. Nun aber ist die Heeresorganisation reformbedürftig. Die Art der Einberufung zum Wehrdienst (Auslosung) führt zu Ungerechtigkeiten, und die Landwehr weist erhebliche Mängel auf.

Würde König Wilhelm versuchen, diese Mißstände zu beheben, so hätte er die Unterstützung des liberalen Bürgertums. Aber der König will mehr und anderes: Er beabsichtigt, die Landwehr ganz zu verändern. Für Wilhelm I. ist die Landwehr politisch unzuverlässig, »ein Lehrbataillon der Revolution«, wie er 1857 sagt, weil es in der Revolutionszeit einige wenige Meutereien gegeben hat. Der Reformentwurf sieht deshalb vor, die Landwehr in der bisherigen Form zu zerschlagen und sie auf den Festungs- und Garnisondienst zu beschränken. Das Heer soll ein zuverlässiges Instrument in der Hand des Königs werden. Die zweite Änderung betrifft die Dienstzeit. Sie beträgt seit langem nur noch zwei Jahre; der König will sie auf drei Jahre verlängern. Für die militärische Ausbildung ist das nicht nötig, das meinen sogar viele Offiziere. Aber darum geht es dem König auch nicht: Er will keine Bürger in Uniform, sondern Soldaten mit einem eigenen Standesbewußtsein, das sie vom bürgerlichen Leben abhebt. Dazu soll die dreijährige Dienstzeit verhelfen. Der König will also mit der Heeresreform nicht nur eine Verbesserung der bewaffneten Macht erreichen, sondern eine ganz andere Armee schaffen, die er notfalls auch im Bürgerkrieg gegen die Revolution einsetzen kann. Das Bürgertum dagegen wünscht ein Heer, das Teil der bürgerlichen Ordnung ist und das im Notfall ein Bollwerk gegen Staatsstreich und Verfassungsbruch bildet. Es ist deshalb nicht erstaunlich, daß das Abgeordnetenhaus, in dem die Liberalen die Mehrheit haben, die Pläne des Königs ablehnt. Zwar kann der König kraft seiner Kommandogewalt die Reform anordnen, aber das Geld, das die Reform kostet, muß von den Abgeordneten bewilligt werden. Sie machen ihre Zustimmung davon abhängig, ob die Dienstzeit auf zwei Jahre begrenzt und die Landwehr in der bisherigen Form erhalten bleibt. Da der König darauf nicht eingeht, einigt man sich 1860 auf einen Kompromiß: Die Abgeordneten bewilligen die Gelder nur für jeweils ein Jahr, und die Regierung erklärt die Reformmaßnahmen für provisorisch.

Doch in der Zwischenzeit wird die Heeresreform nach des Königs Vorstellungen durchgeführt. Als den Abgeordneten klar wird, daß die Reform doch endgültig ist, wächst der Widerstand gegen die Regierung. Die Neuwahlen vom Dezember 1861 bringen den Liberalen einen überwältigenden Sieg. Die gemäßigten Liberalen erhalten 141 Sitze, die radikalere Fraktion unter dem Namen »Deutsche Fortschrittspartei« 109, die Konservativen schmelzen auf 14 Sitze zusammen. An eine provisorische Bewilligung der Gelder ist nun nicht mehr zu denken. Das Abgeordnetenhaus verlangt eine genaue Aufstellung des Haushalts, aus dem die Verwendung der Gelder klar hervorgeht. Das alles aber bringt die eingeleitete Heeresreform zum Stillstand. Der König löst daraufhin das Abgeordnetenhaus auf und schreibt Neuwahlen für den 6. Mai 1862 aus. Gleichzeitig entläßt er die Minister der »Neuen Ära« und beruft ein hochkonservatives Kabinett. Unter den Mitgliedern befindet sich als Kriegsminister wieder Albrecht Graf von Roon, der sich zur politischen Bedeutung der preußischen Armee bekennt: »Der Kern- und Angelpunkt der inneren preußischen Politik ist und bleibt die Armee-Frage ... Die Armee, der bisher noch einzig verlaßbare Anker und Pfeiler unserer Zukunft, darf in ihrem Selbstbewußtsein, in ihrer Gesinnung nicht beirrt werden; sonst bricht das Chaos herein.«[7]
Die Neuwahlen bringen der Regierung eine weitere schwere Niederlage, während die liberale Mehrheit sich noch weiter vergrößert. Da ein letzter Kompromißvorschlag am Widerstand des Königs scheitert, treibt der Konflikt auf den Höhepunkt zu und wird dabei immer grundsätzlicher. Es geht jetzt nicht mehr nur um die Heeresreform, son-

dern darum, wer in Preußen die Herrschaft innehaben soll: die Krone oder die Volksvertretung. Wilhelm I. und mit ihm die konservativen Kräfte Preußens wollen verhindern,
daß dem Parlament der entscheidende Einfluß auf die Politik zukommt, die Liberalen
hingegen weigern sich, noch länger die unbeschränkte Königsherrschaft hinzunehmen.
Aus dem Heereskonflikt wird nun ein Verfassungskonflikt: Ein Regieren ohne genehmigten Haushalt ist mit der Verfassung unvereinbar, dennoch ist der König dazu entschlossen. Als jedoch die Minister die äußerste Zuspitzung des Konflikts vermeiden
wollen, glaubt der König, sich auf die Regierung nicht mehr verlassen zu können, und
denkt an Abdankung.

Welche politischen Möglichkeiten gibt es in dieser Situation?
– Der König kann auf die Krone verzichten, sein Sohn, der liberal gesonnene Kronprinz
  Friedrich, wird dann die Nachfolge antreten und ein liberales Ministerium berufen,
  das im Einvernehmen mit dem Abgeordnetenhaus Heeresreform und Staatshaushalt
  regelt und in Preußen ein parlamentarisches Regierungssystem einführen wird.
– Der König kann das Abgeordnetenhaus ein weiteres Mal auflösen und an die Wähler
  appellieren. Die Neuwahlen aber können noch ungünstiger für die Krone ausfallen.
– Der König kann ein neues Ministerium berufen, das den Konflikt notfalls auch gegen
  den Wortlaut der Verfassung durchzukämpfen entschlossen ist. Dazu bedarf es
  allerdings eines Mannes, der den Kampf mit dem Parlament wagt.

Preußen wählt die Alternative: Krone und Regierung behaupten ihre Vormachtstellung
gegenüber der Volksvertretung. Am Tag vor Bismarcks Ernennung lehnt das Abgeordnetenhaus den Haushaltsentwurf für das Jahr 1862 ab. Der Ministerpräsident tritt die
Flucht nach vorn an. Vor der Budgetkommission des Preußischen Abgeordnetenhauses
hält er seine berühmte »Blut und Eisen«-Rede: »Nicht auf Preußens Liberalismus sieht
Deutschland, sondern auf seine Macht. Bayern, Württemberg und Baden mögen dem
Liberalismus indulgieren; darum wird ihnen doch keiner Preußens Rolle anweisen.

Preußen muß seine Kraft zusammenfassen und zusammenhalten auf den günstigen Augenblick, der schon einige Male verpaßt ist; Preußens Grenzen, nach den Wiener Verträgen, sind zu einem gesunden Staatsleben nicht günstig. Nicht durch Reden und Majoritätsbeschlüsse werden die Fragen der Zeit entschieden – das ist der Fehler von 1848 und 1849 gewesen –, sondern durch Eisen und Blut.«[8] Auch einen verfassungsrechtlich bedenklichen Ausweg deutet der preußische Ministerpräsident an: »Daß hier eine Lücke in der Verfassung ist, ist gar keine neue Erfindung ... Es ist immer notwendig, daß die Zustimmung des Herrenhauses und die Sanktion der Krone hinzutreten, um eine gesetzliche Bestimmung aus Ihrem Votum zu machen. Solange dies nicht der Fall ist, besteht eben das Gesetz nicht.«[9] Die allgemeine Entrüstung über den sich anbahnenden Verfassungsbruch faßt der liberale Politiker Max von Forckenbeck in dem Satz zusammen: »Bismarck-Schönhausen bedeutet: Regieren ohne Etat, Säbelregiment im Innern, Krieg nach außen. Ich halte ihn für den gefährlichsten Minister für Preußens Freiheit und Glück.«[10]

So nimmt der Verfassungskonflikt seinen Lauf. Die liberale Opposition lehnt Jahr für Jahr den Haushalt ab, Bismarck regiert ohne genehmigten Haushalt, die Abgeordneten erklären das Handeln der Regierung für verfassungswidrig, aber ihr Widerspruch zeigt keine Wirkung. Das Abgeordnetenhaus wird wieder aufgelöst, doch die Neuwahlen im Oktober 1863 verstärken noch einmal die liberale Mehrheit.

Gibt es eine Möglichkeit, den Konflikt zu beenden? Die Opposition im Abgeordnetenhaus würde über vieles mit sich reden lassen, wenn die Regierung die zweijährige Dienstzeit zugesteht. Gerade das aber will der König nicht. So beharren beide Seiten auf ihren Standpunkten, bis eine ganz andere politische Lage eine Lösung möglich macht. Diese neue Lage führt Bismarck durch seine Politik herbei, indem er aus dem Kampf um die Verfassung einen Kampf um den deutschen Nationalstaat macht.

Preußen im Deutsch-Dänischen Krieg

Ohne Bewilligung des Budgets durch das Abgeordnetenhaus und gegen den Willen der parlamentarischen Mehrheit wird nun die Heeresreform durchgeführt. Dabei können sich Wilhelm I. und sein Ministerpräsident Bismarck nur noch auf die geschrumpfte Konservative Partei und die Vaterländischen Vereinigungen stützen. In einem Wahlaufruf der Vereinigten Versammlung des Preußischen Volksvereins und der Patriotischen Vereinigung vom 4. Juni 1863 heißt es: »Halten wir deshalb fest an Allem, was Se. Majestät der König als Seine ererbten und verfassungsmäßigen Prärogative bewahrt und festgehalten wissen will, insbesondere an Seine Stellung als oberster Kriegsherr seines Volkes; halten wir fest an der Machtstellung Preußens in Deutschland, welche, wie sie die Frucht des Blutes und des Schweißes unserer Väter war, so auch durch die Versuche verblendeter Staatsmänner des Auslandes nicht beeinträchtigt werden kann: halten wir fest an der Stärke und Achtung unserer Armee, welche das Schwert Deutschland und die eherne Mauer Preußen ist; halten wir fest an dem Recht nach Innen und nach Außen, und treten wir ein in den Wahlkampf mit dem Vorsatz, den Freunden wie den Gegnern zu erhärten, daß wir das Andenken an die Großtaten unserer Väter jüngst nicht bloß zum Scheine gefeiert. Seit den Tagen Friedrichs des Großen kann Preußen nie mehr der Zweite, sondern immer nur Einer der beiden Ersten in Deutschland sein.«[11]

Während Preußen durch die Zuspitzung des Verfassungskonfliktes im Sommer 1863 wie gelähmt scheint, versucht Österreich seine Vormachtstellung in Deutschland zu untermauern. Es will alle deutschen Monarchen zu einer Fürstenversammlung nach Frankfurt am Main einberufen, um einen Reformplan zu verabschieden, mit dem der Deutsche Bund neu geordnet werden soll. Die österreichischen Vorschläge, die zunächst nicht mitgeteilt werden, sehen für den Deutschen Bund ein fünfköpfiges Direktorium vor und neben dem Bundestag eine periodisch tagende Fürstenversammlung (Bundesrat), mit jeweils österreichischem Vorsitz. Bismarck beschwört den preußischen König, an dieser Versammlung nicht teilzunehmen, und stellt drei Gegenforderungen: Er verlangt die volle Gleichberechtigung Preußens im Bundesvorsitz, ein Vetorecht der Großmächte im Falle von Kriegserklärungen des Bundes sowie eine Nationalvertretung aus allgemeinen und direkten Wahlen. Besonders die letzte Forderung muß für den österreichischen Vielvölkerstaat unannehmbar sein, wovon auch Bismarck ausgeht. Außerdem finden sich die Fürsten der Mittel- und Kleinstaaten nicht bereit, ohne Preußen konkrete Beschlüsse zu fassen. Und so scheitert Österreichs letzter Versuch, die Gestaltung der deutschen Geschicke zu bestimmen und Preußen auf einen nachgeordneten Rang zu verdrängen. Bevor drei Jahre später mit der Schlacht von Königgrätz die endgültige Entscheidung fällt und Österreich ganz aus der deutschen Staatengemeinschaft ausscheidet, kommt es 1864 zu einer letzten gemeinsamen Anstrengung um die Lösung der »Schleswig-Holstein-Frage«.
Bereits in den Revolutionsjahren 1848/49 führen der Deutsche Bund und Preußen einen Krieg gegen Dänemark, das widerrechtlich Schleswig annektiert hat. Die nationalen Wellen schlagen hoch, auch hier begleitet von der politischen Lyrik und verbreitet auf den Sängerfesten:

»Schleswig-Holstein, meerumschlungen,
Deutscher Sitte hohe Wacht,
Wahre treu, was schwer errungen,
Bis ein schön'rer Morgen tagt!
Schleswig-Holstein, stammverwandt,
Wanke nicht, mein Vaterland!«[12]

Das merkwürdige Jahr 1848. ————— Eine neue Bilderzeitung.

Europäische Freiheitskämpfe. — Sechszehntes Bild.

Gefecht der Bundestruppen in der Vorstadt St. Georg in Flensburg, am 24ten April 1848.

Authentischer Bericht des Feldzuges gegen die Dänen, zur Befreiung Schleswig-Holsteins.

Als die schleswig-holsteinschen Truppen zum ersten Male mit den Dänen zusammen trafen, war ihnen das Kriegsglück nicht günstig. Sie wurden von den Dänen bei Apenrade zurückgedrängt und das deutsche Heer nahm eine feste Stellung bei dem Dorfe Bau ein. Die Vorhut stand unter dem Obersten von Krohn, und die Dänen erschienen auf Schiffen und Böten und bewerkstelligten, nicht ohne heftig beschossen zu sein, die Landung. Nun griffen sie die deutschen Truppen am 8. April mit Heftigkeit an und am 9. entbrannte allgemeiner Kampf. Zuerst mußten die Dänen mit Verlust weichen, ganze Reihen von Männern und Rossen stürzten, und die Kanonen lichteten die Reihen der dänischen Dragoner. Kieler Studenten, Turner und Jäger schlugen sich, wie die Löwen und der Graf Bernstorf streckte sieben dänische Offiziere mit seiner Büchse zu Boden. Schon wollte er die achte Kugel entsenden, da schmetterte eine feindliche Kugel den tapferen Schützen nieder. Immer übermächtiger drangen nun die Dänen vor und machten wüthende Angriffe, und so großer Heldenmuth auch von den vereinigten deutschen Truppen bewiesen wurde, so wurde doch ihr rechter Flügel gänzlich abgeschnitten und nur Wenige entkamen nach dem hartnäckigsten Widerstande. — Der Rückzug ward endlich allgemein, man zog durch Flensburg, und der nördliche Theil dieser Stadt, welcher dänisch gesinnt war, nahm thätigen Antheil am Kampfe gegen die Schleswig-Holsteiner. Schüsse aus den Fenstern und Steinwürfe raubten manchem edlen Streiter das Leben, und überdies mußte noch mit den nachsetzenden dänischen Reitern in den Straßen gekämpft werden. Im südlichen Stadttheile dagegen gab man den fliehenden schleswig-holsteinschen Truppen noch Erfrischungen mit auf den Weg und erquickte die ermatteten Streiter zum weiteren Marsche. — Die Armee sammelte sich wieder bei Schleswig und zog dann noch weiter auf holsteinschem Boden zurück, und wenn auch durch die dänische Ueberlegenheit an Reiterei und Geschütz, an welchem letzteren es besonders den braven Deutschen fehlte, dem Heere derselben ein ungeheurer Verlust zugefügt war, so war doch der Muth nicht gebrochen und die noch lebenden Krieger dürsteten nach neuem Kampfe, um die Scharte auszuwetzen. —

Endlich nach langem Harren traten die Preußen, unter Anführung des Generals der Kavallerie von Wrangel, genannt General „Drauf" am 23. April den Dänen bei Schleswig entgegen und brachten durch heldenmüthige Tapferkeit denselben eine schmähliche Niederlage bei. Morgens 5 Uhr brachen die preußischen Colonnen an allen Punkten auf; die Hornsignale ertönten, der Trommelwirbel erschallte und die dänischen Vorposten wurden überall zurückgeschlagen. Jetzt ging es im Sturmschritt auf die von den Dänen stark besetzten und muthig vertheidigten Verschanzungen beim Dannewerk vor. Etwa um 9 Uhr griffen die preußischen Husaren an und die Linientruppen nahmen mit gefälltem Bajonett und unter Hurrahruf die Verschanzungen. Unter weithinschallendem Hurrah drang die preußische Garde über die Höhen vor und trieben einen großen Theil der Dänen in einen Sumpf, wo die meisten unter den preußischen Kugeln fielen oder jämmerlich ertranken. Nachmittags 2 Uhr hatten die Deutschen Bustorf und Friedrichsberg besetzt und nur noch einen Kampf mit dänischen Jägern zu bestehen. Dann kämpften die preußischen Garden gegen das Schloß Gottorp, welches die dänische Garde, 500 Mann stark, tapfer vertheidigte, aber am Abende räumen mußte. Die Preußen besetzten es nicht, weil die Keller mit Pulverfässer angefüllt waren und sie also leicht in die Luft gesprengt werden konnten. Dies war der Kampf des Hauptcorps. Mittlerweile hatte aber auch der Oberst von Bonin seine preußischen Truppen um Schleswig umgeführt und hier kämpfte besonders das 20ste Regiment, meistens Pommern, mit aller Tapferkeit, aber auch mit großem Verluste. Noch nach 7 Uhr Abends wurde hier Geschützdonner gehört; die Deutschen drangen bis gegen Königswill und die Flensburger Chaussee vor und nun mußten die Dänen in Eile auf ihren Rückzug bedacht sein. — Schon Nachmittags war ein Theil der preußischen Linientruppen in Schleswig eingerückt und Sonntag, den 23., Abends, war das preußische Hauptquartier in Schleswig, wo General Wrangel und Fürst Radziwill sich befanden. — Die Dänen hatten 10 bis 12000 Mann im Gefecht, von den Preußen kämpften vier Regimenter. Die dänischen Soldaten schlugen sich sehr brav und ihre Scharfschützen, in den Hecken versteckt, streckten manchen Preußen zu Boden, ihre Kanonen raubten Manchem das Leben; die Preußen aber bewiesen eine überaus heldenmüthige, beispiellose Tapferkeit, zeigten, daß sie noch die alten Preußen waren und brachten so den Dänen eine blutige Niederlage bei. —

Die Deutschen rückten nun sämmtlich vor und besetzten am Morgen des 25. April ohne Blutvergießen Flensburg, welches die Dänen am Abend vorher, in völliger Auflösung begriffen, verlassen hatten. Man jagte ihnen nach, doch flohen sie unaufhaltsam und standen auch erst, als sie auf der Insel Alsen angekommen waren. Hierhin konnten die Deutschen, aus Mangel an Fahrzeugen, nicht folgen. Sie zerstörten also nur die von den Dänen angelegten Verschanzungen am Lande und drangen nun immer weiter vor und nach Jütland hinein.

Ueber den Angriff der Dänen bei Sundewitt auf die vereinigten oldenburgischen und mecklenburgischen Truppen theilen wir aus dem Briefe eines oldenburgischen Offiziers, zur Widerlegung der umlaufenden vielfach vertriebenen Berichte Folgendes mit: „Die 7. und 8. Compagnie unserer Truppen und 2 Comp. Mecklenburger, die am 28. Mai die Vorposten hatten, wurden Morgens 9 Uhr von, wie man sagt, 5000 Mann Dänen mit schweren Geschützen plötzlich von drei Seiten angegriffen und hielten Stand, während die übrigen zur Hülfe herbeieilten. Erst nach mehreren Stunden mußten sie der ungeheuren Uebermacht weichend, sich zurückziehen, so das Gefecht dieses Tages endete nach zwölfstündigem hartem Kampfe. Hierbei kam eine Compagnie, die dritte, Hauptmann Schlarbaum, so an der äußersten Spitze der Halbinsel in das Gedränge, daß sie völlig abgeschnitten war, und auf dem Punkt stand, gefangen zu werden, den zugerufenen Pardon aber schlug sie aus, sie wollte lieber sterben als sich ergeben, griff die Dänen an und schlug sich, nach einem mehrstündigen Kampfe, durch die ganze Masse der Dänen glücklich hindurch, wobei sie 12 Mann, die Helme und die Compagnie-Karre, mit dem Offizier-Gepäck, den Feldkesseln und dem Schanzzeuge der Compagnie, die in einen Sumpf gerieth, verlor, die Pferde jedoch rettete. Wenn es wahr ist, daß die Hannoveraner so weit dislocirt waren, daß sie sechs Stunden marschiren mußten, um auf den Kampfplatz zu kommen, so wäre dies ein unverantwortlicher Fehler. Der Gen. Wrangel hat bei dem aufgestellten Armeecorps den Hauptmann Schlarbaum vertreten und sich den Bericht über sein Durchschlagen wiederholen lassen und darauf die ganze Compagnie als Corps als Muster hingestellt! Leider, aber natürlich, ist ein so langer und heißer Kampf nicht ohne Opfer gewesen."

Schleswig-Holstein, meerumschlungen,	Ob auch wild die Brandung tose,	Doch wenn inn're Stürme wüthen,	Gott ist stark auch in den Schwachen,	Theures Land, du Doppeleiche
Deutscher Sitte hohe Wacht!	Fluth auf Fluth, von Bai zu Bai!	Drohend sich der Nord erhebt, —	Wenn sie gläubig ihm vertrau'n!	Unter einer Krone Dach!
Wahre treu, was schwer errungen,	O, laß blüh'n in deinem Schooße	Schütze Gott die holden Blüthen,	Zage nimmer — und dein Rachen	Stehe fest, und nimmer weiche,
Bis ein schön'rer Morgen tagt!	Deutsche Tugend, deutsche Treu!	Die ein mild'rer Süd belebt!	Wird trotz Sturm den Hafen schau'n!	Wie der Feind auch dräuen mag!
Schleswig-Holstein, stammverwandt,	Schleswig-Holstein, stammverwandt,	Schleswig-Holstein, stammverwandt,	Schleswig-Holstein, stammverwandt,	Schleswig-Holstein, stammverwandt,
Wanke nicht, mein Vaterland!	Bleibe fest, mein Vaterland!	Stehe fest, mein Vaterland!	Harre aus, mein Vaterland!	Stehe fest, mein Vaterland!

Aber trotz militärischer Erfolge Preußens im Revolutionsjahr 1848 wird 1852 durch eine internationale Regelung die alte Personalunion zwischen Dänemark und Schleswig-Holstein wiederhergestellt. Als Ende 1863 die neue dänische Verfassung Schleswig in den Gesamtstaat mit einbezieht, ist dies eine grobe Verletzung der getroffenen Abmachungen. Ein Aufflammen des nationalen Protestes in Deutschland ist die Folge. Bismarck aber will keinen nationalen Krieg, sondern stellt sich auf den Boden des Völkerrechts und fordert Vertragstreue. So vermeidet er die Intervention ausländischer Mächte wie England und Rußland, zwingt aber zugleich Österreich zu gemeinsamen Aktionen mit Preußen. Da Holstein zum Deutschen Bund gehört, werden Österreich und Preußen mit dem Vollzug der Bundesexekution beauftragt. Es folgt ein relativ kurzer Feldzug, der mit dem Sturm auf die Düppeler Schanzen die nationalen Leidenschaften nochmals entfacht. In seinem »Lied von Düppel« verkündet Emanuel Geibel als »Heroldsrufer«:

»Bei Düppel dort am Meere, vor Alsen am Sund,
da rangen die Heere auf blutgeträngtem Grund;
Da galt's auf die Schanzen im Siegessturmgewog
Den Adler zu pflanzen anstatt des Danebrog.
...
Ihr Meister der Staaten, ihr geht nun und tagt.
So woll' euch Gott beraten, auf daß ihr nicht zagt!
Sprecht: Nichts von Vertragen! Nun bleibt es dabei,
Der Feind ist geschlagen und Schleswig ist frei!«[13]

Dänemark muß 1864 im Friedensvertrag von Wien die sogenannten Elbherzogtümer Schleswig und Holstein abtreten. Im Kondominium, also gemeinsam, übernehmen nun die beiden Siegermächte die Besetzung und Verwaltung. Seit Herbst 1866 ist dann Preußen für die Verwaltung Schleswigs und Österreich für die Verwaltung Holsteins zuständig. Preußen erhält auch eine Geldabfindung für Lauenburg und das Recht, einen Kanal durch holsteinisches Gebiet zu bauen, den Kaiser-Wilhelm-Kanal (heute Nord-Ostsee-Kanal). Rendsburg ist als Bundesfestung vorgesehen und Kiel unter dem Oberbefehl Preußens als Bundeshafen. Bismarck gelingt es mit diesem Erfolg die öffentliche Meinung in ganz Deutschland für sich einzunehmen, seine Politik wird nun differenzierter betrachtet.

Krieg gegen Österreich und Gründung des Norddeutschen Bundes

Der gemeinsame Waffengang mit Österreich gegen Dänemark kann die grundsätzlichen Interessenkollisionen zwischen den beiden führenden Mächten im Deutschen Bund nicht verdecken. Bismarck erkennt das Problem bereits zu Beginn seiner politischen Karriere. Ende Dezember 1853 schreibt er an Leopold von Gerlach: »Österreich bedarf zur Durchführung seiner innern germanisierenden Zentralisations-Politik der Belebung seiner Beziehungen zu Deutschland, d. h. auf Wienerisch: einer straffen Hegemonie über den Bund; dabei sind wir ihm im Wege, wir mögen uns an die Wand drücken, wie wir wollen, ein Preußen von 17 Millionen bleibt immer zu dick, um Österreich so viel Spielraum zu lassen, als es erstrebt. Unsre Politik hat keinen andern Exerzierplatz als Deutschland, schon unsrer geographischen Verwachsenheit wegen, und grade diesen glaubt Österreich dringend auch für sich zu gebrauchen; für beide ist kein Platz nach den Ansprüchen, die Ö[sterreich] macht, also können wir uns auf die Dauer nicht vertragen. Wir atmen einer dem andern die Luft vor dem Munde fort, einer muß weichen oder vom andern ›gewichen werden‹, bis dahin müssen wir Gegner sein, das halte ich für eine unignorierbare (verzeihn Sie das Wort) Tatsache, wie unwillkommen sie auch sein mag.«[14] Nun, 1866, scheint ihm die Zeit reif zu sein für eine Entscheidung, denn die gemeinsamen Aktionen gegen Dänemark führen nur vorübergehend zu einer Annäherung der beiden deutschen Großmächte. Der Streit um die Beute entzweit sie erneut. Bismarck will Schleswig und Holstein annektieren. Österreich versucht vergeblich, seinen Teil des Zugewinns gegen Teile Schlesiens einzutauschen. Auch sein Plan, Schleswig-Holstein als neuen Mittelstaat unter einem angestammten Fürsten in den Deutschen Bund aufzunehmen, scheitert, obwohl die Mittel- und Kleinstaaten dieser gegen die Interessen Preußens gerichteten Lösung zustimmen. Als die Spannungen zwischen Österreich und Preußen wachsen, schließt Bismarck einen Allianzvertrag mit Italien, das im Kriegsfall Hilfe gegen Österreich verspricht und dafür bei einem preußischen Sieg Venetien erhalten soll.

Eine besondere Rolle bei den Kriegsvorbereitungen übernimmt der französische Kaiser Napoleon III., der mit beiden Kontrahenten verhandelt. Er will für die Zusage der französischen Neutralität Landgewinne erzielen. Während Bismarck ihn mit vagen Formulierungen hinhalten kann, schließen Österreich und Frankreich ein Geheimabkommen mit bindenden

»Ein gutes Omen bei Königgrätz« lautet der Titel dieses Bildes. Es hält die Begegnung zwischen Bismarck und dem preußischen Generalfeldmarschall Helmuth Graf von Moltke vor der Schlacht am 3. Juli 1866 fest: Der immer schweigsame Moltke gibt keine Auskunft über die Lage, ergreift aber die bessere von zwei angebotenen Zigarren.

Zusagen für Gebietsveränderungen für Frankreich im Falle eines österreichischen Sieges. Mit einem für Österreich nicht annehmbaren Bundesreformplan gelingt es Bismarck, die nationale und liberale Bewegung in Deutschland zu mobilisieren. Als Österreich Anfang Juni 1866 die Schleswig-Holstein-Frage vor den Bundestag bringt, sieht Bismarck darin einen Bruch der getroffenen Vereinbarungen und läßt preußische Truppen in das von Österreich besetzte und verwaltete Holstein einrücken. Ganz im Sinne Bismarcks macht Wilhelm I. am 18. Juni 1866 in seinem Aufruf »An mein Volk« den seit langem bestehenden Dualismus zwischen den beiden führenden deutschen Staaten, der endlich zugunsten Preußens entschieden werden müsse, für den Krieg verantwortlich: »Österreich will nicht vergessen, daß seine Fürsten einst Deutschland beherrschten; in dem jüngeren, aber kräftig sich entwickelnden Preußen will es keinen natürlichen Bundesgenossen, sondern nur einen feindlichen Nebenbuhler erkennen. Preußen – so meint es – muß in allen seinen Bestrebungen bekämpft werden, weil, was Preußen frommt, Österreich schade. Die alte unselige Eifersucht ist in hellen Flammen wieder aufgelodert: Preußen soll geschwächt, vernichtet, entehrt werden ... In sorglicher Voraussicht dessen, was nun eingetreten ist, habe Ich seit Jahren es für die erste Pflicht Meines

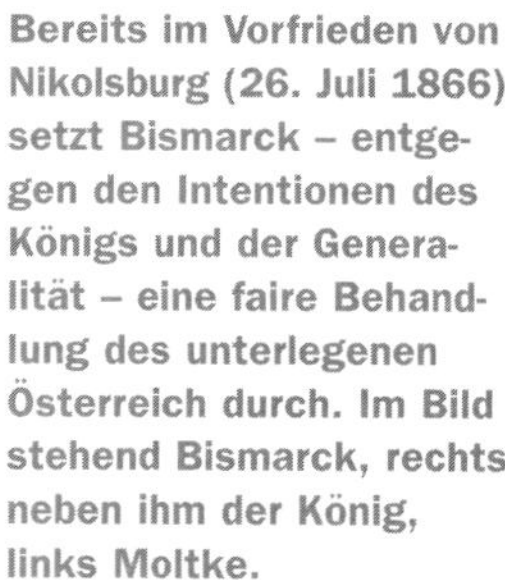

Bereits im Vorfrieden von Nikolsburg (26. Juli 1866) setzt Bismarck – entgegen den Intentionen des Königs und der Generalität – eine faire Behandlung des unterlegenen Österreich durch. Im Bild stehend Bismarck, rechts neben ihm der König, links Moltke.

Königlichen Amtes erkennen müssen, Preußens streitbares Volk für eine starke Machtentwickelung vorzubereiten. Befriedigt und zuversichtlich wird mit Mir jeder Preuße auf die Waffenmacht blicken, die unsere Grenzen deckt ... Wir müssen fechten um unsere Existenz, wir müssen in einen Kampf auf Leben und Tod gehen gegen diejenigen, die das Preußen des großen Kurfürsten, des großen Friedrich, das Preußen, wie es aus den Freiheitskriegen hervorgegangen ist, von der Stufe herabstoßen wollen, auf die seiner Fürsten Geist und Kraft, seines Volkes Tapferkeit, Hingebung und Gesittung es emporgehoben haben.« Als ein mögliches Kriegsziel deutet Wilhelm I. auch die Einigung Deutschlands unter preußischer Führung an: »Verleiht uns Gott den Sieg, dann werden wir auch stark genug sein, das lose Band, welches die deutschen Lande mehr dem Namen, als der That nach zusammenhielt, und welches jetzt durch diejenigen zerrissen ist, die das Recht und die Macht des nationalen Geistes fürchten – in anderer Gestalt fester und heilvoller zu erneuen. Gott mit uns!«[15]
Bereits Ende Juni sind die Bundestruppen geschlagen, und am 3. Juli treffen die Hauptstreitmächte Preußens und Österreichs bei Königgrätz zusammen. Preußen erringt, ausgerüstet mit modernen Waffen, unter Einsatz der neuesten technischen Errungen-

Erwerbungen seit 1849:
Fürstentümer Hohenzollern-
Hechingen und Hohenzollern-
Sigmaringen (1849), Herzogtum
Lauenburg (1865), Herzogtümer
Schleswig und Holstein, Königs-
reich Hannover, Kurfürstentum
Hessen-Kassel, Landgrafschaft
Hessen-Kassel, Herzogtum
Nassau, Freie Stadt Frankfurt
und Oberamtsbezirk Meisenhein
(1866). Verlust: Neuenburg
(1857).

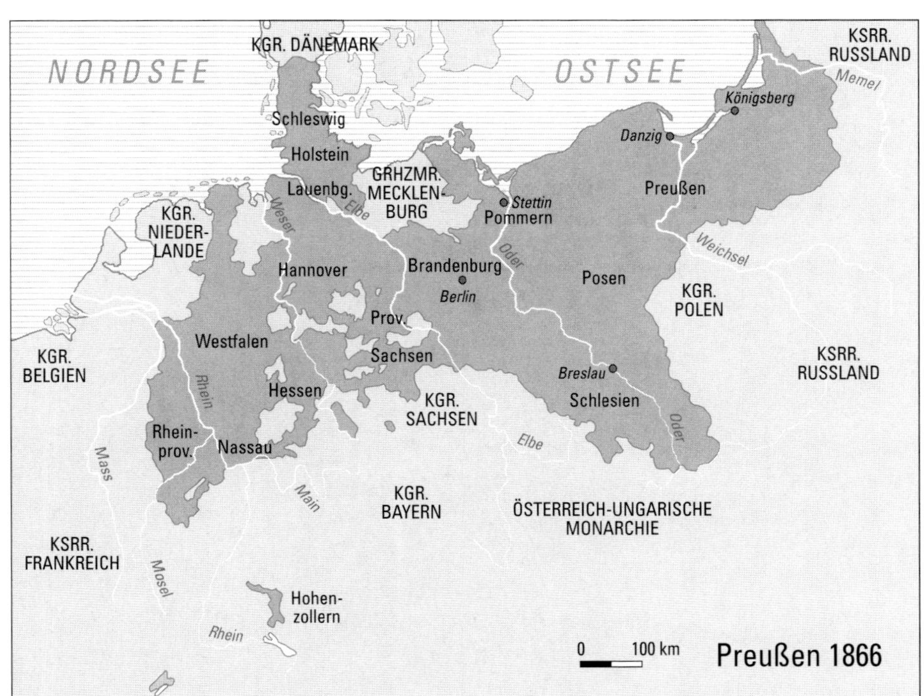

NORDSEE
OSTSEE
KGR. DÄNEMARK
KSRR. RUSSLAND
Meme/
Königsberg
Danzig
Schleswig
Holstein
Lauenbg.
GRHZMR. MECKLEN-BURG
Preußen
KGR. NIEDER-LANDE
Stettin
Pommern
Weichsel
Weser
Elbe
Oder
Hannover
Brandenburg
Posen
KGR. POLEN
Berlin
Prov.
KGR. BELGIEN
Westfalen
Sachsen
Breslau
KSRR. RUSSLAND
Rhein
Hessen
KGR. SACHSEN
Schlesien
Rhein-prov.
Nassau
Elbe
Oder
Maas
Main
KGR. BAYERN
ÖSTERREICH-UNGARISCHE MONARCHIE
KSRR. FRANKREICH
Mosel
Hohen-zollern
Rhein
0   100 km
Preußen 1866

Vor dem Berliner Stadt-
schloß, im Lustgarten,
findet nach dem Sieg über
Österreich am 21. Septem-
ber 1866 ein Te Deum statt.

stentums Hessen und des Herzogtums Nassau sowie die freie Stadt Frankfurt haben
sich durch ihre Teilnahme an dem feindlichen Verhalten des ehemaligen Bundestages
in offenen Kriegszustand mit Preußen versetzt ... Die politische Notwendigkeit zwingt
Uns, ihnen die Regierungsgewalt, deren sie durch das siegreiche Vordringen Unserer
Heere entkleidet sind, nicht wieder zu übertragen. Die genannten Länder würden, falls
sie ihre Selbständigkeit bewahrten, vermöge ihrer geographischen Lage bei einer feind-
seligen oder auch nur zweifelhaften Stellung ihrer Regierungen der preußischen Politik
und militärischen Aktion Schwierigkeiten und Hemmnisse bereiten können, welche weit
über das Maß ihrer thatsächlichen Macht und Bedeutung hinausgingen ... Wohl wissen
Wir, daß nur ein Teil der Bevölkerung jener Staaten mit Uns die Überzeugung von dieser Notwendigkeit teilt.«[16] Lediglich Sachsen bleibt unangetastet, weil sowohl Frankreich wie auch Österreich darauf bestehen. Nun gibt es erstmals zwischen Maas und
Memel ein geschlossenes preußisches Staatsgebiet.
Nach diesen beiden Kriegen hat Preußen eine dominierende Stellung in Norddeutschland erlangt. Bismarck gründet nun (18. August 1866) unter Führung Preußens den
Norddeutschen Bund. An der Spitze des Bundespräsidiums steht der preußische König,
der auch Bundesfeldherr ist, ihm zur Seite steht der Bundeskanzler Otto von Bismarck.
Im Bundesrat führt Preußen 17 von 43 Stimmen. Wünsche der süddeutschen Staaten,
insbesondere Badens, dem Norddeutschen Bund beitreten zu dürfen, werden von Bismarck abschlägig beschieden. Seine Napoleon III. gegebene Zusage, mit der Einigungs-
bestrebung in Deutschland an der Main-Linie haltzumachen, hält er zunächst ein, doch
schließt Bismarck mit den süddeutschen Staaten geheime Schutz- und Trutzbündnisse,
die im Falle einer militärischen Auseinandersetzung mit Frankreich die süddeutschen
Truppen unter das Kommando des preußischen Königs stellen.

»Aber Herrle ihr habt keine reinen Händ«, lautet der Text zu dieser Karikatur im »Punch«, die auf die Annektionen Preußens und die Konfiszierung des Welfenvermögens nach dem Krieg gegen Österreich zielt.

Nach den siegreichen Kriegen zusammen mit Österreich gegen Dänemark (1864) um die Zukunft Schleswig-Holsteins und gegen Österreich (1866) um die Vorherrschaft im Deutschen Bund, der seit 1815 anstelle des von Napoleon zerstörten alten Reiches existiert, schlägt die politische Stimmung in Preußen jetzt um. Nun unterstützt die Bevölkerung die Regierungspolitik, und bei den Wahlen zum Abgeordnetenhaus 1866 verliert die Fortschrittspartei etwa die Hälfte ihrer Mandate. Ihr bismarckfreundlicher Flügel schließt sich zur Nationalliberalen Partei zusammen, die in ihrem Gründungsprogramm vom 12. Juni 1867 erklärt: »Der Anschluß der neuerworbenen Landesteile macht eine energisch reformierende Gesetzgebung, welche unter der Herrschaft der konservativen Partei verzögert worden ist und während des Verfassungskonflikts gänzlich geruht hat, dringend und unaufschiebbar. Der schleunigen Abhilfe warten in allen Teilen des Landes zahlreiche Mißstände, wie die Lähmung des Realkredites, die Beschränkung der Freizügigkeit, der Druck des Gewerbes und der Arbeit in den Fesseln der Gewerbeordnung. Die notwendige Verschmelzung der alten und neuen Landesteile verlangt umfassende Reformen in den organischen und anderen wichtigen Gesetzen. Auch schulden wir den neuen Provinzen, welche in Justiz und Verwaltung mancher Vorzüge sich erfreuen, den Schutz dieser Institutionen, die unmöglich durch mangelhafte altpreußische Einrichtungen ersetzt werden dürfen.«[17] Nun billigt auch das Parlament mit der Mehrheit der neuen »Nationalliberalen« Partei und der alten Konservativen Partei die Haushalte der Jahre 1862 bis 1865 und entlastet damit Bismarck, der zur Finanzierung der Kriege eine »Verfassungslücke« entdeckt hatte und dem nun die sogenannte »Indemnitätsvorlage« aus dem Verfassungskonflikt heraushilft. Vor dem Abgeordnetenhaus erklärt er am 1. September 1866: »Wenn man oft gesagt hat: ›Was das Schwert gewonnen hat, hat die Feder verdorben‹, so habe ich das volle Vertrauen, daß wir nicht hören werden: ›Was Schwert und Feder gewonnen haben, ist von dieser Tribüne vernichtet worden!‹ [Lebhafter Beifall].«[18] Es ist der außenpolitische Erfolg, der schließlich zur Beendigung des Verfassungskonflikts zwischen Krone, Regierung und Parlament führt, doch es bleibt letztlich – trotz der ausdrücklichen Anerkennung des parlamentarischen Haushaltsrechts – eine Niederlage des Parlaments, die weit über Preußen und das Jahr 1866 hinaus fortwirkt. Zum drittenmal (nach 1819 und 1848) verliert das liberale Bürgertum in Preußen seinen Kampf gegen das Königtum um die Verwirklichung eines Verfassungsstaates und der Demokratie.

Im traditionsreichen Weißen Saal des Berliner Stadtschlosses eröffnet König Wilhelm I. am 24. Februar 1867 mit einer Thronrede den Reichstag des Norddeutschen Bundes.

Mit der Gründung des Norddeutschen Bundes unter Preußens Vorherrschaft erreicht Bismarck die Einheit Deutschlands nördlich der Main-Linie. Auf dem Weg zur Einigung Gesamtdeutschlands ist dies jedoch nur ein erster Schritt. Einer unverzüglichen Vereinigung Norddeutschlands mit Süddeutschland stehen noch Hindernisse im Wege. Einerseits gibt es in den süddeutschen Ländern noch starke antipreußische Bestrebungen, andererseits würde Frankreich einen mächtigen deutschen Nationalstaat unter Führung Preußens nicht kampflos hinnehmen. Den preußischen Sieg über Österreich 1866 empfindet die öffentliche Meinung Frankreichs wie eine eigene Niederlage. Frankreich besteht auf dem Erhalt der Selbständigkeit der süddeutschen Länder und sieht sich durch die Möglichkeit eines von den Alpen bis zu Nord- und Ostsee geeinten Deutschlands bedroht. In Bündnisverhandlungen mit Österreich und Italien versucht Frankreich dieser vermeintlichen Bedrohung entgegenzuwirken.

links: Zu Jom-Kippur 1870 (6. Oktober) findet vor Metz ein jüdischer Feldgottesdienst statt. Seit 1845 gilt die Heerespflicht in Preußen auch für Bürger jüdischen Glaubens.

rechts: Am 31. Juli 1870 reist König Wilhelm I. an die Front. »Ja, es war wie ein Triumphzug, der in den großen Städten unermeßlich war«, schreibt er an Königin Augusta. Gemälde von Adolph Menzel.

Frankreich erklärt Preußen den Krieg

Die politische Situation verschärft sich erheblich, als 1869 und 1870 im Streit um die spanische Thronfolge einem Hohenzollern die spanische Krone angetragen wird. Doch auch nach dem Rückzug dieses Kandidaten gibt sich Frankreich nicht zufrieden und verlangt von Wilhelm I. den Verzicht der Hohenzollern auf diesen Thron für alle Zeiten. Als der französische Botschafter dem preußischen König, der sich zur Kur in Bad Ems aufhält, diese Forderung überbringt, entwickelt sich ein diplomatischer Disput, der schließlich zum Krieg führt. Wilhelm I. sendet seinem Ministerpräsidenten ein Telegramm über den Vorfall und überläßt es ihm, die Presse davon zu unterrichten. Bismarck veröffentlicht Wilhelms »Emser Depesche« in stark verkürzter und dadurch verschärfter Form. Was in den Augen des Königs die diplomatisch-höfliche Ablehnung einer übertriebenen Forderung war, liest sich nun wie die brüske Abweisung einer versuchten Demütigung Preußens und seines Königs.

In Deutschland begreift man die von Bismarck veröffentlichte Kurzfassung der Emser Depesche als nationale Angelegenheit, in Frankreich sieht man darin eine Provokation und erklärt am 19. Juni 1870 Preußen den Krieg. Damit ist für die süddeutschen Staaten (nach den 1867 mit Preußen geschlossenen Verträgen) der Bündnisfall gegeben.

Es beginnt der französisch-deutsche Krieg von 1870/71. König Wilhelm I. kehrt in einem Sonderzug von Bad Ems nach Berlin zurück, unterwegs von jubelnden Men-

In Bad Ems, wo Wilhelm I. zur Kur weilt, tritt der französische Gesandte, Graf Benedetti, mit der Forderung an den König heran, Preußen möge für alle Zeiten auf eine spanische Thronkandidatur verzichten. Den telegraphischen Bericht über diesen Vorgang (die Emser Depesche) verkürzt Bismarck so, daß Frankreich darin einen Affront sieht und Preußen den Krieg erklärt.

Der preußische Hofmaler Anton von Werner hält die Stationen des Krieges gegen Frankreich fest. »Moltke bei Sedan« (1. September 1870, Mittag) nennt er dieses Bild.

Zur erfolgreichen Kriegführung Preußens und der verbündeten deutschen Staaten gehört 1870/71 nicht nur eine moderne technische Logistik. Auch bei der Truppenverpflegung werden Fortschritte erzielt. Die Erbswurst, ein Konzentrat aus Erbsenmehl, Speck, Zwiebeln, Salz und Gewürzen, erweist sich als eine nahrhafte, haltbare, transportgünstige und leicht aufbereitbare Konserve, hergestellt von Militärkonservenfabriken in Berlin und Mainz.

schenmassen begrüßt: »Mich erfüllt eine komplette Angst bei diesem Enthusiasmus, denn was für Chancen bietet nicht der Krieg, wo all dieser Jubel oft verstummen könnte – und müßte!«[19] schreibt der Monarch in einem Brief an Königin Augusta.

Anderthalb Monate später sind die Franzosen besiegt, ist die entscheidende Schlacht von Sedan am 2. September 1870 – er bleibt Nationalfeiertag bis zum Ende des Kaiserreiches – erfolgreich geschlagen. Kaiser Napoleon III. übergibt dem preußischen König seinen Degen: »Welch eine Wendung durch Gottes Fügung!«[20] heißt es nun in einem Telegramm Wilhelms an die Königin. Bismarck nutzt den so entfachten Patriotismus für seine Einigungspläne. Der gemeinsame Krieg der Deutschen gegen Frankreich gibt den entscheidenden Anstoß für die deutsche Einigung. Man spricht von einer »Kleindeutschen Lösung«, weil die deutschen Bewohner der 1866 besiegten österreichisch-ungarischen Monarchie von ihr ausgeschlossen bleiben.

Doch die »Kleindeutsche Lösung« findet nicht überall Anklang. In einem größeren Deutschland hätte wohl Österreich den entscheidenden Einfluß ausgeübt. Der fällt nun Preußen zu, das keinesfalls in dem kleineren Deutschland aufgeht, sondern es beherrscht, wie Georg Herwegh in seinem Gedicht »Eine Antwort« sarkastisch feststellt:

» ›Und läßt du immer noch den Lauf
Dem alten Groll, du Preußenhasser?
Geht Preußen nicht in Deutschland auf?‹
Ja wohl, so wie der Schwamm im Wasser,
Der, wenn er voller sich und voller
gesogen, wie ein Hohenzoller,
Sich ebenfalls könnt' unterfangen
Und sprechen: Guckt, ihr Tröpfchen, guckt,
Wie ich so prächtig aufgegangen
in euch, indem ich euch verschluckt!«[21]

Krank und deprimiert begibt sich Kaiser Napoleon III. am Morgen nach der Schlacht von Sedan in deutsche Gefangenschaft. Bei Donchéry wartet er mit Bismarck auf die Unterzeichnung der Kapitulationsvereinbarung. Damit endet die Monarchie in Frankreich, aber nicht der Krieg: Die Republik kämpft weiter.

Preußens Hauptstadt wird Hauptstadt des Deutschen Reiches

Hauptstadt des neuen Kaiserreiches wird Berlin, obwohl die Reichsverfassung den Namen der Hauptstadt selbst nicht nennt. Es fehlt nicht an Stimmen, die auch Regierung und Parlament am liebsten aus Berlin entfernt hätten. Selbst Bismarck hat durchaus Argumente für eine Verlegung des Reichstages und der Ministerien von Berlin weg (nach Kassel), doch findet er keine Resonanz.

Bei der Reichsgründung sehen die Deutschen in Berlin also keineswegs einmütig ihre Hauptstadt. Der Widerstand gegen das preußische Berlin ist groß, gilt es doch bei vielen noch immer als kulturlose Stadt auf »Kolonialboden«. Die Mittel- und Kleinstaaten mit ihren illustren Residenzen beklagen den Verlust ihrer Souveränität sowie die finanziellen Lasten, die ihnen gleichzeitig aufgebürdet werden, und im Bewußtsein der Menschen setzt sich eine Legende als Tatsache durch: Wie im Märchen sei Berlin eines Morgens als Reichshauptstadt erwacht, gleichsam über Nacht groß geworden, ein glücklicher Gewinner ohne Verdienst und Würdigkeit. Selbst der Berliner Magistrat übernimmt noch zur 700-Jahr-Feier im Jahre 1937 diese Sicht der Dinge, wenn er im städtischen Amtsblatt drucken läßt: »Berlin ist fast über Nacht zur Hauptstadt des deutschen Kaiserreiches geworden. In keinem Stadium der deutschen Geschichte hätte menschliche Voraussicht die kühne Forderung erheben können, die preußische Hauptstadt müsse sich darauf vorbereiten, einmal die deutsche Reichshauptstadt darzustellen.« Sogar zünftige (großdeutsche) Historiker schlossen sich dieser Auffassung an. So schreibt Erich Marcks noch 1936: »Der Wetteifer der Landschaften spiegelt sich in einer Sonderbarkeit: Wo sollte die künftige Reichshauptstadt liegen? Doch nicht in der Mark Brandenburg?« In der Publizistik meldet man viele Ansprüche an, etwa für Frankfurt, Nürnberg, Bamberg, für Erfurt und Leipzig und, als die echte gesamtdeutsch-mitteleuropäische Zentrale, für Wien, obwohl doch Österreich gar nicht mit von der Partie ist.

Am 5. Dezember 1854 schließt der Drucker Ernst Litfaß (1816–1874) mit dem Berliner Polizeipräsidenten einen Vertrag über »öffentlichen Zettelaushang« an Säulen und Brunneneinfassungen. Als Werbungsträger bereichern seither die Litfaßsäulen das Berliner Stadtbild.

Zur technischen Modernisierung der preußischen Hauptstadt gehört auch eine zentrale Wasserversorgung. »Der Wasserturm auf dem Windmühlenberg« sorgt für den notwendigen Druck.

Angesichts solcher Äußerungen fragt man sich, was Berlin eigentlich prädestiniert, Hauptstadt zu sein, wodurch sich die Nation in Berlin repräsentiert fühlen kann? Ausschlaggebend dürfte der Einfluß Preußens im Zweiten Deutschen Reich sein. Preußen setzt als Hegemonialmacht Berlin als Reichshauptstadt durch.

Trotz aller Widerstände steigt die preußische Hauptstadt in dieser Phase zum politischen Mittelpunkt Deutschlands auf. In der zweiten Hälfte des 19. Jahrhunderts steht die Stadt wieder vor dem Problem einer enormen Bevölkerungsexplosion. Von Ende 1857 bis 1871 steigt die Zahl der Einwohner von 450.000 auf 800.000, 1877 ist die erste und 1905 die zweite Million erreicht. Berlin zieht wie keine andere Stadt Zuwanderer an. In den sechziger Jahren verbessert sich die finanzielle Lage der Stadt erheblich, und es kommt zu einem allgemeinen wirtschaftlichen Aufschwung. Die Industrialisierung Berlins macht rasche Fortschritte. Eine Vielzahl neuer Fabriken, aber auch Banken und Aktiengesellschaften entstehen. Neue Verkehrswege, Fernbahnlinien und innerstädtische Kanäle werden gebaut. Anfang 1861 werden die Stadtgrenzen um die Vorstädte erweitert. Wedding, Moabit, Gesundbrunnen, Teile von Schöneberg und Tempelhof und ein kleines berühmtes Stück von Tiergarten kommen zu Berlin, dessen Fläche sich fast verdoppelt. – Insgesamt umfaßt es doch nur ein Fünfzehntel der Fläche des späteren »Groß-Berlin«. – Zu den Schattenseiten des Aufschwungs gehört eine steigende Wohnungsnot, die man durch den Bau von immer mehr Mietskasernen zu bekämpfen sucht. Das Ergebnis ist die Umwandlung Berlins in die »größte Mietskasernenstadt der Welt«.[22] Mit seinem Bebauungsplan von 1862 legt James Hobrecht den Grund für eine großräumige Ausdehnung der Stadt. Doch die private Bau- und Bodenspekulation, der vom Staat freie Hand gelassen wird, verhindert für lange Zeit eine Stadtplanung, die auch für andere entstehende industrielle Zentren ein positives Beispiel hätte geben können. Statt dessen geht es den Spekulanten darum, auf möglichst engem Raum zu möglichst hohen Mieten möglichst viele Menschen unterzubringen. Gewiß wird nicht überall in dieser äußersten Enge gebaut, und ohne den Mietskasernenbau wäre die Wohnungsnot einer stürmisch wachsenden, von den neuen Industriezweigen dringend benötigten Arbeiterschaft wohl noch verzweifelter. Denn diese Lebensumstände bedeuten für viele Menschen, die aus den Landarbeiter-Katen der preußischen Ostprovinzen nach Berlin kommen, trotzdem einen sozialen Aufstieg. Auch wenn die Armut oft zu einem Leben in einer mit den vielen Kindern überfüllten, kleinen

Wohnung mit Untermietern und Schlafburschen zwingt. Jedes dritte der so aufwachsenden Kinder stirbt noch vor dem ersten Geburtstag. Als Folge solcher Verhältnisse
entsteht eine tatkräftige Arbeiterbewegung mit vielfältigen politischen, gewerkschaftlichen und sozialen Institutionen.
Der Kampf gegen das soziale Elend – und die Furcht vor einer erstarkenden Sozialdemokratie – bestimmt in den folgenden Jahren und Jahrzehnten die preußische Sozialpolitik.

Preußen in der Borussischen Geschichtsschreibung

Gleichzeitig mit dem Aufstieg Preußens zur Hegemonialmacht in Deutschland entwickelt
sich eine preußische Geschichtsschreibung, die eine Legende von der Rolle Preußens
für Deutschland verbreitet und diese im Bewußtsein der Menschen verankert. Sie ist
verantwortlich für das nun entstehende Bild vom Preußentum sowie für die Entwicklung
einer preußischen Mentalität und preußischen Ideologie. Sie vermittelt auch breiteren
Schichten der Bevölkerung Verständnis für die Anliegen des preußischen Staates und
für die Rolle, die Preußen in und für Deutschland spielt. Zu den bedeutendsten Vertretern dieser »Borussischen Geschichtswissenschaft« gehören Leopold von Ranke
(1795–1886) und der Begründer der historischen Rechtsschule, Friedrich Karl von
Savigny (1799–1861), der nicht nur Gelehrter ist, sondern zeitweise auch als preußischer Minister fungiert. In der Zeit von 1840 bis zur Reichsgründung wird die Geschichtswissenschaft in Preußen zu einer bedeutenden Macht im wissenschaftlichen
und gesellschaftlichen Leben. Die Gelehrten der »Preußischen Schule« bereiten wissenschaftlich und publizistisch die politische Vereinigung Deutschlands vor. Mit ihrer Heroisierung der preußischen Geschichte festigen sie auf lange Zeit ein Dogma von der deutschen Berufung Preußens. Johann Gustav Droysen, Heinrich von Sybel und vor allem
Heinrich von Treitschke sind die Hauptpropagandisten einer Vereinigung der deutschen
historischen Tradition mit dem deutschen Nationalismus unter Preußens Führung. Auch
die Liberalen unter ihnen befürworten nach den außenpolitischen Erfolgen Bismarcks
eine Vereinigung Deutschlands von oben unter preußischer Vorherrschaft.

JOHANNES UNGER

Reichsgründung

196

Am 17. Januar 1871, einen Tag vor der feierlichen Kaiserproklamation im Spiegelsaal von Schloß Versailles, hadert König Wilhelm I. mit dem Schicksal. Trotz der militärischen Siege über Frankreich und der unter Preußens Führung errungenen Reichseinigung klagt der alte Monarch unter Tränen: »Morgen ist der unglücklichste Tag meines Lebens! Da tragen wir das preußische Königtum zu Grabe.« Wilhelm sieht in der unausweichlichen Annahme der Kaiserwürde einen Abschied von Preußen. Ihn plagt die tiefe Sorge, sein Königreich werde sich in dem deutschen Staatenbund verlieren.

Monatelang haben die Botschafter und Gesandten über die Gründung des neuen Fürstenbundes und die Modalitäten der Kaiserproklamation verhandelt. Dem preußischen Ministerpräsidenten Otto von Bismarck ist es mit politischem Druck und diplomatischer Finesse gelungen, die Regierungen und Oberhäupter der süddeutschen Staaten für die Idee eines Nationalstaates unter preußischer Führung zu gewinnen. Mit der Gründung eines neuen deutschen Reiches will er Preußens Vormachtstellung auf Dauer festigen. In einem Brief an seine Frau schreibt Bismarck über die Verhandlungen: »Diese Kaisergeburt war eine schwere, und Könige haben in solchen Zeiten ihre wunderlichen Gelüste wie Frauen, bevor sie der Welt hergeben, was sie doch nicht behalten können. Ich hatte als Accoucheur mehrmals das dringende Bedürfnis, eine Bombe zu sein und zu platzen, daß der ganz Bau in Trümmer gegangen wäre.«[1]

Den zunächst ablehnenden König von Bayern hat der preußische Ministerpräsident mit der Zusage über eine nicht unerhebliche Summe Geldes diskret umstimmen können. Ludwig II. benötigt die preußischen Subventionen dringend für den Bau weiterer Prachtbauten und Märchenschlösser. Daß die Finanzmittel aus dem berüchtigten »Welfenfonds«, also aus dem von Preußen beschlagnahmten Privatvermögen des ehemaligen Königs von Hannover stammen, stört den stets unter Geldmangel leidenden Wittelsbacher kaum. Als Gegenleistung bietet nun der Bayernkönig im Auftrag der deutschen Fürsten dem Preußenkönig offiziell die Kaiserwürde an. Das festliche Ereignis ist auf Wunsch Wilhelms I. für den 18. Januar festgelegt worden, also auf den Jahrestag der ersten preußischen Königskrönung in Königsberg 1701.

Nur auf eine Bezeichnung für das Oberhaupt des neuen Reiches hat man sich nicht verständigen können. Wilhelm möchte gern »Kaiser von Deutschland« sein, das können aber die anderen Fürsten bei allem Realitätssinn gegenüber der preußischen Vormachtstellung nicht akzeptieren. Man einigt sich auf den Titel »Deutscher Kaiser«, was dazu führt, daß König Wilhelm von Preußen die feierliche Proklamation mit eher düsterer Miene verfolgt. Das Vivat der Fürstenrunde fällt dann den Umständen entsprechend diplomatisch aus: »Kaiser Wilhelm lebe hoch!« ruft Großherzog Friedrich von Baden, Schwiegersohn des preußischen Königs und vermeidet so einen politischen Eklat.

Ludwig II. von Bayern (1845–1886). Seine Zustimmung zur Kaiserproklamation Wilhelms I. läßt sich der »Märchenkönig« mit der stattlichen Summe von vier Millionen Goldmark abkaufen.

Die Kaiserproklamation am 18. Januar 1871 als Heldengemälde. Dem berühmten Bild des Hofmalers Anton von Werner sind zahlreiche Skizzen vorausgegangen. Bismarck, der »Baumeister des Reiches«, dominiert in seiner weißen Uniform die Szenerie.

Die Kaiserproklamation im Schloß von Versailles spiegelt die besonderen Umstände wider, unter denen die kleindeutsche Lösung zustande gekommen ist. Der deutsche Staatenbund befindet sich noch im Krieg, Frankreich hat noch nicht kapituliert, die preußisch-deutschen Truppen belagern Paris. Die Reichseinigung ist das Ergebnis eines Krieges, den Preußen zwar nicht zuerst erklärt, aber den es provoziert und gewollt hat. Und sie ist das Ergebnis preußischer Hegemonialpolitik, nicht das eines demokratischen Verfahrens. Dementsprechend findet der festliche Akt auf Feindesland unter Ausschluß der Öffentlichkeit im Kreis von Militärs, Diplomaten und Höflingen statt. »Alles so kalt, so stolz, so glänzend, so prunkend und großtuerisch und herzlos und leer«, berichtet selbst der bayerische Prinz Otto seinem Bruder Ludwig, dem bayerischen König. Das zweite deutsche Kaiserreich ist gegründet – als monarchischer Fürstenbund, nicht durch Wahlen und Parlamentsentscheidungen.

Hofmaler Anton von Werner hält das Ereignis im Auftrag des preußischen Königs mit kräftigen Farben und goldumrankt auf der Leinwand fest: Wilhelm von Hohenzollern, etwas erhöht, mit ernstem Blick die Huldigung entgegennehmend, aber im Mittelpunkt des Bildes, in weißer Uniform, der »Baumeister des Reiches«, Otto von Bismarck. Der designierte Reichskanzler und preußische Ministerpräsident, der über lange Zeit hinweg alle nationalen Bestrebungen mit Macht bekämpft hatte, hat das politische Kunststück fertiggebracht, die Vorstellungen der bürgerlich-liberalen Nationalbewegung und die hegemonialen Interessen Preußens zusammenzuführen – mit »Blut und Eisen«.

Nach den militärischen Siegen der vergangenen Jahre über Dänemark, Österreich und Frankreich hat eine Welle der nationalen Begeisterung fast die gesamte Bevölkerung erfasst. Und Bismarck hat den Siegestaumel und die nationale Euphorie für seine politischen Ziele zu nutzen gewußt. Preußen sei seinem »deutschen Beruf« gefolgt, befinden die nationalliberalen Historiker der »Borussischen Schule«, die stets für einen kleindeutschen Nationalstaat unter Preußens Führung eingetreten waren, voll Pathos. Der Chronist Heinrich von Sybel schreibt in den Tagen der Reichsgründung: »Wodurch hat man die Gnade Gottes verdient, so große und mächtige Dinge erleben zu dürfen? Und wie wird man nachher leben? Was zwanzig Jahre der Inhalt allen Wünschens und Strebens gewesen, das ist nun in so unendlich herrlicher Weise erfüllt. Woher soll man in meinen Lebensjahren noch einen neuen Inhalt für das weitere Leben nehmen?«[2]

In die Begeisterung über die langersehnte Reichseinigung mischt sich in dieser Äußerung ganz offenbar die Sorge über den geistigen Gehalt der Nationalidee des neuen Reiches. Mit welchem Selbstverständnis, mit welcher Staatsidee wird sich das neue Deutsche Reich etablieren? Und wie liberal und modern kann ein Nationalstaat sein, der sich auf einen »ewigen Bund« der Fürsten gründet? Das Kollossalgemälde Anton von Werners jedenfalls wird später, tausendfach reproduziert, zum Kultbild der Wilhelminischen Epoche.

Mit Geldsack und Säbelrasseln: So sieht eine französische Karikatur den preußischen Adler, der die anderen deutschen Staaten unter seine Fittiche genommen hat.

Großpreußen oder Kleindeutschland?

In der Verfassung des neu gegründeten »Deutschen Bundes«, der kurz darauf auch offiziell den Namen »Deutsches Reich« erhält, erfüllen sich zwar die nationalen Vorstellungen, die viele Deutsche seit den Befreiungskriegen gegen Napoleon und seit der bürgerlichen Revolution 1848/49 bewegt hatten, doch von einer modernen, demokratisch ausgerichteten Staatsordnung kann keine Rede sein. Nicht ein gewähltes, gesamtdeutsches Parlament hat dem Preußenkönig die Kaiserwürde angeboten, wie in der Revolutionszeit 1848/49, sondern die Fürsten der deutschen Staaten. In ihrer nationalen Hochstimmung nach den drei Kriegen können sich die bürgerlich Liberalen mit diesem wenig demokratischen Verfahren durchaus anfreunden. Die Führungsrolle der preußischen Krone und das monarchische Prinzip werden kaum in Frage gestellt, die Forderungen nach demokratischen Rechten, Pressefreiheit und politischer Mitbestimmung für alle Bürger vom Siegesrausch und der nationalen Begeisterung übertönt.

Die politische und militärische Führung ist nach der von Bismarck ausgehandelten Verfassung vor allem in der Person des Monarchen vereint, der seine Politik durch den Reichskanzler umsetzen läßt. Der Kaiser und sein Kanzler – sie sind die zentralen Institutionen der Macht. Für Bismarck gründet sich der neue Nationalstaat, den er nach preußischen Interessen ausgerichtet hat, auf einen »ewigen Bund« der deutschen Fürsten. Sie haben dem preußischen König die Kaiserwürde angeboten, nicht das Volk – wie damals, 1848. Das Deutsche Reich versteht Bismarck nicht als Errungenschaft des Volkes, sondern als ein Geschenk der Landesherrscher, das – falls es die Bürger an Einsicht und Dankbarkeit mangeln ließen – wieder zurückgenommen werden könne.

Die Souveränität, die den Landesfürsten in der Verfassung des Staatenbundes zugeschrieben wird, existiert jedoch nur vordergründig. Bayern behält zwar den Oberbefehl

Bismarck, der die europäische Landkarte verändert hat, als Jongleur auf der Weltkugel (Karikatur von 1871).

über sein Heer, Baden darf seine Post weiter betreiben. Auch an ihren Höfen können die Fürsten wie bisher mit allem Gepränge residieren. Faktisch jedoch befinden sich die Instrumente der Macht in den Händen des Kaisers und des Kanzlers, die zugleich an der Spitze Preußens stehen.

Eine wirksame Kontrolle oder Gegenmacht hat der Reichskanzler, der die Verantwortung für die gesamte Regierungspolitik trägt, nicht zu fürchten. Er wird allein vom Kaiser ernannt und muß vom Reichstag weder gewählt noch bestätigt werden. Immerhin gesteht die Verfassung der Bevölkerung für die Wahl des Parlamentes ein demokratisches Wahlverfahren zu. Der Reichstag darf nach dem allgemeinen, geheimen und direkten Wahlrecht bestimmt werden (wahlberechtigt sind nur Männer ab dem 25. Lebensjahr). Doch Bismarck ist sich angesichts der nationalen Euphorie des Bürgertums sicher: »Im Moment der Entscheidung stehen die Massen zum Königtum, ohne Unterschied, ob letzteres sich gerade einer liberalen oder einer konservativen Strömung hingibt.«[3]

Mit der Zeit wird der Reichstag, der den Kanzler und die Minister zwar nicht direkt kontrollieren kann, der aber immerhin über das Recht zur Haushaltsbewilligung und zur Gesetzgebung verfügt, eine eigene politische Kraft entfalten. Fortschrittliche Liberale, katholische Zentrumspolitiker, die Abgeordneten der nationalen Minderheiten (Polen und Elsässer) und vor allem die Sozialdemokraten werden im Parlament ihre Interessen immer deutlicher vertreten.

Ganz anders dagegen in Preußen. Im Königreich bleibt das Dreiklassenwahlrecht bestehen, das dem Adel und dem Besitzbürgertum die Macht sichert. Das Preußische Abgeordnetenhaus wird auf diese Weise immer mehr zur politischen Festung der adelig-großbürgerlichen Führungsschicht. Das offenkundig ungerechte preußische Wahlverfahren, das weite Teile der Bevölkerung von der politischen Mitwirkung ausschließt, wird in den Folgejahren zum entscheidenden Streitthema werden. Alle Versuche von fortschrittlichen Liberalen und später vor allem von Arbeiterschaft und Sozialdemokratie, das undemokratische Dreiklassenwahlrecht abzuschaffen, werden am erbitterten Widerstand der Konservativen scheitern. Bis zuletzt wird Preußen ein vom Adel und vom ostelbischen Grundbesitz getragener, monarchischer Obrigkeitsstaat bleiben.

Preußens Vormachtstellung im Reich wird durch die Personalunion von Deutschem

Der zivile Minister hat sich dem Befehl des »Eisernen Kanzlers« unterzuordnen. »Unser Minister in Uniform« – Titelseite der »Lustigen Blätter« vom 28. März 1889.

Kaiser und König von Preußen in der Verfassung fest verankert. Faktisch ergibt sich daraus auch die Personalunion der Ämter des Reichskanzlers und des preußischen Ministerpräsidenten. Bismarck, dem alle Ressortminister unmittelbar verantwortlich sind, vereint die beiden politischen Funktionen als »Eiserner Kanzler« in besonderer Weise. Nur ein Mal und nur für kurze Zeit gibt er das Amt des preußischen Regierungschefs auf. Nach kurzer Zeit kehrt er »reuevoll« zurück.

Wie kein anderer verkörpert der Reichskanzler und preußische Ministerpräsident, der sich als »treuer Vasall« seines Königs darstellt, die »Verpreußung« des Reiches. Durch die Reichseinigung unter Preußens Führung sei »die deutsche Uhr für hundert Jahre richtig gestellt«, meint Bismarck selbstzufrieden.

Den Bundesrat, die föderale Vertretung der am Staatenbund beteiligten Regierungen, dominiert Preußen nicht zahlenmäßig, aber faktisch. Preußen verfügt zwar nur über etwas weniger als ein Drittel der Stimmen, kann damit aber alle unerwünschten Gesetzesvorstöße blockieren. In der politischen Praxis werden die preußischen Delegierten im Bundesrat ohnehin fast nie von den anderen Mitgliedern überstimmt. Das Übergewicht des mit Abstand größten Bundesstaates in nahezu allen gesellschaftlichen Bereichen ist erdrückend. Fast zwei Drittel des Reichsgebietes sind preußisches Territorium, mehr als 60 Prozent der Reichsbevölkerung sind Bürger des preußischen Staates. Die großen Industriegebiete und die Kohlereviere in Schlesien und an Rhein und Ruhr befinden sich auf preußischem Gebiet, ebenso die Erz- und Kalivorkommen sowie die meisten Anbauflächen für Getreide, Kartoffeln und Zuckerrüben.

Auch im Militär geben die Preußen unüberhörbar den Ton an. Von 35 Divisionen im Jahr 1871 sind 25 preußisch. An diesem Kräfteverhältnis ändert sich über die Jahre kaum etwas: 1913 stammen von 50 Divisionen 35 aus Preußen. Nach der Heeresreform, die Wilhelm I. und Bismarck in den Jahren zuvor zunächst gegen den Widerstand der Liberalen in Preußen durchgesetzt hatten, bildet das preußische Heer eine übermächtige militärische Kraft. Die anderen Armeen des Reiches werden nach preußischem Vorbild reformiert und bis auf die bayerische dem preußischen Oberbefehl unterstellt. Wird ein Wehrpflichtiger zum Militärdienst eingezogen, heißt es im Volksmund, er gehe »zu den Preußen«.

Die Siege über Dänemark 1864, Österreich 1866 und schließlich Frankreich 1870/71 haben das Ansehen der preußischen Armee in irrationale Höhen getrieben. Die Bürger jubeln der Pickelhaube zu, unter der die deutschen Staaten nun vereinigt sind. Den Hang zum Militärischen beobachten kritische Zeitgenossen wie der Dichter Theodor Fontane mit Skepsis. In den jungen Männern des Bürgertums, die es zu »den Preußen« zieht, sieht er »Streber, Abenteuerlustige, Rastlose und Ambitiöse«. Den Kult der »Schneidigkeit«, den die Offiziere neuen Typus pflegen, findet er lächerlich und den Anspruch des Militärs auf eine herausragende gesellschaftliche Stellung anmaßend. Der preußische Schriftsteller spürt die Gefahr, die mit der Militarisierung der Gesellschaft heraufzieht. 1880 schreibt er seiner Tochter: »Ein Leutnant darf eben nur ein Leutnant sein und muß darauf verzichten, selbst wenn er bei den Ziethenhusaren steht, … ein Halbgott oder überhaupt Exzeptionelles sein zu wollen.«[4]

Die Hegemonie Preußens im Deutschen Reich macht sich auch in der Bürokratie bemerkbar. Fast alle zentralen Verwaltungseinrichtungen gehen aus preußischen Ministerien und Behörden hervor oder werden mit ihnen zusammengefaßt. Die Verwaltung von Reich und Preußen ist gar nicht mehr zu trennen. Mit der Zeit führt dies allerdings dazu, daß der preußisch-schroffe Befehlston und militärisches Auftreten auch in den Amtsstuben anderer deutscher Regionen Einzug halten. Verstärkt wird diese Entwicklung durch eine Regelung, wonach ausgediente Unteroffiziere, sogenannte Zwölfender, Anspruch auf eine Stelle im Staatsdienst haben. Und so kommt es, daß an den Schreibtischen und hinter den Schaltern der preußisch-deutschen Bürokratie besonders viele ehemalige Soldaten ihren Dienst verrichten, oft barsch im Umgang nach unten, untertänig-servil nach oben.

Bei so viel Dominanz erscheint es den Zeitgenossen nur folgerichtig, daß die preußische Königshymne zur deutschen Kaiserhymne umfunktioniert wird. Von nun an singt man zu allen offiziellen Anlässen: »Heil dir im Siegerkranz!« Noch populärer ist aber das Lied von der »Wacht am Rhein«, die Preußen–Deutschland übernommen hat. Es heißt, Seine Majestät, Kaiser Wilhelm I., bekomme jedesmal feuchte Augen, wenn er die Ufer des »deutschen Stromes« erblicke.

Dutzende von Reiterstatuen und Denkmälern der Hohenzollern sollen die preußisch-wilhelminische »Wacht am Rhein« für alle Welt signalisieren. Der Jahrestag der Schlacht von Sedan im Krieg gegen Frankreich 1870/71, der 2. September, wird im ganzen Reich als nationaler Feiertag eingeführt.

Doch trotz der Vormachtstellung, die Preußen im Deutschen Reich einnimmt, kann man bei dem neuen Nationalstaat nicht von einem »kleindeutschen Großpreußen« sprechen. Die politischen und gesellschaftlichen Entwicklungen, die durch die Reichsgründung ausgelöst werden, sind so umfassend, daß auch der mächtige Teilstaat von ihnen erfaßt wird. Das alte Preußen wird innerhalb weniger Jahre im Deutschen Reich aufgehen. Ein spezifisch preußisches Nationalgefühl, daß einen solchen Auflösungsprozeß aufhalten könnte, ist bei den meisten Bürgern ohnehin nicht ausgeprägt. Preußen war immer vor allem ein Staatsgebilde, das bei seinen Bewohnern eher Loyalität, aber keine tiefempfundenen, naturgegebenen Bindungen erzeugen konnte.

In den west- und norddeutschen Gebieten, die erst spät unter preußische Herrschaft geraten sind, hält sich die Begeisterung für den Hohenzollern-Staat ohnehin in Grenzen. Die Rheinländer machen sich gern über die Preußen lustig, nicht nur beim Karneval, wo die »Roten Funken« mit ihrem »Stippeföttche« das exerzierende preußische Militär

Preußens »Wacht am Rhein« wird – wie auf dieser Postkarte aus dem Jahr 1910 – in der Wilhelminischen Epoche als heroische Aufgabe stilisiert.

lächerlich machen, auch die Welfen in Hannover wären viel lieber ein eigenständiges
Königreich geblieben. Mit der Zeit wird das Staatsgefühl der Preußen mit dem National-
gefühl der Deutschen verschmelzen. Und rasch wird »an die Stelle des altpreußischen
Kerns viel Schein und Flitter treten« (Hans-Joachim Schoeps).
Diese Entwicklung können auch die erzkonservativen Junker nicht aufhalten, die ihrem
Staat altpreußischer Prägung nachtrauern. Im Programm ihres »Preußischen Volks-
vereins« hatten sie vor der Reichsgründung ihre Ablehnung gegenüber der bürgerlichen
Nationalbewegung in aller Schärfe bekundet: »Keine Verleugnung unseres preußischen

202

Vaterlandes und seiner ruhmreichen Geschichte; kein Untergehen in dem Schmutz einer
deutschen Republik; kein Kronenraub und Nationalitätenschwindel!« In den Jahren nach
der Reichsgründung geht unter ihnen das Wort um: »Der Bismarck ruiniert uns noch den
ganzen preußischen Staat, das Reich bekommt Preußen nicht.«[5]
Die Altkonservativen verübeln Bismarck sein politisches Bündnis mit den Liberalen, die
der Reichskanzler und preußische Ministerpräsident zuvor lange Zeit bekämpft hatte.
Das ökonomische Übergewicht der Industrieregionen im Westen und die einsetzende
Modernisierungswelle beobachten die ostelbischen Agrarier mit Argwohn. Die über-
schaubare Welt des Gutsbezirks scheint durch die umwälzenden Veränderungen bedroht. Manch einer flaggt zu feierlichen Anlässen dann auch lieber preußisch schwarz-
weiß und nicht die Reichsfarben Schwarz-Weiß-Rot. Preußen, so meinen die angestammten Junker, sei durch die Reichsgründung in Unordnung geraten.

Gründerjahre und Gründerkrisen

Nach dem Sieg über Frankreich und mit der Reichsgründung wird Preußen von einem
immensen wirtschaftlichen Boom erfaßt, der schon von den Zeitgenossen als »Gründerzeit« bezeichnet wird. Auslöser sind die fünf Milliarden Goldfranc, die Frankreich als
»Kriegsreparationen« an das Deutsche Reich zahlen muß und die in Form von Goldbar-
ren im Spandauer Juliusturm eingelagert werden. Der Staat kann damit die Kriegsan-
leihen zurückzahlen, Privatleute und Unternehmen werden entschädigt. Der Geldregen

Feierliche Einweihung der Berliner Siegessäule am 2. September 1873, dem »Sedantag«. Die vergoldeten Kanonenrohre, die das Bauwerk zieren, stammen aus dem Krieg gegen Frankreich.

aus Frankreich fällt auf fruchtbaren Boden. Schon vor dem Krieg befand sich die Wirtschaft im Aufschwung. Vorteilhaft wirkt sich nun aus, daß zunächst der Norddeutsche Bund und jetzt das Reich die Gesetzgebung liberalisiert haben. Neue Gesetze erleichtern z. B. die Gründung von Aktiengesellschaften, zudem wird bald nach der Reichsgründung die Reichsmark als einheitliche Währung eingeführt.

Nationaler Siegestaumel und wirtschaftliche Aufbruchstimmung erzeugen ein »Gründerfieber«, das vor allem die neue Reichshauptstadt Berlin und das Industriegebiet an Rhein und Ruhr erfaßt. In nur zwei Jahren entstehen im Reich 103 neue Aktienbanken (1870 wird die »Deutsche Bank« gegründet), 25 Eisenbahngesellschaften und 102 Bau- und Montangesellschaften, in Preußen mehr als 800 neue Aktienunternehmen, allein in Berlin werden 70 neue Baufirmen gegründet. Mit dem frischen Geldkapital und freigebigen Krediten der Banken können die neuen Unternehmen rege Aktivitäten entfalten. Überall schießen neue Fabriken, Bahnhöfe, Bürgerhäuser und Mietskasernen wie Pilze aus dem Boden. »Alles riecht nach Neubauten!« schreibt der Historiker Friedrich Meinecke über diese Zeit.

Zu den »Gründern« gehören Industrielle, Bankiers und Kaufleute, aber auch weite Teile des bürgerlichen Mittelstandes, die nun in die wachsende Wirtschaft investieren. Jeder will Geld machen – und das möglichst schnell. Bald zeigt sich allerdings, daß viele Unternehmungen ohne seriöse Finanzierung und vernünftige Planung zustande gekommen sind. Die überhitzte Konjunktur nutzen Spekulanten und Finanzjongleure für fragwürdige Geschäfte. Der Gründerboom artet in wilde Spekulation aus.

1873 kommt es zum »Wiener Börsenkrach«, der in Berlin gewaltige Kurseinbrüche auslöst, weil große Mengen deutschen Geldes in österreichischen Wertpapieren angelegt sind. Als wenige Monate später in den USA die große Eisenbahngesellschaft »Northern Pacific Railway Company« und das sie tragende Bankhaus in Konkurs gehen, bricht weltweit Börsenpanik aus.

Auch in Berlin stürzen die Aktienwerte noch einmal dramatisch. In den Monaten nach dem Börsendesaster gehen 61 Banken, vier Eisenbahn- und mehr als 100 Industrieunternehmen pleite. Der atemberaubende wirtschaftliche Aufschwung wird gebremst, ein Absinken der Löhne verschärft die sozialen Konflikte. Arbeitslosigkeit und soziale Not sind offensichtlich.

In dieser Krisenstimmung sind zum erstenmal seit langem öffentlich auch wieder antisemitische Töne zu vernehmen. Nationalistisch-kleinbürgerliche Publizisten machen das liberale Judentum in Wirtschaft und Politik für die mißliche Lage verantwortlich. 1877 fordert eine nationalistische Schrift sogar den Sturz Bismarcks, der als »Knecht des internationalen jüdischen Kapitals« bezeichnet wird. Derartige Parolen finden mit der Zeit immer mehr Anklang, vor allem bei den bürgerlichen Schichten.

Besonders der national-populistische Hofprediger Adolf Stoecker macht durch antisemitische Predigten und Artikel von sich reden. Die preußische Monarchie verweigert übrigens – trotz voller gesetzlicher Gleichstellung der Juden seit 1869 – ihren jüdischen Bürgern weiterhin den Zugang zur Staatsbürokratie und zum Offizierskorps. Die Judenfeindlichkeit, in Preußen lange Zeit durch eine staatliche Toleranzpolitik (»Judenemanzipation«) zurückgedrängt, tritt in den Jahren der Depression wieder offen zutage und wird salonfähig. Sie wird das politische Klima schleichend vergiften.

Der Gründerkrach von 1873 hat auch schwerwiegende politische Folgen. Die Freihandelspolitik, die von den Liberalen gefordert und von Bismarck mitgetragen wurde, gerät bald in Mißkredit. Importe aus Rußland und Amerika führen Mitte der siebziger Jahre zu einem stetigen Verfall der Getreidepreise.

Die ostelbischen Großagrarier fordern nun von der Reichsregierung Schutzzölle, um die heimische Landwirtschaft zu stützen. Befürwortet werden derartige Forderungen vom 1876 gegründeten »Centralverband deutscher Industrieller«, in dem sich die Stahl- und Eisenfabrikanten zusammengeschlossen haben. Auch sie verlangen angesichts der ausländischen Konkurrenz protektionistische Maßnahmen als ein »wirksames Mittel zum Schutz der nationalen Arbeit«.

Auf diese Weise kommt es mit der Zeit zu einer politischen Allianz zwischen den Großgrundbesitzern und den Großindustriellen, zwischen den »ostelbischen Junkern« und den »rheinisch-westfälischen Schlotbaronen«.

Die wirtschaftliche Krisensituation und der Streit um die Handelspolitik führen auch dazu, daß sich Bismarck von seiner Koalition mit den Liberalen abwendet und wieder verstärkt auf die konservativen Kräfte setzt. Im Juli 1879 beschließt der Reichstag, den Import landwirtschaftlicher und schwerindustrieller Produkte mit Schutzzöllen zu belegen. Das Deutsche Reich schottet sich ab.

Die wirtschaftliche Depression nach dem Gründerkrach kann den Strukturwandel in Preußen allerdings nicht aufhalten. Der technische Fortschritt vollzieht sich in diesen Jahren in atemberaubendem Tempo. Neue Erfindungen, Patente und Produktionsverfahren beschleunigen die Veränderungen. Vor allem der Maschinenbau, das Eisenbahnwesen, die chemische Industrie und die Elektroindustrie bestimmen das Tempo der

oben: Der »Eisenbahnkönig«
Bethel Henry Strousberg mit seiner Familie. Nach seinem atem-
beraubenden Aufstieg als Eisen-
bahnunternehmer folgt der tiefe
Fall. Strousberg, Sohn einer jüdischen Familie aus Ostpreußen,
wird zur tragischen Hauptfigur
des Berliner Börsenkrachs.

rechts: Polizeirazzia: Preußische
Ordnungshüter suchen einen
»arbeitsscheuen« Vagabunden.
Die Verarmung auf dem Land, die
Entwurzelung und das soziale
Elend in den Städten werden
durch diese Darstellung verzerrt.

Entwicklung. Der industrielle Aufschwung wird 1879 auf der Gewerbeausstellung in Berlin eindrucksvoll unter Beweis gestellt. Hier präsentiert die Firma Siemens und Halske auch die erste elektrische Straßenbahn, die zwei Jahre später in Lichterfelde, einem Vorort von Berlin, in Betrieb geht. Das Elektro-Unternehmen, das in der Reichshauptstadt auch den Potsdamer Platz und die Leipziger Straße mit modernen Straßenlaternen ausstattet, wächst so schnell, daß es sich vor den Toren Berlins bald einen eigenen Stadtteil bauen wird: Siemensstadt.

Mit Kapital der 1870 gegründeten Deutschen Bank baut Siemens auch die Hoch- und Untergrundbahn der Reichshauptstadt.

Auch andere Firmen wie die Maschinenfabriken Borsig und Schwartzkopff expandieren und gründen ganze Fabrik- und Wohnviertel neu. Aus dem »Sparta des Nordens« wird so das »Chicago an der Spree«. Neben Erfindern und Technikern wie Werner von Siemens, Emil Rathenau und dem Flugpionier Otto Lilienthal sind in Berlin die führenden Forscher und Wissenschaftler des Reiches beschäftigt, darunter Rudolf Virchow, Robert Koch, Ernst von Bergmann und Max Planck. Diese und andere legen mit ihren Forschungen die Grundlagen für die modernen Naturwissenschaften.

An Rhein und Ruhr erleben vor allem die Großbetriebe der Industriellenfamilien Krupp, Stinnes und Haniel einen steilen Aufstieg, andere Repräsentanten dieser aufstrebenden Großindustrie sind Mannesmann, Henckels und Henschel. Mit der wirtschaftlichen Bedeutung der »Schlotbarone« wächst auch ihre politische Macht. Sie bilden eine neue politische Kaste, die auf die Regierungspolitik massiv Einfluß nimmt. Von den liberalen Ideen, die das Bürgertum noch 1848 vertreten hat, wendet sich diese neue Schicht des industriellen Großbürgertums ab und geht eine Interessengemeinschaft mit dem konservativen Adel ein.

Einer der Köpfe des Gründerbooms: Werner von Siemens (1816–1892), Elektrotechniker und Industrieller. Er erfindet zahlreiche elektrische Apparate und begründet das Weltunternehmen.

Die elektrische Eisenbahn von Siemens und Halske ist auf der Berliner Gewerbeausstellung 1879 die Sensation. 1881 verkehrt die erste elektrische Straßenbahn der Welt in Lichterfelde, einem Vorort von Berlin.

links: Beispiel für die boomende Industrie der Gründerzeit: das Siemenswerk in Charlottenburg. Später entsteht vor den Toren Berlins die »Siemensstadt«.

rechts: Ein Entwurf für die Villa der Bankiersfamilie Bleichröder, Beispiel für die Ambitionen und den Wohlstand des aufstrebenden Bürgertums.

Ausschnitte aus einem elfteiligen Rundumpanorama der Gußstahlfabrik Friedrich Krupp in Essen um 1867, Keimzelle des Stahlkonzerns. Das Unternehmen Krupp beliefert das kaiserliche Militär vor allem mit Kanonen und wird schnell zur wichtigsten Waffenschmiede des Reiches.

Wirtschaftlicher Erfolg und gesellschaftlicher Ehrgeiz führen dazu, daß sich das industrielle Großbürgertum in seinen politischen Grundhaltungen und in seinem Lebensstil immer mehr dem des Adels anpaßt und dessen Lebensformen nachahmt. Die neuen Fabrikantenvillen werden nicht mehr wie früher auf dem Werksgelände, sondern am Stadtrand oder als repräsentative Landsitze errichtet. Der zur Schau gestellte Reichtum ist so augenfällig, daß man später von einem Gründerstil sprechen wird. Die Söhne von Kaufleuten und Fabrikbesitzern versammeln sich in schlagenden Verbindungen und streben mit Vorliebe den Offiziersberuf an. Dienerschaft, Reitstall und das Reserveoffizierspatent gelten als Eintrittskarten für die »feine Gesellschaft«. Als besonders ehrenwert gilt es in großbürgerlichen Kreisen, zum »Kommerzienrat« ernannt zu werden. Orden und Titel dokumentieren die Zugehörigkeit zu dieser neureichen, gesellschaftlichen Führungsschicht.

Diese »Feudalisierung des Bürgertums« bringt der liberale Politiker Friedrich Naumann kritisch auf den Punkt: »Einst gab es Schlösser nur in den Residenzen und auf Rittergütern, jetzt ist jede große Stadt von einem Gewinde feiner Villen umgeben, deren beste unsere Vorfahren Schlösser genannt haben würden ... Erst mit der modernen Industrie stieg ein neues, in sich einheitliches Herrenvolk herauf: das Großunternehmertum. Wenn man einen Eindruck der neuen Aristokratie haben will, muß man nach dem rheinisch-westfälischen Industriegebiet gehen. Dort ist der Typus des industriellen Herrschertums am reinsten ausgeprägt.«[6] Mit der Zeit wachsen der alte Adel und das neureiche Großbürgertum zu einer gemeinsamen Führungsschicht zusammen. Die politischen Interessen sind ähnlich gelagert. Vor allem sehen beide Gruppen in der Arbeiterbewegung einen gemeinsamen Gegner.

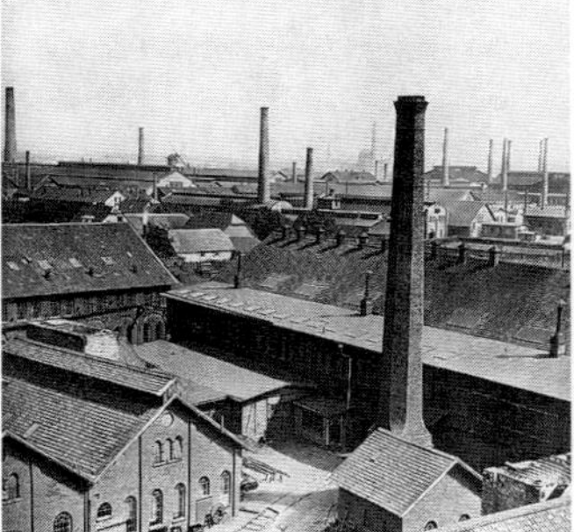

oben: Das Leben auf dem Land bleibt vom industriellen Aufschwung in den Städten weitgehend unberührt. Die Kartoffelernte ist auch weiterhin – wie auf diesem Gemälde von Max Liebermann aus dem Jahr 1875 – eine beschwerliche Knochenarbeit.

links: Die preußischen Landjunker herrschen auf ihren Besitzungen nach »alter Gutsherrenart«. Es gelingt ihnen bis zuletzt, politische Reformen zu verhindern und ihre Privilegien zu sichern.

Verwaltungsreformen

In den ersten Jahren nach der Reichsgründung, in der Bismarck politisch auf die nationalliberalen Kräfte setzt, wird die Verwaltung in den preußischen Provinzen gegen den erbitterten Widerstand des konservativen Adels modernisiert. In den ländlichen Regionen herrschen die preußischen Großgrundbesitzer fast noch so uneingeschränkt wie vor der sogenannten Bauernbefreiung durch die Stein-Hardenbergschen Reformen. Die Verwaltung der Dörfer, Kreise und Gemeinden vollzieht sich nach »alter Gutsherrenart«. Der Junker ist in seinem Gutsbezirk oberster Verwaltungschef, Kirchenpatron und Ordnungshüter in einer Person. Er bestimmt die Höhe der Löhne, ahndet Vergehen, stiftet Ehen, empfiehlt, wer zu den Soldaten gehen muß, und befiehlt, welche Partei zu wählen ist. Im Unterschied zum frühen 19. Jahrhundert haben allerdings immer mehr neureiche Bürgerliche preußische Güter übernommen. Sie übernehmen in der Regel auch den aristokratisch-junkerlichen Lebensstil und fühlen sich zumeist als uneingeschränkte Herren auf eigenem Grund.

1872 tritt auf Betreiben der Liberalen in den östlichen Provinzen Preußens eine neue Kreisordnung in Kraft, die umfassende Veränderungen festschreibt: Das letzte Kernstück der feudalen Gutsherrlichkeit, die patrimoniale Polizei, wird abgeschafft. Die Gutsbesitzer verlieren also das Recht, auf ihren Besitzungen die alleinige Polizeigewalt auszuüben. Außerdem wird das zumeist erbliche Amt des Dorfschulzen durch die Funktion eines von der Gemeinde gewählten Amtsvorstehers ersetzt. Insgesamt soll eine effektivere Verwaltung in den ländlichen Regionen die Aufgaben der veralteten ständischen Herrschaftsstrukturen übernehmen.

An der Spitze der staatlichen Kreisverwaltung steht der Landrat. Dieses Amt soll nun nicht mehr automatisch vom alteingesessenen Rittergutsbesitzer ausgeübt werden, sondern von einem ausgewiesenen Verwaltungsfachmann, der vom Kreistag vorgeschlagen und vom König ernannt wird. Die preußischen Landräte, zumeist konservativ gesinnte, loyale Beamte, werden schnell zu den Schlüsselfiguren des preußischen Verwaltungssystems. Von »Seiner Majestät« persönlich ernannt, fungieren sie selbst als »kleine Könige« in ihren ostelbischen Landkreisen.

Die neue Kreisordnung verändert die Machtverhältnisse auf dem Land dennoch nicht entscheidend. Die »hohen Herrschaften« dominieren nach wie vor das soziale Gefüge in den ostelbischen Dörfern. Alle Wahlen finden in der Regel öffentlich nach dem Dreiklassenwahlrecht statt, und welcher abhängige Landarbeiter wagt es schon, offen gegen die Interessen des Großgrundbesitzers zu stimmen, bei dem er in Lohn und Brot steht? Zudem sorgen die preußischen Behörden schon dafür, daß nur politisch genehme Kandidaten ein Amt erhalten.

Für den preußischen Landadel bedeuten diese Reformen dennoch eine spürbare Beschneidung seiner bisherigen Privilegien. Deshalb blockiert die konservative Mehrheit im Parlament die liberalen Reformen mit aller Kraft. Politisch durchsetzbar werden die Veränderungen am Ende nur, weil der preußische König das von den Junkern dominierte Herrenhaus vor der entscheidenden Abstimmung kurzerhand mit loyalen Gefolgsleuten aufstockt (»Pairsschub«), um auf diese Weise die erforderliche Abstimmungsmehrheit zu erzielen.

1875 folgt eine neue Provinzialordnung, die den einzelnen preußischen Provinzen durch die Bildung einer regionalen Selbstverwaltung größere Rechte einräumt. Der preußische

Staat überläßt den Provinzen nun die Zuständigkeit für den Bau von Chausseen und Wegen, die Wasserwirtschaft, die Wohlfahrtspflege (Blinden- und Taubstummenanstalten) sowie für kulturelle Aufgaben wie die Denkmalpflege und das Museumswesen. Die Stärkung der Selbstverwaltung, die in jeder Provinz von einem durch den Landtag gewählten Landesdirektor geleitet wird, soll dazu beitragen, daß die Provinzen in den Bereichen der Infrastruktur und des Sozialwesens eigene Aktivitäten entfalten. In der Tat wirken sich die neuen Verwaltungsstrukturen in den Provinzen zumeist positiv aus. Der Siedlungs- und Wegebau wird forciert, die Gewässerpflege und der Deichbau werden intensiviert, vielerorts entstehen Heime für Behinderte, die Betreuung der Wanderarbeiter wird verbessert.

210 Die Kreisordnung von 1872 und die Provinzialordnung von 1875 haben zwar keine durchgreifende Demokratisierung zur Folge, schließlich werden alle Organe der kommunalen und regionalen Selbstverwaltung weiterhin nach dem Dreiklassenwahlrecht gewählt, dennoch ergeben sich durch die staatlich verordneten Verwaltungsreformen modernisierende Effekte. Zum einen gewinnt das Besitzbürgertum zunehmend Einfluß auf die politischen Entscheidungen in den Provinzen, Kreisen und Gemeinden. Zum anderen fördern die neuen Verwaltungsstrukturen den massiven Industrialisierungsschub, der Preußen seit Gründung des Reiches erfaßt hat. Politisch macht sich durch die Reformen der siebziger Jahre ein letztes Mal der Wille zur »Revolution von oben« bemerkbar.

Der »Kulturkampf«

Die Ausbreitung liberaler Strömungen überall in Europa und die nationalstaatliche Einigung in Deutschland, vor allem aber auch in Italien, haben die katholische Kirche in Alarmbereitschaft versetzt. Papst Pius IX. erläßt in diesen Jahren eine Vielzahl von Schriften und kirchlichen Weisungen, die sich entschieden gegen die politischen, wirtschaftlichen und kulturellen Vorstellungen des Liberalismus richten. Die Versuche der Kurie, den Katholizismus dogmatisch und hierarchisch zu festigen, gipfeln im Vatikanischen Konzil von 1870, das den Papst in Glaubensfragen für unfehlbar erklärt. Die Verkündung des »Infallibilitätsdogmas« empfinden die Liberalen und viele Protestanten im Deutschen Reich als unerhörte Provokation und eine Art Kriegserklärung gegen den modernen Nationalstaat. Zwischen der katholischen Kirche und den liberal ausgerichteten Regierungen im deutschen Reich kommt es zu jahrelangen Auseinandersetzungen, die sich gerade in Preußen dramatisch zuspitzen.

Der Streit bricht offen aus, als die Kurie von der preußischen Regierung fordert, innerkirchliche Kritiker des Papstes, die sich gegen die römischen Dogmen gestellt haben, aus dem Staatsdienst an Schulen und Universitäten zu entfernen. Preußen, das sich in Glaubensfragen stets tolerant gab, sieht darin einen Versuch der Kirche, in die Kompetenzen des Staates einzugreifen. In den preußischen Ministerien registriert man zudem kritisch, daß die Geistlichen und katholischen Schulinspektoren in den polnischsprachigen Gebieten der Ostprovinzen im Religionsunterricht nicht die Ausbreitung der deutschen Sprache, sondern der polnischen Muttersprache fördern. Die katholische Kirche, so wird geargwöhnt, unterstütze auf diese Weise nationalistische Tendenzen in den von Preußen annektierten polnischen Gebieten.

Der fortschrittlich-liberale preußische Abgeordnete und Mediziner Rudolf Virchow nennt in einer Rede vor dem Abgeordnetenhaus die Auseinandersetzung zwischen dem preußi-

Er prägt den Begriff des »Kulturkampfes«: der liberale Politiker und Mediziner Rudolf Virchow (1821–1902).

Der letzte Zug war mir allerdings unangenehm; aber die Partie ist deshalb noch nicht verloren. Ich habe noch einen sehr schönen Zug in petto!
Das wird auch der letzte sein, und dann sind Sie in wenigen Zügen matt — — wenigstens für Deutschland.

Eine Karikatur des »Kladderadatsch« (1875) findet für die politische Konfrontation zwischen dem preußischen Staat und der katholischen Kirche das Bild des Schachspiels.

schen Staat und der Kirche einen »Kulturkampf« und gibt damit dem jahrelangen Streit einen Namen. Bismarck steht in dem politischen Kräftemessen auf seiten der Liberalen, hat aber ganz eigene Motive. Als Verfechter eines starken Staates will er den Einfluß der Kirche auf Bildung und Kultur grundsätzlich zurückdrängen. Vor allem aber verfolgt er ein politisches Ziel: Er will die Interessenvertretung des deutschen Katholizismus, die Zentrumspartei, bekämpfen, die er für »reichsfeindlich« hält und die besonders in den katholisch geprägten Regionen verwurzelt ist. Auf Bismarcks Weisung erarbeiten der preußische Kultusminister Adalbert Falk und dessen Beamte Anfang der siebziger Jahre eine Reihe von Gesetzen, die die traditionellen Rechte der Kirchen massiv beschneiden.

Im Dezember 1871 beschließt der Reichstag den sogenannten »Kanzelparagraphen«, der es den Geistlichen verbietet, in ihren Predigten Stellung gegen staatliche Maßnahmen und die Politik der Regierung zu beziehen. Wenige Monate später folgt nach einem Streit über die Besetzung des preußischen Botschafterpostens beim Vatikan der Abbruch der diplomatischen Beziehungen zwischen Preußen und dem Vatikan, dann das reichsweite Verbot des Jesuitenordens. Die Auseinandersetzung eskaliert, als Preußen per Gesetz den Kirchen (auch den protestantischen) das Recht der Schulaufsicht entzieht. Alle Schulen werden nun einer staatlichen Inspektion unterstellt. Diese Maßnahme führt zum Bruch Bismarcks mit den preußischen Altkonservativen, die sich der protestantischen Kirche verbunden fühlen.

Die »Maigesetze« von 1873, die als Voraussetzung für eine theologische Amtstätigkeit Ausbildung und Prüfung an staatlichen Schulen und Universitäten vorschreiben und die Kirchen gesetzlich verpflichten, den Behörden Amtsbesetzungen zu melden, verschärfen den Konflikt zwischen den Kirchen und der preußischen Regierung noch weiter. Auf den passiven Widerstand vieler Geistlicher und die Proteste in der katholischen Bevölkerung reagieren die preußischen Behörden mit Amtsenthebungen, Verhaftungen und Ausweisungen. Pfarrer und sogar Bischöfe werden eingesperrt oder des Landes verwiesen. So wird zum Beispiel der populäre Erzbischof von Gnesen-Posen, Graf Ledochowski, für zwei Jahre in Haft genommen.

In der Folge können bald in vielen Gemeinden Geburten, Todesfälle und Heiraten nicht mehr beurkundet werden, weil die Pfarrer verhaftet oder ausgewiesen sind. Preußen erläßt in dieser angespannten Situation ein Gesetz über die obligatorische Zivilehe, richtet staatliche Standesämter ein und sperrt der katholischen Kirche die staatlichen Zuschüsse. Die Kirche ist damit wesentlicher Aufgaben beraubt.

Dennoch gelingt es der preußischen Regierung nicht, den Widerstandswillen des katholischen Klerus zu brechen. Auf dem Höhepunkt des Konfliktes ist ein Viertel der katholischen Pfarrstellen in Preußen vakant. Die Anordnung der Behörden, die Kirchengemeinden sollten sich ihre Seelsorger nun selbst wählen, wird von den Gläubigen aus Solidarität zu ihren vertriebenen oder verhafteten Geistlichen zumeist nicht befolgt. Die Strafaktionen durch den Staat haben die verfolgten Würdenträger in den Augen vieler Gläubigen zu Märtyrern gemacht. Der Zusammenhalt der Katholiken im Elsaß und im Rheinland, vor allem aber in den polnisch besiedelten Provinzen Posen, Westpreußen und Oberschlesien, wird durch den »Kulturkampf« gestärkt.

Bismarck muß erkennen, daß er mit seinem Versuch, die Kirche auszugrenzen, gescheitert ist. Zwar bleiben viele rechtliche Regelungen wie die Zivilehe und die staatliche Schulaufsicht in Kraft, aber sein politisches Ziel, die politische Kraft des Katholizismus zu schwächen, erreicht er nicht. Im Gegenteil: Die Zentrumspartei kann die Zahl ihrer Wähler in dieser Zeit nahezu verdoppeln. Einige Jahre später, nach dem Bruch Bismarcks mit den Liberalen, schwenkt die preußische Regierung mit »Milderungs- und Friedensgesetzen« auf einen Kompromißkurs ein. Der Kulturkampf in Preußen hat keine Sieger, Bismarcks politische Niederlage jedoch ist nur schwer zu übersehen.

Polen und Deutsche

Im Königreich Preußen leben 1871/72 rund 2,5 Millionen Polen. Mit einem Bevölkerungsanteil von zehn Prozent bilden sie die größte Minderheit. Durch die Gründung des Deutschen Reiches sind sie sozusagen über Nacht Bürger eines deutschen Nationalstaates geworden. Der nationalen Begeisterung der Deutschen stehen die meisten Polen in Preußen mit Sorge und Skepsis gegenüber, vor allem aber auch mit eigenem Patriotismus und dem Streben nach nationaler Selbständigkeit.

Im Jahr der Reichsgründung bringt ein polnischer Reichstagsabgeordneter, der Rittergutsbesitzer Kantak, die Stimmung in der polnischen Minderheit auf den Punkt. Die deutschen Abgeordneten seien im Begriff, »das gerechte Werk nationaler Einigung ... mit einem Unrecht einem anderen Volksstamm, einer anderen Ihnen auf diesem Felde gleich berechtigten Nationalität gegenüber«[7] zu beginnen. Polnische Politiker sprechen in dieser Zeit wiederholt aus, daß sie die Gründung eines deutschen Nationalstaates zwar begrüßten, aber für die eigene Nation das gleiche Recht in Anspruch nähmen. »Wir wollen, meine Herren, bis Gott anders über uns bestimmt, unter preußischer Herrschaft bleiben; aber dem Deutschen Reich wollen wir nicht einverleibt sein!«[8], heißt es in den Debatten.

Seit den drei polnischen Teilungen, bei denen sich Preußen und die anderen starken Nachbarn Rußland und Österreich das ehemalige Königreich Polen einverleibt haben, müssen die Polen ohne einen eigenen, wirklich unabhängigen Staat leben. Die meisten Polen in den Ostprovinzen Posen, Westpreußen, Ostpreußen und Schlesien haben sich zwar wohl oder übel mit der preußischen Herrschaft arrangiert, aber die kulturelle Identität und die nationale Idee wurden zu keiner Zeit aufgegeben. Im Gegenteil: Immer wieder hat es Versuche polnischer Patrioten gegeben, sich gegen die preußische Krone

Stillstand auf dem Land: ein masurischer Bauer um 1890.

aufzulehnen. Weit verbreitet ist die Sehnsucht, die Fremdherrschaft der Preußen, Österreicher und Russen abzuschütteln.

Bismarck hatte aus seiner polenfeindlichen Einstellung nur selten einen Hehl gemacht.
In einem Brief an seine Schwester aus dem Jahr 1861 heißt es: »Haut die Polen doch,
daß sie am Leben verzagen ... Ich habe alles Mitgefühl für ihre Lage, aber wir können,
wenn wir bestehen wollen, nichts anderes tun als sie auszurotten; der Wolf kann auch
nichts dafür, daß er von Gott geschaffen ist, wie er ist, und man schießt ihn doch dafür
tot, wenn man kann.«[9] Die nationalen Bestrebungen der polnischen Minderheit in
Preußen bekämpft Bismarck mit allen Mitteln.

»Germanisierung« in den östlichen Provinzen Preußens: Ein
preußischer Landpolizist, hoch
zu Roß, verliest polnischen
Landarbeitern einen Auswei-
sungsbefehl.

Mit der Gründung des Deutschen Reiches wird die »Polenfrage« nun zu einem besonders brisanten Problem. Auf die nationale Bewegung, welche die Deutschen erfaßt hat,
reagieren die Polen ihrerseits mit wachsendem Patriotismus und einer Festigung des
katholischen Glaubens. Durch den Kulturkampf verschärft sich der Nationalitätenkon-
flikt, weil es in der Regel deutsche Beamte sind, die gegen polnisch-katholische Prie-
ster und Religionslehrer vorgehen. Da die preußische Regierung immer deutlicher nationale Töne anschlägt und insbesondere auf die Verbreitung der deutschen und die
Beschränkung der polnischen Sprache drängt, kommt es immer häufiger zur Diskriminierung polnischer Untertanen des Königs durch die deutschen Behörden. 1876 wird
Deutsch zur alleinigen Amtssprache in Preußen erklärt, die polnische Sprache durch
Zwangsmaßnahmen immer weiter zurückgedrängt.

Die Germanisierungspolitik der preußischen Regierung gipfelt 1885 zunächst in dem
Beschluß, mehr als 30.000 Polen, die in den Jahrzehnten zuvor zugewandert sind –
unter ihnen auch viele Juden – aus Preußen auszuweisen. Die Begründung: Die Betroffenen könnten die preußische Staatsbürgerschaft nicht eindeutig nachweisen. Das Vorgehen der deutsch gesinnten Behörden hat nichts mehr mit dem früher vertretenen
preußischen Toleranzprinzip zu tun. Den Opfern der staatlichen Vertreibungsaktion hilft
es nicht, wenn sie nachweisen können, daß auch schon ihre Vorfahren auf dem von
Preußen annektierten Territorium gelebt haben.

Bald darauf beginnt der preußische Staat ein Programm zur »Germanisierung des Bodens«. Um die durch die Agrarkrise vielfach verschuldeten deutschen Großgrundbesitzer zu stützen und zugleich den polnischen Bodenbesitz einzuschränken, wird damit begonnen, den Verkauf von Gutsbesitz an deutsche Bauern staatlich zu fördern. Eine staatliche Gesellschaft kauft Land und gibt es zu günstigen Konditionen ausschließlich an deutsche Bauern weiter. Die Polen reagieren auf diese Maßnahmen ihrerseits mit der Gründung von Kreditvereinen und Banken, um polnischen Bauern den Landerwerb zu ermöglichen bzw. den Verkauf polnischen Besitzes an Deutsche zu verhindern. Die preußische Regierung erreicht mit ihrem »Kampf um den Boden« nicht das verfolgte Ziel. Die Zahl der polnischen Bauern sinkt nicht merklich. Dafür aber wachsen die nationalen Spannungen zwischen Deutschen und Polen in den preußischen Ostprovinzen.

Erschwerend für die Situation der polnischen Minderheit wirkt sich die Tatsache aus, daß die meisten Polen in ländlichen Regionen leben, die vom Strukturwandel nach der Reichsgründung in besonderer Weise betroffen sind. Die Agrarkrise Ende der siebziger Anfang der achtziger Jahre führt dazu, daß die Menschen auf dem Land nicht mehr genügend Arbeit haben und zu niedrige Löhne erhalten. Die Situation der polnischen Landbevölkerung ist zumeist bedrückend. Die meisten Tagelöhner und Landarbeiter sehen ihre einzige Chance darin, in die schnell wachsenden Industriegebiete im Ballungsraum Berlin und an Rhein und Ruhr auszuwandern.

In der Zeit von 1871 bis 1914 kommen etwa 300.000 Polen allein ins rheinisch-westfälische Industrierevier. Mit ihrer Sprache, mit ihren Lebensgewohnheiten und ihrem katholischen Glauben prägen sie die soziale Zusammensetzung und das gesellschaftliche Zusammenleben in der Region ganz entscheidend. Um die Jahrhundertwende existieren rund 250 polnische Kirchenvereine, 100 eigene Gesangsvereine, 125 Sokolvereine (Turn- und Sportvereine) und sogar eine polnische Bergarbeitergewerkschaft. Es entwickelt sich eine industrielle, multikulturelle Gesellschaft, ein neue Bevölkerungsgruppe, das »Ruhrvolk«. Nach dem Ersten Weltkrieg werden viele Polen wegen der katastrophalen wirtschaftlichen Lage in Deutschland das Ruhrgebiet wieder verlassen, ein Teil geht zurück in das nun selbständige Polen, andere siedeln sich im nordfranzösischen Industriegebiet an, aber die polnische Prägung des Reviers wird lange spürbar bleiben.

Bergleute aus dem Ruhrgebiet mit ihrem Minenpferd unter Tage.

Menschen und Maschinen: Die Hochindustrialisierung verändert das Gesicht Preußens. Das Bild zeigt die Gehäusewickelei der Großmaschinenfabrik der AEG in Berlin um 1900.

Hochindustrialisierung und Bevölkerungswanderung

Die Gründerjahre liefern die Initialzündung für einen gesellschaftlichen Prozeß, der Preußen innerhalb einer Generation in umwälzender Weise verändert. Zur Zeit der Reichsgründung ist das Königreich ein weitgehend agrarisch geprägter Staat. Zwei Drittel der Bevölkerung leben und arbeiten auf dem Lande. Dort herrschen trotz der Reformen zu Beginn des 19. Jahrhunderts, wozu auch die »Bauernbefreiung« gehörte, weitgehend noch die tradierten, feudal geprägten Eigentums- und Machtverhältnisse. Allerdings sind viele wohlhabende Vertreter des Bürgertums, die sich den Kauf eines Gutes leisten konnten, in die ländliche Führungsschicht aufgestiegen. Die Standesgrenzen zwischen Adel und Bürgertum haben sich mit der Zeit verwischt, zumal viele Großbürger einen aristokratischen Lebensstil nachahmen. Aus der altpreußischen Standesgesellschaft hat sich auf diese Weise eine ländliche Klassengesellschaft entwickelt, die vom adelig-großbürgerlichen Grundbesitz dominiert wird.

Für die unteren Schichten auf dem Land, die Kleinbauern, Handwerker und Tagelöhner, hat sich die soziale Situation dagegen nicht grundlegend verbessert. Im Gegenteil: Die vorangegangenen preußischen Agrarreformen haben aus vielen Kleinbauern besitzlose Landarbeiter gemacht. Die wirtschaftliche Abhängigkeit von den »hohen Herrschaften« und die politische Unmündigkeit bestehen nach wie vor.

Nach der Reichsgründung ändert sich das Kräfteverhältnis in der Wirtschaft dramatisch: Gründeroptimismus, eine liberale Gesetzgebung und technische Innovationen führen zu einer stürmischen Entwicklung der Industrie. In den Ballungsräumen Berlin und an Rhein und Ruhr wachsen die großbürgerlichen Betriebe in kurzer Zeit zu industriellen Großunternehmen. Die Produktion von Eisen und Stahl, der Maschinenbau, die Herstellung von chemischen Erzeugnissen und elektrischen Geräten, der Hochbau und der Kohlebergbau explodieren förmlich. Der Bedarf an Arbeitskräften steigt ständig an.

Auf der anderen Seite gerät die ostelbische Landwirtschaft, die stets das Fundament der preußischen Gesellschaft gebildet hat, in den siebziger Jahren in eine schwere Krise. Der Landausbau ist abgeschlossen, das heißt, weitere landwirtschaftliche Flächen können nicht mehr erschlossen werden. In dieser Situation überschwemmt günstiges Getreide aus Rußland und den USA den deutschen Markt. Die vielfach veralteten landwirtschaftlichen Betriebe in Preußen sind der ausländischen Konkurrenz oft nicht gewachsen. Das Heer der »Schnitter« und Tagelöhner findet nicht mehr ausreichend Beschäftigung, das Lohnniveau bleibt niedrig.

Immer mehr Menschen versuchen nun, der Not und dem Elend auf dem Land zu entfliehen. Viele suchen ihr Glück in Übersee, bis 1895 verlassen Hunderttausende Bürger das Königreich Preußen und wandern nach Amerika aus, von 1871 bis 1913 insgesamt 1,5 Millionen. Doch die einsetzende Hochindustrialisierung zieht die Menschen vor allen Dingen in die schnell wachsenden Städte Preußens, insbesondere nach Berlin, und in das rheinisch-westfälische Industriegebiet. Von der Landflucht sind besonders die entlegenen, rein landwirtschaftlich geprägten Regionen in den preußischen Ostprovinzen Pommern, West- und Ostpreußen, Posen und Schlesien betroffen.

Noch 1871 ist Schlesien die bevölkerungsreichste Provinz Preußens, 1910 hat die Rheinprovinz mit Abstand die meisten Einwohner, mit mehr als sieben Millionen doppelt so viele wie im Jahr der Reichsgründung. In Westfalen leben im Jahr 1871 noch weniger Menschen als in Ostpreußen, eine Generation später sind es doppelt so viele. Allein im Bergamtsbezirk Dortmund verfünffacht sich die Zahl der Kumpel und Bergwerksbeschäftigten im Steinkohlebergbau von rund 80.000 im Jahr 1880 auf mehr als 400.000 im Jahr 1913.

Angelockt werden die Zuwanderer aus den ländlichen Ostprovinzen von den höheren Löhnen in den städtischen Fabriken und im Bergbau. Alles drängt in diesen Jahren in die Städte. Berlin ist von dieser umwälzenden Veränderung besonders betroffen. In der Hauptstadt und ihren Vororten kann kaum so schnell gebaut werden, wie neue Bewohner zuwandern. Die preußische Metropole kommt schnell in den Ruf, die größte Mietskaserne der Welt zu sein. Unterkunft finden die meisten Neuankömmlinge nur in den dunklen und staubigen Hinterhöfen der Arbeiterbezirke, oft in feuchte Kellerräumen oder stickigen Dachkammern.

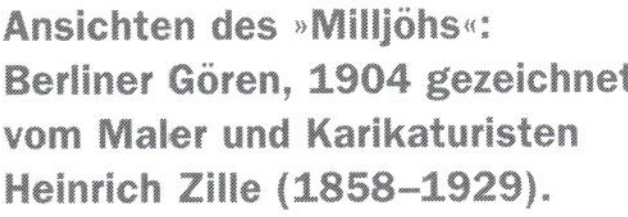

Ansichten des »Milljöhs«: Berliner Gören, 1904 gezeichnet vom Maler und Karikaturisten Heinrich Zille (1858–1929).

Erhebungen der Behörden ergeben, daß 75 Prozent der Einwohner Berlins in sogenannten Kleinwohnungen mit nur einem beheizbaren Zimmer leben. Ein Großteil dieser
Wohnungen ist hoffnungslos überbelegt, weil die Arbeiterfamilien Schlafgänger aufnehmen müssen, um ihre Miete bezahlen zu können. Überall in den großen preußischen
Städten haben sich Barackenlager gebildet, in denen Tausende von wohnungslosen
Arbeitern mit ihren Familien hausen. Und obwohl die Betriebe ständig wachsen, findet
nicht jeder Arbeitssuchende auch tatsächlich eine Beschäftigung. Die steigende Zahl

Das Elend der Hinterhöfe im Ber-
liner Krögel. Gegen die sozialen
Mißstände und für politische
Rechte kämpft die erstarkende
Sozialdemokratie auch mit ihrer
Parteizeitung »Vorwärts«.

von Wanderarbeitern, Bettlern und Obdachlosen wird immer mehr zum Problem. Das
Elend der Menschen in den Städten, die Armut im »Milljöh« wird der Berliner Zeichner
Heinrich Zille kritisch und zugleich liebevoll auf Hunderten von Zeichnungen und Karikaturen festhalten.
Um die Jahrhundertwende ist nicht einmal mehr die Hälfte der Berliner in der Hauptstadt geboren. Berlin wird zum preußischen Schmelztiegel. In den Jahren von 1871 bis
1918 wächst die Einwohnerzahl von rund 800.000 auf mehr als zwei Millionen.

Aufstieg der Arbeiterbewegung

Die stürmische industrielle Entwicklung der Gründerjahre und der folgende Konjunktur-
einbruch lassen die Spannungen zwischen den Besitzenden und dem Millionenheer der
besitzlosen Arbeiter weiter steigen. Zum einen geht es um die bedrückenden Lebensverhältnisse der Arbeiterschaft. Zwar bleibt eine massenhafte Verelendung, wie sie
Marx vorausgesagt hat, aus, und die Löhne steigen in den Gründerjahren deutlich an,
dennoch ist die Lebenssituation der meisten Arbeiterfamilien mit Kinderarbeit, Sechs-
tagewoche und 70 bis 80 Arbeitsstunden nach wie vor bedrückend. Vor allem aber will
die wachsende Arbeiterschaft ihre Forderungen artikulieren und politisch durchsetzen.

Die Gründerväter der Sozialdemokratie (von links nach rechts): Ferdinand Lassalle (1825–1864), Wilhelm Liebknecht (1826–1900) und August Bebel (1840–1913).

Die Arbeiterschaft und die bäuerlich-besitzlose Landbevölkerung, die »unteren Klassen«, wie sie in dieser Zeit genannt werden, machen mehr als zwei Drittel der Gesellschaft aus. Politisch hat diese Mehrheit kein Mitbestimmungsrecht. Das Dreiklassenwahlrecht in Preußen schließt sie auch weiterhin von politischen Entscheidungen aus.

Zur Zeit der Reichsgründung existieren zwei konkurrierende sozialdemokratische Vereinigungen: der von Ferdinand Lassalle gegründete, preußisch-kleindeutsch ausgerichtete »Allgemeine Deutsche Arbeiterverein« (ADAV), der gerade in Preußen viele Anhänger hat, und die radikalere, von August Bebel und Wilhelm Liebknecht geführte Sozialdemokratische Arbeiterpartei (»Eisenacher Partei«), die den Ideen von Karl Marx folgt und Bismarcks Politik ablehnt. Die beiden sozialdemokratischen Vereinigungen müssen jederzeit mit staatlicher Verfolgung rechnen. Um ihre politischen Kräfte zu bündeln, schließen sich die beiden Organisationen 1875 in Gotha zu einer neuen Partei, der Sozialistischen Arbeiterpartei (SAP), zusammen, die sich ab 1891 Sozialdemokratische Partei Deutschlands (SPD) nennt.

Die Arbeiterschaft hat nun eine Interessenvertretung, die schnell Zulauf gewinnt. Die preußische Metropole Berlin, die Hansestadt Hamburg, das preußische Altona und das Ruhrgebiet entwickeln sich zu Hochburgen der Sozialdemokratie. In den Mittelpunkt ihres politischen Kampfes stellt die Arbeiterbewegung vor allem drei Forderungen: die Liberalisierung des Streikrechts, eine bessere soziale Absicherung und die Abschaffung des Dreiklassenwahlrechts in Preußen. 1877 gewinnen sozialdemokratische Kandidaten bei den Wahlen zum Reichstag in Berlin erstmals zwei Wahlkreise nach dem hierfür geltenden allgemeinen und gleichen Wahlrecht.

»Sozialistengesetz« und »Socialpolitik«

Bismarck sieht in den politischen Forderungen der Arbeiterbewegung eine Bedrohung für die bestehende Ordnung. Er bezeichnet die Sozialdemokraten als »Reichsfeinde«, die mit allen staatlichen Mitteln bekämpft werden müßten. Mit Ferdinand Lassalle hat Bismarck politisch im Austausch gestanden und durchaus eingeräumt, daß die Arbeiterschaft durch eine moderate »Socialpolitik« für den Staat gewonnen werden müsse. Die wirtschaftlich Schwachen hätten zweifellos Anspruch auf den Schutz der Krone. Aber die Forderungen der Sozialdemokraten nach politischer Mitbestimmung gehen dem Kanzler viel zu weit. Seine ersten Versuche, durch schärfere Gesetze die Repressionen

Extra-Blätter berichten am 2. Juni 1878 über das Attentat auf Wilhelm I. Bismarck nutzt die in der Bevölkerung geschürte »Sozialistenangst« für seine Repressionen gegen die Sozialdemokratie.

gegen die Sozialdemokratie zu verstärken, scheitern zunächst an der widerstrebenden Haltung der Opposition im Reichstag. Im Frühjahr 1878 kommt es dann zu zwei Attentaten auf den Kaiser und preußischen König. Bismarck lastet durch lancierte Falschmeldungen die beiden Anschläge den Sozialdemokraten an, um die öffentliche Empörung und die »Sozialistenangst« für seine politischen Absichten zu nutzen.

Auf Initiative des preußischen Staatsministeriums wird der Reichstag, der eine Verschärfung der Gesetze bislang abgelehnt hatte, aufgelöst. Aus den Neuwahlen gehen die Konservativen als deutliche Sieger hervor. Bismarck hat nun für sein Vorhaben eine Mehrheit. Am 19. Oktober 1878 beschließt der Reichstag das »Gesetz gegen die gemeingefährlichen Bestrebungen der Sozialdemokratie«. Es verbietet alle »sozialdemokratischen, sozialistischen oder kommunistischen« Vereine, Versammlungen und Druckschriften, ermöglicht die Ausweisung und Verhaftung von Führern der neuen Partei und erlaubt die Ausrufung des »kleinen Belagerungszustandes« durch die Polizeipräsidenten in den Provinzen.

In Berlin hagelt es sogleich zahlreiche Verbote. Am 28. November 1878 wird zur »Aufrechterhaltung der Ordnung« in der Hauptstadt der kleine Belagerungszustand ausgerufen. Eine öffentliche Parteiarbeit ist nun unmöglich geworden, die sozialdemokratischen Parteiführer und Funktionäre sind polizeilicher Bespitzelung und Verfolgung ausgesetzt, viele sehen sich gezwungen, in den Untergrund zu gehen oder zu emigrieren. Im Laufe der Zeit werden 892 Sozialdemokraten aus Preußen ausgewiesen. Den preußischen Behörden erscheinen sogar sozialdemokratische Gesangvereine verdächtig, als eine der ersten Vereinigungen in der Provinz Brandenburg wird der Männergesangverein »Liberté« in Luckenwalde verboten.

Nicht selten erfolgen die Verbote und Ausweisungen aufgrund von Denunziationen aus der Bevölkerung. Eifrige Untertanen melden den Behörden »sozialdemokratische Umtriebe« und verdächtigen politisch aktive Arbeiter und Gewerkschafter »umstürzlerischer Bestrebungen«. Sozialdemokraten gelten als »vaterlandslose Gesellen«, denen nur mit Schlagstock und Zuchthaus beizukommen sei.

Bismarck verfolgt bei seinem Vorgehen gegen die Sozialdemokratie das Prinzip »Zuckerbrot und Peitsche«. Während das »Sozialistengesetz« die politische Arbeit der sozialdemokratischen Organisationen unmöglich machen soll, will der Reichskanzler und preußische Ministerpräsident durch eine fortschrittliche »Socialpolitik« der Arbeiterbewegung

Aufgrund der Sozialistengesetze verfolgt die preußische Polizei überall im Königreich Sozialdemokraten mit aller Härte (Verhaftung eines Arbeiters in Berlin-Schöneberg).

Trotz Parteiverbot und politischer Verfolgung können sie als frei gewählte Reichstagsabgeordnete ihre Stimme erheben: die Mitglieder der sozialdemokratischen Fraktion im Reichstag 1889.

den Nährboden entziehen. Durch einen verbesserten Schutz der Arbeiter in den Fabriken und eine finanzielle Absicherung im Falle von Krankheit und Invalidität will Bismarck die unruhige Arbeiterschaft politisch zähmen: »Ich glaube, daß, wenn Sie uns diese Wohltat von mehr als einer halben Million kleinen Rentnern im Reich schaffen können, Sie ... auch den gemeinen Mann das Reich als eine wohltätige Einrichtung anzusehen lehren werden.«[10] Von heftigen politischen Auseinandersetzungen begleitet, werden zunächst eine Krankenversicherung (1883), danach eine Unfallversicherung (1884) und schließlich eine Alters- und Invaliditätsversicherung eingeführt. Zweifellos bringt die neue »Socialpolitik« Fortschritte für die soziale und rechtliche Stellung der Arbeiter. Politisch verfehlt sie jedoch ihr Ziel.

Politisch erweist sich also auch das »Sozialistengesetz« Bismarcks als Fehlschlag. Die Arbeiter finden trotz Versammlungsverbotes, Bespitzelung und polizeilicher Verfolgung Wege zur Formulierung ihrer politischen Interessen. Vor allem aber: Das »Sozialistengesetz« hat aus Sicht der Konservativen eine gravierende Lücke. Es ermöglicht nicht die Ausschaltung der sozialdemokratischen Reichstagsfraktion.
Die Abgeordneten sind gemäß dem Wahlrecht als einzelne Persönlichkeiten gewählt, nicht als Mitglieder der sozialdemokratischen Partei. So können sozialdemokratische Reichstagsabgeordnete wie Paul Singer, August Bebel und Wilhelm Liebknecht ihre politischen Forderungen weiterhin öffentlich artikulieren. Durch das »Sozialistengesetz« ist der Aufstieg der Sozialdemokratie nicht zu verhindern. In dieser Zeit der politischen Verfolgung gelingt es den Sozialdemokraten, immer mehr Reichstagsmandate zu erringen. Die Zahl ihrer Wähler steigt von rund 500.000 im Jahr 1878 auf mehr als 1,4 Millionen bei Aufhebung des Parteiverbotes 1890.

Das wirkliche Kräfteverhältnis spiegelt sich in der Sitzverteilung des Reichstages allerdings nicht wider, denn die Sozialdemokraten werden durch eine ungerechte Aufteilung der Wahlkreise massiv benachteiligt. Die fortschreitende Verstädterung hat dazu geführt, daß sich die Bevölkerung sehr ungleichmäßig auf die Wahlkreise verteilt. Bei den Reichstagswahlen 1912 hat der am dichtesten besiedelte Wahlkreis Teltow-Charlottenburg 1,3 Millionen Einwohner, der Wahlkreis Schaumburg-Lippe nur 47.000. Während der Kandidat im Kreis Teltow-Charlottenburg von den 300.000 Wahlberechtigten 100.000 Stimmen erhalten muß, reichen im ländlichen Schaumburg-Lippe 4000-5000 Stimmen zur Wahl.[11]

Dazu kommt, daß die konservativen Parteien auf dem Land ohnehin traditionell hohe Stimmenanteile erzielen. Das liegt nicht zuletzt daran, daß bei den Wahlen in Preußen auf dem Land weiterhin öffentlich abgestimmt wird. Die Deputanten, Tagelöhner und Insten (Landarbeiter) werden bei der Wahl also von den Junkern und Gutsinspektoren kontrolliert. Sozialdemokratische Kandidaten haben auf diese Weise so gut wie keine Chancen, gewählt zu werden.

Das »Dreiklassenwahlrecht« und der monarchische Obrigkeitsstaat

Vor den Wahlen zum preußischen Abgeordnetenhaus 1907/1908 stellen die Sozialdemokraten die Forderung nach einer Abschaffung des Dreiklassenwahlrechts in den Mittelpunkt ihres Wahlkampfes. Lange haben sie die Wahlen in Preußen boykottiert, nun wollen sie gegen die Ungerechtigkeit des Wahlsystems demonstrativ vorgehen und gegen die Bastion des preußischen Adels und Großbürgertums ankämpfen. Für rund 590.000 Stimmen erhalten sie am Ende ganze sieben Mandate, den Konservativen hingegen werden für 380.000 Stimmen 152 Sitze zugesprochen. Die Diskriminierung der preußischen Arbeiterbewegung ist offensichtlich.

Selbst der bürgerlich-liberale Politiker Friedrich Naumann bezeichnet das Dreiklassenwahlrecht, an dem die preußische Führungsschicht bis zuletzt festhält, als fortwährende »Demütigung für die Bevölkerung«. August Bebel, einer der Gründerväter der Sozialdemokratie, meint: »Preußen ist der Todfeind aller Demokratie!«

Die meisten Vertreter des konservativen Junkertums halten von den Forderungen nach politischer Gleichberechtigung gar nichts. Ein drastischer Ausspruch des Rittergutsbesitzers von Oldenburg-Januschau macht die vorherrschende Haltung deutlich. Über die »Stimme des Volkes« sagt er rüde: »Vox populi – vox Rindvieh!« Der Kaiser müsse jederzeit in der Lage sein, den Reichstag mit einem Leutnant und zehn Mann aufzulösen, dröhnt der ostpreußische Abgeordnete. Verfahren demokratischer Willensbildung und politische Mitbestimmung passen nicht in das überkommene Weltbild vieler konservativer Junker. Ihre Ordnungsprinzipien richten sich nach den feudalen Verhältnissen ihres heimischen Gutsbezirkes aus. Der gesellschaftliche Fortschritt und die sozialen Umwälzungen führen so zu einer Entfremdung der alten preußischen Führungselite von der gesellschaftlichen Wirklichkeit.

Kritiker werden dem Junkertum immer häufiger Eigennutz, Borniertheit und dümmliche Arroganz vorwerfen. 1898, in seinem Todesjahr, schreibt Fontane über den preußischen Adel, den er in vielen Romanen bewundernd und zugleich lebensnah beschrieben hat: »Preußen – und mittelbar ganz Deutschland – krankt an unseren Ostelbiern. Über unsern Adel muß hinweggegangen werden; man kann ihn besuchen wie das Ägyptische

links: Die ostelbischen Junker: Als hochmütig und arrogant beschreibt sie diese Karikatur des »Simplicissimus« aus dem Jahr 1912.

rechts: Theodor Fontane (1819–1898), der feinsinnge Beobachter und Schriftsteller, beschreibt in seinen Büchern den Niedergang des alten Preußen und kritisiert den neureichen Zeitgeist des Wilhelminismus.

Museum und sich vor Ramses und Amenophis verneigen, aber das Land ihm zuliebe regieren, in dem Wahn: dieser Adel sei das Land – das ist unser Unglück, und solange dieser Zustand fortbesteht, ist an eine Fortentwicklung deutscher Macht und deutschen Ansehns nach außen gar nicht zu denken.« [12]

Wie sehr es dem preußischen Adel gelingt, sich dem gesellschaftlichen Wandel entgegenzustellen und seine politische Vorherrschaft und seine Privilegien zu wahren, zeigt eine Statistik aus dem Jahr 1911: Von den Oberpräsidenten der zwölf preußischen Provinzen sind bis auf einen alle adeliger Herkunft. Bei den Regierungspräsidenten stellt der Adel zwei Drittel der Amtsträger. In der preußischen Generalität ist das Verhältnis noch eindeutiger. Von den kommandierenden Generälen der 25 Armeekorps sind 22 fürstlicher oder adeliger Herkunft, die restlichen drei sind nobilitierte Bürgerliche.

Auch die Diplomatie der Reiches bleibt ganz eine Domäne der Aristokratie[13], die preußischen Ministerpräsidenten bis 1914 sind ohnehin ausnahmslos Adelige. Je höher der Rang in der Verwaltung und im Militär, um so größer ist der Anteil des Adels. Der adeligen Führungsschicht gelingt es trotz der gesellschaftlichen Veränderungen, ihre Machtposition zu behaupten. Und so bleibt Preußen bis 1918 ein von der adeligen Führungsschicht dominierter, monarchischer Obrigkeitsstaat.

Das »Dreikaiserjahr« und das Ende der Bismarck-Zeit

Am 9. März 1888 stirbt Wilhelm I. im Alter von fast 91 Jahren. Es ist nicht so gekommen, wie der preußische König zu Beginn der Regentschaft seinem gerade ernannten und beim Volk zunächst höchst unbeliebten Ministerpräsidenten Bismarck prophezeit hatte: »Ich sehe ganz genau voraus, wie das alles endigen wird. Da vor dem Opernhaus, unter meinen Fenstern, wird man Ihnen den Kopf abschlagen und etwas später mir!«[14]

Auch die spätere Befürchtung Wilhelms, das neue, von Bismarck »geschmiedete« Reich sei nur ein »Scheinkaisertum«, hat sich nicht bewahrheitet. Das Deutsche Reich ist

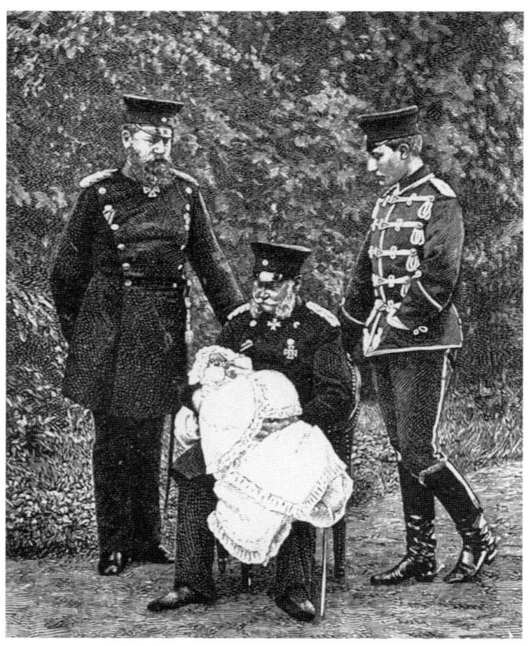

Vier Generationen Hohenzollern: Kaiser Wilhelm I. mit seinem Urenkel, Kronprinz Wilhelm, auf dem Schoß, daneben Thronfolger Friedrich Wilhelm (der spätere »99-Tage-Kaiser« Friedrich III.) und dessen Sohn Wilhelm (später Kaiser Wilhelm II.). Der Volksmund wird sie später so nennen: »Der greise Kaiser, der weise Kaiser und der Scheiße-Kaiser«.

faktisch ganz auf die Interessen des Staatsoberhauptes und seines Regierungschefs ausgerichtet. Aber eine Befürchtung des Hohenzollern-Monarchen hat sich bewahrheitet. Die Kaiserproklamation von Versailles, die in Wilhelm so düstere Vorahnungen weckte, bedeutete den Anfang vom Ende des alten Preußen.

Wilhelm I. und Bismarck waren machtpolitisch ein eingespieltes Duett. Der Kaiser und preußische König räumte dem Kanzler und Ministerpräsidenten große Freiräume für die Machtausübung ein, die Bismarck zu nutzen wußte. Umgekehrt ließ Bismarck öffentlich nie einen Zweifel daran, daß er sich als ein preußischer Untertan und »treuer Diener« seines Monarchen fühle. Im Streit mit den Liberalen, die immer wieder eine stärkere parlamentarische Kontrolle der Regierung gefordert hatten, hatte Bismarck ausgerufen: »Der wirkliche, faktische Ministerpräsident in Preußen ist und bleibt der König!«[15] Nun ist der preußische König und deutsche Kaiser, der sich im Ansehen bei der Bevölkerung vom verhaßten »Kartätschenprinz« zum verehrten Staatsoberhaupt gewandelt hat, tot. Die Thronfolge tritt sein Sohn, Friedrich Wilhelm, an, auf den die Liberalen seit Jahren ihre politischen Hoffnungen gesetzt haben. Unter dem Einfluß seiner Frau, der englischen Prinzessin Victoria (»Vicky«), einer Tochter der britischen Queen Victoria, hatte der Kronprinz immer wieder eine liberale Haltung gezeigt und sich damit in Konflikt zu Bismarck und den Konservativen gebracht. Bismarck seinerseits hatte immer wieder versucht, eine Umsetzung der politischen Vorstellungen des Thronfolgers zu verhindern, und mit allen Mitteln gegen die liberal gesinnte und fortschrittlich denkende Gemahlin des Kronprinzen, in der er eine englische Spionin sah, intrigiert.

Als Friedrich Wilhelm, der sich nun Kaiser Friedrich nennt, im Frühjahr 1888 den Thron besteigt, ist er bereits vom Tode gezeichnet. Ein wuchernder Kehlkopfkrebs, über den die Ärzte eine unwürdige öffentliche Debatte führen, läßt ihm nur wenige Monate zu leben. Nach nur 99 Tagen als Kaiser des deutschen Reiches und König von Preußen stirbt Friedrich III. In dieser kurzen Zeit hat er nicht beweisen können, ob er zu politischen Reformen bereit gewesen wäre. Zu einer entscheidenden Auseinandersetzung

Vom Sorgenkind zum geltungssüchtigen Thronfolger: Kronprinz Wilhelm.

Die Hoffnungen der Liberalen erfüllen sich nicht: Friedrich III. (1831–1888) stirbt nach nur 99 Tagen Regentschaft.

Begegnung von Gegenspielern: Bismarck hat die liberalen Auffassungen Friedrichs stets kritisiert.

mit Bismarck, der einen liberalen Umschwung befürchtet hatte, ist es nicht gekommen. Die Berliner Schnauze wird später die Abfolge der drei Hohenzollern-Herrscher, die die wilhelminische Zeit von der Gründung des Deutschen Reiches bis zur Katastrophe des Ersten Weltkrieges repräsentieren, mit deftigen Worten umschreiben: »Der greise Kaiser, der weise Kaiser und der Scheiße-Kaiser«.

Wilhelm II. ist erst 29 Jahre alt, als er Deutscher Kaiser und König von Preußen wird. Das Verhältnis zu seinen Eltern war schwer gestört gewesen, besonders zu seiner Mutter Victoria, die ihn mit großer Strenge und offenbar wenig Liebe erzogen hatte. Als erste Amtshandlung läßt Wilhelm II. im Potsdamer Neuen Palais die Räumlichkeiten der »Kaiserin Friedrich«, wie sich die Kaiserwitwe nennt, nach Unterlagen und Briefen durchsuchen, weil er befürchtet, seine Mutter könne Staatsgeheimnisse und Interna der preußischen Politik an die britische Queen und den englischen Hof weitergeben. Der junge Kaiser will von Anfang an deutlich machen, wer nun der Herr im Hause ist.

Als Kind hatte Wilhelm unter einer Verkrüppelung des Armes gelitten, die ihn zeit seines Lebens behindert. Um so mehr kann er sich für alles Militärische, für Uniformen, Paraden und Manöver, begeistern. Nach seiner Thronbesteigung zeigt sich Wilhelm II. nun als ein forscher und geltungsbedürftiger junger Monarch. Von Anfang an läßt er keinen Zweifel daran, daß er seine Regierungsgewalt und seine Kaiserwürde als »Gottesgnadentum« versteht. Hinter seinen Namen wird er bei allen offiziellen Schreiben ein stolzes »I. R.«, »Imperator Rex« (Kaiser und König), setzen.

Wilhelm sieht sich als uneingeschränkten Herrscher und militärischen Führer des Deutschen Reiches. Mit diesen überkommenen Vorstellungen steht er in krassem Gegensatz zu den gesellschaftlichen Entwicklungen und politischen Realitäten seiner Zeit. Fast alle Staaten Europas haben sich in Republiken oder konstitutionelle Monarchien gewandelt. Eine von Gott gegebene Herrschergewalt entspricht nicht mehr dem Verständnis der sich modernisierenden Nationalstaaten am Ende des Jahrhunderts.

Fontane, der dem Fortschrittsglauben und der forschen Art des jungen Kaisers durchaus Sympathien abgewinnen kann, erkennt schnell die Widersprüchlichkeit in der Persönlichkeit des Hohenzollern-Monarchen: »Er will, wenn nicht das Unmögliche, so doch das Höchstgefährliche, mit falscher Ausrüstung, mit unausreichenden Mitteln. Er glaubt das Neue mit ganz Altem besorgen zu können, er will Modernes aufrichten mit Rumpelkammerwaffen.«[16]

Der Kaiser, der sich in beinahe allen Fragen ein kompetentes Urteil und eine selbstverständliche Entscheidungsbefugnis zutraut, strebt ein »persönliches Regiment« an. Dies provoziert bald den Konflikt mit Bismarck, dem mächtigen Kanzler und Ministerpräsidenten, der es gewohnt ist, die Regierungsentscheidungen in seinem Sinne zu fällen. Der ultrakonservative Hofprediger Adolf Stoecker, ein Intimfeind Bismarcks, schürt die sich anbahnende Auseinandersetzung durch einen Artikel in der rechten »Kreuzzeitung«, in dem ein angeblicher Ausspruch Wilhelms II. zitiert wird: «Sechs Monate will ich den Alten verschnaufen lassen. Dann regiere ich selbst!«[17]

Nachdem es schon mehrere Meinungsverschiedenheiten in Sachfragen gegeben hat, spitzt sich die Machtfrage zwischen dem Kaiser und dem Kanzler Anfang 1890 zu. Nach dem großen Bergarbeiterstreik im Ruhrgebiet will Wilhelm II. ein von ihm selbst erarbeitetes sozialpolitisches Programm, das z. B. die Abschaffung der Sonntagsarbeit vorsieht, in einer Denkschrift feierlich veröffentlichen. Bismarck stört die Eigeninitiative des Kaisers, denn er befürchtet politischen Rückenwind für die Sozialdemokratie. Mit trickreichen Manövern versucht er, das Programm wirkungslos zu machen.

Zum endgültigen Bruch kommt es, als Bismarck verlangt, eine alte, nicht mehr angewandte Kabinettsorder, nach der Minister dem Kaiser nur nach Absprache mit dem Kanzler Bericht erstatten dürften, müsse wieder in Kraft gesetzt werden. Wilhelm II. sieht in dieser Forderung einen Versuch, seine monarchische Souveränität einzuschränken. Er fordert seinen Kanzler und preußischen Ministerpräsidenten zum Rücktritt auf. Am 20. März 1890 dankt Bismarck ab. Der junge Kaiser verkündet selbstbewußt seinem Volk: »Das Amt des wachhabenden Offiziers ist mir zugefallen. Der Kurs bleibt der alte, Volldampf voraus!« Die meisten Zeitgenossen sehen in der Entlassung Bismarcks durchaus eine gravierende politische Zäsur. Viele erwarten sich vom jungen Kaiser allerdings einen frischen Wind. Der satirische Kommentar einer britischen Zeitung: »Der Lotse geht von Bord«.

In einem Brief an seine Mutter rechtfertigt Wilhelm II. einige Jahre später noch einmal die Entlassung Bismarcks und sein persönliches Regiment. Zugleich wird in dem Schreiben sein Herrschaftsverständnis deutlich: »Die Krone sendet ihre Strahlen durch Gottes Gnade in Paläste und Hütten und – verzeih, wenn ich es sage – Europa und die Welt horcht auf, um zu hören, ›was sagt und was denkt der Deutsche Kaiser?‹ und nicht, was ist der Wille seines Kanzlers! Und ich habe es erkannt, in einem ist Papas Anschauung von der Fortsetzung des alten Reiches durch das neue richtig; das hat er immer gesagt und dasselbe tue ich! Für immer und ewig gibt es nur einen wirklichen Kaiser in der Welt, und das ist der Deutsche Kaiser, ohne Ansehen seiner Person und seiner Eigenschaften, einzig durch das Recht einer tausendjährigen Tradition, und sein Kanzler hat zu gehorchen!«[18]

Wie sieht nun die Bilanz der Ära Bismarck aus? Preußen und somit das Deutsche Reich hatte er als »saturiert«, als »gesättigt« bezeichnet, um ausländische Befürchtungen zu beschwichtigen. Mit einer ausgleichenden Außenpolitik (»ehrlicher Makler«) und einem austarierten Bündnissystem hat Bismarck für eine Balance der Kräfte zwischen den Nationalstaaten in Europa gesorgt. Innenpolitisch sieht die Bilanz anders aus: Seine Repressionspolitik gegen angebliche »Reichsfeinde«, gegen die Sozialdemokratie, gegen die katholische Kirche und die Zentrumspartei und gegen die nationalen Minderheiten, hat aus Preußen einen konservativen Polizeistaat werden lassen, das innenpolitische Klima ist vergiftet, die politischen, religiösen und ethnischen Konflikte haben sich verschärft.

Mit dem Abtritt des »Eisernen Kanzlers« vollzieht sich im Verhältnis zwischen Preußen und dem Deutschen Reich eine dramatische Veränderung der politischen Perspektive. Bismarck hatte seine Innenpolitik immer aus dem Blickwinkel preußischer Interessen betrieben, das Amt des preußischen Ministerpräsidenten war ihm stets lieber gewesen als das des Reichskanzlers, die politischen Auseinandersetzungen mit dem aufmüpfigen Reichstag hatten ihm mehr und mehr zu schaffen gemacht. Seine Nachfolger, allesamt keine gebürtigen Preußen, werden sich zunächst als Regierungschefs des Reiches und erst in zweiter Linie als Ministerpräsidenten von Preußen empfinden. Preußen verliert im Kräftespiel mit dem erstarkenden Reich spürbar an Gewicht. Spätestens jetzt ist das Königreich im Kaiserreich aufgegangen.

links: Der greise Bismarck nach
seiner Entlassung auf seinem
Landsitz mit seinen geliebten
Doggen. Von dort begleitet er
die Politik des Reiches mit
kritischen Kommentaren.

rechts: »Der Lotse geht von
Bord« – diese Karikatur aus
dem Londoner »Punch« vom
2. September 1890 geht um
die Welt.

Wilhelm II. ist in bestimmter Hinsicht trotz seiner überkommenen Vorstellungen einer von Gott gegebenen Herrschermacht ein moderner Monarch. Er begeistert sich für den technischen Fortschritt, ist fasziniert von Automobil und Telefon, interessiert sich für die Naturwissenschaften, pflegt beste Beziehungen zu den Vertretern der Großindustrie und fördert die Modernisierung von Bildung und Verkehrswesen. In dieser Mischung aus mystisch-verklärtem Herrschaftsverständnis und unbeirrbarem Fortschrittsglauben entspricht der Kaiser durchaus den Empfindungen der meisten seiner »Untertanen«. Wilhelm II. meint, ein Deutscher Kaiser sei etwas anderes als ein Markgraf von Brandenburg. Dementsprechend großspurig und selbstherrlich gibt er sich. Im Februar 1892 erklärt der Kaiser vor dem brandenburgischen Provinziallandtag: »Brandenburger! Zu Großem sind wir noch bestimmt und herrlichen Tagen führe ich Euch noch entgegen!«[19] Immer häufiger schwadroniert Wilhelm II., der den Titel König von Preußen nur noch eher beiläufig führt, im Kreise der Höflinge und in der Öffentlichkeit von den großen Aufgaben, die außerhalb der Grenzen Europas zu bewältigen seien, von der Zukunft Deutschlands, die auf dem ganzen Globus liege, und von der Mission der Hohenzollern-Dynastie. Der Unternehmer Walther Rathenau urteilt später (selbst)kritisch: »Das Volk in dieser Zeit, bewußt und unbewußt, hat ihn so gewollt und nicht anders gewollt.«[20] Mit seinem Anspruch, die Deutschen und ihr junges Reich zu Stärke und Macht zu führen, trifft Wilhelm II. vor allem die nationalen Sehnsüchte und Ambitionen des aufstrebenden Bürgertums.

Persönlich setzt sich der Kaiser für den Ausbau der Technischen Hochschulen (Aachen, Charlottenburg und Hannover) und für ihre Gleichstellung mit den Universitäten ein (Promotionsrecht). In Danzig und Breslau entstehen zwei neue Hochschuleinrichtungen, die dafür sorgen sollen, wissenschaftliche Fachkräfte und Ingenieure für die Industrie auszubilden. Die Elektrokonzerne und die chemische Industrie entwickeln sich so sprunghaft, daß ständig neue Mitarbeiter gebraucht werden. Mit den Wirtschaftsführern

Sittengemälde der wilhelminischen Epoche: Die Einweihung des Nationaldenkmals für Wilhelm I. in Berlin durch Wilhelm II. im März 1897.

In Anwesenheit des Kaiserpaares wird am 18. Juni 1895 der »Kaiser-Wilhelm-Kanal« (Nord-Ostsee-Kanal) eröffnet. Wilhelm II. forciert den Kanalbau. Sein Lieblingsprojekt, der Mittellandkanal, der den industriellen Westen mit Ostelbien verbinden soll, wird allerdings nur teilweise verwirklicht.

der großen Unternehmen steht S. M. in engem Austausch, den hanseatischen Reeder Albert Ballin zählt er zu seinen Freunden, mit Werner Siemens, Emil Rathenau (AEG) und den Vertretern der westdeutschen Stahlindustrie gibt es engste Beziehungen. Wilhelm II. schlichtet sogar einen Streit zwischen den Elektrokonzernen Siemens und AEG und regt die Gründung des gemeinsamen Tochterunternehmens Telefunken an.

Ganz besonders forciert Wilhelm II. den Ausbau des Kanalnetzes und befindet sich mit dieser Haltung durchaus in preußischer Tradition. 1895 wird mit großem Pomp der »Kaiser-Wilhelm-Kanal« eingeweiht, der Nord- und Ostsee miteinander verbindet. Auch die Wasserwege zwischen Elbe und Oder werden in großem Stil ausgebaut. Bis zum Ersten Weltkrieg ist das Netz von Wasserstraßen allein in der Provinz Brandenburg und in Berlin 1500 Kilometer lang. Die neuen Verbindungen und Kanäle sind nötig, um den gigantischen Transport von Waren bewältigen zu können. Vor allem die Hauptstadt muß mit Baumaterial, Kohle, Eisen, Getreide und Obst versorgt werden. Im Jahr 1906 werden in Berlin mehr als zehn Millionen Tonnen Güter umgeschlagen.

Mit Vorliebe weiht S. M. fertiggestellte Kanalabschnitte und Schleusen ein. Mit seiner kaiserlichen Jacht »Alexandria« dampft er zum Beispiel am 2. Juni 1906 zur Eröffnung der Machnower Schleuse im Teltowkanal. Im selben Jahr wird mit dem Bau des »Großschiffahrtsweges Berlin–Stettin« begonnen, der Havel und Oder verbinden soll und nach seiner Fertigstellung den Namen »Hohenzollernkanal« tragen wird. Mit einem anderen Kanalprojekt hat der Kaiser weniger Glück.

Der Bau des Mittellandkanals, der das rheinisch-westfälische Industriegebiet an die Wasserwege rings um Berlin anschließen soll, scheitert im wesentlichen am Widerstand der ostelbischen Agrarier. Die Großgrundbesitzer, die sich im »Bund der Landwirte« zusammengeschlossen haben, befürchten, auf dem neuen Kanal könne Importweizen billig nach Ostdeutschland transportiert werden. Zudem würde der Bau des Kanals der leidenden Landwirtschaft die dringend benötigten Arbeitskräfte entziehen. Die Vorlage für das Projekt wird von den Konservativen im preußischen Landtag blockiert. Wilhelm II. ist erbost. Er läßt die Landräte und Regierungspräsidenten, die gegen das Kanalprojekt gestimmt haben, kurzerhand in den Ruhestand versetzen und schließt sie erzürnt vom höfischen Leben aus. Später werden die »Kanalrebellen« rehabilitiert, das

Berlin wird zur modernen Metropole: Straßenverkehr am Halleschen Tor in Berlin um 1906.

Kanalprojekt kann nur unvollständig realisiert werden. Die wichtige Verbindung zwischen Elbe und Oder wird nicht verwirklicht. Der Streit um den Bau des Mittellandkanals zeigt, daß sich Wilhelm II. mit seinem Modernisierungswillen hin und wieder durchaus in den politischen Gegensatz zu den altpreußischen Konservativen bringt. Fast scheint es, als stehe er den Wirtschaftsführern und Schlotbaronen näher als den ostelbischen Junkern. In die Regentschaft Wilhelms II. fallen unzählige technische Erfindungen und neue Produktionsverfahren. Das Telefon, das elektrische Licht und das Automobil revolutionieren das Leben der Menschen vor allem in den Städten. Dort werden jetzt auch riesige Kaufhäuser gebaut, in denen man sich mit Rolltreppen und Aufzügen hinauf- und hinabbewegen kann. Musik und Worte lassen sich jetzt auf Schallplatten speichern, die weiterentwickelte Fotografie macht Momentaufnahmen möglich. In den städtischen Haushalten der Bürger gibt es bald Staubsauger, Tintenfüllhalter, gasbeheizte Bügeleisen und Rasierapparate. Der technische Fortschritt hat das Alltagsleben der Menschen erfaßt.

1893 nimmt die erste deutsche Klimastation, das meteorologische Observatorium in Potsdam, seine Arbeit auf. 1897 unternehmen die Wissenschaftler Adolph Slaby und Georg Graf von Arco zwischen Potsdam und Berlin die ersten Versuche mit drahtloser Telegrafie, 1898 erzeugt der Berliner Erfinder Max Skladanowsky mit seinem Kinematographen bewegte Bilder, 1903 fahren elektrische Triebwagen von Siemens und AEG auf Teststrecken südlich von Berlin mehr als 200 Kilometer in der Stunde.

Auch in der Medizin und in der Chemie geht es mit Riesenschritten voran: Robert Koch entdeckt den Erreger der Lungentuberkulose, zwei seiner Schüler den Diphtherie- und den Typhusbazillus. Wilhelm Conrad Röntgen entwickelt eine Technik, mit kurzwelligen elektromagnetischen Strahlen in die Körper seiner Patienten zu leuchten und Abbildungen davon zu erhalten. Zahlreiche Kunststoffe und neue Medikamente werden entwickelt, darunter das Schmerzmittel Aspirin. Die Naturwissenschaften insgesamt nehmen einen rasanten Aufschwung, der Glaube an den Fortschritt ist grenzenlos. 1911

Der Kaiser als patriotischer Wohnzimmerschmuck (Zeitungsanzeige aus dem Jahr 1889).

wird in Berlin-Dahlem unter der Schirmherrschaft Wilhelms II. die »Kaiser-Wilhelm-Ge-sellschaft zur Förderung der Wissenschaften« gegründet. Das neue Forschungszentrum mit zahlreichen Laboratorien und Instituten, an dem die führenden deutschen Naturwis-senschaftler tätig sind, wird schnell zum weltweit bedeutendsten Wissenschaftsstandort. Besonders hat seine Majestät den militärischen Nutzen neuer Erfindungen vor Augen. 1915 wird in Königs Wusterhausen die erste Heeresfunkstation durch das preußische Kriegsministerium errichtet. Im brandenburgischen Nauen entstehen himmelhohe Telegra-fenmäste, die Funkverbindungen in alle Welt, bis in die entlegenen Kolonien ermöglichen. Am Ende des Jahres 1899 befragt die »Berliner Illustrirte Zeitung« ihre Leser nach einer Bilanz des Jahrhunderts. Auf die Frage Nr. 18 »Welches war die glücklichste Periode in diesen 100 Jahren?« antworten die meisten: »Die Zeit nach dem Französischen Krieg

Man wird mobil. Kraftdroschken vor dem Berliner Central-Hotel. Mit den Fahrzeugen sind die Mitglieder des Wiener Männergesangvereins vom Bahnhof abgeholt worden, um vor Kaiser Wilhelm II. zu singen.

1870/71 bis zur Gegenwart«. Das Deutsche Kaiserreich ist zu einer der führenden Indu-strienationen aufgestiegen, es stellt große Unternehmerpersönlichkeiten und zahlreiche Nobelpreisträger. Der Lebensstandard der Menschen ist gestiegen, auch den Arbeitern geht es – gemessen an früheren Zeiten – materiell besser. Das nationale Selbstbewußt-sein nimmt indes ungesunde Formen an. Die wilhelminische Selbstherrlichkeit wird vor allem im Ausland mit Abneigung und Skepsis registriert.

Ein Schuster und des Königs Rock – Der Hauptmann von Köpenick

Am 17. Oktober 1906 erscheint in der Berliner »Täglichen Rundschau« folgende Notiz: »Ein als Hauptmann verkleideter Mensch führte gestern eine von Tegel kommende Abteilung Soldaten nach dem Köpenicker Rathaus, ließ den Bürgermeister verhaften, beraubte die Gemeindekasse und fuhr in einer Droschke davon.« Diese Meldung sorgt zunächst in Berlin und später im ganzen In- und Ausland für Erheiterung und Gelächter. Ein falscher Hauptmann von Köpenick macht das preußische Militär und die preußische Bürokratie lächerlich. Sogar Seine Majestät, der Kaiser, habe über den Vorfall gelacht, heißt es. Vielleicht weil auch er eine Vorliebe für Kostümierungen hat? Wohl kaum.
Der arbeitslose Schuster Wilhelm Voigt geht mit seiner tolldreisten Verzweiflungstat in die Geschichte ein.
Dem armen Handwerker war der Paß entzogen worden, nachdem er verschiedentlich mit dem Gesetz in Konflikt geraten war und schon einige Aufenthalte in Zuchthäusern hinter sich hatte. Die preußischen Beamten hatten sich stets wenig mitleidig gezeigt.

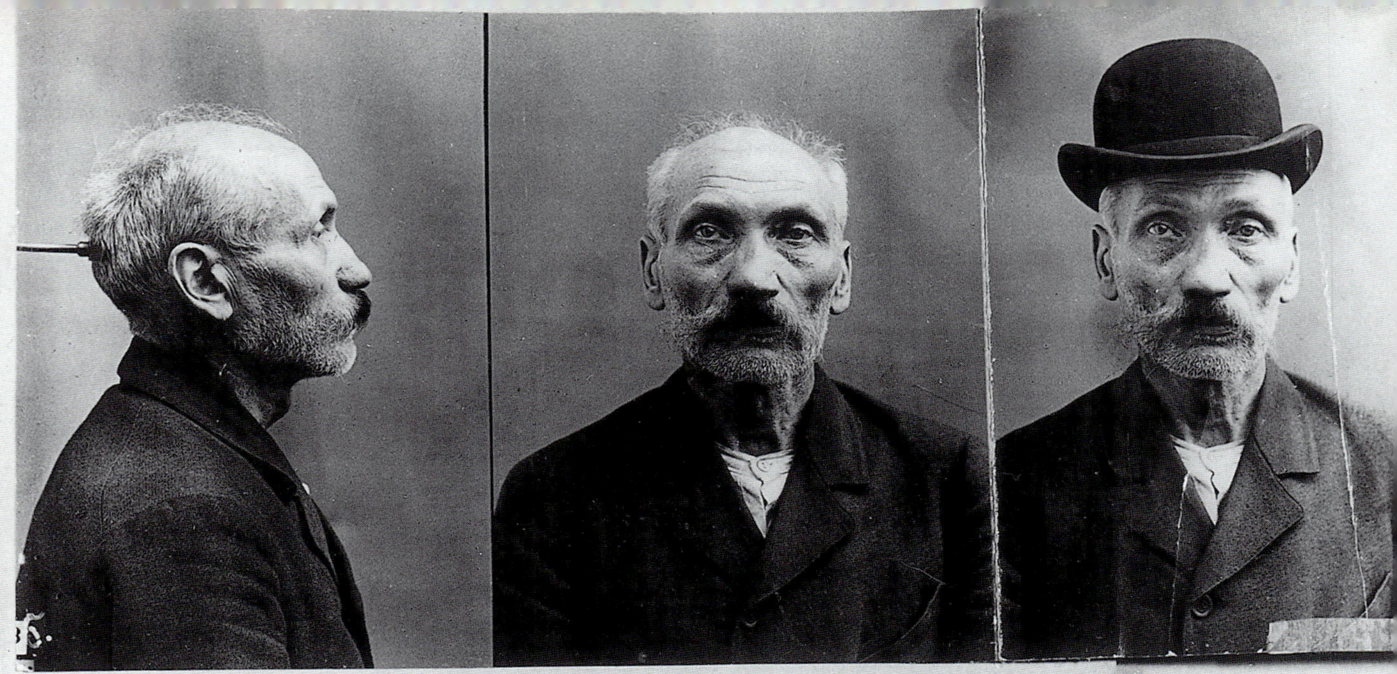

Beschreibung:

Körper-Länge:	mass: *1.74*	gestalt: *schlank*
		Umfang:
Haar-farbe: *grau*	wellung: *glatt*	scheitelung: *Glatze*
Bart-farbe: *grau*	form: *Schnurrbart*	schnitt:
Stirn-Höhe:	Breite:	neigung: *mittel*
Augenbrauen-abstand: *weit*	ansatz: *tief*	richtung: *schräg oben*
„ „ -länge:	breite:	behaarung:
Augen-Zwischenraum:	Oberlid-gestalt:	bes:
„ -Öffnung:	irisfärbung: *gelblich*	klasse: *1–2*
Nasen-Vorsprung:	rücken: *wellig*	grundlinie: *aufwärts*
Ohrläppchen-umriss: *bogenförmig*	anwuchs: *mittel*	Grösse:
Unt. Ohrklappen-neigung: *wagrecht*	profil: *geradlinig*	umbiegung: *umgebogen*
Ohr-form: *oval*	Grösse:	abstehen: *mittel*
Lippen-rand:	Oberlippen-Höhe:	vorspringen:
Mund-Grösse:	öffnung:	bes:
Kinn-form:	richtung:	breite:
falten: *2 durchgehende Stirnfalten*		
Schulter-Breite	neigung: *schräg*	bes:
Hände-Grösse: *gr*	form:	beschaffenheit: *weich*
Füsse-Grösse:	form:	bes:
Haltung-körper: *aufrecht*	kopf:	hände:

Hinter den Worten mit grossen Anfangsbuchstaben erfolgt die Beschreibung nur in den Gegen-
sätzen von klein oder gross mit k oder gr. Tritt von diesen beiden Formen keine augenfällig
hervor, so unterbleibt die Beschreibung.

Um an die nötigen Papiere zu kommen, hatte er sich mit einer beim Trödler erstandenen Offiziersuniform an die Spitze eines Wachkommandos des 4. Garderegiments gesetzt, mit »seinen« Soldaten das Köpenicker Rathaus besetzt, die Herausgabe der Stadtkasse befohlen und den Bürgermeister kurzerhand für verhaftet erklärt. Seine Begründung militärisch knapp: »Befehl ist Befehl!« Zehn Tage nach der Tat wird der »Hauptmann von Köpenick« festgenommen.

Trotz der Auffassung des Staatsanwalts, der Straftäter habe durch sein Handeln »den ganzen Staatsorganismus in Trümmer gelegt«[21], trifft Wilhelm Voigt nicht die ganze Härte des preußischen Gesetzes. Er wird zu nur vier Jahren Zuchthaus verurteilt und vom Kaiser nach zwei Jahren begnadigt. Ein kritischer Zeitgenosse bemerkt, die Schadenfreude in der Öffentlichkeit zeige, daß »die Last der Autorität so groß ist, daß es ein Vergnügen wird, wenn einmal irgendwo die Autorität gebrochen wird«[22].

Autoritätshörigkeit, Untertanengeist und eine Militarisierung aller Lebensbereiche sind zu Wesensmerkmalen der Wilhelminischen Gesellschaft geworden. Pickelhaube, Uniform und der typische Zwirbelbart, der im Volksmund nur »Es ist erreicht« heißt, sind mehr als eine Modeerscheinung, sie sind zugleich Ausdruck eines Zeitgeistes, der militärischem Auftreten einen überhohen Wert beimißt. Der kleinbürgerliche Gesinnungsmilitarismus verschont auch die Kinder nicht. Beim Spiel und in der Schule werden ihnen militärische Tugenden und ein grobschlächtiges Feindbild beigebracht.

Der gesellschaftliche Status orientiert sich vor allem daran, ob ein militärischer Rang nachgewiesen werden kann. »Ham se jedient?« wird zur landläufigen Statusfrage. Für die jungen Männer aus dem Bildungs- und Kleinbürgertum ist es selbstverständlich, eine Grundausbildung als »Einjährig-Freiwilliger« zu machen, um später das Patent eines Reserveoffiziers vorweisen zu können. »Nicht der Adel der Geburt allein kann heutzutage wie vordem das Vorrecht für sich in Anspruch nehmen, der Armee ihre Offiziere zu stellen. Aber der Adel der Gesinnung soll und muß unverändert erhalten bleiben. So erblicke ich die Träger der Zukunft meiner Armee in den Söhnen solcher ehrenwerter bürgerlicher Häuser, in denen die Liebe zu König und Vaterland, ein warmes Herz für den Soldatenstand und christliche Gesittung gepflanzt und anerzogen wurde!«[23], verkündet Wilhelm II. in einer Order und spornt so den gesellschaftlichen Ehrgeiz des Bürgertums an.

Mit dem Automobil angereist, auf das Paradepferd umgestiegen: Wilhelm II. bei einem Truppenbesuch im Frühjahr 1913.

Der Kaiser selbst verkörpert die Vorliebe für Uniformen und militärisches Auftreten in besonderer Weise. Mehrmals am Tag wechselt er die Ausstattung und posiert mit Vorliebe in diversen Phantasieuniformen vor der Kamera. Zur Einweihung eines neuen Kanalteilstückes erscheint Seine Majestät dem Anlaß entsprechend in Admiralsuniform. Über das »ewig in Positur stehen« mokiert sich selbst eine Hofdame, Hildegard Baronin von Spitzemberg, und Philipp Fürst zu Eulenburg, ein Intimus des Kaisers, spöttelt: »Alle Tage ist Maskenball.«

Immer wieder überrascht der Kaiser seine Umgebung mit großspurigen Äußerungen, die leicht mißverstanden werden können. Seinen Führungsstil, sein »persönliches Regiment« beschreibt er mit den Worten: »Ich brauche keinen Generalstab. Ich mache alles allein mit meinen Flügeladjutanten!« Der bayerische Bundesratsbevollmächtigte und Gesandte in Berlin, Hugo Graf von Lerchenfeld, sicherlich alles andere als ein Gegner der Monarchie, stellt in einem Bericht an den bayerischen Ministerpräsidenten angesichts derartiger Äußerungen besorgt fest: »Er möchte ... in alles eingreifen, für alles die Verantwortung tragen und betrachtet wenigstens theoretisch die Minister als seine Vollzugsorgane. Genau vermag er aber dem Gang der Staatsmaschine nicht zu folgen.«

Die martialischen Reden Seiner Majestät werden regelmäßig protokolliert und sorgen immer wieder für Gesprächsstoff und für besorgte Reaktionen im Ausland. Die Abgeordneten des Parlamentes beschimpft der Kaiser schon mal mit den Worten: »Ich habe den Reichstag mit dem neuen Gesetz absolut hereingelegt. Die Hunde sollen zahlen, bis sie blau werden!« Von der Sendungsaufgabe der Deutschen ist Wilhelm II. überzeugt: »Wir sind das Salz der Erde, aber wir müssen dessen auch würdig sein!«

Die Ansprüche des Deutschen Reiches für einen »Platz an der Sonne« begründet der Kaiser mit den Worten: »Ohne Weltmacht zu sein, ist man eine Jammerfigur!« Und für die Sozialisten, die seine gottgegebene Herrschaft in Frage stellen, hat der Kaiser nur Verachtung übrig: »Eine Rotte Menschen, nicht wert, den Namen Deutsche zu tragen.« Sollten Selbstdisziplin und Bescheidenheit preußische Tugenden sein – Kaiser Wilhelm II. verkörpert sie nicht.

Wie der Vater, so die Söhne: Wilhelm II. und seine sechs Söhne am Neujahrsmorgen 1913 auf dem Weg zur Paroleausgabe im Zeughaus »Unter den Linden«. Auf der Rückseite dieser Postkarte konnte man Grüße aus Berlin verschicken.

Die meisten seiner Untertanen nehmen an solchen kraftmeierischen Äußerungen keinen Anstoß. Im Gegenteil: Wilhelm II. genießt ein hohes Maß an Verehrung und Respekt. An Festtagen, wenn die Sonne scheint, spricht man halb ironisch, halb verehrungsvoll von »Kaiserwetter«. Andere bewerten die unbedachten Reden als theatralisches Gehabe, einige wenige wagen es sogar, sich darüber lustig zu machen, wie die Münchener Satirezeitschrift »Simplicissimus«, die den Kaiser immer wieder der Lächerlichkeit preisgibt. Und so wird der Kaiser – noch zu Lebzeiten – zur eigenen Karikatur. Ein Ölgemälde, das Wilhelm II. in selbstherrlicher Pose zeigt, kommentiert ein französischer General mit den Worten: »Das ist kein Porträt, das ist eine Kriegserklärung!«

Die Verehrung, die Wilhelm II. bei den Deutschen genießt, erklärt sich zweifellos aus dem neuen Selbstbewußtsein, das er zu verkörpern scheint. In seiner Regentschaft hat das Gewicht des Deutschen Reiches in Europa und der Welt zugenommen. Der Kaiser hat die Weltmachtansprüche der Deutschen angemeldet und scheint sie durch eine beherzte Politik einzulösen. Den politischen und wirtschaftlichen Forderungen des Bürgertums entspricht Wilhelm mit seiner Vorliebe für technische Neuheiten, seinem Fortschrittsglauben und seiner imperialen Kolonial- und Flottenpolitik.

Von Preußen ist in diesen Zusammenhängen nicht mehr die Rede. Zwar führt Wilhelm II. noch den Titel König von Preußen, in der Reihenfolge sogar vor der Kaiserwürde, aber ansonsten gibt er sich in einer Mischung aus mittelalterlich-mystischer Verklärung und nationalem Pathos als von Gott und der Nation legitimierter Herrscher der Deutschen. Den prahlerischen Führungsstil und die Selbstüberschätzung in der Politik empfinden Verehrer des alten Preußen wie der Schriftsteller Theodor Fontane als unpreußisch. Das alte Preußen sei untergegangen, stellen sie resigniert fest: »Der Adler mit seinen Blitzbündeln in den Fängen, er blitzt nicht mehr. Längst Abgestorbenes soll neu erblühen. Es tut es nicht.«[24]

Die Kluft zwischen dem alten Preußen und dem neuen Deutschen Reich hat sich in dramatischer Weise vergrößert. Preußen, das jetzt immer häufiger als »Ostelbien« bezeichnet wird, steht für die überkommene Welt der Junker und das Leben auf dem Land, das Reich steht für Modernität, Fortschritt und Weltmachtansprüche. Da es der preußischen Führungselite gelingt, ihre Machtposition zu behaupten, entwickelt sich eine verhängnisvolle Vermischung aus konservativ-reaktionärem Politikverständnis und bürgerlich-nationalem Machtstreben.

Preußische Ordnung herrscht auch am Werktor der AEG in der Berliner Brunnenstraße. Pünktlichkeit und Disziplin gelten in der wilhelminischen Zeit als wichtige Tugenden.

Friedrich der Große hat seinen Nachfolgern in seinem Testament eingeschärft: »Preußen ist eine Kontinentalmacht. Es braucht ein gutes Heer, aber keine Flotte. Unsere Ostseehäfen gestatten keine Ausdehnung unserer Schiffahrt. Wenn wir keine Kolonien in Afrika und Amerika haben, so beglückwünsche ich meine Nachfolger dazu. Solche fernen Besitzungen entvölkern die Staaten, denen sie gehören; ihr Schutz erfordert große Flotten, und sie bilden fortwährend neue Anlässe zu Kriegen, als ob wir nicht schon genug mit unseren Nachbarn zu tun hätten.« Friedrich II. zog mit seinem Ratschlag die Konsequenzen der fehlgeschlagenen Versuche des Kurfürsten Friedrich Wilhelm I. und des ersten Preußenkönigs Friedrich I., in Afrika eine brandenburgisch-preußische Kolonie aufzubauen und in den transatlantischen Handel mit Gold und Sklaven einzusteigen.

Kaiser Wilhelm II. schlägt nun, gut 100 Jahre nach dem testamentarischen Vermächtnis, den Rat seines Vorfahren in den Wind. Er ist ein begeisterter Freund der Meere und der Schiffahrt. Zu seinen Lieblingsbeschäftigungen gehört es, mit seiner kaiserlichen Jacht »Hohenzollern« Nordlandreisen zu unternehmen und an Bord im Kreis von Höflingen und Vertretern der Admiralität über Flottenpolitik und Seefahrt zu fachsimpeln.

Schon seit Beginn seiner Regentschaft drängen hanseatische Kaufleute, Vertreter der Großindustrie und imperialistische Vereinigungen wie die »Deutsche Kolonialgesellschaft« und später der »Flottenverein« auf eine koloniale Expansion des Deutschen Reiches. In ihren Forderungen nach einer Flotten- und Weltmachtpolitik mischen sich wirtschaftliche Interessen und bürgerliches Großmachtstreben. Es geht um Rohstoff- und Absatzmärkte für die Wirtschaft, und es geht um ein übersteigertes Nationalgefühl, das den Deutschen eine Weltmachtrolle zuschreibt. Dem Deutschen Reich, so meinen die Verfechter der Kolonial- und Flottenpolitik, stehe ein »Platz an der Sonne« zu, wie es der Staatssekretär des Auswärtigen Amtes, Bernhard von Bülow, 1897 in einer Reichstagsrede formuliert.

Weltmachtansprüche zu Wasser und in der Luft: Das Kriegsschiff »Prinz Adalbert« und das Luftschiff »Victoria Luise« bei der Kieler Woche 1912.

links: Wilhelm II. mit seinen Admirälen von Tirpitz und von Holtzendorff an Bord der kaiserlichen Jacht »Hohenzollern«.

rechts: Die Flotte ist das liebste Spielzeug des Kaisers. Eine Propagandawelle unterstützt das gigantische Flottenbauprogramm des Monarchen.

Großadmiral Alfred von Tirpitz (1849–1930) manövriert durch seine aggressive Flottenpolitik das Deutsche Reich in die Konfrontation zum britischen Empire.

Im Sommer 1900 bricht in China der Boxeraufstand aus, der sich vor allem gegen die europäischen Kolonialmächte richtet. Der deutsche Gesandte kommt bei den Unruhen ums Leben. Das Deutsche Reich beteiligt sich mit einem Militärkontingent an der Strafaktion gegen die chinesischen Aufständischen. Bei der Verabschiedung des Expeditionskorps schwadroniert der Kaiser: »Pardon wird nicht gegeben! Gefangene werden nicht gemacht! Wer Euch in die Hände fällt, ist Euch verfallen! Wie vor tausend Jahren die Hunnen unter ihrem König Etzel sich einen Namen gemacht ..., so möge der Name Deutscher in China auf tausend Jahre durch Euch in einer Weise bestätigt werden, daß niemals ein Chinese es wagt, einen Deutschen auch nur scheel anzusehen!«

Derart martialische Töne, von ausländischen Zeitungsreportern mitstenografiert, erschrecken sogar die Verbündeten. Als Wilhelm II. 1908 einer britischen Zeitung ein Interview gibt und darin behauptet, das Britische Empire habe ihm mehr oder weniger den Sieg über die Buren in Südafrika zu verdanken, löst er eine innenpolitische Krise aus. Nicht mehr nur die politischen Gegner zweifeln nun an dem Selbsteinschätzungsvermögen des Kaisers und an seiner Fähigkeit zur realistischen politischen Analyse. Als sogar Reichskanzler Bernhard von Bülow von S. M. abrückt, stürzt dies den Kaiser in tiefe Depressionen. Tatsächlich hält er sich nun mit seinen politischen Reden in der Öffentlichkeit etwas mehr zurück.

Um die Weltmachtansprüche des Deutschen Reiches demonstrativ zu untermauern, betreiben der Kaiser und der Chef des Marineamtes, Admiral Alfred von Tirpitz, eine hemmungslose Aufrüstungspolitik. Deutschland, so werden sie nicht müde zu behaupten, brauche eine schlagkräftige Flotte, um seine kolonialen Besitzungen zu schützen und seine wirtschaftlichen Interessen durchzusetzen. Geschickt wird der Flottenbau agitatorisch zu einer nationalen Aufgabe erklärt, an der Bürger und Arbeiter gemeinsam mitzuwirken hätten. »Der Ozean ist unentbehrlich für Deutschlands Größe. Aber der Ozean beweist auch, daß auf ihm in der Ferne, jenseits von ihm, ohne Deutschland und ohne den deutschen Kaiser keine große Entscheidung fallen darf!«, meint Wilhelm II. prahlerisch beim Stapellauf des ersten Panzerschiffes im Juli 1900.

Beschäftigung für die Arbeiter, Absatzmärkte für die Kaufleute und »ein Platz an der Sonne« für alle Deutschen – so läßt sich die Flottenpropaganda zusammenfassen. Mit tatkräftiger Unterstützung des Kaisers gelingt es dem umtriebigen Marinechef Alfred von Tirpitz, der ein Netzwerk von Agitationsverbänden und Zeitschriften dirigiert, eine mächtige deutsche Flotte aufzubauen, die mehr als die Hälfte des Kriegsetats verschlingt und am Ende der mächtigen britischen Kriegsmarine fast ebenbürtig ist. Winston Churchill stellt später nüchtern fest: »Die Hämmer, die auf den Werften von Kiel und Wilhelmshaven erklangen, schmiedeten die Koalition, der Deutschland erlag.«[25] Insbesondere durch seine Kolonial- und Flottenpolitik gerät das Deutsche Reich international immer mehr in die Isolation. Da der Kaiser und seine Reichsregierung das Deutsche Reich zu einer Weltmacht machen wollen, kommt es immer häufiger zu Konflikten mit den anderen imperial ausgerichteten Staaten. In zahlreichen Krisen agieren der Kaiser und seine Reichsregierung großspurig und zugleich ungeschickt. Im Ausland entsteht zunehmend der Eindruck, die deutsche Politik sei unberechenbar, militaristisch und aggressiv. Immer häufiger werden diese Begriffe mit dem Wort »preußisch« gleichgesetzt. Das Säbelrasseln bei den ständigen kaiserlichen Paraden und Manövern wird zunehmend als Bedrohung wahrgenommen, auch wenn Wilhelm II. nicht müde wird, sich als »Friedenskaiser« darzustellen. Aber zwischen selbstherrlicher Prahlerei und ernst gemeinter Aggression ist bisweilen schwer zu unterscheiden.

Kommandos und Kanonen: Wilhelm II. mit seinem Stab beim Kaisermanöver 1905.

Krise und Krieg

Die letzten Jahre vor dem Krieg sind innenpolitisch von Stagnation gekennzeichnet. Das junkerlich-konservative preußische Abgeordnetenhaus und der Reichstag, in dem die Sozialdemokraten mittlerweile die stärkste Fraktion bilden, blockieren sich gegenseitig. Alle Forderungen der Sozialdemokratie, das allgemeine und gleiche Wahlrecht auch auf Preußen zu übertragen, sind am Widerstand der Konservativen gescheitert. Bei der letzten Reichstagswahl 1912 wird die SPD mit 34,8 Prozent der Stimmen und 110 Mandaten die bei weitem stärkste Partei.

Der Unmut und die Wut über die politischen Verhältnisse und die Unzufriedenheit mit der wirtschaftlichen Situation wachsen in den Jahren vor Kriegsbeginn. 1910 kommt es in Berlin-Moabit zu Unruhen, bei denen einige Arbeiter getötet und viele Polizisten und »Tumultanten« verletzt werden. 1912 streiken im Ruhrgebiet die Bergarbeiter für kürzere Arbeitszeiten und bessere Löhne. Die preußische Regierung setzt auch hier Militär ein, um Streikbrecher zu schützen.

Im Sommer 1914 eskalieren die politischen Spannungen zwischen den europäischen Staaten. Der Kaiser und seine Regierung haben durch eine ungeschickte und überhebliche Außenpolitik das Deutsche Reich in die Isolation manövriert. Der »Erzfeind« Frankreich und das zaristische Rußland pflegen enge wirtschaftliche und politische Verbindungen, das britische Empire fühlt sich durch die bedrohliche deutsche Flottenaufrüstung und das Wilhelminische Weltmachtstreben herausgefordert, Italien hat sich aus dem ehemaligen Dreierbündnis mit dem Deutschen Reich und Österreich gelöst. Wilhelm II. und die deutsche Reichsführung sehen sich von »Feinden« umzingelt. Allein dem österreichischen Herrscherhaus fühlt sich der Kaiser auf das engste verbunden, und genau dieses Bündnis mit dem instabilen Vielvölkerstaat erweist sich als verhängnisvoll. Als am 28. Juni 1914 der österreichische Thronfolger, Erzherzog Franz Ferdinand, von serbischen Extremisten in Sarajevo ermordet wird, setzt eine fatale politische Kettenreaktion ein. Die Kriegserklärung Österreichs gegen Serbien unterstützt der deutsche

Der Kaiser mit dem österreichischen Thronfolger Erzherzog Franz Ferdinand, dessen Ermordung im Sommer 1914 Auslöser für den Ersten Weltkrieg ist.

Kaiser durch einen Treueschwur. Für Wilhelm II., der an eine von Gott gegebene Herrschermacht glaubt, ist Fürstenmord das größte Verbrechen. Er gibt Kaiser Franz Joseph sein Wort, Österreich bei einer Strafaktion gegen Serbien bedingungslos zu unterstützen. Ob sich der Hohenzollern-Herrscher aller Konsequenzen bewußt ist, bleibt fraglich. Während einer letzten Nordland-Reise an Bord seiner kaiserlichen Jacht »Hohenzollern« plagen Wilhelm düstere Vorahnungen. Es wird deutlich, daß die mit Deutschland verfeindeten Staaten sich ihrer Bündnisse versichern und einen Krieg für unausweichlich halten. In persönlichen Briefen und Telegrammen versucht Wilhelm II. in letzter Minute, seinen Vetter, den russischen Zaren Nikolaus II., vom Kriegseintritt zugunsten Serbiens gegen Österreich abzuhalten. Doch es ist zu spät. Kaum ein Herrscher und kaum eine Regierung will diesen Krieg wirklich verhindern. Weit verbreitet, auch in der Bevölkerung, ist das Gefühl, die angestauten Spannungen müßten sich in einem kriegerischen Gewitter entladen. Die grauenvolle Wirklichkeit eines Weltkrieges kann sich vermutlich niemand vorstellen.

Der Schriftsteller Stefan Zweig schreibt später über die ekstatische, kriegslüsterne Stimmung in Berlin und im gesamten Reich: »Eine Stadt von zwei Millionen, ein Land von fast fünfzig Millionen, empfanden in dieser Stunde, daß sie Weltgeschichte, daß sie einen nie wiederkehrenden Augenblick miterlebten und daß jeder aufgerufen war, sein winziges Ich in diese glühende Masse zu schleudern, um sich dort von aller Eigensucht zu läutern. Alle Unterschiede der Stände, der Sprachen, der Klassen, der Religionen waren überflutet für diesen einen Augenblick von dem Gefühl der Brüderlichkeit.«[26]

Die meisten Deutschen glauben, die Feinde im Ausland würden ihnen die Macht und Herrlichkeit des jungen Kaiserreiches nicht gönnen. Die Versuche linker Sozialdemokraten, die Arbeiterschaft gegen einen Krieg zu mobilisieren, zeigen nur wenig Wirkung. Ein führender SPD-Vertreter kehrt niedergeschlagen aus Paris zurück, nachdem er erfahren hat, daß die französischen Sozialisten entschlossen sind, für ihr Land zu den Waffen zu greifen. Zu einer internationalen Solidarisierung gegen den Krieg kommt es nicht.

Am 31. Juli unterzeichnet Wilhelm II. im Potsdamer Neuen Palais eine Proklamation, die den »Zustand drohender Kriegsgefahr« ausruft. Das Schreiben wird von der deutschen und der ausländischen Öffentlichkeit sofort als »Mobilmachung« gewertet und ist wohl auch so gemeint. Die Reaktionen Rußlands und Frankreichs sind unmißverständlich. Einer unbarmherzigen Gesetzmäßigkeit folgend, bricht der Krieg aus. Wilhelm II. tritt vor sein Volk und hält vom Balkon des Berliner Stadtschlosses aus eine Rede. Darin spricht er noch einmal von der Unausweichlichkeit des Krieges und von einer Welt von Feinden, die Deutschland gegenüberstünden. Und am Schluß: »Jetzt geht heim und betet!« Die Menschenmenge vor dem Berliner Schloß, hingerissen von patriotischen Gefühlen, singt einen Choral.

Seine Berater drängen Wilhelm, auch die Kriegsgegner in der Sozialdemokratie patriotisch einzuschwören. Und so fällt jener Satz, der dann millionenfach auf Postkarten mit Kaiserbild verbreitet wird: »Ich kenne keine Parteien mehr, ich kenne nur noch Deutsche!« Viele Sozialdemokraten, die jahrelang gegen die militaristische und autokratische Politik des Kaisers und der Reichsregierung gekämpft und gegen die Kriegsgefahr demonstriert haben, lassen sich nun von ihren patriotischen Gefühlen und der rauschenden Kriegsbegeisterung in der Bevölkerung mitreißen. Im Reichstag stimmen sie der Bewilligung der Kriegskredite mit großer Mehrheit zu.

Ihre Rechtfertigung: »Die Sozialdemokratie hat die verhängnisvolle Entwicklung mit allen Kräften bekämpft. Ihre Anstrengungen sind vergeblich gewesen. Jetzt stehen wir vor der

»Sturmangriff«, Propandabild der kaiserlichen Truppen aus der Zeit vor dem Ersten Weltkrieg.

ehernen Tatsache des Krieges. Uns drohen die Schrecken feindlicher Invasionen. Es gilt, diese abzuwehren, die Kultur und die Unabhängigkeit unseres eigenen Landes sicherzustellen. Da machen wir wahr, was wir immer betont haben: Wir lassen in der Stunde der Gefahr das eigene Vaterland nicht im Stich!«[27] Nur ein Abgeordneter stellt sich gegen diese patriotischen Aufwallungen, der Rechtsanwalt und radikale Sozialdemokrat Karl Liebknecht, Abgeordneter aus dem »Kaiserwahlkreis« Potsdam. Er wird zum Wortführer der Kriegsgegner und zur Leitfigur des linken Flügels der Sozialdemokratie werden.

In dem grundsätzlichen Streit über die Bewilligung der Kriegskredite deutet sich bereits die Bruchlinie in der Sozialdemokratie an.

Bei seiner Rede im Reichstag am Tag nach der Kriegserklärung gegen Frankreich ruft Wilhelm II. den Parlamentariern zu: »Mit schwerem Herzen habe ich meine Armee mobilisiert ... Und uns treibt nicht Eroberungslust, uns beseelt der unbeugsame Wille, den Platz zu wahren, auf den Gott uns gestellt hat! – In aufgedrungener Notwehr, mit reinem Gewissen und reiner Hand ergreifen wir das Schwert, fest und treu, ernst, ritterlich, demütig vor Gott und kampfesfroh vor den Feinden!«[28] Ganz bewußt stellt sich Wilhelm II. durch diese Rede in eine Reihe mit den Preußen-Königen Friedrich II. und Wilhelm I., deren Tradition er beschwört. Der britische Außenminister Sir Edward Grey notiert in den gleichen Tagen in sein Tagebuch: »In Europa gehen die Lichter aus. Wir werden sie in unserem Leben nie wieder leuchten sehen!«[29]

Die ausrückenden kaiserlichen Truppen werden vor den Kasernentoren und an den Straßen begeistert verabschiedet. Preußische Marschmusik begleitet sie zu den Verladebahnhöfen. Den Soldaten werden Blumen in die Gewehrläufe gesteckt. Tausende Männer melden sich freiwillig, ganze Abiturklassen eilen zu den Fahnen. Die meisten Soldaten haben das Gefühl, in einen gerechten Krieg zu ziehen, der Deutschland von seinen Feinden aufgezwungen worden sei. Auf die Waggons der Züge, die Richtung Front rollen, schreiben sie mit Kreide Sätze wie: »Jeder Schuß ein Ruß, jeder Stoß ein Franzos!«

Die militärische Führung ist überzeugt, den Krieg bis Weihnachten zu gewinnen. Wenige Monate später könnten die Soldaten siegreich wieder Zuhause sein. Doch die Realität sieht anders aus. Das Deutsche Reich ist auf diesen Krieg militärisch und wirtschaftlich schlecht vorbereitet. Die Aufmarschpläne für den Zweifrontenkrieg gegen Rußland und Frankreich sind hoffnungslos veraltet, die Magazine und Lagerhallen nicht ausreichend gefüllt, die Truppenstärke ist zu niedrig.

Der erwartete schnelle Sieg gegen Frankreich, ähnlich dem von 1870/71, bleibt aus, der Vormarsch der kaiserlich-deutschen Truppen im Westen endet in einem furchtbaren Stellungskrieg. Im Osten gelingt dem deutschen Militär in der Schlacht von Tannenberg ein wichtiger Sieg über die Armee des Zaren, doch über Jahre hinweg bleiben deutsche Truppen an der Ostfront gebunden. Der befehlshabende General der »Schlacht von Tannenberg«, Paul von Hindenburg, der die Kosaken, wie es heißt, in die masurischen Seen getrieben habe, wird zum Nationalhelden. Die Popularität des Kaisers und Königs von Preußen hingegen sinkt mit jedem Monat, den der Krieg andauert. Seine politische Macht, die er von Gottesgnaden empfangen zu haben glaubt, muß er mehr und mehr in die Hände der Militärs abgeben. Die oberste Heeresführung bestimmt nun voll und ganz über das Schicksal des Deutschen Reiches.

Preußen spielt als politischer Faktor in dieser Machtkonstellation unmittelbar keine Rolle mehr, auch wenn die Offiziere an der Front nicht müde werden, den Soldaten in den Schützengräben vorgeblich preußische Tugenden einzupeitschen: Treue, Gehorsam

oben: Kriegsbegeistert und
vom schnellen Sieg über-
zeugt: Frisch eingekleidete
Soldaten marschieren im
August 1914 zum Waffenemp-
fang in die Arsenale.

rechts: Truppentransport zur
Westfront. Tatsächlich ist das
kaiserlich-deutsche Militär auf
den Zweifrontenkrieg gegen
Frankreich und Rußland denkbar schlecht vorbereitet.

Ich verzichte hierdurch für alle Zukunft auf die Rechte
an der Krone Preussen und die damit verbundenen Rechte an der
deutschen Kaiserkrone.

Zugleich entbinde ich alle Beamten des Deutschen Reiches
und Preussens sowie alle Offiziere, Unteroffiziere und Mann-
schaften der Marine, des Preussischen Heeres und der Truppen
der Bundeskontingente des Treueides, den sie Mir als ihrem
Kaiser, König und Obersten Befehlshaber geleistet haben. Ich
erwarte von ihnen, dass sie bis zur Neuordnung des Deutschen
Reichs den Inhabern der tatsächlichen Gewalt in Deutschland
helfen, das Deutsche Volk gegen die drohenden Gefahren der
Anarchie, der Hungersnot und der Fremdherrschaft zu schützen.

Urkundlich unter Unserer Höchsteigenhändigen Unterschrift und beigedrucktem Kaiserlichen Insiegel.

Gegeben Amerongen, den 28. November 1918.

Im November 1918 ist die militärische Lage aussichtslos, im Innern die Revolution ausgebrochen. Wilhelm II. dankt als Deutscher Kaiser und König von Preußen ab. Die preußische Krone hätte er gern behalten, aber er wird von den Ereignissen überrollt.

und Pflichterfüllung. Und »die Preußen«, wie die Soldaten genannt wurden, sind vom Kriegsglück verlassen. Der mörderische Stellungskrieg, der mit verheerenden neuartigen Waffen, mit Panzern, Flugzeugen und schließlich mit Giftgas geführt wird, kostet Hunderttausenden Soldaten das Leben.

Im Frühjahr 1917 hat sich die Stimmungslage in der Bevölkerung angesichts der verfahrenen militärischen Situation und der Versorgungsmißstände so verschlechtert, daß sich Wilhelm II. gezwungen sieht, politische Reformen anzukündigen. Die Proteste der Arbeiter für Freiheit und Brot sind immer lauter geworden. In seiner »Osterbotschaft« stellt Wilhelm II. für Preußen eine Aufhebung des Dreiklassenwahlrechts in Aussicht. Nach monatelangen Diskussionen wird die Wahlrechtsvorlage tatsächlich im preußischen Landtag eingebracht, dort scheitert sie allerdings im Mai 1918 erneut am Widerstand der konservativen Mehrheit. Selbst in dieser ausweglosen Situation ist die preußische Führungsschicht nicht bereit, ihr Machtmonopol aufzugeben. Erst im Oktober 1918, als die militärische Lage des Kaiserreiches aussichtslos geworden ist und der neue Reichskanzler Max von Baden Sozialdemokraten in seine Regierung beruft, billigt das preußische Herrenhaus die Wahlrechtsreform. Doch für eine Demokratisierung des Königreiches Preußen ist es nun zu spät.

9. November 1918: Angesichts der Unruhen in der Reichshauptstadt und der zugespitzten militärischen Lage hat sich der Kaiser ins Hauptquartier des Generalstabes ins belgische Spa begeben. Hier will er mit der militärischen Führung über das weitere Vorgehen beraten. In den Küstenstädten meutern die Matrosen der Marine, sie haben Arbeiter- und Soldatenräte gebildet und mehrere Rathäuser besetzt, der bayerische König ist aus München geflohen, der Arbeiterführer Kurt Eisner hat einen sozialistischen Freistaat Bayern ausgerufen. Auch in Braunschweig und Köln haben Arbeiter- und Soldatenräte die Macht übernommen. In Berlin haben die Sozialdemokraten zum Generalstreik aufgerufen, überall fordern die Menschen die Abdankung des Kaisers, den sie für den Krieg und das ganze Elend verantwortlich machen. Selbst Reichskanzler Max von Baden ist der Überzeugung, nur wenn der Kaiser auf den Thron verzichte, könne die Lage noch unter Kontrolle gehalten werden.

Wilhelm II. erwägt in dieser Situation, kaisertreue Truppen um sich zu versammeln und nach Berlin zu marschieren. Eine Verkennung der Realität. Seine Generäle machen ihm klar, daß sich für eine solche Aktion keine Soldaten finden würden. Der Monarch beschließt deshalb, dem Drängen seines Kanzlers und seiner Berater nachzugeben. Abdanken will er aber nur als Deutscher Kaiser, nicht als König von Preußen. Als er seine Entscheidung nach Berlin telegrafiert, ist es bereits zu spät. Reichskanzler Max von Baden hat im Angesicht streikender Arbeiter und revoltierender Soldaten eigenmächtig die Abdankung des Kaisers und Königs von Preußen verkündet.

Überall in Berlin werden Extra-Blätter verteilt, die die Nachricht verbreiten. Der Sozialdemokrat Philipp Scheidemann ruft von einem Balkon des Reichstages die »Deutsche Republik« aus, nur zwei Stunden später verkündet der Führer des Spartakusbundes, Karl Liebknecht, vom Berliner Stadtschloß aus die »freie sozialistische Republik Deutschland«. Wilhelm sieht sich vor vollendete Tatsachen gestellt. Seine militärischen Berater drängen ihn, nach Holland zu fliehen. Das Deutsche Reich hat nun keinen Kaiser und Preußen keinen König mehr.

Am Tag nach der Abdankung des Kaisers schreibt das liberale »Berliner Tageblatt«: »Die größte aller Revolutionen hat wie ein plötzlich losbrechender Sturmwind das Kaiserliche Regime mit allem, was oben und unten dazugehörte, gestürzt. Man kann sie die größte aller Revolutionen nennen, weil niemals eine so fest gebaute, mit so soliden Mauern umgebene Bastille so in einem Anlauf genommen worden ist.«[30]

Unterdessen läßt die Gemahlin des geflohenen Kaisers, Kaiserin Auguste Viktoria, das Inventar des Neuen Palais und des Berliner Stadtschlosses, Gemälde, Mobiliar, Kleider und Schmuck, in Kisten verpacken und in Eisenbahnwaggons verladen. Ziel des kostbaren Transports: das neutrale Holland, wo Wilhelm II. das Exil verbringen wird. Die Herrschaft der Hohenzollern in Preußen ist nach mehr als 500 Jahren beendet. Am 28. November 1918 erklärt der Ex-Kaiser aus dem Exil: »Ich verzichte hierdurch für alle Zukunft auf die Rechte an der Krone Preußens und die damit verbundenen Rechte an der deutschen Kaiserkrone!«

Gut ein Jahr später folgt schließlich auch die Verzichtserklärung des Kronprinzen Wilhelm. Die Revolution hat zu diesem Zeitpunkt schon längst gesiegt. Das Ende einer der großen europäischen Dynastien ist so wenig ruhmreich verlaufen wie der Untergang des Deutschen Kaiserreiches. Wilhelms Lieblingsbeschäftigung in seinem Landhaus in Doorn wird das Holzhacken.

Den meisten Zeitgenossen erscheint der 9. November 1918 in der Tat als eine Zeitenwende. Durch eine mehr oder weniger unblutige Revolution hat sich Deutschland aus einem monarchistischen Fürstenbund in eine Republik verwandelt. Arbeiter- und Soldatenräte schießen wie Pilze aus dem Boden und übernehmen wie selbstverständlich die staatliche Gewalt. Ein »Rat der Volksbeauftragten«, geleitet vom Vorsitzenden der Mehrheitssozialdemokraten, Friedrich Ebert, fungiert als provisorische Regierung.

Unter der Kontrolle des Großberliner Vollzugsausschusses der Arbeiter- und Soldatenräte tritt am 12. November die revolutionäre preußische Regierung zusammen, die als eine der ersten Amtshandlungen die Schlösser und das gesamte Vermögen des preußischen Königshauses beschlagnahmt und verkündet, »das alte, von Grund auf reaktionäre Preußen so schnell wie möglich in einen völlig demokratischen Bestandteil der einheitlichen Volksrepublik zu verwandeln«. Am 15. November wird das preußische Abgeordnetenhaus aufgelöst und das Herrenhaus gänzlich aufgehoben. Doch sofort stellt sich eine entscheidende Frage: Wie soll die Macht verteilt sein in der neuen Republik und im Staat Preußen? Die radikalen Sozialdemokraten der USPD und vor allem die Mitglieder des Spartakusbundes fordern eine bolschewistische Räterepublik nach sowjetischem Vorbild sowie die schnelle Verstaatlichung der Großindustrie. »Alle Macht den Räten!« lautet ihre Parole. Die gemäßigten Sozialdemokraten unter Führung Friedrich Eberts und Philipp Scheidemanns hingegen wollen die Ausgestaltung einer neuen Verfassung einer gewählten Nationalversammlung übertragen. Zudem sind sie der Überzeugung, daß durch eine Verstaatlichung der Fabriken die Produktion zusammenbrechen würde. Ein wirtschaftliches und politisches Chaos wie in Rußland und eine »Diktatur des Proletariats« wollen sie unter allen Umständen verhindern und sind deshalb sogar bereit, mit der alten Führungselite und mit dem kaiserlichen Militär zusammenzuarbeiten. Die Aufrechterhaltung der Ordnung hat für sie oberste Priorität.

Die Frage »Rätesystem« oder »Nationalversammlung« spaltet die Sozialdemokratie und die Arbeiterschaft von Anfang an. Im Dezember, nur wenige Wochen nach dem Sturz der Monarchie, kommt es zum Bruch. Auf dem Allgemeinen Kongreß der Arbeiter- und Soldatenräte behalten die gemäßigten Sozialdemokraten die Oberhand. Mit großer Mehrheit werden Wahlen zu einer verfassunggebenden Versammlung beschlossen, die Einführung eines Rätesystems wird abgelehnt. Die provisorischen Regierungen im Reich und in Preußen erhalten weitreichende Kompetenzen. Der radikale Führer der Revolutionären Obleute, Ernst Däumig, nennt diese Entscheidung das »Todesurteil« für die Revolution.

Weihnachten 1918 eskaliert der »Bruderstreit« zwischen den gemäßigten Mehrheitssozialdemokraten auf der einen und den radikalen Sozialisten in der USPD und im Spartakusbund auf der anderen Seite. Schauplatz der dramatischen Auseinandersetzung ist – Ironie des Schicksals – das Berliner Stadtschloß, das bauliche Herzstück der Hohenzollern-Herrschaft. Seit dem 9. November hält eine revolutionäre »Volksmarinedivision« das riesige Gebäude besetzt. Als die meuternden Matrosen die Aufforderung der preußischen Regierung zur Räumung des Schlosses mißachten und den sozialdemokratischen Stadtkommandanten Otto Wels gefangennehmen, kommt es zur gewaltsamen Konfrontation. Der Rat der Volksbeauftragen unter Leitung von Friedrich Ebert läßt regierungstreue Truppen in Stellung gehen. Es kommt zu blutigen Auseinandersetzun-

Revolution in Berlin 1918, Soldaten und Matrosen vor dem Brandenburger Tor.

Eine Demonstration am 9. November 1918 »Unter den Linden« in Berlin. Ein Matrose mit einer roten Fahne führt den Zug an.

gen mit Toten und Verletzten. Mitglieder von USPD und Spartakusbund gründen nach den Weihnachtsereignissen die Kommunistische Partei Deutschlands (KPD) und kämpfen mit allen Mitteln für eine radikale Fortführung der Revolution. Nach wochenlangen gewalttätigen Auseinandersetzungen in den Straßen Berlins und im Ruhrgebiet kommt es im Januar 1919 zu bürgerkriegsähnlichen Zusammenstößen. Tagelang ist das Zentrum der Reichshauptstadt mit dem Zeitungsviertel umkämpft. Die SPD-geführte provisorische Regierung läßt den Spartakusaufstand mit Hilfe von rechten Freikorps und Einheiten der Reichswehr brutal niederschlagen.

Für die bolschewistische Revolte nehmen militante Reichswehrtrupps blutige Rache. Die Führer der jungen KPD, Karl Liebknecht und Rosa Luxemburg, werden am 15. Januar 1919 von einem rechtsextremistischen Militärkommando ermordet.

Das Verhältnis zwischen Kommunisten und Sozialdemokraten ist zunehmend von Feindschaft geprägt. Eine politische Zusammenarbeit der Arbeiterparteien ist nach den blutigen Ereignissen in den ersten Monaten der Republik unmöglich geworden.

Der Umbruch verläuft in den Städten dramatischer und radikaler als auf dem Land. Zwar bilden sich auch dort Arbeiter- und Soldatenräte, aber die Politik der örtlichen Revolutionäre zielt vor allem auf die Versorgung der Bevölkerung und die Aufrechterhaltung der Ordnung. Sogar auf dem Schloß des kleinen brandenburgischen Dorfes Paretz, das einst Friedrich Wilhelm III. und Luise bewohnten und das zuletzt vom Bruder des Kaisers genutzt wurde, weht nun die rote Fahne.

Überhaupt bleiben die sozialen Strukturen in den ostelbischen Regionen weitgehend erhalten. Die SPD-geführte preußische Regierung scheut vor einer Enteignung der Großgrundbesitzer und einer Auswechslung der Landräte zurück. Die ostelbischen Junker behalten ihre riesigen Güter, die königlichen Beamten bleiben in ihren Ämtern. Radikale Rätefunktionäre fordern zwar eine Neubesetzung der preußischen Behörden und halten »die Junkersippe« für »die gefährlichste Stütze des alten Regimes«, doch die preußische Regierung unter Paul Hirsch will vor allem radikale Umwälzungen verhindern. Sie nimmt dabei in Kauf, die Besitzverhältnisse zu konservieren und mit monarchistisch gesinnten Beamten und Militärs zusammenzuarbeiten. Ein radikaler gesellschaftlicher Bruch findet weder im Reich noch in Preußen statt.

Das Berliner Stadtschloß, Residenz der Hohenzollern seit Jahrhunderten, ist verlassen und durch die Revolutionswirren demoliert. Davor eine Massendemonstration im Spätherbst 1918.

JOHANNES UNGER

Die unvollendete Revolution

Nach der Abdankung des Kaisers und Königs von Preußen stellt sich nun vor allem eine Frage: Was soll aus Preußen werden? War Preußen nicht stets ein Hort des Konservatismus, das Regiment der Junker und Generäle, das Land des ungerechten Dreiklassenwahlrechts, das Herrschaftsgebiet der verhaßten Hohenzollern, deren letzter Vertreter sich im Angesicht der Revolution aus dem Staub gemacht hat, ohne sich seiner Verantwortung zu stellen? Die Arbeiter- und Soldatenräte haben nun die Macht übernommen, das Reich wird von einem »Rat der Volksbeauftragten« regiert.

Auch in Preußen hat sich eine Revolutionsregierung aus führenden Mitgliedern der SPD und der USPD gebildet. Aber die Revolutionäre sind sich vollkommen uneins. Wie soll das Reich, wie soll Preußen regiert werden? Eine Räterepublik nach bolschewistischem Vorbild oder eine parlamentarische Republik, ein sozialistisch-zentralistischer Nationalstaat oder ein demokratischer Bundesstaat mit einem wiedererrichteten Preußen? Darüber wird unter den Sozialdemokraten erbittert gestritten.

Als der Chef der preußischen Revolutionsregierung, Paul Hirsch (SPD), den Plan für eine verfassunggebende preußische Nationalversammlung vorlegt, gibt es wütende Proteste. Der Sozialist Max Cohen, Mitglied des Zentralrates der Arbeiter- und Soldatenräte, reagiert mit dem Ruf: »Weg mit einer preußischen Nationalversammlung! Hier ist nur mehr Raum für eine Nationalversammlung Großdeutschlands!«[1] Für Preußen, so scheint es, hat das letzte Stündlein geschlagen. Radikale Sozialisten fordern in den Revolutionswirren immer wieder eine Zerschlagung des preußischen Staates. Der Volksbeauftragte für Justiz, Otto Landsberg, erklärt im Januar 1919: »Preußen hat seine Stellung mit dem Schwert erobert, und dieses Schwert ist zerbrochen. Wenn Deutschland leben soll, muß Preußen in der bisherigen Gestalt sterben!«[2] Auch bei gemäßigten Sozialdemokraten sind die Vorbehalte gegen das schuldbeladene Preußen so groß, daß sie eine Auflösung des Staates fordern.

Auch liberale Politiker, wie der angesehene Staatsrechtler Hugo Preuß, sehen im ehemaligen Königreich ein übergewichtiges und überkommenes Staatsgebilde, daß zugunsten eines demokratisierten, zentralistischen Nationalstaates aufgelöst werden müsse. Preuß legt für das Deutsche Reich einen unitarischen Verfassungsentwurf vor, der die Eigenstaatlichkeit Preußens beenden würde. Nur ein zentralistisch regiertes und verwaltetes Deutsches Reich könne sich zu einem modernen, demokratischen Nationalstaat entwickeln, meint der liberale Staatsrechtler.

Angriffe auf den Bestand Preußens kommen auch von anderer Seite. In den westlichen Provinzen wird heftig über eine Abtrennung des Rheinlands von Preußen diskutiert. Prominenter Wortführer der Separatisten ist der Zentrumspolitiker und Kölner Oberbürgermeister Konrad Adenauer. Er kennt die Vorbehalte seiner rheinisch-katholischen Lands-

Preußen wird zum Zankapfel der Parteien. Soll der Staat in der Republik fortbestehen? Die Deutschnationalen wollen mit aller Macht eine Aufteilung Preußens verhindern, Plakatentwurf der DNVP nach 1919.

leute gegenüber dem protestantisch dominierten Preußen und ist bereit, mit den Alliierten, die nach der deutschen Niederlage das Rheinland besetzt haben, über die Bildung einer westdeutschen Republik zu verhandeln.

Am 1. Februar 1919 legt Adenauer seine Gründe für eine Abtrennung des Rheinlands vor einer Versammlung westdeutscher Politiker dar: »Nach den Erfahrungen, die Deutschland mit dem Hegemonialstaat Preußen gemacht hat, nachdem die Hegemonie Preußens nicht zufällig, sondern als notwendige Folge eines Systems zum Zusammenbruch geführt hat, wird Preußens Hegemonie von den anderen Bundesstaaten nicht mehr geduldet werden ... In der Auffassung unserer Gegner ist Preußen der böse Geist Europas ... Preußen wurde nach ihrer Meinung von einer kriegslüsternen, gewissenlosen militärischen Kaste und dem Junkertum beherrscht, und Preußen beherrschte Deutschland, beherrschte auch die in Westdeutschland vorhandenen, nach ihrer ganzen Gesinnungsart an sich den Entente-Völkern sympathisierenden Stämme. Würde Preußen geteilt werden, die westlichen Teile Deutschlands zu einem Bundesstaat, der ›Westdeutschen Republik‹, zusammengeschlossen, so würde dadurch die Beherrschung Deutschlands durch eine vom Geiste des Ostens, vom Militarismus beherrschtes Preußen unmöglich gemacht; der beherrschende Einfluß derjenigen Kreise, die bis zur Revolution Preußen und damit Deutschland beherrscht haben, wäre endgültig, auch für den Fall, daß sie sich von der Revolution wieder erholten, ausgeschaltet!«[3]

Aber auch die Befürworter eines Erhalts des preußischen Staates, die zunächst in der Minderheit sind, formieren sich. Preußens Ministerpräsident Paul Hirsch eröffnet am 13. März 1919 die verfassunggebende preußische Landesversammlung, die auf der Grundlage einer Notverfassung gewählt worden ist. Seine Rede beginnt er mit den Worten: »Preußens Aufgaben sind noch nicht erfüllt. Auf den Geist der Freiheit, der Ordnung und Arbeit gestützt, soll es noch einmal der deutschen Nation und ihrer künftigen fried-

Konrad Adenauer (1876–1967), Zentrumspolitiker und Bürgermeister von Köln, fordert mehrfach die Loslösung des Rheinlands und die Gründung einer westdeutschen Republik.

Der Sozialdemokrat Paul Hirsch (1868–1940), preußischer Ministerpräsident von 1918 bis 1920.

lichen Größe dienen. Preußens beste Eigenschaften, Arbeitsamkeit und Pflichttreue, braucht auch das neue deutsche Reich zum Wiederaufbau. Das alte Preußen ist tot, es lebe das neue Preußen!«[4]

Die pro-preußischen Sozialdemokraten haben gewichtige Gründe. Sie empfinden durchaus eine Loyalität gegenüber dem Staat, den sie nun mit demokratischen Mitteln regieren wollen. Außerdem erkennen sie in der preußischen Regierungsgewalt ein kraftvolles Machtinstrument, das sie nicht aus den Händen geben wollen. Zum exponiertesten Vertreter der Preußen-Bewahrer wird der SPD-Politiker Otto Braun, zunächst preußischer Landwirtschaftsminister, später als Nachfolger des entscheidungsschwachen Paul Hirsch selbst preußischer Ministerpräsident.

Von Beginn an läßt er keinen Zweifel daran, daß er den Freistaat zu einer republikanischen Bastion im Reich ausbauen will: »Das neue, das demokratische Preußen soll man nicht zerschlagen. Um das Ziel der deutschen einheitlichen Republik zu erhalten, darf man nicht so verfahren, daß man jetzt die großen Staaten zerschlägt, die doch den Kern der neuen Republik bilden sollen«[5], warnt Braun, der aus der ostpreußischen Landarbeiterbewegung hervorgegangen ist, im Januar 1919.

Im Streit um den Fortbestand Preußens geben am Ende die Interessen der süddeutschen Staaten den Ausschlag. Sie wollen eine Auflösung oder Zerstückelung des größten Einzelstaates verhindern, weil sie befürchten, das gleiche Schicksal könne sie ereilen. Vor allem die Vertreter der Bayerischen Volkspartei machen sich für Preußen stark und blockieren alle unitarischen Verfassungspläne. Preußen bleibt als eigenständige politische Einheit bestehen.

Am 30. November 1920, zwei Jahre nach dem Zusammenbruch der Hohenzollern-Herrschaft, tritt die neue preußische Verfassung in Kraft. Das ehemalige Königreich ist nun ein demokratischer Freistaat. Eine Vorherrschaft wie zur Zeit des Kaiserreiches wird es nicht mehr geben, dafür sorgt allein schon die Auflösung der Personalunion von Reichskanzler und preußischem Ministerpräsidenten. Dennoch bewirken viele Faktoren, daß der demokratische Freistaat in der Weimarer Republik eine hervorgehobene Rolle spielen wird.

Preußen existiert also weiter, doch die Voraussetzungen für einen Neuaufbau sind denkbar ungünstig. Durch den Friedensvertrag verliert Preußen große Teile seines Territoriums: Im Osten wird Danzig als freie Stadt abgetrennt, der größte Teil Posens fällt an Polen zusammen mit den pommerellischen Kreisen Westpreußens und einem Großteil des oberschlesischen Industriegebietes. Das Memelgebiet wird zunächst autonom, später dem litauischen Staat unterstellt. Im Norden verliert Preußen Nordschleswig an Dänemark, im Westen das rheinländische Eupen-Malmedy an Belgien. Das Saargebiet wird wie die Stadt Danzig unter die Verwaltung des Völkerbundes gestellt. Insgesamt muß Preußen 56.000 Quadratkilometer seines Staatsgebietes mit rund 4,5 Millionen Einwohnern abtreten. Der Staat Preußen zahlt für den Krieg zweifellos einen hohen Preis.

Gegen die Annahme des Versailler Friedensvertrages erläßt die preußische Staatsregierung am 12. Mai 1919 einen verzweifelten Aufruf, der mit den mahnenden Sätzen schließt: »Dieser Friedensvertrag ist unannehmbar, seine Bedingungen sind selbst von dem entsagungsbereitesten Volk nicht zu ertragen. Wir erklären vor der Welt: Lieber tot als Sklav!«[6] Die eindeutige Ablehnung des »Diktats von Versailles« reicht also von den monarchistisch gesinnten Nationalkonservativen bis zu den republiktreuen Sozialdemokraten. Dennoch muß die Reichsregierung die Bedingungen annehmen, um eine

Auf einem Wahlplakat werben die Sozialdemokraten 1925 um die preußische Beamtenschaft. Nach dem Kapp-Putsch treibt die preußische Regierung die Demokratisierung der Beamtenschaft voran.

Okkupation noch nicht besetzter Gebiete durch die Siegermächte zu verhindern. Die innenpolitischen Gegner der Republik werden die Annahme des »Schmähfriedens« durch die Weimarer Parteien immer wieder dazu nutzen, die demokratischen Kräfte zu denunzieren.

Noch in den Novembertagen des Jahres 1918 hat sich der neue polnische Staat gebildet, der in Posen sowie in Teilen Schlesiens und Ost- und Westpreußens nun die Regierungs- und Militärgewalt ausübt. In den Folgejahren werden mehr als 700.000 Deutsche ihre Heimat, die nunmehr zu Polen gehört, verlassen. Die Reichsregierung und die provisorische preußische Regierung wollen die Gebietsabtretungen und die neuen Grenzen nicht anerkennen. Die Bildung eines deutschen »Grenzschutzes« unter Führung des ehemaligen kaiserlichen Generals Paul von Hindenburg im Januar 1919 führt sogar zu militärischen Auseinandersetzungen mit dem neuen Nachbarstaat Polen.

Als problematisch für den Neuanfang wirkt sich aber vor allem die katastrophale wirtschaftliche und soziale Situation im Reich und im Freistaat Preußen aus. In den Jahren nach dem Krieg hungern die Menschen und haben keine Arbeit. Und nicht weniger schlimm: Die junge Demokratie wird von allen Seiten bedroht: Monarchisten und Nationalisten in Militär und Verwaltung wollen sich mit dem neuen Staat nicht abfinden, radikale Sozialisten und militante Kommunisten träumen nach wie vor von einer bolschewistischen Räterepublik. Den kommunistischen Spartakusaufstand im Januar 1919 läßt die sozialdemokratische Reichsregierung mit Hilfe der Reichswehr blutig niederschlagen. In der Hauptstadt Berlin herrscht über Monate Bürgerkrieg, weshalb die verfassunggebende Nationalversammlung in Weimar zusammentreten muß. Auch im Ruhrgebiet gibt es Streiks und kommunistische Aufstände, die von Soldaten gewaltsam beendet werden.

Zu den schlimmsten Ereignissen kommt es Anfang 1920 in Berlin, als eine Massendemonstration von KPD und USPD gegen das neue Betriebsrätegesetz in einem Blutbad

Bürgerkrieg in der Reichshaupt-stadt. Der Spartakusaufstand der Kommunisten im Januar 1919 wird von Reichswehrein-heiten und rechten Freikorps blutig niedergeschlagen.

endet. 42 Tote und 105 Verletzte sind zu beklagen. Mit aller Macht und zur Not mit Gewalt will die Reichsregierung die staatliche Ordnung aufrechterhalten. In den Augen der Kommunisten sind die republiktreuen Sozialdemokraten Verräter, die nicht davor zurückscheuen, mit Monarchisten und dem Militär zu kollaborieren. Der Unmut und die Unzufriedenheit haben breite Teile der Bevölkerung erfaßt. Im März 1920 putschen rechtsextreme Militärs unter Führung des ostpreußischen Beamten Wolfgang Kapp und des Generals Walter von Lüttwitz, der für die Schüsse vor dem Reichstag einige Wochen zuvor verantwortlich war. Für kurze Zeit sieht es so aus, als könnten die reaktionären Verschwörer die Macht übernehmen, doch ein Generalstreik der Arbeiterschaft läßt den Umsturzversuch der Ultrarechten scheitern.

Kurz darauf kommt es zum kommunistischen Aufstand einer »Roten Armee« im Ruhr-gebiet, die sich an der Vereitelung des Kapp-Putsches beteiligt hat und nun weitrei-chende politische Forderungen stellt. Zur Niederschlagung setzt die Reichsregierung erneut Reichswehreinheiten ein. Der mißglückte Kapp-Putsch und der kommunistische Ruhraufstand haben gezeigt, wie anfällig der junge Staat ist. Zudem ist offensichtlich geworden, daß sich die Republik nur mit militärischer Gewalt gegen die Angriffe von rechts und links wehren kann. Dem Ansehen der Reichsregierung und der sie tragen-den Weimarer Parteien schadet der fortwährende politische Ausnahmezustand massiv. Auf Reichsebene verliert das demokratische Lager seine Mehrheit in der Bevölkerung. Nach dem Kapp-Putsch wird auch in Preußen die Regierung neu gebildet. Der bisherige Landwirtschaftsminister Otto Braun löst den unbeliebten Paul Hirsch ab. Unter dem neuen Innenminister Carl Severing wird eine Demokratisierung der preußischen Ver-waltung in Angriff genommen. Anhänger der Putschisten und ausgewiesene Monarchi-sten werden aus dem Dienst entfernt. Zudem wird systematisch mit dem Aufbau einer preußisch-republikanischen Polizeitruppe begonnen. Andere Bereiche des Staates blei-ben von der Reformierung allerdings ausgespart. Vor allem die Justiz ist überwiegend antirepublikanisch eingestellt, die meisten Richter und Staatsanwälte »auf dem rechten Auge blind«. Die Landtagswahlen 1921 ergeben zwar einen deutlichen Rechtsruck und einen Zugewinn der nationalistischen Parteien, dennoch gelingt es den Sozialdemokra-ten unter Otto Braun, nach einem kurzen Intermezzo einer bürgerlichen Koalition erneut eine Regierung zu bilden.

Otto Braun (1872–1955) erhält als preußischer Ministerpräsident den Beinamen »Roter Zar«. Der Sozialdemokrat aus Ostpreußen setzt sich für den Fortbestand des Freistaates Preußen und eine demokratische Verfassung ein.

Auch in dieser Zeit hält die Debatte um den Fortbestand Preußens an. Immer wieder ist es der preußische Ministerpräsident Otto Braun, der eine Stärkung des Freistaates fordert. Noch im Juni 1922, zwei Jahre nach Inkrafttreten der preußischen Verfassung, muß er den Gegnern des Freistaates entgegnen: »Es ist in die Debatte das Wort geworfen worden: Preußen müsse sterben, damit das Reich leben könne. Das zeugt von einer völligen Verkennung der staatlichen Bedeutung Preußens für den Bestand des Reiches. Wir sollten Preußen erhalten, wenn wir zu einem geschlossenen, einheitlichen Deutschen Reich kommen wollen!«[7]

Der Freistaat Preußen gerät erneut in eine schwere Krise, als im Januar 1923 französische Truppen das Rheinland besetzen, um angeblich ausstehende Reparationszahlungen einzutreiben. Die Streiks und den passiven Widerstand der deutschen Bevölkerung gegen die französische Besatzungsmacht unterstützt die konservative Reichsregierung unter Wilhelm Cuno mit Unmengen von Geld, das keinen Gegenwert hat. Die Folge ist eine galoppierende Inflation, die das Land in den Ruin treibt. In dieser chaotischen Situation schwellen die separatistischen Bewegungen im Rheinland wieder an. Mit der Parole »Los von Berlin« wird eine westdeutsche Eigenstaatlichkeit gefordert. Überzeugte Separatisten rufen mit Unterstützung der Franzosen in Aachen sogar eine »Rheinische Republik« aus, doch diese ist nur von kurzer Dauer.

Im November desselben Jahres versucht der bis dahin weitgehend unbekannte, selbsternannte »Führer« einer militanten rechtsextremistischen Gruppierung gemeinsam mit Ex-General Erich Ludendorff in München einen Putsch gegen die bayerische Regierung und die Reichsregierung; sein Name: Adolf Hitler. Der Umsturzversuch scheitert kläglich, doch wieder einmal hat sich gezeigt, daß die Gegner der Demokratie die Republik unter allen Umständen und mit allen Mitteln beseitigen wollen.

Der preußischen Regierung unter Otto Braun gelingt es dennoch, im Freistaat unter Einbindung des Zentrums und der Liberalen eine relativ stabile Regierungspolitik zu betreiben. Preußen wird, wie zunächst das Reich, von der »Weimarer Koalition«, also einem Bündnis von SPD, Zentrum und liberaler DDP, regiert. Doch während auf Reichsebene die Koalition wegen der instabilen Machtverhältnisse und der erdrückenden politischen, sozialen und ökonomischen Probleme bald zerbricht, bleibt sie in Preußen, von kurzen Ausnahmen abgesehen, bis 1932 bestehen. Dies ist nicht zuletzt das Verdienst Brauns, der seinen republikanischen Kurs unbeirrt fortsetzt.

SPD-Flugblatt von 1925 zur
Bewerbung Brauns um das Amt
des Reichspräsidenten.

Selbst eine konservative preußische Zeitung schreibt über den knorrigen, standfesten SPD-Politiker anerkennend: »Seit Bismarck hat keiner mit mehr Hochgefühl, Ernst und Selbstbewußtsein in Haltung, Handlung und Wort die Macht des preußischen Staates innegehabt und repräsentiert als dieser einstige Königsberger Buchdruckerlehrling. Braun bekämpfte das alte Preußen, aber er übernahm dessen Regierungsmethode. Mitunter glaubte man, bei ihm eine geistige Verwandtschaft mit Friedrich Wilhelm I. und den alten preußischen Junkern zu spüren. Die Einfachheit der Lebensführung hatte er mit jenen ebenso gemein, wie die konservative Einstellung zur Macht als Ordnungsfaktor!«[8] Braun, ein überzeugter Pazifist und Antimonarchist, der sein politisches Handwerk als Funktionär der ostpreußischen Landarbeiterbewegung erlernt hat, wird bald der »Rote Zar von Preußen« genannt. Im Freistaat sieht er die wichtigste »republikanische Ordnungszelle« im Reich. Seine politischen Gegner von rechts schimpfen, die SPD-geführte Regierung wolle den Freistaat zu einem »Roten Bollwerk« ausbauen. Insbesondere die monarchistisch gesinnten Kräfte in Militär und Verwaltung wollen sich mit dem republikanischen Kurs nicht abfinden. Ihre Leitfigur ist der greise Reichspräsident Paul von Hindenburg, der 1925, nach dem Tod Friedrich Eberts (SPD), als Kandidat der Deutschnationalen (DNVP) zum Reichspräsidenten gewählt wird.

Hindenburg, der »Held von Tannenberg«, der als junger Adjutant die Kaiserproklamation von Versailles 1871 miterlebt hatte, verkörpert wie kaum ein anderer das monarchische Prinzip und altpreußische Eigenschaften. Das Weltbild des greisen Generalfeldmarschalls ist durch die umwälzenden Wandlungen und Veränderungen im Laufe seines langen Lebens nicht ins Wanken geraten. Sein Horizont hat sich selbst durch die militärische und politische Niederlage der Hohenzollern-Dynastie nicht erweitert.

Der jungen Republik, deren Staatsoberhaupt er ist, steht er mit Distanz und innerem Befremden gegenüber. Als Militär ist er es nicht gewohnt, demokratische Spielregeln gelten zu lassen. Bald nach seiner Wahl erläßt Hindenburg eine Verordnung, nach der neben der republikanischen schwarzrotgoldenen Flagge auch die alten Reichsfarben

253

Reichspräsident Paul von Hindenburg (1847–1934), der greise »Ersatzkaiser« (links beim Abschreiten einer Ehrenkompanie, rechts in der Uniform des Generalfeldmarschalls), verkörpert das monarchische Prinzip und preußisches Junkertum.

Reichspräsident von Hindenburg bei der Einweihung des Tannenbergdenkmals 1927, das zur Kultstätte monarchistisch-militaristischer Kreise wird.

Schwarz-Weiß-Rot, die als deutsche Handelsflagge dienen, gehißt werden können. Am Streit um die Fahne hatten sich die Gemüter immer wieder erhitzt. Die Zerrissenheit der Republik wird durch Hindenburgs Flaggenerlaß nun sogar an den Fahnenmasten offensichtlich.

Viele Menschen, die der Monarchie nachtrauern, sehen in dem stets Uniform tragenden Reichspräsidenten eine Art Vaterfigur und Ersatzkaiser. Daß Hindenburg als ehemaliger Chef der Obersten Heeresleitung die militärische Niederlage des Deutschen Reiches mitzuverantworten hat, wird von seinen Anhängern nicht gesehen. Hindenburg selbst hat immer wieder öffentlich die »Dolchstoßlegende« propagiert. Danach hätten in Wahrheit die »Novemberverbrecher« – gemeint sind Sozialdemokraten und Kommunisten – durch ihre »revolutionären Umtriebe« die Soldaten an der Front verraten und die militärische Niederlage 1918 herbeigeführt. Die Führer des im Felde ungeschlagenen Heeres treffe keine Schuld. Die »Dolchstoßlegende« wird, von monarchistischen und nationalistischen Kreisen immer wieder verbreitet, zur wirkungsvollen Propagandalüge der Weimarer Zeit, die das Ansehen der jungen Republik schwer beschädigt.

Als Paul von Hindenburg 1925 im zweiten Wahlgang zum Reichspräsidenten gewählt wird (Preußens SPD-Ministerpräsident Otto Braun hatte, um den bürgerlichen Kandidaten des Zentrums zu unterstützen und die Wahl des KPD-Kandidaten Ernst Thälmann zu verhindern, seine Kandidatur zugunsten Hindenburgs zurückgezogen), jubeln die nationalkonservativen Kräfte: »Das alte Preußen kehrte in das neue Deutschland heim!«[9] Der Fraktionsvorsitzende der DNVP im Reichstag wertet die Wahl des ehemaligen kaiserlichen Generals als Bekenntnis zum Gedanken der Führerpersönlichkeit und zu jener Vergangenheit, die vor 1918 lag!

Das »Diktat von Versailles«, die erdrückenden Lasten des Friedens, die soziale Misere und das politische Chaos bringen den radikalen und nationalistischen Parteien Zulauf. Der liberale Publizist Theodor Wolff erkennt die Bedrohung, die durch die Wahl des greisen Generalfeldmarschalls für die Demokratie heraufgezogen ist. Nicht in Hindenburg selbst liege die Gefahr, sondern in der Hinterhältigkeit seiner Begleiter, »sie werden schnell genug versuchen, die politische Unerfahrenheit des militärisch erzogenen, militärisch denkenden Reichspräsidenten auszunutzen und den Gegensatz zwischen ihm und jener demokratisch gesinnten Volkshälfte zu verschärfen, die gestern ihre Stimme gegen ihn gegeben hat.«[10] Diese politische Voraussage tritt ein. Hinter den epaulettengeschmückten Schultern des Ex-Militärs zieht eine Gruppe von nationalistischen Beratern, darunter Hindenburgs Sohn Oskar, die Fäden und bringt den Reichspräsidenten immer mehr in die Abhängigkeit ultrarechter Kreise.

Häufig kommt es nun zu Aufmärschen und Demonstrationen militant monarchistischer und nationalistischer Organisationen und Verbände. Gerade die preußische Garnisonsstadt Potsdam wird zum Mittelpunkt antidemokratischer und republikfeindlicher Kundgebungen. An den Geburtstagen von Kaiser und Kronprinz, am »Sedantag« und am Jahrestag der »Schlacht von Tannenberg« wird unter der schwarzweißroten Flagge der

»Geist von Potsdam« beschworen. Nicht selten nehmen Vertreter der kaiserlich-königlichen Familie an den monarchistischen Veranstaltungen teil. Immer unverhohlener fordern die rechten Wortführer ein »Ende der sozialistisch-jüdischen Mißwirtschaft« und eine »Befreiung von der marxistischen Herrschaft«. Die militanten Parolen zielen vor allem gegen die SPD-geführte preußische Regierung, in der die rechtsextremen Kräfte ihren stärksten politischen Gegner sehen.

Trotz der ständigen Bedrohung von rechts und links kann sich die Republik von Weimar und in ihr der Freistaat Preußen in der zweiten Hälfte der zwanziger Jahre politisch stabilisieren. Nach einer Neuregelung der Reparationszahlungen erholt sich das Reich wirtschaftlich. In Preußen zahlt sich aus, daß die Regierung die Verwaltung demokratisiert und den Staatsapparat modernisiert hat. Preußen und die Hauptstadt Berlin erleben eine Zeit, die später als die Goldenen Zwanziger Jahre bezeichnet werden. Die Metropole – durch die Eingemeindung zahlreicher, umliegender Städte und Gemeinden zu »Groß-Berlin« zusammengefaßt und nach New York und London inzwischen die drittgrößte Stadt der Welt – entfaltet eine nie dagewesene kulturelle Blüte. In allen Bereichen der Kunst, vor allem im Theater, in der Malerei und im Film, entwickelt sich eine außerordentliche Vielfalt und Vielschichtigkeit.

256

Berlin verändert in der Weimarer Zeit sein Gesicht und wird von der kaiserlich-preußischen Metropole zur modernen Weltstadt. 1920 wird »Groß-Berlin« gegründet, zusammengefaßt aus Berlin und den umliegenden Städten und Gemeinden. Die Friedrichstraße um 1926.

Schriftsteller und Publizisten wie Kurt Tucholsky, Carl von Ossietzky und Erich Kästner begleiten von Berlin aus kritisch und ironisch das politische und gesellschaftliche Leben auf dem schwankenden Boden der Demokratie. Maler wie George Grosz, Otto Dix und Max Beckmann bringen ihre zeitkritische Sicht der Dinge auf die Leinwand. Das neue Medium Film, das in diesen Jahren seinen Siegeszug antritt und in den Babelsberger Filmstudios nach Hollywood seine wichtigste Produktionsstätte hat, glänzt mit Namen wie Tilla Durieux, Käthe Dorsch, Emil Jannings und Heinrich George. In der Musik geben berühmte Komponisten und Dirigenten wie Wilhelm Furtwängler, Paul Hindemith und Arnold Schönberg den Ton an. Das Bühnenleben wird von Theatermachern wie Max Reinhardt, Erwin Piscator und Bertolt Brecht geprägt. Aufregende und viel diskutierte literarische Stoffe liefern Walter Benjamin, Erich Maria Remarque und Alfred Döblin, der mit seinem Roman »Berlin Alexanderplatz« die gesellschaftlichen Konflikte und sozialen Verwerfungen der pulsierenden Millionenstadt beschreibt.

Doch der kulturelle Reichtum dieser Jahre kann die dramatischen politischen Konflikte und die Zerrissenheit der Republik nicht überdecken. Immer wieder kommt es zu heftigen ideologischen Debatten, die mit aller Kompromißlosigkeit geführt werden. Als im Reichstag ein Gesetz über die Entschädigung der deutschen Fürsten diskutiert wird, mobilisieren SPD und KPD, diesmal gemeinsam, ihre Anhänger. Die Tatsache, daß die Hohenzollern und die anderen Fürstenhäuser für die beschlagnahmten Schlösser und Ländereien nun riesige Summen an »Blutgeld« erhalten sollen, empfinden die Arbeiterparteien als empörend und versuchen durch einen Volksentscheid, das Gesetzesvorhaben zu Fall zu bringen. Die rechten Parteien setzen mit offenkundiger Unterstützung des Reichspräsidenten alles daran, die von KPD und SPD initiierte Abstimmung für eine entschädigungslose Enteignung der Fürsten zu torpedieren. Kommunisten und Sozialdemokraten unterliegen am Ende knapp. Der Volksentscheid für die entschädigungslose Enteignung der Fürsten erreicht nicht die erforderliche Stimmenanzahl.

Am Ende schließt die preußische Regierung mit dem Haus Hohenzollern einen Vergleich. Die bedeutenden Schlösser und Parks, z. B. Sanssouci sowie das Potsdamer und das Berliner Stadtschloß, werden öffentliches Eigentum, etliche andere Gebäude und Wohnstätten wie Gut Bornstedt bei Potsdam bleiben im Besitz der Hohenzollern-Familie. Der ehemalige Kronprinz Wilhelm erhält lebenslanges Wohnrecht im Schloß Cecilienhof, das auf diese Weise zum Treffpunkt monarchistischer Kreise wird. Immer häufiger mischen sich die Hohenzollern-Prinzen in die Politik ein. Wilhelm, Eitel Fritz, August Wilhelm und Oskar sind Mitglieder des nationalistischen Stahlhelm-Bundes und diverser anderer nationalistischer Vereinigungen.

Die Zeit der politischen und wirtschaftlichen Beruhigung endet mit dem 24. Oktober 1929, als es an der New Yorker Wall Street zum großen Börsenkrach kommt. Der »schwarze Freitag« markiert den Beginn einer dramatischen Weltwirtschaftskrise, von der die politisch und wirtschaftlich ungefestigte Weimarer Republik besonders hart getroffen wird. Handel und Gewerbe erleben eine rasante Talfahrt, innerhalb kurzer Zeit geht die Produktion drastisch zurück, es kommt zu massenhaften Pleiten und Stillegungen, die Arbeitslosenzahlen steigen sprunghaft an. Am Ende des Jahres 1930 sind bereits vier Millionen Menschen ohne Arbeit.

Die wirtschaftliche und soziale Not verschärft die politischen Spannungen und verschafft den radikalen Parteien Zulauf – vor allem den Kommunisten und den Nationalsozialisten. Immer mehr Menschen sind bereit, extremistischen Parolen und republikfeindlichen Losungen zu folgen. Als auf Reichsebene die SPD-geführte Regierung von Hermann Müller, in der die Parteien der Weimarer Koalition ein letztes Mal zusammenarbeiten, zurücktreten muß und der neue, nationalkonservative Reichskanzler Heinrich Brüning (Zentrum) seine Politik vor allem mit Notverordnungen durchzusetzen sucht, gerät die demokratische Preußenregierung zunehmend unter Druck und politisch in die Isolation. Zwischen der nur schwach legitimierten Reichsregierung und der republikanischen Preußenregierung entsteht eine Gegnerschaft, die sich mit der Zuspitzung der politischen und wirtschaftlichen Krise verschärft.

Die Nationalsozialisten setzen seit Ende der zwanziger Jahre alles daran, in der Reichshauptstadt Berlin, dem politischen Zentrum der Weimarer Republik und des Freistaates Preußen, durch hetzerische Propaganda, brutales Auftreten und gewalttätige Aktionen gegen politische Gegner und Andersdenkende das politische Klima anzuheizen und die republikanische Ordnungsmacht zu provozieren. Verantwortlich für die radikale Agitation und das rüde Vorgehen der Nazis ist der Gauleiter von Berlin, Joseph Goebbels, der seit 1927 die NS-Zeitung »Der Angriff« herausgibt. Immer wieder attackiert Goebbels die sozialdemokratische Preußenregierung und ruft dazu auf, »das rote Bollwerk« zu schleifen. Am 5. Oktober schreibt er im »Angriff«: »Der Schlüssel zur Macht über Deutschland liegt in Preußen. Wer Preußen hat, hat das Reich. Und der Weg zur Macht in Preußen geht über die Eroberung von Berlin. Ein Reichskabinett, das nicht mit der preußischen Regierung konform geht, ist nur der Gefangene des Berliner Polizeipräsidenten. Deshalb ist es ein naiver Unsinn zu glauben, man könne im Reich nationale Politik betreiben, während in Preußen international-landesverräterische Organisationen den ausschlaggebenden Einfluß auf die Regierung des größten aller deutschen Länder ausüben.«[11]

Bei den Reichstagswahlen im September 1930 ist der NSDAP ein spektakulärer Wahlsieg gelungen. Mehr als sechs Millionen Menschen haben die Hitler-Partei gewählt, die

Die sozialen Probleme radikalisieren nach dem Börsenkrach von 1929 die Gesellschaft, Arbeitsloser um 1930.

257

ihren Stimmenanteil damit verachtfacht hat und nun mit 108 Abgeordneten im Reichstag vertreten ist. Das politische Gewicht der Nationalsozialisten ist damit dramatisch gestiegen, das Lager der demokratisch-republikanischen Parteien deutlich geschwächt. Immer unverhohlener und aggressiver richten die Nazis ihre Propaganda gegen das »rote Preußen«. Auf Innenminister Carl Severing sowie den Berliner Polizeipräsidenten Albert Grzesinski und dessen Vertreter Bernhard Weiß, von den Nazis nur abfällig »Isidor« genannt, haben es Goebbels und seine Parteigenossen besonders abgesehen.

Zur Teilnahme an einer Großkundgebung im Berliner Sportpalast wird mit grellroten Plakaten aufgerufen, auf denen zu lesen ist: »Massen heraus. Der Kampf um Preußen beginnt!« Neben Goebbels und dem kurmärkischen Gauleiter Wilhelm Kube tritt auch der NSDAP-Reichstagsabgeordnete Edmund Heines auf, der wegen eines politischen Fememordes im Zuchthaus gesessen hat. Er ruft den uniformierten SA-Leuten zu, die »rote Preußenregierung« werde hinweggefegt werden.

Zwischen der preußischen Schutzpolizei und der SA kommt es vor allem in Berlin zu einem regelrechten Kleinkrieg. Wegen der ständigen Gewaltakte, Anschläge und Straßenschlachten zwischen Nazis und Kommunisten fordert Berlins Polizeipräsident Grzesinski ein konsequentes Vorgehen gegen die nationalsozialistischen Umtriebe. Nachdem Nazis in der Berliner Innenstadt die Schaufensterscheiben jüdischer Geschäfte zertrümmert haben, schreibt Grzesinski an Ministerpräsident Otto Braun: »In solchen ernsten Zeiten gilt es, hart, eisenhart zu sein!«

Doch die preußische Regierung sieht sich immer mehr in der Defensive. Von der Mitterechts-Regierung Brünings, dem »Kabinett der Barone«, hat sie kaum Hilfe zu erwarten, die Wahlerfolge haben den Nazis Auftrieb verschafft, in der Führung der Reichswehr mehren sich Stimmen, die eine offenere Haltung gegenüber Hitler und seiner Partei verlangen, und innerhalb der preußischen Schutzpolizei sinkt die Bereitschaft, gegen die NSDAP und Hitlers Schlägertrupps der SA vorzugehen. Immer häufiger bekunden Schutzpolizisten und Offiziere ihre Sympathie mit den Nationalsozialisten. Der kräftezehrende politische Kampf der Republikaner hat insbesondere Ministerpräsident Otto Braun zermürbt. Nach der Reichstagswahl im September 1930 lassen einflußreiche Kreise in Wirtschaft und Reichswehr zudem immer deutlicher ihr Wohlwollen gegenüber den Nationalsozialisten erkennen und unterstützen die Hitler-Partei durch öffentliche Auftritte und Geldspenden. Hochkarätige Vertreter der Industrie und der Reichswehrführung machen Hitler salonfähig, weil sie glauben, den Führer der Nationalsozialisten in ihre politischen Absichten einbinden zu können.

Mit allen Mitteln versucht die preußische Regierung die Umtriebe der republikfeindlichen rechten Kräfte einzudämmen. Als 1929 bekannt wird, daß der »Stahlhelm«, ein militaristischer Zusammenschluß von Frontsoldaten und rechten Kreisen, illegale Waffenübungen in den entmilitarisierten, rheinischen Gebieten abhält, erläßt sie ein Verbot der Vereinigung. Reichspräsident von Hindenburg, Schutzpatron des »Stahlhelm«, ist über die Aktion aufgebracht. Das Verhältnis zum preußischen Ministerpräsidenten Otto Braun, das auf persönlicher Ebene gar nicht schlecht gewesen war, ist nun dauerhaft belastet. Die Deutschnationalen und die »Stahlhelm«-Vereinigung rächen sich für das Verbot ihrer Organisation mit einem Volksentscheid, der eine Ablösung der preußischen Regierung fordert. Die NSDAP und Teile der KPD unterstützen den Volksentscheid, der trotzdem scheitert. Gleichwohl zeigt sich, daß die republikfeindlichen Kräfte von links und rechts, bisweilen gemeinsam, das demokratische Lager politisch erdrücken. Immer deut-

Gegen die Gefahr von rechts: ein Flugblatt der SPD zur preußischen Landtagswahl 1932.

Joseph Geobbels, NSDAP-Gauleiter von Berlin, hetzt immer wieder gegen die preußische Regierung, hier am 2. Märkertag der NSDAP in Bernau bei Berlin 1928.

licher zeigt auch die Führung der Reichswehr ihre republikfeindliche Gesinnung. Entgegen früherer Anordnungen dürfen Mitglieder der NSDAP nun in die Reichswehr eintreten.

Der propagandistische »Kampf um Preußen« findet auch in den Filmstudios und Lichtspielhäusern statt. Im Herbst 1930 bringt die Ufa ein neues preußisches Gloriengemälde auf die Leinwand, »Das Flötenkonzert von Sanssouci«. Wirtschaftlich will der mächtige Ufa-Konzernchef Alfred Hugenberg, zugleich Vorsitzender der Deutschnationalen Volkspartei, an die Erfolge der Fridericus-Rex-Filme der Vorjahre anknüpfen. Weit wichtiger aber ist dem rechtsextremen Wirtschaftsführer und Politiker die propagandistische Wirkung. »Das Flötenkonzert von Sanssouci« beschwört ein Preußenbild, das monarchistische und nationalistische Klischees bedient. Preußen erscheint als ein machtvoller Militärstaat, der von Feinden umzingelt in den Krieg getrieben wird. Friedrich II. wird wie in den zahlreichen vorangegangenen Fridericus-Rex-Filmen von Otto Gebühr verkörpert. In ihm sehen viele Kinozuschauer eine Art Ersatz-König. Auf den Straßen von Berlin wird dem Schauspieler zugewinkt, als handele es sich um Seine Majestät persönlich.

Eine Woche vor der Premiere des Ufa-Films verbieten die Behörden den amerikanischen Antikriegsfilm »Im Westen nicht Neues«, gedreht nach dem Roman von Erich Maria Remarque. Schlägertrupps der SA und Hetzparolen in den nationalsozialistischen Zeitungen haben dafür gesorgt, daß die Vorführungen des Films immer wieder gestört wurden. Joseph Goebbels stellt in seinem Tagebuch zufrieden fest: »Schon nach 10 Minuten gleicht das Kino einem Tollhaus. Die Polizei ist machtlos ... sympathisiert mit uns ... Draußen Sturm auf die Kassen. Fensterscheiben klirren. Tausende von Menschen genießen mit Behagen dieses Schauspiel. Die Vorstellung ist abgesetzt, auch die nächste. Wir haben gewonnen!«[12]

Als der neue Preußenfilm der Ufa in die Kinos kommt, empört sich die linke Presse, Sozialdemokraten und Kommunisten demonstrieren vor den Kinos: »Weg mit dem Hugenberg-Kitsch, her mit Remarque!« Die Premiere der Ufa-Produktion, die von der Polizei geschützt wird, gerät zu einer rechtsextremistischen Kundgebung. Goebbels sieht den Film einige Tage später und notiert: »Guter Film. Schluß fabelhaft. Was haben wir alles verloren! ... der große Friedrich. Ich war ganz ergriffen.« Das liberale »Berliner Tageblatt« kommentiert den Ufa-Film kritisch: »Wir lehnen diese Art von Geschichtsdar-

Wilhelm von Preußen und Franz Seldte (NSDAP) beim »Stahlhelmtag« in Breslau. Das Verbot des »Stahlhelm« durch die preußische SPD-Regierung führt zum Konflikt mit Reichspräsident von Hindenburg.

stellung ab, weil sie verlogen ist, gefährlich verlogen und verbogen … Wir lehnen diesen Film ab, weil er die Krise der allgemeinen Zustände sinnlos verschärft und die
ohnehin Irregewordenen mit lügenhaften Idealen erfüllt. Wir lehnen diesen Film ab, weil
er zum Krieg provoziert!« Besorgt und erschrocken schreibt der Publizist und Filmkriti-
ker Siegfried Kracauer in der »Frankfurter Zeitung«: »Wie sehr muß das Volk eines Halts
entbehren, daß es ihn in einem solchen Glanzkriegsstück zu entdecken glaubt!«[13]

Papens »Preußenschlag«

Im Frühjahr 1932 zeichnet sich ab, daß die Kommunisten, vor allem aber die Nationalsozialisten bei den anstehenden Wahlen dramatische Stimmenzuwächse erhalten werden. Angesichts der katastrophalen wirtschaftlichen und sozialen Situation und der politischen Instabilität sind immer mehr Menschen bereit, demokratiefeindlichen, radikalen
Parteien zu folgen – auch in Preußen, das bislang zumeist mehrheitlich die demokratischen Parteien der Weimarer Koalition (SPD, Zentrum, Liberale) gewählt hat. Um für
den Fall des Mehrheitsverlustes im preußischen Landtag vorzubauen und eine Regier-
barkeit zu gewährleisten, initiiert die Regierung Braun eine neues Gesetz: Die Abwahl
des alten Ministerpräsidenten soll nur möglich sein, wenn im Landtag mehrheitlich ein
neuer gewählt wird. Mit dieser Regelung soll verhindert werden, daß KPD, NSDAP und
radikale Splitterparteien das Kabinett Braun stürzen, ohne ihrerseits eine mehrheits-
fähige Regierung zu stellen. Ohne Regierung wäre der preußische Staat politisch hand-
lungsunfähig.
Bei den Wahlen am 20. Juli 1932 bestätigen sich die Befürchtungen der Demokraten:
Die NSDAP wird mit 36,1 Prozent zum ersten Mal stärkste Kraft im Freistaat. Hitler und
seine Gefolgsleute haben mit ihren dumpfen Parolen und wüsten Haßtiraden gegen die
Republik und das »rote Preußen« mehr als ein Drittel der Bürger des Freistaates hinter
sich gebracht. Die Regierungsparteien, die SPD und die liberale DDP, müssen massive
Stimmenverluste hinnehmen. Das Kabinett Braun verfügt über keine parlamentarische
Mehrheit mehr. Nun tritt die Regelung in Kraft, die wenige Wochen zuvor verabschiedet
worden ist. Braun und seine Minister bleiben geschäftsführend im Amt. Aber eine kon-
struktive Parlamentsarbeit ist unmöglich geworden, weil die NSDAP und die KPD, die
zusammen über mehr als die Hälfte der Sitze verfügen, alle Beschlüsse blockieren. Die
Nationalsozialisten machen vor allem durch rüdes Auftreten und aggressive Reden auf
sich aufmerksam – und: Sie stellen den Parlamentspräsidenten.
Die politische Stimmung im Freistaat ist aufgeheizt. Fast täglich kommt es zu schweren
Auseinandersetzungen vor allem zwischen Kommunisten und Nationalsozialisten. Am
17. Juli liefern sich in Altona, das zu Preußen gehört, KPD-Anhänger und Nazis ein brutale Straßenschlacht mit zahlreichen Toten und Verletzten. Den »Altonaer Blutsonntag«
nutzt die rechte Reichsregierung unter Reichskanzler Franz von Papen zum entscheidenden Schlag gegen die »republikanische Festung Preußen«. Immer wieder hatten Konservative, Monarchisten und zuletzt sogar offen der Hohenzollern-Kronprinz eine »Beseitigung des marxistischen Spuks« gefordert. Nun ist es soweit. Mit einer Vollmacht des
Reichspräsidenten Hindenburg wird die SPD-geführte Regierung für abgesetzt erklärt.
Von Papen macht sich selbst zum »Reichskommissar für Preußen«. Die Ausrufung des
Ausnahmezustands und die Alarmierung der Reichswehr sollen verhindern, daß die SPD
und die Gewerkschaften Widerstand gegen den Staatsstreich organisieren.

ALTES ODER NEUES PREUSSEN

NEUES

So sah im **alten** Preußen es aus:
Einem Stall glich des Landarbeiters Haus.
Auf Streik des Gesindes Gefängnis stand.
Und schlug nach dem Knecht des Besitzers Hand, —
Weh', wenn drob der seinen Dienst verließ:
Ihn holt' der Gendarm, er kam ins Verlies!

Das **neue** Preußen zerbrach diese Fron.
Es gab Tarifrecht und Koalition.
Vorbei sind Streikhaft und Züchtigungsrecht;
Ein freier Arbeiter wurde der Knecht.
Wollt Ihr von neuem geschlagen sein
Im ‚Dritten Reiche'? — Dreimal Nein!

Im **alten** Preußen wurd' auch gewählt.
Doch des Armen Stimme ward nicht gezählt!
Die erste und zweite Wählerklasse
Sie überstimmte die dritte, die Masse.
Der Reichtum drückte brutal an die Wand
Die Arbeiterschaft und den Mittelstand.

Im **neuen** Preußen hat gar kein Plus
Der reiche Mann zu seinem Verdruß.
Gleich schwer eines jeden Stimme wiegt,
Der Volkswille, nicht mehr der Geldsack siegt.
Ihr Schaffenden, wollt Ihr wieder hinein
In die dritte Klasse? — Dreimal Nein!

Im **alten** Preußen beim Landrat. — ‚Sie Mann..'
Er blitzt' einen durch das Monokel an: [dammen,
‚Was wollen Sie? — Lauter! — Gott soll Euch ver-
Erst nehmen Sie mal die Knochen zusammen!
Mit solchem, Dreck kommt zu MIR Ihr hier her?
Marsch — schert Euch hinüber zum Sekretär.'

Der **neue** Landrat kein Einglas trägt;
Auch sind seine Hände nicht wohlgepflegt.
Doch darf man bei ihm sich gemütlich setzen,
Und wird belehrt nach Recht und Gesetzen.
Wollt wieder zitternd Ihr angeschnauzt sein
Vom Junker Hochmut? — Dreimal Nein!

Im **alten** Preußen der König versprach
Uns herrliche Zeiten, — sie wurden danach.
Als Preußen gestürzt war in Jammer und Graus,
Der König ward schwach, der König riß aus!
Umgeben von einer feindlichen Welt
Blieb Preußen zurück als Trümmerfeld.

Das **neue** Preußen, — ja seht und schaut! —
Trotz Not und Armut, es hat gebaut,
Großgüter zerteilt zu Ansiedlungen,
hat Neuland dem Meere abgerungen,
Wohnungen baut es für Landarbeiter
An Fünfzigtausend — und so geht es weiter!

Hakenkreuz, Stahlhelm, was steht am End'?
Rückkehr zum Junkerregiment!

Das Volk bei der Wahl gibt Stimm' und Vertrau'n
Der Volksregierung um Otto Braun!

Verleger: Fr. Heine, Berlin; Druck: Volksfunkverlag GmbH., Berlin SW 68.

Die Regierung Braun leistet kaum Gegenwehr. Braun selbst, der »rote Zar«, ist durch die zermürbenden politischen Auseinandersetzungen der vergangenen Jahre resigniert. Die Ausrufung eines Generalstreiks erscheint den führenden SPD-Politikern nicht erfolgversprechend. Wie viele Arbeiter würden sich angesichts von sechs Millionen Arbeitslosen überhaupt an einem Streik beteiligen? Ein Vorgehen der preußischen Polizei zugunsten der preußischen Regierung gegen die Reichswehr würde vermutlich einen Bürgerkrieg zur Folge haben. So beschränkt sich das Braun-Kabinett darauf, gegen das verfassungswidrige Vorgehen der Reichsregierung beim Staatsgericht zu klagen. Das spätere, politisch motivierte Urteil erklärt den Staatsstreich, den Reichspräsident Hindenburg »abgesegnet« hatte, im Ergebnis für verfassungsgemäß. Die gewählte, preußische Regierung hätte zwar nicht einfach abgesetzt werden dürfen, aber die Berufung eines »Reichskommissars für Preußen« sei legal. Durch den »Preußenschlag« der ultrarechten Übergangsregierung von Papen verliert der preußische Staat seine politische Eigenständigkeit und Handlungsfähigkeit.

Joseph Goebbels notiert zynisch in sein Tagebuch: »Liste aufgestellt, was an Kroppzeug in Preußen alles beseitigt werden muß. Hier und da werden einige Zeitungen verboten. Manch einer von uns hat Angst, daß diese Regierung zu viel tut und uns nichts mehr übrig bleibt … die Polizei von einer bemerkenswerten Höflichkeit. Wie die Dinge sich doch im Handumdrehen geändert haben.«[14] Durch den »Preußenschlag« der Regierung von Papen hat Preußen politisch aufgehört zu existieren. Der rechtlich mehr als fragwürdige Handstreich einer reaktionären, kaum legitimierten Übergangsregierung hat dem Staat Preußen den Todesstoß versetzt. Ein deprimierendes Ende. Bis zur Gleichschaltung durch das NS-Regime ist es jetzt nur noch ein kleiner Schritt.

John Heartfields berühmte Fotomontage aus der »Arbeiter Illustrierten Zeitung«: »S. M. Adolf – Ich führe euch herrlichen Pleiten entgegen!«

Franz von Papen (1879–1969), Reichskanzler und Chef des nationalkonservativen »Kabinetts der Barone«. Sein »Preußenschlag« beendet faktisch die politische Selbständigkeit des Freistaates Preußen.

links: Nach der »Machtergreifung« der NSDAP organisiert
Hermann Göring (1893–1946)
als preußischer Innenminister
und Ministerpräsident die
Gleichschaltung des preußischen Staates.

rechts: NS-Propagandachef
Joseph Goebbels (1897–1945)
kurz nach der »Machtergreifung«
durch die NSDAP.

Hitlers »Machtergreifung«

Am 30. Januar 1933 wird Adolf Hitler, der Führer der NSDAP, von Reichspräsident Hindenburg zum Reichskanzler ernannt. Hinter den politischen Kulissen haben sich
Deutschnationale, Nationalsozialisten und einflußreiche Wirtschaftsführer auf eine
Beteiligung der Hitler-Partei an der Regierung verständigt. Hugenberg und seine DNVP
glauben, sie könnten Hitler »an die Leine nehmen«. – Eine Fehleinschätzung. – Der Wille
Hitlers zur Alleinherrschaft ist grenzenlos. Die gemeinsame Regierung mit den Nationalkonservativen ist für ihn nur der entscheidende Schritt zur »Machtergreifung«. Die Ver-
gabe von Ministerposten an die Deutschnationalen bezeichnet NSDAP-Propagandachef
Goebbels in seinem Tagebuch als »Schönheitsfehler«, der ausradiert werden müßte.
Überall dort, wo die Nationalsozialisten nun uneingeschränkt handeln können, gehen
sie brutal gegen ihre politischen Gegner vor. Hermann Göring, der zum kommissari-
schen preußischen Innenminister ernannt worden ist, läßt die Verwaltung im Staat
Preußen »säubern«. Mißliebige Beamte, vor allem SPD-Mitglieder, werden kurzerhand
aus dem Dienst entfernt und durch loyale Gefolgsleute der NSDAP oder unpolitische
Technokraten ersetzt. Mit Hilfe der »Verordnung zum Schutz des Deutschen Volkes« lassen Hitler und Göring linke und liberale Zeitungen verbieten. Die Presse- und Versammlungsfreiheit wird massiv eingeschränkt. KPD und SPD können öffentlich kaum
mehr agieren. Als am 27. Januar der Reichstag in Flammen aufgeht und der Brand als
Anschlag der Kommunisten dargestellt wird, werden noch in derselben Nacht überall in
Preußen KPD-Funktionäre verhaftet.
Die preußische Polizei handelt nun nach den Weisungen des nationalsozialistisch ge-
leiteten Innenministeriums oft Hand in Hand mit den Schlägertrupps der SA, die als
»Hilfstruppen« herangezogen werden. Im Staat Preußen werden 40.000 Mitglieder von
SA, SS und 10.000 Stahlhelm-Leute zu einer paramilitärischen Hilfspolizei zusammen-

gefaßt. Offiziell heißt es, diese »Hilfspolizei« solle »zum Schutze der durch staatsfeind-
liche Umtriebe gefährdeten öffentlichen Sicherheit« eingesetzt werden. In Wahrheit beginnt eine systematische Jagd auf Kommunisten, Sozialdemokraten und andere Gegner
der NSDAP. Grundlage sind zumeist geheime Listen, die von der politischen Polizei
bereits in den Vorjahren zusammengestellt wurden. Eine Notverordnung vom 6. Februar
überträgt die letzten demokratischen Rechte der preußischen Regierung an den Reichskommissar Franz von Papen und NS-Innenminister Göring. Ein Erlaß Görings erlaubt der
Polizei nun den rücksichtslosen Gebrauch von Schußwaffen.

Wenige Wochen später folgt die Verordnung des Reichspräsidenten »zum Schutz von
Volk und Staat«. Mit ihr werden alle wesentlichen Grundrechte der Weimarer Verfassung
außer Kraft gesetzt. Die Hitler-Regierung kann nun ohne rechtliche Beschränkungen ihre
politischen Gegner verfolgen. Massenweise werden Oppositionelle von der preußischen
Polizei in sogenannte »Schutzhaft« genommen. SA-Leute verprügeln und ermorden Kommunisten und Gewerkschafter, ohne daß die staatlichen Stellen eingreifen.

Am 5. März 1933 finden Reichstagswahlen statt. Im Wahlkampf wird Adolf Hitler, der
neue Reichskanzler, als »Retter der deutschen Nation« stilisiert, begleitet vom Terror der
Nazis gegen Andersdenkende. Die NSDAP erhält 43,9 Prozent der Stimmen, die koalie-
rende DNVP acht Prozent. Trotz des brutalen Terrors von Polizei und SA haben KPD und
SPD ihre Stimmenanteile weitgehend halten können. Um die gewünschten Mehrheits-
verhältnisse herzustellen, läßt die Naziführung die Mandate der KPD kurzerhand annul-
lieren. Der Weg zur Gleichschaltung des Parlaments ist frei. Die Landtagswahlen in
Preußen – ebenfalls am 5. März – ergeben ein ähnliches Kräfteverhältnis. Von Terror- und
Propagandamaßnahmen begleitet, kommt die NSDAP auf 43,2 Prozent, die DNVP auf 8,8
Prozent. Das reicht für eine Koalitionsregierung. Ministerpräsident wird Hermann Göring.

Propaganda-Collage zum »Tag von
Potsdam« am 21. März 1933.

Preußenadler und Hakenkreuz – der »Tag von Potsdam«

Schon im Wahlkampf hat die NS-Führung auf mächtige Aufmärsche und strahlende Paraden gesetzt. Die Eröffnung des neuen Reichstages soll nun zu einer wirkungsvollen Pro-
pagandaveranstaltung der neuen Machthaber werden. Das Reichstagsgebäude in Berlin steht nach dem Brand nicht zur Verfügung, deshalb beschließt die Regierung, nach
Potsdam auszuweichen. Hitler und sein Propagandachef Goebbels wollen der Öffentlichkeit ein besonderes politisches Schauspiel liefern. An historischem Ort soll die »Versöhnung des preußischen Geistes mit der neuen Bewegung« zelebriert werden.[15]
Die Festveranstaltung findet in der Garnisonkirche, der »Ruhmeshalle Preußens«, wie
es heißt, statt. Die Reden des greisen Reichspräsidenten Hindenburg, der in Uniform
erschienen ist, und des Reichskanzlers Hitler, diesmal ganz ungewohnt in zivilem Frack,
werden per Lautsprecher in der ganzen Stadt und per Rundfunk ins ganze Reich übertragen. Hindenburg, der sich zu Beginn mit dem Marschallstab vor der leeren Kaiserloge
verneigt hat, mahnt in seiner Rede die neue Regierung, die schweren Aufgaben zu
lösen, und beschwört das alte Preußen, das »in Gottesfurcht durch pflichttreue Arbeit,
nieverzagenden Mut und hingebende Vaterlandsliebe« groß geworden sei. Später legt er
am Grab Friedrich Wilhelms I. und Friedrichs II. Kränze nieder.
Teilnehmer der Veranstaltung sind auch Vertreter der Hohenzollern-Familie, darunter
Kronprinz Wilhelm in der Uniform des Stahlhelm und Prinz August Wilhelm, Abgeordneter der NSDAP, mit braunem Hemd und Hakenkreuzbinde. Reichskanzler Hitler

beschwört eine nationale Aufbruchstimmung und wendet sich Hindenburg mit folgenden Worten zu: »Am 5. März hat sich das Volk entschieden und in seiner Mehrheit zu uns bekannt. In einer einzigartigen Erhebung hat es in wenigen Wochen die nationale Ehre wiederhergestellt und dank Ihrem Verstehen, Herr Reichspräsident, die Vermählung vollzogen zwischen den Symbolen der alten Größe und der jungen Kraft.«[16] Adolf Hitler muß diesen »Tag von Potsdam« als tiefe Genugtuung empfinden. Die preußisch monarchistischen Eliten haben ihm symbolisch die Hand gereicht. In seiner Rede verkündet der neue Reichskanzler seinen »unerschütterlichen Willen, das große Reformwerk der Reorganisation des deutschen Volkes und des Reiches in Angriff zu nehmen und entschlossen durchzuführen«. Als Hitler, betont gebeugt, Hindenburg die Hand reicht, ist eine unheilvolle Allianz geschlossen.

Politische Inszenierung und unheilvolle Allianz: Beim »Tag von Potsdam« zelebrieren Hitler und Hindenburg die Verbindung des alten Preußen mit der neuen, nationalsozialistischen Bewegung.

Mit ungerührter Miene nimmt Hitler die Parade von Einheiten der Wehrmacht, einer Ehrenkompanie des Stahlhelm und SA und SS-Trupps ab. Unter den Soldaten, die im preußischen Stechschritt an der Ehrentribüne vorbeimarschieren, befindet sich auch Henning von Tresckow, Offizier im traditionsreichen Potsdamer Infanterie-Regiment 9. Wie viele Offiziere läßt er sich zunächst vom Schein der politischen Inszenierung und von der Aufbruchstimmung in großen Teilen der Bevölkerung mitreißen. Zehn Jahre später, nachdem Hitler Europa mit einem mörderischen Krieg überzogen hat, wird er zum engsten Kreis der Verschwörer des 20. Juli gehören. Das Glockenspiel der Garnisonkirche hat an diesem Märztag des Jahres 1933 einen besonderen Klang: »Üb immer Treu und Redlichkeit!« Der preußische Wahlspruch wird viele Militärs, die das verbrecherische Wesen des NS-Regimes erkennen, in dramatische Gewissenskonflikte führen.
Zwei Tage nach dem Potsdamer Schauspiel beschließt der Reichstag in Abwesenheit der geflohenen, untergetauchten oder verhafteten kommunistischen Abgeordneten und allein gegen die Stimmen der übriggebliebenen Sozialdemokraten das »Ermächtigungs-

Die preußischen Eliten haben dem »Führer« der NSDAP den roten Teppich ausgerollt: Gespräch zwischen Kronprinz Wilhelm von Preußen und Hitler beim »Tag von Potsdam«.

gesetz«, das der Hitler-Regierung die Handhabe gibt, Gesetze und sogar Verfassungsänderungen ohne das Parlament zu erlassen. Die letzten demokratischen Grundsätze
sind damit außer Kraft gesetzt. Mit zwei Gesetzen zur Gleichschaltung der Länder werden dem Staat Preußen und den anderen Ländern alle föderalen Rechte genommen.
Hitler ernennt sich selbst zum Reichsstatthalter über Preußen, sein Vertreter wird Ministerpräsident Hermann Göring. Preußen ist nun keine eigenständige staatsrechtliche
und politische Macht mehr. Es verflüchtigt sich gleichsam im nationalsozialistischen
Führerstaat. Am 20. April 1933 meldet SA-Sturmbannführer Werner Schäfer von der SA-
Standarte 208, das erste Konzentrationslager in Preußen in Oranienburg nördlich von
Berlin sei zur Aufnahme von Häftlingen bereit. Der massenhafte, organisierte Terror der
Nazis läuft an.

267

Preußen und das »Dritte Reich«

Nach dem »Preußenschlag« der Regierung Papen, der »Machtergreifung« durch die
Nationalsozialisten und der »Gleichschaltung« der Länder durch das NS-Regime ist
Preußen de facto nicht mehr existent. Hitler versteht sein »Drittes Reich« auch keinesfalls als Wiederbelebung des alten Preußen. Im Gegenteil. Er hat keine innere Beziehung zum untergegangenen Königreich und zu preußischen Traditionen. Und er hat nicht
vergessen, mit welcher Geringschätzung Vertreter der altpreußischen Elite, vor allem
Hindenburg, auf den »Gefreiten aus Österreich« herabgeschaut haben. Für die preußische Metropole Berlin – in den Weimarer Jahren zur pulsierenden Weltstadt gewachsen
– empfindet der nationalsozialistische Machthaber eine tiefe Abneigung und Abscheu.
Er will nach einem Sieg des »Großdeutschen Reiches« Berlin zur monumentalen Hauptstadt »Germania« ausbauen. Sein Lieblingsarchitekt, Albert Speer, wird mit den Planungen beauftragt.
Dem fanatischen Politiker aus kleinbürgerlichen Verhältnissen ist es innerhalb von zehn
Jahren gelungen, vom Vorsitzenden einer sektiererisch-militaristischen Partei zum »Führer« des Deutschen Reiches aufzusteigen. In seiner Gedankenwelt spielt Preußen keine
Rolle. Bereits in seinem Buch »Mein Kampf«, das er in der Festungshaft nach dem
gescheiterten Putsch von 1923 geschrieben hat, beschreibt Hitler seine beiden wesentlichen Ziele: die Eroberung von »Lebensraum« im Osten und die Vertreibung bzw. Vernichtung der Juden in Europa. Preußen ist zu klein für die Rolle, die Hitler dem Deutschen Reich zugedacht hat. Sein »Drittes Reich« soll die Weltherrschaft übernehmen.
Am 1. September 1939 überfällt die Deutsche Wehrmacht Polen, nachdem sie zuvor
ins entmilitarisierte Rheinland, nach Österreich, ins Sudetenland und in die Tschechoslowakei einmarschiert ist. In der propagandistischen Vorbereitung des Krieges hat das
»Diktat von Versailles« mit den deutschen Gebietsabtretungen nach 1918 natürlich
immer wieder eine Rolle gespielt. Doch Hitler geht es nicht um eine Wiederherstellung
des Deutschen Reiches und Preußens in den Grenzen von 1914. Der größenwahnsinnige Diktator will weiter – bis an den Ural. Die »Wehrmacht« soll ihm dabei helfen.
Anders als 1914 hält sich die Kriegsbegeisterung bei der Bevölkerung in Grenzen, und
anders als 1914 raten die meisten Militärs von einem Offensivkrieg an zwei Fronten ab.
Inwieweit vorgeblich preußische Tugenden wie Gehorsam und Pflichterfüllung das Handeln
der Offiziere bestimmen, ist schwer zu sagen. Fest steht, daß alle Soldaten einen Eid zu
leisten haben, in dem sie schwören, dem »Führer Adolf Hitler« bedingungslos zu folgen.

Preußen und seine Geschichte dienen in den braunen Jahren der NS-Diktatur nur noch als Munitionslieferant für die Propaganda. Preußische Tugenden werden beschworen, militaristische Traditionen stimuliert und Herrschermythen glorifiziert. Wie perfide und menschenverachtend das NS-Regime preußische Motive in seine Ideologie und Propaganda einflicht, wird am Tor des Konzentrationslagers Buchenwald offensichtlich. Über dem Eingang hat die Lagerleitung in deutscher Sprache den alten preußischen Wahlspruch des Schwarzen Adlerordens angebracht: »Jedem das Seine!«.

Es ist dieser unselige Geist, der kritische Zeitgenossen, wie den ungarischen Literaturhistoriker Georg Lukács, zu folgender Einschätzung veranlaßt: »Krankheit, Tod und Verwesung, zu Inhalten des neuen Preußentums geworden, schaffen die Grundlage für einen uniformierten, bürokratisch-militaristisch geregelten bestialischen Blutrausch. Hunderttausende von preußisch gedrillten, zur Blutgier aufgestachelten Bestien und Teufeln ziehen nun im preußischen Stechschritt, in Braunhemd und Schwarzhemd gegen die Menschheit los. Die Verpreußung der Unterwelt verwandelte Deutschland in ein gigantisch vergrößertes Abbild der Danteschen Hölle … Ein Hexensabbat, dirigiert vom preußischen Korporalstock der Nazis zur Bedienung des reaktionären Imperialismus: das ist die letzte Steigerung im Verfaulungsprozeß des Preußentums.«[17]

In den Augen der Opfer sind Hitlers mörderische Herrschaft und das Preußentum zu einer dunklen Macht verschmolzen. Historisch ist das Verhältnis sicherlich differenzierter zu betrachten, moralisch wird Preußen von den Schatten des »Dritten Reiches« überlagert und erdrückt.

Der preußische Wahlspruch als zynische Begrüßung über dem Eingang des Konzentrationslagers Buchenwald, aufgenommen nach der Befreiung 1945.

Preußenbilder als Durchhalteparolen

Im Juni 1943 erhält der Ufa-Regisseur Veit Harlan den Auftrag, einen riesigen Historienfilm zu drehen. Das gestellte Thema: der Widerstandskampf der pommerschen Stadt Kolberg gegen die Franzosen 1806 und der Befreiungskrieg gegen Napoleon. Geld und Aufwand spielen keine Rolle, Propagandaminister Goebbels will den »größten Film aller Zeiten« produzieren lassen. In den Hauptrollen sollen die großen Stars der Ufa glänzen, Kristina Söderbaum und Heinrich George. Der propagandistische Zweck des Historiendramas ist klar: Nach der Katastrophe von Stalingrad und der sich abzeichnenden militärischen Niederlage sollen die Deutschen auf den »totalen Krieg« eingeschworen werden. Filme als Durchhalteparolen. Regisseur Veit Harlan hat schon durch andere Großproduktionen wie den antisemitischen Kostümfilm »Jud Süß« (1940) gezeigt, daß er die propagandistischen Vorstellungen Goebbels' auszuführen versteht.

Auch den Erfolgsfilm »Der große König«, eine verklärende Darstellung der letzten Lebensjahre Friedrichs II., hat Harlan inszeniert. Diese letzte Produktion aus der Reihe von Filmen über »Friedrich den Großen«, der stets von dem beliebten Schauspieler Otto Gebühr verkörpert wird, ist in den Augen des Regisseurs »das hohe Lied auf einen großen Mann, der sein Volk trotz furchtbarster Rückschläge und Enttäuschungen, trotz des größten Unverständnisses seiner Familie und vieler seiner Generäle, durch eigene schmerzliche Zweifel und Kämpfe hindurch unbeirrt zu einem großen Sieg und zu einem großen Ziel geführt hat«[18]. Der »große König« Friedrich II. und der »große Führer« Hitler folgen der gleichen Vision und verdienen die uneingeschränkte Gefolgschaft ihres Volkes. Hitler erscheint als legitimer Nachfolger des Preußenkönigs. Der Mythos Preußen als Vorbild für die deutsche Nation.

»Kolberg« soll nun auf Befehl Goebbels' alle bisherigen Produktionen in den Schatten stellen. Trotz der schwierigen Versorgungslage werden für die Großproduktion Material und Menschen in riesigem Ausmaß zur Verfügung gestellt. Auf einem Feld zwischen Berlin und Potsdam wird mit großem Aufwand der historische Marktplatz von Kolberg nachgebaut. Für die Massenszenen stellt die Wehrmacht 5000 Soldaten ab. Goebbels läßt sich den Film 8,5 Millionen Reichsmark kosten. Ein Kriegsfilm wird produziert – mitten im Krieg. Im Herbst 1943 beginnen die Dreharbeiten, die sich wegen der schwierigen Bedingungen bis zum Sommer 1944 hinziehen. Immer wieder werden die Dreharbeiten von Bombenalarm unterbrochen. Auf dem Drehgelände ist sogar ein Splittergraben angelegt worden zum Schutz der Darsteller und des Drehstabes bei Luftangriffen.

Die historischen Fakten werden im Sinne der Propaganda für das Drehbuch verfälscht und geschönt: Die in Wahrheit erfolglose Verteidigung der Stadt Kolberg gegen die napoleonischen Truppen erscheint im Film als heroischer Opfergang. Es gebe eine Pflicht zur Verteidigung der Stadt, in der man geboren sei, die Furcht vor dem Tod sei schändlich, und das Größte könne nur unter Schmerzen geboren werden – derart pathetische Sätze werden den Hauptfiguren in den Mund gelegt.

»Kolberg« wird Ende Januar 1945 in einem U-Boot-Hafen in der eingeschlossenen Atlantik-Feste La Rochelle vor deutschen Frontsoldaten uraufgeführt. Die Filmrollen sind mit einem Fallschirm abgeworfen worden. In dem Begleitschreiben der verantwortlichen Stellen heißt es: »Tief beeindruckt von der heldenhaften Haltung der Festung Kolberg und ihrer künstlerisch unübertrefflichen Darstellung verbinden wir mit dem Dank für die Übersendung des Filmes zum 30. Januar erneut das Gelöbnis, es der heldenhaft kämpfenden Heimat gleichzutun und ihr an Ausdauer und Einsatzbereitschaft nicht nachzustehen. Es lebe Deutschland! Es lebe unser Führer!«

Einen Tag später, die Panzer der Rote Armee haben bereits die Oder erreicht, findet in Berlin die erste öffentliche Premiere von »Kolberg« statt. Das »überragende Filmwerk«, das noch das Prädikat »Film der Nation« erhalten hat, gelangt sogar noch in Breslau und Danzig in die Kinos. In einer letzten Weisung ordnet das Propagandaministerium an, weitere Kopien sollten der kämpfenden Truppe zur Vorführung gebracht werden. Doch dazu kommt es nicht mehr.

Totaler Krieg im Kino: Mit dem Film »Kolberg« will Propagandachef Goebbels den Durchhaltewillen der Deutschen stärken. Doch der Krieg ist längst verloren, Szenenfoto mit Heinrich George als Nettelbeck (rechts) und Horst Caspar als Gneisenau.

Am Morgen des 20. Juli 1944 detoniert im ostpreußischen Hauptquartier des »Führers« auf der Wolfschanze bei Rastenburg eine Bombe. Die Sprengladung soll Adolf Hitler, den Oberbefehlshaber und uneingeschränkten Machthaber des Deutschen Reiches, töten. Das Attentat ist die Verzweiflungstat einer Gruppe von hohen Militärs und Offizieren, die in der Ermordung Hitlers die einzige Chance sehen, den längst verlorenen Krieg und das verbrecherische Handeln der NS-Führung zu beenden.

Für einige Stunden ist die Lage vollkommen unübersichtlich. In der Reichshauptstadt Berlin versuchen die Verschwörer, die lange im geheimen auf diesen Tag hingearbeitet haben, die Befehlsgewalt an sich zu reißen. Die Operation »Walküre«, ein Einsatzplan für den militärischen Notfall, mit dem die entschlossenen Offiziere Hitlers Machtapparat ausschalten wollen, läuft an. Die führenden Köpfe der Widerstandsgruppe sind Claus Graf Schenk von Stauffenberg, der die Bombe in die Lagebesprechung Hitlers geschmuggelt hat, und Henning von Tresckow, der am entschiedensten für die Beseitigung Hitlers eingetreten ist und selbst zwei fehlgeschlagene Attentatsversuche organisiert hat. Stauffenberg und Tresckow haben Verbindungen zu zahlreichen anderen Regimegegnern geknüpft, darunter zu den führenden, in der Illegalität operierenden Sozialdemokraten und Gewerkschaftern, zu Kirchenvertretern und zum »Kreisauer Kreis«, einem Zusammenschluß von Oppositionellen unter Leitung des liberal gesinnten Helmuth James Graf von Moltke.

Unter den Mitstreitern, die Stauffenberg und Tresckow für den Widerstand gegen das Hitler-Regime gewinnen konnten, befinden sich viele Angehörige preußischer Adelsfamilien. Neben Tresckow selbst, dessen Vorfahren als Generäle für die Preußenkönige gedient hatten, z. B. Peter Graf Yorck von Wartenburg, Carl-Hans Graf von Hardenberg-Neuhardenberg, Fritz-Dietlof Graf von der Schulenburg, Ulrich-Wilhelm Graf Schwerin von Schwanenfeld, Heinrich Graf von Lehndorff und andere. Zum engen Kreis des militärischen Widerstandes gehören allein 20 Offiziere des traditionsreichen Potsdamer Infanterie-Regiments 9, das wegen der preußisch-aristokratischen Gesinnung des Offizierskorps »Graf Neun« genannt wird.

An der Front haben viele Wehrmachtsoffiziere, die Hitler zunächst loyal gefolgt waren, erlebt, welche Grausamkeiten in deutschem Namen verübt werden. In Hitlers Vernichtungskrieg im Osten sehen sie ein Verbrechen gegen die Menschlichkeit und einen Verrat am deutschen Volk. Sie sind bereit, den Eid, den sie auf den »Führer« geleistet haben, zu brechen.

Wenige Wochen zuvor, nach der Invasion der Alliierten in der Normandie, Anfang Juli 1944, hatten die Verschwörer die Frage diskutiert, ob ein Attentat auf Hitler in dieser aussichtslosen militärischen Situation, kurz vor der erwarteten Niederlage, überhaupt noch Sinn mache. Tresckow hatte entschieden geantwortet: »Das Attentat muß erfolgen coûte que coûte. Sollte es nicht gelingen, so muß trotzdem in Berlin gehandelt werden. Denn es kommt nicht mehr auf den praktischen Zweck an, sondern darauf, daß die deutsche Widerstandsbewegung vor der Welt und vor der Geschichte den entscheidenden Wurf gewagt hat. Alles andere ist daneben gleichgültig!«[19] Dieses Bekenntnis des Generalmajors, der am »Tag von Potsdam« im März 1933 zunächst begeistert den Handschlag von Hitler und Hindenburg miterlebt hatte und nun nach den Erfahrungen des mörderischen Krieges bereit ist, die Unrechtsherrschaft der Nazis unter allen

Claus Graf Schenk von Stauffenberg (geb. 1907), Kopf des Widerstands gegen Hitler. Nach dem Scheitern des Attentats am 20. Juli 1944 wird er am selben Tag standrechtlich erschossen.

Henning von Tresckow (1901–1944) wandelt sich vom Bewunderer Hitlers zu dessen erbittertsten Gegner. Der Offizier aus preußischer Familie versuchte selbst mehrfach vergeblich, den Diktator zu töten.

270

Fritz-Dietlof Graf von der Schulenburg (1902–1944), auch er eine Schlüsselfigur im preußisch-militärischen Widerstand gegen Hitler. Vom Volksgerichtshof wird er zum Tode verurteilt und hingerichtet.

Peter Graf Yorck von Wartenburg (geb. 1904), Offizier und Mitglied des Widerstandszirkels »Kreisauer Kreis« – auch er wird 1944 hingerichtet.

Umständen zu beenden, wird als Vermächtnis des 20. Juli in die Geschichte eingehen. Doch auch dieses, das letzte Attentat auf Hitler mißlingt. Die Bombe, versteckt in einer Aktentasche, ist ungünstig hinter einem Pfeiler plaziert. Hitler überlebt leicht verletzt. Der Umsturzversuch der Verschwörer bricht zusammen. Stauffenberg, Attentäter und Hauptakteur des Putsches, wird in der Nacht zum 21. Juli im Berliner Bendlerblock, der Schaltzentrale des Umsturzversuches, standrechtlich erschossen. Wenige Stunden später nimmt sich Henning von Tresckow an der Ostfront das Leben. Die meisten anderen unmittelbar Beteiligten werden vor den berüchtigten »Volksgerichtshof«, der im Gebäude des ehemaligen Preußischen Staatsgerichts zusammentritt, gezerrt, zum Tode verurteilt und hingerichtet.

Für viele Anhänger und Verehrer des alten Preußen symbolisiert der 20. Juli 1944 gleichwohl ein Datum, an dem »das gute Preußen« ein letztes Lebenszeichen von sich gegeben hat. Der Historiker Hans-Joachim Schoeps schreibt später: »Die Männer der Widerstandsbewegung gegen den Nationalsozialismus – Offiziere, Beamte, Gewerkschaftsführer –, die des Glockenspielmotivs der Potsdamer Garnisonkirche halber aufstanden, sind die Blutzeugen des wirklichen Preußentums in unserer Generation geworden.«[20] Fest steht: Dem unseligen »Geist von Potsdam«, den Hitler nach seiner Machtübernahme beschworen hatte, haben die Beteiligten des 20. Juli eine mutige Tat entgegengesetzt.

Am Ende kann man wohl nicht von einem »preußischen Widerstand« gegen die Nazi-Herrschaft sprechen, sondern nur von couragierten und vorbildlichen Persönlichkeiten wie Henning von Tresckow, die für das andere, das gute, das tugendhafte Preußen stehen. Claus Graf Schenk von Stauffenberg, der Kopf der Bewegung des 20. Juli, stammte aus einer bayerischen Adelsfamilie. Im Augenblick seiner Erschießung im Berliner Bendlerblock in der Nacht nach dem Attentat und dem gescheiterten Umsturzversuch ruft der Offizier: »Es lebe das heilige Deutschland!« Der untergegangene Staat Preußen bildete für die Verschwörer des 20. Juli keine Bezugsgröße, mögen die Motive ihres Handelns auch als preußisch tugendhaft bezeichnet werden.

Preußens Ende – die Potsdamer Konferenz und die Auflösung des Staates Preußen

Im August 1945 treffen die politischen Führer der alliierten Siegermächte Sowjetunion, USA und Großbritannien zu einer großen Konferenz zusammen, um nach dem Sieg über Nazi-Deutschland die Neuordnung Europas zu verhandeln. Als Konferenzort hat man sich Potsdam ausgesucht, weniger, um an symbolträchtiger Stelle, im Herzen des alten Preußen, den Sieg über den deutschen Militarismus zu feiern, als vielmehr aus ganz praktischen Gründen. Die Reichshauptstadt Berlin liegt vollkommen in Trümmern und bietet für das großangelegte Treffen der Staats- und Regierungschefs keine geeigneten Tagungseinrichtungen. Im Ausland werden die Potsdamer Verhandlungen auch nur als »Berliner Konferenz« wahrgenommen.

Der britische Verhandlungsführer in der ersten Phase der Konferenz ist Premier Winston Churchill. Der knorrige Regierungschef hatte als junger Offizier vor dem Ersten Weltkrieg schon einmal die Gegend um Berlin besucht, um auf Einladung des deutschen Generalstabs die kaiserlichen Truppen bei einem Manöver zu beobachten. Dabei hatte er dem Kaiser persönlich die Hand gereicht. Gut dreißig Jahre später, nach zwei von Deutschland begonnenen Weltkriegen, kommt Churchill nun wieder in das preußische Kernland. Der Begriff »Preußen« ist für den konservativen Briten ein Reizwort. Auf der Konferenz von Teheran im November 1943, als die Alliierten angesichts der sich abzeichnenden Niederlage Nazi-Deutschlands Pläne für die Zeit nach Hitler erörterten, hatte der britische Premier gesagt: »Ich möchte hervorheben, daß Preußen die Wurzel des Übels ist!«[21]

In Teheran hatte Churchill auch erneut seine Lieblingsidee von der Trennung Preußens von Rest-Deutschland und der Bildung einer bayerisch-österreichisch-ungarischen Konföderation entlang der Donau propagiert. Grundsätzlich waren sich die »Großen Drei« darin einig, das Deutsche Reich aufzuteilen, um es für immer zu schwächen. Stalin hatte in Teheran vorsichtig seine Pläne vorgebracht, das sowjetische Territorium auszudehnen und einen zukünftigen polnischen Staat bis zur Oder-Neiße-Grenze nach Westen zu verschieben. Und er hatte Anspruch auf das ostpreußische Königsberg erhoben, jene Stadt, in der sich die Preußenkönige hatten krönen lassen. Königsberg ist für die Sowjetführung von strategischem Interesse, da die Stadt mit ihrem Hafen den Zugang zur Ostsee sichert.

Als sich die »Großen Drei«, US-Präsident Harry S. Truman – der dem verstorbenen Franklin D. Roosevelt im Amt gefolgt ist –, der sowjetische Generalissmus Josef W. Stalin und der britische Premier Winston Churchill, in Potsdam treffen, ist klar, daß es zu einer Abtrennung deutscher Gebiete und einer Aufteilung des Deutschen Reiches kommen wird. Im Mittelpunkt der Verhandlungen stehen neben vielen anderen Problemen vor allem zwei entscheidende Fragen: Wo sollen die Grenzen des neu errichteten polnischen Staates verlaufen? Wieviel Reparationsleistungen müssen die Deutschen für den Krieg an die Sieger zahlen?

Am Ende kann sich Stalin mit seinen Forderungen weitgehend durchsetzen: Das sowjetische Hoheitsgebiet wird zu Lasten polnischer Gebiete nach Westen ausgedehnt. Als Ausgleich wird der neue polnische Staat westwärts verschoben. Deutschland muß die Gebiete östlich von Oder und Neiße, also ehemals preußische Gebiete, an Polen abtreten. Ein Großteil Ostpreußens mit der Stadt Königsberg fällt unter sowjetische Verwaltung. Endgültig soll über diese Grenzziehung allerdings erst auf einer Friedenskonferenz entschieden werden. Doch diese Friedenskonferenz wird nie stattfinden.

Der Untergang Preußens: Zivilisten flüchten mit ihrer letzten Habe aus der brennenden, von der Roten Armee eroberten Stadt Königsberg.

Noch während in Potsdam die »Großen Drei« verhandeln, beginnen in den sowjetisch besetzten und polnisch verwalteten deutschen Ostprovinzen die systematischen Vertreibungen der deutschen Bevölkerung. Von den schätzungsweise 9,6 Millionen Deutschen, die vor dem Krieg östlich von Oder und Neiße gelebt hatten, waren bis zum Sommer 1945 mehr als fünf Millionen unter furchtbaren Umständen geflohen, viele von ihnen ums Leben gekommen.

Nach den Verhandlungen von Potsdam beginnt nun die zweite Welle des Exodus aus den Ostgebieten, die einst preußisches Stammland gewesen waren. Die Beschlüsse von Potsdam, die eine Ausdehnung der Sowjetunion und eine Verschiebung Polens nach Westen bedeuten, haben eine Völkerwanderung zur Folge.

Die »Großen Drei«, Stalin, Truman und Churchill, entscheiden auf der »Potsdamer Konferenz« im Sommer 1945 die Zukunft Deutschlands und Europas. Durch ihre Beschlüsse, die eine Abtrennung der Gebiete östlich von Oder und Neiße zur Folge haben, wird das preußische Territorium auf Dauer zerschnitten.

274

Aus Ostpolen, das Stalin nun beansprucht, werden die Menschen in die ehemals preußisch-deutschen Gebiete östlich von Oder und Neiße umgesiedelt, die nun den westlichen Teil des neuen polnischen Staates bilden. Das alte Preußen wird zerschnitten, die ehemals preußische Bevölkerung ist geflohen, wurde getötet, vertrieben, zerstreut.

Die Potsdamer Konferenz markiert das Ende der Zusammenarbeit der Alliierten in der Anti-Hitler-Koalition und den Beginn des kalten Krieges. Im Mai 1945, wenige Monate vor den Verhandlungen, hatte Churchill angesichts der Stalinschen Expansionspolitik gesagt, die Rote Armee wolle vor ihrer Front einen Eisernen Vorhang niederlassen. Und in der Tat: Die geopolitischen Konflikte zwischen den Siegermächten führen bald zur Konfrontation. Der Eiserne Vorhang, mit dem die Sowjetunion ihren Herrschaftsbereich abriegelt, verläuft nicht nur direkt durch Deutschland, er durchschneidet auch das alte Preußen.

Bismarck, der Eiserne Kanzler, hat recht behalten: »Ist Preußens Kraft einmal gebrochen, so wird Deutschland schwerlich dem Schicksal Polens entgehen.«[22]

Bald nach der Potsdamer Konferenz setzt die sowjetische Militäradministration (SMAD) die von den Siegermächten diskutierte Bodenreform durch. In der sowjetischen Besatzungszone (SBZ) werden rund 7000 Großgrundbesitzer und Großbauern entschädigungslos enteignet und mehr als drei Millionen Hektar Boden an landlose Bauern und Flüchtlinge vergeben. »Junkerland in Bauernhand« heißt die propagandistische Parole der Besatzungsmacht und der von ihr installierten KPD-Führung. »Was in jahrhundertelangen Kämpfen der Bauern um ihre Befreiung, was in den revolutionären Kämpfen des Jahres 1848 nicht gelang, was im kaiserlichen Deutschland und in der Weimarer Republik verhindert wurde, wird jetzt nach der Zerschlagung der Hitlermacht verwirklicht. Der Herrschaft der junkerlich-feudalen Großgrundbesitzer im Dorfe wird ein Ende bereitet!«[23], heißt es in einem Aufruf der KPD vom 8. September 1945.

Die meisten Grundbesitzer sind bereits aus der sowjetischen Besatzungszone geflohen oder verlassen nun ihr Land. In den Schlössern und Herrenhäusern werden Flüchtlingsfamilien untergebracht, später Einrichtungen der Landwirtschaftlichen Produktionsgenossenschaften, Konsum-Läden oder Kindergärten. Der preußischen Junkerherrschaft ist damit im Sinne des Wortes der Boden entzogen. Doch die Enteignung und Vertreibung der altpreußischen Elite hat neues Unrecht geschaffen.

Im August 1946 werden durch einen Erlaß der britischen Militärregierung in ihrer Besatzungszone die preußischen Provinzen aufgelöst und als Länder Niedersachsen, Nordrhein-Westfalen und Schleswig-Holstein neu gebildet. Unter den Bedingungen der Besatzungsherrschaft und des kalten Krieges zerfällt Preußen in verschiedene neue politische Gebilde. Am 25. Februar 1947 erläßt der Alliierte Kontrollrat, in dem die Siegermächte

gemeinsam Deutschland regieren, ein Gesetz, das dem alten Preußen noch einmal symbolisch den Todesstoß versetzt. Im Gesetz Nr. 46 vom 25. Februar 1947 heißt es: »Der Staat Preußen, der seit jeher Träger des Militarismus und der Reaktion in Deutschland gewesen ist, hat in Wirklichkeit zu bestehen aufgehört ... Der Staat Preußen, seine Zentralregierung und alle nachgeordneten Behörden werden hiermit aufgelöst.«[24]
Der Staat Preußen existiert nicht mehr, sein Territorium ist aufgeteilt, durch sein altes Kerngebiet zieht sich eine neue weltpolitische Konfrontationslinie, seine Bevölkerung ist zu einem großen Teil vertrieben oder umgesiedelt, seine früheren Herrschaftsstrukturen sind restlos beseitigt. Preußen ist nun nur noch ein historischer Begriff.

Anmerkungen

I

1 Zitiert nach Gerd Heinrich, Geschichte Preußens. Staat und Dynastie, Frankfurt/M.–Berlin–Wien 1981, S. 88.
2 Zitiert nach Johannes Schultze, Die Mark Brandenburg, Bd. 4, Berlin 1989, S. 292.
3 Matthäus Merian, Theatrum Europaeum, o. O. [um 1660], S. 997f.
4 Zitiert nach Wolfgang Neugebauer, Brandenburg im absolutistischen Staat. Das 17. und 18. Jahrhundert, in: Ingo Materna/Wolfgang Ribbe (Hrsg.), Brandenburgische Geschichte, Berlin 1995, S. 321.
5 Neugebauer, Brandenburg im absolutistischen Staat, S. 323.
6 Zitiert nach Hans-Joachim Schoeps, Preußen. Geschichte eines Staates, Berlin 1997, S. 288.
7 Zitiert nach Wolfgang Ribbe, Brandenburg auf dem Weg zum polykonfessionellen Staatswesen (1620 bis 1688), in: Gerd Heinrich (Hrsg.), Tausend Jahre Kirche in Berlin–Brandenburg, Berlin 1999, S. 278.
8 Ribbe, Brandenburg auf dem Weg, S. 280f.
9 Zitiert nach Ernst Berner, Geschichte des Preußischen Staates, München–Berlin 1891, S. 194ff.
10 Zitiert nach Pusch, Die Schlacht von Fehrbellin, Neuruppin 1994, S. 13.
11 Zitiert nach Jürgen Wilke, Die Französische Kolonie in Berlin, in: Helga Schulz, Berlin 1650 bis 1800. Sozialgeschichte einer Residenz, 2. Aufl. Berlin 1988, S. 353–430, bes. S. 404ff.
12 Zitiert nach Richard Schück, Brandenburg-Preußens Kolonial-Politik unter dem Großen Kurfürsten und seinen Nachfolgern (1647–1721), Bd. I., Leipzig 1889, S. XI.
13 Schück, Brandenburg-Preußens Kolonialpolitik, S. 287f.
14 Friedrich der Große, Ausgewählte Werke, Berlin 1918, S. 19.
15 Zitiert nach Werner Schmidt, Friedrich I., München 1996, S. 61f.
16 Zitiert nach Berner, Geschichte des Preußischen Staates, S. 182f.
17 Zitiert nach Hans Bentzien, Unterm Roten und Schwarzen Adler, Berlin 1992, S. 99.
18 Zitiert nach Schmidt, Friedrich I., S. 121.
19 Schmidt, Friedrich I., S. 119.
20 Zitiert nach [Iselin Gundermann (Hrsg. und Bearb.)], Via Regia. Preußens Weg zur Krone, [Katalog zur] Ausstellung des Geheimen Staatsarchivs Preußischer Kulturbesitz 1998, Berlin 1998, S. 21.
21 Gundermann, Via Regia, S. 24.
22 Carl Eduard Vehse, Hofgeschichten, Düsseldorf 1970, S. 14f.
23 Friedrich der Große, Ausgewählte Werke, Bd. 1, S. 105.
24 Gottfried Wilhelm Leibniz, Philosophische Werke, Ergänzungsband 1, Leipzig 1916, S. 146.

25 Friedrich der Große, Ausgewählte Werke, Bd. 1, S. 105, Charlottenburg hieß damals noch Lietzenburg.
26 Friedrich der Große, Ausgewählte Werke, Bd. 1, S. 24.
27 Friedrich der Große, Ausgewählte Werke, Bd. 1, S. 108.
28 Chur=Fürstlich=Privilegium, Nachdruck in: Kleine Texte der Frankeschen Stiftungen, Halle 1998, S. 2f.
29 Zitiert nach Schoeps, Preußen, S. 288.

II

1 Eduard Vehse, Berliner Hofgeschichten, Düsseldorf–Köln 1970, S. 52.
2 Zitiert nach Wolfgang Venohr, Der Soldatenkönig, Frankfurt/M. 1990, S. 108f.
3 Venohr, Soldatenkönig, S. 117.
4 Venohr, Soldatenkönig, S. 48.
5 Zitiert nach Gerd Heinrich, Geschichte Preußens. Staat und Dynastie, Frankfurt/M.–Berlin–Wien 1981, S. 285.
6 Zitiert nach Berner, Geschichte des Preußischen Staates, S. 282.
7 Berner, Geschichte des Preußischen Staates, S. 297f.
8 Zitiert nach Max Maurenbrecher, Die Hohenzollern-Legende, Berlin o. J., S. 410.
9 Zitiert nach Winfried Ranke, Der absolutistische Staat und seine Diener: Könige, Soldaten, Beamte, Unternehmer, in: Preußen, Versuch einer Bilanz, Bd. 1: Ausstellungsführer, hrsg. von Gottfried Korff, Hamburg 1981, S. 157.
10 Zitiert nach Ingrid Mittenzwei/Erika Herzfeld, Brandenburg-Preußen 1648–1789, Köln 1987, S. 240.
11 Zitiert nach Berner, Geschichte des Preußischen Staates, S. 283.
12 Zitiert nach Heinrich, Geschichte Preußens, S. 150.
13 Zitiert nach Ranke, Der absolutistische Staat, in: Korff, Ausstellungsführer, S. 157f.
14 Zitiert nach Maurenbrecher, Hohenzollern-Legende, S. 401f.
15 Zitiert nach Schoeps, Preußen, S. 291.
16 Friedrich der Große, Ausgewählte Werke, Bd. 1, S. 31f.
17 Vehse, Hofgeschichten, S. 58.
18 Zitiert nach Berner, Geschichte des Preußischen Staates, S. 320f.
19 Zitiert nach Preußen. Versuch einer Bilanz, Bd. 3: Preußen. Zur Sozialgeschichte eines Staates. Eine Darstellung in Quellen, bearbeitet von Peter Brandt unter Mitwirkung von Thomas Hofmann und Rainer Zilkenat, Hamburg 1981, S. 74.
20 Zitiert nach Berner, Geschichte des Preußischen Staates, S. 310.
21 Zitiert nach Venohr, Soldatenkönig, S. 110.
22 Zitiert nach Preußen. Zur Sozialgeschichte eines Staates, S. 187f.
23 Zitiert nach Maurenbrecher, Hohenzollern-Legende, S. 396.

24 Maurenbrecher, Hohenzollern-Legende, S. 351.
25 Zitiert nach Preußen, Zur Sozialgeschichte eines Staates, S. 160f.
26 Zitiert nach Venohr, Soldatenkönig, S. 352.
27 Friedrich der Große, Ausgewählte Werke, Bd. 2, S. 271f.
28 Vehse, Hofgeschichten, S. 76.
29 Vehse, Hofgeschichten, S. 79.
30 Zitiert nach Venohr, Soldatenkönig, S. 123.
31 Vehse, Hofgeschichten, S. 70.
32 Markgräfin Wilhemine von Bayreuth, eine preußische Königstochter, Frankfurt/M. 1988, S. 240f.
33 Wilhelmine von Bayreuth, S. 316.
34 Wilhelmine von Bayreuth, S. 122.
35 Ebda.
36 Vehse, Hofgeschichten, S. 107–109.
37 Vehse, Hofgeschichten, S. 112.
38 Vehse, Hofgeschichten, S. 131f.
39 Zitiert nach Venohr, Soldatenkönig, S. 284f.
40 Friedrich der Große, Ausgewählte Werke, Bd. 7, Berlin 1913, S. 4.
41 Zitiert nach Heinrich, Geschichte Preußens, S. 179.
42 Friedrich der Große, Ausgewählte Werke, Bd. 1, S. 42.
43 Friedrich der Große, Ausgewählte Werke, Bd. 1, S. 36.
44 Zitiert nach Venohr, Soldatenkönig, S. 365.
45 Venohr, Soldatenkönig, S. 363.
46 Zitiert nach Venohr, Soldatenkönig, S. 260.
47 Friedrich der Große, Ausgewählte Werke, Bd. 1, S. 89.
48 Friedrich der Große, Ausgewählte Werke, Bd. 1, S. 277f.
49 Zitiert nach Sebastian Fischer-Fabian, Preußens Gloria, Locarno 1979, S. 208.
50 Friedrich der Große, Ausgewählte Werke, Bd. 1, S. 93.
51 Friedrich der Große, Ausgewählte Werke, Bd. 1, S. 279.
52 Zitiert nach Olaf Groehler, Die Kriege Friedrichs II., Berlin 1990, S. 25.
53 Friedrich der Große, Ausgewählte Werke, Bd. 1, S. 95f.
54 Zitiert nach Olaf Groehler, Das Heerwesen, Berlin 1993, S. 121.
55 Zitiert nach Joachim Dyck, Minna von Barnhelm oder: Die Kosten des Glücks, Berlin 1981, S. 51.
56 Zitiert nach Hans Dollinger, Friedrich II. von Preußen. Sein Bild im Wandel der Jahrhunderte, München 1986, S. 40.
57 Museum im Breslauer Rathaus.
58 Zitiert nach Georg Holmsten, Friedrich II. Hamburg 1997, S. 69.
59 Zitiert nach Heinrich, Geschichte Preußens, S. 200.
60 Zitiert nach Holmsten, Friedrich II., S. 70.
61 Zitiert nach Reinhold Koser, Geschichte Friedrichs des Großen, Stuttgart–Berlin 1914, Bd. 2, S. 267.

62 Zitiert nach Fischer-Fabian, Preußens Gloria,
S. 279.
63 Zitiert nach Dollinger, Friedrich II. von
Preußen, S. 79.
64 Zitiert nach Christian Graf von Krockow, Die
preußischen Brüder, München 1998, S. 92.
65 Friedrich der Große, Ausgewählte Werke,
Bd. 2, S. 305.
66 Zitiert nach Fischer-Fabian, Preußens Gloria,
S. 199f.
67 Zitiert nach Hermann von Petersdorff,
Fridericus Rex, Berlin 1925, S. 191.
68 Petersdorff, Fridericus Rex, S. 204.
69 Informationsmaterial der Gemeinde Wuschewier.
70 Zitiert nach Petersdorff, Fridericus Rex,
S. 197.
71 Zitiert nach Holmsten, Friedrich II., S. 78f.
72 Zitiert nach Petersdorff, Fridericus Rex,
S. 315.
73 Zitiert nach Dyck, in: Minna von Barnhelm,
S. 213.
74 Dyck, in: Minna von Barnhelm, S. 202.
75 Zitiert nach Vehse, Hofgeschichten, S. 218f.
76 Friedrich der Große, Ausgewählte Werke,
Bd. 7, S. 134–144.
77 Geheimes Staatsarchiv Preußischer Kulturbesitz XX. HA., EM 139 c IV Nr.86 Vol.1 Bl.17.
78 Immanuel Kant, Kritik der reinen Vernunft,
Leipzig 1960, S. IVf.
79 Kleine Philosophische Schriften, Leipzig
1962, S. 205.
80 Kant, Kleine Philosophische Schriften, S. 211.
81 Friedrich der Große, Ausgewählte Werke,
Bd. 7, S. 248.
82 Friedrich der Große, Ausgewählte Werke,
Bd. 7, S. 251f.
83 Friedrich der Große, Ausgewählte Werke,
Bd. 7, S. 274.
84 Friedrich der Große, Ausgewählte Werke,
Bd. 7, S. 89.
85 Friedrich der Große, Ausgewählte Werke,
Bd. 7, S. 90ff.

III

1 Hans Joachim Schoeps, Preußen. Geschichte
eines Staates, Berlin 1997, S. 300.
2 Die Äußerung Schadows hat Karl August Varnhagen von Ense überliefert. Vgl. Hans Dollinger,
Preußen. Eine Kulturgeschichte in Bildern,
München 1980, S. 155.
3 [von Borcke], Geheime Briefe über die Preußische Staatsverfassung seit der Thronbesteigung
Friedrich Wilhelms des Zweytern, Utrecht [Ulm]
1787, S. 72f.
4 [von Borcke], Geheime Briefe, 1787, S. 76
5 [von Borcke], Geheime Briefe, 1787, S. 64.
6 [von Borcke], Geheime Briefe, 1787, S. 15.
7 Fritz Dickmann (Bearb.), Geschichte in Quellen, Bd. III: Renaissance, Glaubenskämpfe,
Absolutismus, München 1966, S. 630–635.
8 Ebda.

9 Der Freimütige, Ausgabe vom 29. 4. 1803.
10 J.D. Sander, Brief an K.A. Böttiger vom
19. 11. 1796, zitiert in: Ludwig Geiger, Berlin
1688–1840. Geschichte des geistigen Lebens
der preußischen Hauptstadt, Berlin 1892–1895,
Neudruck Aalen 1982, Bd. 2, S. 160.
11 Johann Wolfgang von Goethe, Campagne
in Frankreich, in: Goethes Sämtliche Werke.
Jubiläumsausgabe, Bd. 28, Stuttgart–Berlin
o. J., S. 60.
12 Franz Wilhelm Freiherr v. Ditfurth (Hrsg.), Die
historischen Volkslieder vom Ende des siebenjährigen Krieges, 1763, bis zum Brande von
Moskau, 1812. Aus fliegenden Blättern, handschriftlichen Quellen und dem Volksmund gesammelt und herausgegeben, Berlin 1872,
S. 84–86, bes. S. 84.
13 Unveröffentlichter Brief, zitiert nach: Klaus
Zernack, Polen in der Geschichte Preußens, in:
Otto Büsch (Hrsg.), Handbuch der Preußischen
Geschichte, Bd. 2, Berlin–New York 1992,
S. 427.
14 Aufruf des Berliner Stadtkommandanten nach
der Niederlage bei Jena und Auerstedt, als Pla-
kat vielfach gedruckt. Vgl. u.a. Wolfgang Ribbe/
Jürgen Schmädeke, Kleine Berlin-Geschichte,
3. Auflage Berlin 1994, S. 81.
15 Zitiert nach Günter Vogler/Klaus Vetter,
Preußen. Von den Anfängen bis zur Reichsgründung, 4. Aufl. [Ost] Berlin 1975, S. 150.
16 Zitiert nach Vogler/Vetter, Preußen, S. 156.
17 Ernst Rudolf Huber, Dokumente zur deutschen Verfassungsgeschichte, Bd. 1, Stuttgart
1961, S. 38–40.
18 Ebda.
19 Huber, Dokumente zur deutschen Verfassungsgeschichte, S. 45–47.
20 Franz Wilhelm Freiherr von Ditfurth (Hrsg.),
Die Historischen Volkslieder der Freiheitskriege
von Napoleons Rückzug aus Rußland, 1812, bis
zu dessen Verbanung nach St. Helena, 1815.
Aus fliegenden Blättern, handschriftlichen Quellen und dem Volksmund gesammelt und herausgegeben, Berlin 1871, S. 2f., bes. S. 2.
21 Tim Klein (Hrsg.), Die Befreiung 1813, 1814,
1815. Urkunden – Berichte – Briefe, Ebenhau-
sen bei München 1913, S. 46–48.
22 Klein, Die Befreiung 1813, S. 140f.
23 Der Hofrat und Trivialschriftsteller Heinrich
Clauren (eigentlich: Carl Heun) strickte besonders eifrig an der Legende vom Preußischen
König als Initiator des Freiheitskampfes. Die
Preußische Staatszeitung druckte sein Lied am
26. 6. 1813.
24 Klein, Die Befreiung 1813, S. 143f.
25 Ebda.
26 Das Spottlied vom Krähwinkler Landsturm ist
1813 entstanden, sein Verfasser ist unbekannt.
27 Klein, Die Befreiung 1813, S. 247f.
28 Huber, Dokumente zur deutschen Verfassungsgeschichte, S. 56f.
29 Huber, Dokumente zur deutschen Verfassungsgeschichte, S. 95–98.

30 Ernst Dronke, Berlin, Frankfurt/M. 1846, unveränderter Neudruck Darmstadt-Neuwied 1974,
S. 300 u. S. 302.
31 Max Schilling (Hrsg.), Quellenbuch zur Geschichte der Neuzeit, 4. Aufl. Berlin 1912, S. 443.
32 Werner Pöls (Hrsg.), Historisches Lesebuch 1:
1815–1871, Frankfurt/M. 1966, S. 124f.
33 Heinrich Heine, Briefe aus Berlin, in: Heinrich
Heine, Sämtliche Schriften, Bd. 2, herausgegeben von Günter Häntzschel, München 1969,
S. 25.
34 Wilhelm Treue/Herbert Pönicke/Karl-Heinz
Manegold (Hrsg.), Quellen zur Geschichte der
industriellen Revolution, Göttingen 1966,
S. 182f.
35 Günter Schönbrunn (Bearb.), Geschichte in
Quellen. Das bürgerliche Zeitalter 1815–1914,
München 1980, S. 103.
36 August Heinrich Hoffmann von Fallersleben,
Unpolitische Lieder, in: Hoffmann's von Fallersleben Gesammelte Werke, herausgegeben von
Heinrich Gerstenberg, Bd. 4, Berlin 1891, S. 28.
37 Gemeint ist der Deutsche Bund.
38 Günther K. Anton, Geschichte der preußischen Fabrikgesetzgebung bis zu ihrer Aufnahme durch die Reichsgewerbeordnung, Berlin
1953, S. 190.
39 Ernst Engelberg (Hrsg.), Im Widerstreit um
die Reichsgründung. Eine Quellensammlung zur
Klassenauseinandersetzung in der deutschen
Geschichte von 1849 bis 1871, Berlin 1970,
S. 40f.
40 Huber, Dokumente zur deutschen Verfassungsgeschichte, S. 38–40.
41 Hans-Schwab-Felisch, Gerhart Hauptmann –
Die Weber (= Dichtung und Wirklichkeit, Bd. 1),
Frankfurt/M.–Berlin–Wien 1972, S. 118–124f.
42 Ebda.
43 Lage und Kampf der Landarbeiter im ostelbischen Preußen. Vom Anfang des 19. Jahrhunderts bis zur Novemberrevolution 1918/19,
Bd. 1, bearbeit. von Hans Hübner und Heinz
Kathe, Vaduz 1977, S. 105–108.
44 Zitiert nach Dollinger, Preußen, S. 211.
45 Hans Fenske (Hrsg.), Vormärz und Revolution
1840–1849, Darmstadt 1976, S. 199f.
46 Die Lieder aller Völker und Zeiten in metri-
schen deutschen Übersetzungen und sorgfälti-
ger Auswahl. Nach dem Vorbilde von J.G. Herder's »Stimmen der Völker«. Zusammengestellt
und herausgegeben von Hans Grabow, Hamburg
1881, Neudruck: Hünstetten/Taunus 1978,
S. 39f.
47 Tagebücher von K.A. Varnhagen von Ense,
Bd. 4, Leipzig 1862, S. 311.
48 Adolf Wolff, Berliner Revolutions-Chronik.
Darstellung der Berliner Bewegungen im Jahre
1848 nach politischen, socialen und literarischen Beziehungen, Bd. 1, Berlin 1851,
S. 294–297.
49 Veit Valentin, Geschichte der deutschen
Revolution von 1848–49, Bd. 2, Berlin 1931,
S. 474.

50 Leopold von Ranke (Hrsg.), Aus dem Briefwechsel Friedrich Wilhelms IV. mit Bunsen, Leipzig 1874, S. 148f. und 172–174.
51 Wolfgang Dreßen (Hrsg.), 1848–1849. Bürgerkrieg in Baden. Chronik einer verlorenen Revolution, Berlin 1975, S. 159.
52 Hans-Heinrich Reuter (Hrsg.), Theodor Fontane. Von Dreißig bis Achtzig. Sein Leben in Briefen, München o. J., S. 39–42.
53 Harry Pross (Hrsg.), Deutsche Politik 1806–1870. Dokumente und Materialien, Frankfurt/M. 1963, S. 178–180.

IV

1 Ernst Engelberg, Im Widerstreit um die Reichsgründung. Eine Quellensammlung zur Klassenauseinandersetzung in der deutschen Geschichte von 1849 bis 1871, Berlin 1970, S. 46–48.
2 Georg Herwegh, Bundeslied für den Allgemeinen deutschen Arbeiterverein, in: Neue Gedichte von Georg Herwegh, herausgegeben nach seinem Tode, Zürich 1877, S. 131–133, bes. S. 132.
3 Ketteler, Offenbacher Predigt.
4 Hans Fenske (Hrsg.), Der Weg zur Reichsgründung 1850–1870, Darmstadt 1977, S. 172–175.
5 Engelberg, Im Widerstreit um die Reichsgründung, S. 107f.
6 Engelberg, Im Widerstreit um die Reichsgründung, S. 150–156.
7 Denkwürdigkeiten aus dem Leben des General-Feldmarschalls Kriegsminister Grafen von Roon. Sammlung von Briefen, Schriftstücken und Erinnerungen, Bd. 2, 4. Aufl. Breslau 1897, S. 54–56, bes. S. 55.
8 Otto von Bismarck, Die gesammelten Werke, Bd. 10: Reden 1847 bis 1869, bearbeit. von Wilhelm Schüßler, 3. Aufl. Berlin 1928, S. 140.
9 Bismarck, Die gesammelten Werke, Bd. 10, S. 156.
10 Martin Philippson, Max von Forckenbeck. Ein Lebensbild, Dresden–Leipzig 1898, S. 101.
11 Helmut Böhme (Hrsg.), Die Reichsgründung, München 1967, S. 135.
12 Veröffentlicht 1844 in den »Itzehoer Nachrichten«. Zitiert nach Grabow (Hrsg.), Die Lieder aller Völker und Zeiten, Hamburg 1885, S. 51.
13 Emanuel Geibels gesammelte Werke, Bd. 4: Heroldsrufe. Zeitgedichte von 1849–1866, Stuttgart–Berlin 1906, S. 218.
14 Wolfgang Windelband/Werner Frauendienst (Hrsg.), Otto von Bismarck. Die gesammelten Werke [Friedrichsruher Ausgabe], Bd. 14, Teil 1: Briefe, Bd. 1: 1822–1861, Berlin 1933, S. 334f.
15 Friedrich Zurbonsen, Quellenbuch zur brandenburgisch-preußischen Geschichte. Denkwürdige Urkunden und Quellenberichte, Berlin 1889, S. 347–349.
16 Zurbonsen, Quellenbuch zur brandenburgisch-preußischen Geschichte, S. 353.
17 Wolfgang Treue, Deutsche Parteiprogramme 1861–1961, Göttingen o. J., S. 55.

18 Bismarck, Die gesammelten Werke, Bd. 10, S. 278f.
19 Zitiert nach Christian Zentner, Illustrierte Geschichte des deutschen Kaiserreichs, München 1986, S. 124.
20 Ebda.
21 Georg Herweghs Werke in drei Teilen, herausgegeben von Hermann Tardel, Dritter Teil: Neue Gedichte, Berlin–Leipzig–Wien–Stuttgart o. J., S. 143.
22 So der Untertitel des Buches »Das steinerne Berlin« von Werner Hegemann, Berlin 1930.

V

1 Zitiert nach Deutsches Historisches Museum [DHM] (Hrsg.), Bismarck. Preußen, Deutschland und Europa, Berlin 1990, S. 345.
2 Zitiert nach Schoeps, Preußen, S. 270.
3 Zitiert nach Winfried Ranke, Reichsgründung in Versailles – Reichseinigung in Berlin, in: Preußen. Versuch einer Bilanz, Bd. 1: Ausstellungsführer, hrsg. von Gottfried Korff, Reinbek bei Hamburg 1981, S. 505.
4 Zitiert nach Gordon A. Craig, Das Ende Preußens, München 1989, S. 66ff.
5 Zitiert nach Schoeps, Preußen, S. 283.
6 Zitiert nach Winfried Ranke, Deutsche Größe und ihre Darsteller, in: Korff, Ausstellungsführer, S. 532.
7 Zitiert nach Hartmut Boockmann, Deutsche Geschichte im Osten Europas. Ostpreußen und Westpreußen, Berlin 1992, S. 379.
8 Zitiert nach Karl Erich Born, Von der Reichsgründung bis zum Ersten Weltkrieg (= Handbuch der deutschen Geschichte, Bd. 16), München 1982, S. 23.
9 Zitiert nach DHM, Bismarck, S. 386.
10 Zitiert nach Born, Von der Reichsgründung, S. 146.
11 Vgl. Born, Von der Reichsgründung, S. 42.
12 Zitiert nach Craig, Das Ende Preußens, S. 72.
13 Vgl. Manfred Schlenke, Preußen-Ploetz, Preußische Geschichte zum Nachschlagen, Freiburg–Würzburg 1987, S. 115.
14 Aus Bismarcks Erinnerungen und Briefen, zitiert nach Heinz Ohff, Preußens Könige, München 1999, S. 275.
15 Zitiert nach Born, Von der Reichsgründung, S. 162.
16 Zitiert nach Craig, Das Ende Preußens, S. 74.
17 Zitiert nach Born, Von der Reichsgründung, S. 165.
18 Zitiert nach Craig, Das Ende Preußens, S. 79.
19 Craig, Das Ende Preußens, S. 80.
20 Zitiert nach Ohff, Preußens Könige, S. 335.
21 Zitiert nach Ranke, Deutsche Größe und ihre Darsteller, S. 531.
22 Ebda.
23 Zitiert nach Sebastian Fischer-Fabian, Herrliche Zeiten, München 1986, S. 262.
24 Zitiert nach Sebastian Haffner, Preußen ohne Legende, 2. Aufl. Hamburg 1979, S. 431.

25 Zitiert nach Friedrich Hartau, Wilhelm II., Hamburg 1978, S. 107.
26 Zitiert nach Fischer-Fabian, Herrliche Zeiten, S. 353.
27 Fischer Fabian, Herrliche Zeiten, S. 350.
28 Zitiert nach Hartau, Wilhelm II., S. 109f.
29 Ebda.
30 Zitiert nach Heinrich August Winkler, Revolution als Konkursverwaltung. 9. November 1918: Der vorbelastete Neubeginn, in: Johannes Willms, Der 9. November. Fünf Essays zur deutschen Geschichte, München 1994, S. 11.

VI

1 Zitiert nach Hans Dollinger, Preußen. Eine Kulturgeschichte in Bildern und Dokumenten, München 1980, S. 272.
2 Ebda.
3 Dollinger, Preußen, S. 274.
4 Zitiert nach Schoeps, Preußen, S. 290.
5 Zitiert nach Dollinger, Preußen, S. 274.
6 Zitiert nach Schoeps, Preußen, S. 291.
7 Ebda.
8 Zitiert nach Dollinger, a. a. O., S. 276.
9 Zitiert nach Horst Möller, Weimar (= Deutsche Geschichte der neuesten Zeit), München 1987, S. 77.
10 Ebda.
11 Zitiert nach Martin Broszat, Die Machtergreifung, München 1987, S. 55.
12 Zitiert nach Friedrich P. Kahlenberg, Preußen als Filmsujet in der Propagandasprache der NS-Zeit, in: Preußen im Film. Eine Retrospektive der Stiftung Deutsche Kinemathek, hrsg. von Axel Marquardt und Heinz Ratsach (= Preußen. Versuch einer Bilanz, Katalog, Bd. 5), Reinbek bei Hamburg 1981, S. 135–163, bes. S. 140.
13 Ebda.
14 Zitiert nach Broszat, Machtergreifung, S. 150.
15 Vgl. Klaus Scheel, Der Tag von Potsdam, Berlin 1996.
16 Scheel, Tag von Potsdam, S. 120.
17 Zitiert nach Sebastian Haffner/Wolfgang Venohr, Preußische Profile, Königstein im Taunus 1980, S. 8f.
18 Zitiert nach Hans-Michael Boock und Michael Töteberg (Hrsg.), Das Ufa-Buch, Frankfurt/M. 1992, S. 461.
19 Zitiert nach Peter Steinbach/Johannes Tuchel, Widerstand in Deutschland 1933–1945, München 1994, S. 326.
20 Zitiert nach Schoeps, Preußen, S. 300.
21 Zitiert nach Haffner/Venohr, Preußische Profile, S. 12.
22 Haffner/Venohr, Preußische Profile, S. 14.
23 Zitiert nach Lew Hohmann/Johannes Unger, Die Brandenburger. Chronik eines Landes, Berlin 1998, S. 206.
24 Zitiert nach Winfried Ranke, Der Staat Preußen ist aufgelöst. Warum noch fragen?, in: Korff, Ausstellungsführer, S. 599.

Literaturhinweise

Neben den in den Anmerkungen genannten
Werken sei noch auf folgende Titel hingewiesen:

Gesamtdarstellungen und Sammelbände

Berner, E., Geschichte des Preußischen
Staates, Bonn 1896.

Braubach, M., Der Aufstieg Brandenburg-
Preußens 1640–1815 (= Geschichte der führenden Völker, Bd. 15), Freiburg i. Br. 1933.

Büsch, O./W. Neugebauer (Hrsg.), Moderne
Preußische Geschichte 1648–1947. Eine Antho-
logie (= Veröffentlichungen der Historischen
Kommission zu Berlin, Bd. 52/1–3), 3 Bde.,
Berlin–New York 1981.

Carsten, F. L., The Origins of Prussia, Oxford
1954. Deutsche Übersetzung: Die Entstehung
Preußens, Köln–Berlin 1968.

Dietrich, R. (Hrsg.), Kleine Geschichte Preußens,
Berlin 1966.

Dietrich, R. (Hrsg.), Preußen. Epochen und
Probleme seiner Geschichte, Berlin 1964.

Dietrich, R./G. Oestreich (Hrsg.), Forschungen
zu Staat und Verfassung. Festgabe für Fr. Har-
tung, Berlin 1958.

Dollinger, H., Preußen. Eine Kulturgeschichte in
Bildern und Dokumenten, München 1980.

Droysen, J. G., Geschichte der Preußischen Politik, 5 Teile in 14 Bänden (Bd. 1–10: 2. Aufl.),
Leipzig 1868–1886.

Engelmann, B., Preußen. Land der unbegrenzten
Möglichkeiten, München 1979.

Feuchtwanger, E. J., Preußen. Mythos und Realität, Wiesbaden 1979.

Fischer-Fabian, S., Preußens Gloria, Locarno
1979.

Haffner, S., Preußen ohne Legende, 2. Aufl.,
Hamburg 1979.

Handbuch der Preußischen Geschichte, Bd. I:
Das 17. und 18. Jahrhundert und Große
Themen der Geschichte Preußens, hrsg. von W.
Neugebauer, Berlin–New York [in Vorbereitung].

Handbuch der Preußischen Geschichte, Bd. II:
Das 19. Jahrhundert und Große Themen der
Geschichte Preußens, hrsg. von O. Büsch,
Berlin–New York 1992.

Handbuch der Preußischen Geschichte, Bd. III:
Vom Kaiserreich zum 20. Jahrhundert und
Große Themen der Geschichte Preußens, hrsg.
von W. Neugebauer, Berlin–New York 2000.

Heinrich, G., Geschichte Preußens. Staat und
Dynastie, 2. Aufl., Frankfurt/M.–Berlin–Wien
1984.

Hinrichs, C., Preußen als historisches Problem.
Gesammelte Abhandlungen (= Veröffentlichun-
gen der Historischen Kommission zu Berlin,
Bd. 10), Berlin–New York 1964.

Hintze, O., Gesammelte Abhandlungen, hrsg.
von G. Oestreich, Bd. 1–3, 2., erw. Aufl.,
Göttingen 1962–1967.

Hintze, O., Die Hohenzollern und ihr Werk
1415–1915 (Faksimile der Originalausgabe).
Unveränderter Nachdruck der Ausgabe von
1915, Moers 1979/80.

Hohenzollern-Jahrbuch. Forschungen und Abbildungen zur Geschichte der Hohenzollern in
Brandenburg-Preußen, Jg. 1–20 (1897–1916).

Krockow, Chr. Graf von, Warnung vor Preußen,
Berlin 1981.

Maurenbrecher, M., Die Hohenzollernlegende,
Bd. 1.2, Berlin 1906.

Neugebauer, W., Die Hohenzollern, Bd. 1: Anfänge, Landesstaat und monarchistische Auto-
kratie bis 1740, Stuttgart–Berlin–Köln 1996.

Ranke, L. von, Zwölf Bücher Preußischer Geschichte, 3 Bde., hrsg. von G. Küntzel, München
1930.

Salmonowicz, St., Preußen. Geschichte von
Staat und Gesellschaft, Herne 1995.

Schlenke, M. Preußen-PLOETZ. Preußische Geschichte zum Nachschlagen, Freiburg–Würzburg
1987.

Schlenke, M. (Hrsg.), Preußen. Versuch einer
Bilanz. Katalog nebst Aufsatzband, Hamburg
1981.

Schoeps, H.-J., Preußen. Bilder und Zeugnisse,
Berlin 1967.

Schoeps, H.-J., Preußen. Geschichte eines
Staates, Berlin 1966.

Schultze, J., Forschungen zur brandenburgischen und preußischen Geschichte. Ausgewählte Aufsätze (= Veröffentlichungen der
Historischen Kommission zu Berlin, Bd. 13),
Berlin–New York 1964.

Vogler, G./K. Vetter, Preußen. Von den Anfängen
bis zur Reichsgründung, 4. Aufl., Berlin 1975.

Zentner, Chr., Illustrierte Geschichte des deutschen Kaiserreichs, München 1986.

Quellen

Bassewitz, M. F. von, Die Kurmark Brandenburg
in Zusammenhang mit den Schicksalen des
Gesamtstaates Preußen während der Zeit vom
22. Oktober 1806 bis zu Ende des Jahres
1808. Bd. 1.2, Leipzig 1851–1852.

Borries, A.v., Preussen und die Folgen,
Berlin–Bonn 1981.

Bismarck, O. von, Politische Schriften, Reden,
Briefe, Gespräche. Friedrichsruher Ausgabe,
Bd. 1–19, Berlin 1924–1935.

Brandt, P. u. Zilkenat, R. (Hrsg.), Preußen. Ein
Lesebuch, Berlin 1981.

Caemmer, H. von (Hrsg.), Die Testamente der
Kurfürsten von Brandenburg und der beiden
ersten Könige von Preußen (= Veröffentlichungen des Vereins für Geschichte der Mark Brandenburg), München–Leipzig 1915.

Dietrich, R. (Bearb.), Die politischen Testamente
der Hohenzollern (= Veröffentlichungen aus den
Archiven Preußischer Kulturbesitz, Bd. 20),
Köln–Wien 1986.

Dann, O., Preußen. Entwicklung und Probleme
eines modernen Staates, Stuttgart 1983.

Dohm, Chr. W. von, Denkwürdigkeiten meiner
Zeit oder Beiträge zur Geschichte des letzten
Viertels des 18. und des Anfangs des 19. Jahr-
hunderts, Bd. 1–4 und Registerband, Lemgo–
Hannover 1814–1819.

Eckert, G., Von Valmy bis Leipzig. Quellen und
Dokumente zur Geschichte der preußischen
Heeresreform, Hannover–Frankfurt/Main 1955.

Fontane, Th., Von Zwanzig bis Dreißig (etc.),
München 1967.

[Friedrich Wilhelm IV.], Reden und Trinksprüche,
Leipzig 1855.

Gericke, W., Glaubenszeugnisse und Konfes-
sionspolitik der brandenburgischen Herrscher
bis zur preußischen Union. 1540–1815 (= Unio
et Confessio, Bd. 6), Bielefeld 1977.

Gesetzessammlung für die Kgl. Preußischen
Staaten Berlin 1810–1906. Kgl. Preußische
Gesetzsammlung, Berlin 1907–1908. Preußi-
sche Gesetzsammlung, Berlin 1919–1945.

Jehle, M. (Hrsg.), Die Juden und die jüdischen
Gemeinden Preußens in amtlichen Enquêten
des Vormärz (= Einzelveröffentlichungen der
Historischen Kommission zu Berlin, Bd. 82),
Teil 1–4, München 1998.

Kessler, H. Graf, Aus den Tagebüchern
1918–1937, hrsg. von W. Pfeiffer-Belli,
München 1965.

Klinkenborg, M. (Hrsg.), Acta Brandenburgica.
Brandenburgische Regierungsakten seit der
Begründung des Geheimen Rates (= Veröffent-
lichungen der Historischen Kommission für die
Provinz Brandenburg und die Reichshauptstadt
Berlin, Bd. 3), Bd. 1–4, Berlin 1927–1930.

Politische Korrespondenz Friedrichs des Großen,
Bd. 1–46, bearbeit. von R. Koser, A. Naudé,
K. Treusch von Buttlar, O. Herrmann und G. B.
Volz, Berlin 1879–1939 (Bd. 35: Weimar 1912);
nebst Ergänzungsband: Die politischen Testa-
mente Friedrichs des Großen, revidiert von
G. B. Volz, Berlin 1920.

Küntzel, G./M. Hass (Hrsg.), Die politischen
Testamente der Hohenzollern nebst ergänzen-
den Aktenstücken (= Quellensammlung zur
deutschen Geschichte), 2 Bde., 2. Aufl.,
Leipzig – Berlin 1919–1920.

Meinardus, O., Protokolle und Relationen des
Brandenburgischen Geheimen Rathes aus der
Zeit des Kurfürsten Friedrich Wilhelm (= Publikationen aus den Königlich Preußischen Staats-
archiven, Bd. 41, 54, 55, 66, 80, 91), Bd. 1–7,
1. Hälfte Leipzig 1889–1919 [Nachdruck Osna-
brück 1965–1976].

Schnath, G. (Hrsg.), Briefwechsel der Kurfürstin
Sophie von Hannover mit dem Preußischen
Königshause, Berlin–Leipzig 1927, Nachdruck
o. O. und o. J.

Stadelmann, R. (Hrsg.), Preußens Könige in
ihrer Thätigkeit für die Landescultur (= Publikationen aus den Königlich-Preußischen Staats-
archiven, Bd. 2, Bd. 11, Bd. 25, Bd. 30),
T. 1–4, Leipzig 1878–1887.

Stein, Freiherr vom, Briefe und amtliche Schriften, bearb. von E. Botzenhart, neu hrsg. von
W. Hubatsch, Bd. 1–10, Stuttgart 1957–1974.

Urkunden und Actenstücke zur Geschichte des
Kurfürsten Friedrich Wilhelm von Brandenburg,
hrsg. von S. Isaacsohn, Berlin 1880.

Varnhagen von Ense, K. A., Briefwechsel, Bd.
1–6 (1808–1829), Leipzig 1874, Nachdruck
Bern 1973.

Varnhagen von Ense, K. A., Tagebücher, Bd.
1–15, Berlin 1905, Nachdruck Bern 1972.

Vierhaus, R. (Hrsg.), Das Tagebuch der Baronin
Spitzemberg geb. Freiin v. Varnbüler. Aufzeich-
nungen aus der Hof des Hohenzollernreiches,
Göttingen 1960.

Voss, S. M. Gräfin von, Neunundsechzig Jahre
am Preußischen Hofe. Aus den Erinnerungen,
2. Aufl., Leipzig 1976.

Philosophie und Historiographie

Büsch, O. (Hrsg.), Das Preußenbild in der
Geschichte. Protokoll eines Symposions (= Veröffentlichungen der Historischen Kommission
zu Berlin, Bd. 50), Berlin–New York 1981.

Dietrich, R. (Hrsg.), Die Anfänge des preußi-
schen Staatsgedankens in den politischen
Testamenten der Hohenzollern, in: F. Benning-
hoven/C. Lowenthal-Hensel (Hrsg.), Neue
Forschungen zur Brandenburg-Preußischen
Geschichte (= Veröffentlichungen aus den Archi-
ven Preußischer Kulturbesitz, Bd. 14), Bd. 1,
Köln–Wien 1979, S. 1–60.

Dralle, L., Millennium germano-polonicum
(= Einzelveröffentlichungen der Historischen
Kommission zu Berlin, Bd. 37), Berlin 1983.

Fontane, Th., Politik und Geschichte, München
1969.

Skalweit, St., Preußen als historisches Problem,
in: Jahrbuch für die Geschichte Mittel- und Ost-
deutschlands 3 (1954), S. 189–210.

Spengler, O., Preußentum und Sozialismus,
München 1924.

Stürmer, M., Das zerbrochene Haus. Preußen
als Problem der Forschung, in: Militärgeschicht-
liche Mitteilungen 10 (1971), S. 175–195.

Thadden, R. von, Fragen an Preußen. Zur Geschichte eines aufgehobenen Staates, München
1981.

Thieme, H., Humanismus und Naturrecht in
Berlin-Brandenburg-Preußen. Ein Tagungsbericht
(= Veröffentlichungen der Historischen Kommis-
sion zu Berlin, Bd. 48), Berlin–New York 1979.

Wippermann, W., Der Ordensstaat als Ideologie.
Das Bild des Deutschen Ordens in der deutschen Geschichtsschreibung und Publizistik
(= Publikationen zur Geschichte der deutsch-pol-
nischen Beziehungen, Bd. 2), Berlin 1979.

Zeittafel

Daten zur Vorgeschichte des Preußischen Staates

1134 Der Askanier Albrecht der Bär (1134–1168) wird von Kaiser Lothar III. mit der Nordmark belehnt.

1157 Eroberung der Brandenburg; Albrecht der Bär wird Markgraf.

1198 Gründung des Deutschen Ordens in Akkon (Palästina).

1225/26 Der polnische Herzog Konrad von Masowien ruft den Deutschen Orden zu Hilfe im Kampf gegen die heidnischen Prußen.

1226 Goldene Bulle von Rimini. Kaiser Friedrich III. verleiht dem Deutschen Orden reichsfürstliche Rechte.

1231–1283 Der Deutsche Orden unterwirft die Prußen und besiedelt das Land. (Gründung von Dörfern und Städten nach deutschem Recht.)

1308/09 Der Deutsche Orden erwirbt Danzig und Pommerellen.

1308–1319 Markgraf Woldemar, der letzte in Brandenburg regierende Askanier († 1319), vereinigt alle brandenburgischen Landesteile.

1309 Die Marienburg wird Sitz des Hochmeisters des Deutschen Ordens.

1323 Das im Reich regierende Haus Wittelsbach betrachtet Brandenburg als erledigtes Reichslehen. Bis 1373 bleibt die Mark Wittelsbachisch.

1356 Bestätigung der brandenburgischen Kurwürde in der Goldenen Bulle Kaiser Karls IV.

1373 Otto VI. (der Faule) tritt im Vertrag von Fürstenwalde die Mark an die Luxemburger ab, die bis 1412/1415 in Brandenburg regieren.

1410 Niederlage des Deutschen Ordens am 15. Juli in der Schlacht bei Tannenberg (Grunwaldo) gegen ein Heer der polnisch-litauischen Union.

1411 Erster Thorner Friede. Zahlung hoher Lösegelder und Kriegsentschädigungen, die das Ordensland ruinieren.

1412 Mit Burggraf Friedrich VI. von Nürnberg als Verweser der Mark Brandenburg beginnt die fünfhundertjährige Herrschaft der Hohenzollern in Brandenburg.

1415 Auf dem Konstanzer Konzil verleiht König Siegmund dem Burggrafen Friedrich VI. die Würde eines Markgrafen von Brandenburg.

1415–1918 Die Hohenzollern regieren als Markgrafen von Brandenburg.

1417 Kurfürst Friedrich I. wird in Konstanz von König Siegmund feierlich mit der Mark Brandenburg und allen Rechtstiteln (einschließlich der Kurfürstenwürde) belehnt.

1440 Im Preußischen Bund vereinigen sich Städte und Adel gegen das Ordensregiment.

1466 Im Zweiten Thorner Frieden muß der Hochmeister des Deutschen Ordens Polen den Treueeid leisten und bedeutende Teile seines Territoriums abtreten.

1473 Kurfürst Albrecht Achilles regelt mit der »Dispositio Achillea« die Erbfolge der Hohenzollerndynastie.

1498 Der Wettiner Friedrich von Sachsen wird Oberhaupt des Deutschen Ordens.

1506 Gründung der Universität in Frankfurt an der Oder.

1511 Die Komture des Deutschen Ordens wählen den Hohenzoller Albrecht, Bruder des Kurfürsten Joachims I. von Brandenburg, zum Hochmeister des Deutschen Ordens.

1524 Heimfall der Herrschaft Ruppin.

1525 Hochmeister Albrecht von Brandenburg führt die Reformation ein: Preußen rechts der Weichsel wird weltliches Herzogtum, Preußen links der Weichsel mit Danzig, Elbing und Ermland gehört vom Zweiten Thorner Frieden 1466 bis 1772 bzw. ab 1793 zum Königreich Polen.

1537 Heiratsverbindung und Erbvertrag mit dem Herzog von Liegnitz, Brieg und Wohlau.

1539 In Brandenburg wird die Reformation eingeführt.

1544 Gründung der Universität Königsberg in Preußen.

1569 Auf dem Reichstag von Lublin erlangt Kurfürst Joachim II. vom polnischen König die förmliche Mitbelehnung hinsichtlich des Herzogtums Preußen.

1594 Eine Heiratsverbindung zwischen den brandenburgischen und den preußischen Hohenzollern begründet die Erbansprüche Brandenburgs an Preußen und an Gebiete am Niederrhein.

1604 Der Geheime Rat fungiert als oberste Regierungs- und Beratungsbehörde des Kurfürsten.

1609 Tod des letzten Herzogs von Jülich; Beginn des Erbfolgestreits um Jülich, Kleve und Berg, Mark und Ravensberg. Der polnische König akzeptiert die Regentschaft der Hohenzollern in Preußen.

1613 Kurfürst Johann Sigismund bekennt sich öffentlich zum Kalvinismus.

1618 Mit dem Tod des letzten fränkischen Hohenzollern als Herzog von Preußen treten die brandenburgischen Kurfürsten die nominelle Herrschaft in Preußen an, das auf dem Wege der Erbschaft als Lehen der Krone Polens an Brandenburg fällt.
Beginn des Dreißigjährigen Kriegs.

1640–1688 Regierungszeit Friedrich Wilhelms, des »Großen Kurfürsten«.

1648 Mit dem »Westfälischen Frieden« festigt Schweden seine Vormachtstellung an der deutschen Ostseeküste, doch gelangen Hinterpommern und Cammin an Brandenburg. Der Gebietszuwachs für Brandenburg, der auch die säkularisierten Bistümer Halberstadt und Minden sowie die Anwartschaft auf das Erzstift Magdeburg mit Halle umfaßt, beträgt mehr als ein Drittel des bisherigen Territoriums.

1660 Der Friede von Oliva beendet den Ersten Nordischen Krieg: Preußen wird von der polnischen Lehnshoheit befreit.

1675 Bei Fehrbellin siegt der Große Kurfürst über die europäische Großmacht Schweden.

1679 Vertreibung der Schweden aus Preußen. Der Friede von St. Germain en Laye beendet den Brandenburgisch-Schwedischen Krieg.

1685 Friedrich Wilhelm, der Große Kurfürst, erläßt das »Edikt von Potsdam«, das den französischen Glaubensflüchtlingen (Refugiés = Hugenotten) Aufnahme in Brandenburg gewährt.

1688 Tod des Großen Kurfürsten. Sein Nachfolger wird Friedrich III., der zunächst als Kurfürst, dann als Friedrich I., König in Preußen, bis 1713 regiert.

1694 Stiftung der Universität Halle.

1700 Errichtung einer Akademie der Wissenschaften in Berlin.

Daten zur Geschichte des (Brandenburgisch-) Preußischen Staates

1701 Nachdem der Kaiser mit dem Kronkontrakt dem brandenburgischen Kurfürsten die Würde eines Königs zuerkannt hat, krönt sich Friedrich III. in Königsberg als Friedrich I. zum König in Preußen. Das souveräne Herzogtum Preußen wird Königreich, Brandenburg ist nun Zentralprovinz des sich zur europäischen Großmacht entwickelnden preußischen Staates. Der preußische König stiftet den »Schwarzen Adlerorden«.

1704 Als Vorläufer der »Vossischen Zeitung« erscheinen die »Berlinischen Nachrichten von Staats- und Gelehrtensachen«.

1710 Gründung der Charité in Berlin.

1713 Im Frieden von Utrecht erhält Preußen Ober-Geldern am Niederrhein und einen Teil des oranischen Hausbesitzes (Mörs, Bingen, Neuchâtel).

1713–1740 Regierungszeit Friedrich Wilhelms I. (Soldatenkönig).

1714 Nachdem Christian Thomasius in seiner Schrift »de crimine magiae« die Abschaffung der Hexenprozesse verlangt hat, verbietet König Friedrich Wilhelm I. wegen zahlreicher Mißbräuche weitere Hexenprozesse.

1715 Preußen tritt in den Nordischen Krieg ein und erobert Vorpommern und Stralsund.

1717 Mit der Einführung einer Kriminalgerichtsordnung erlangt der preußische Staat die Aufsicht über die ständischen Gerichte.

1720 Der Nordische Krieg (seit 1700) wird beendet. Preußen erhält im Frieden von Stockholm Vorpommern mit Stettin sowie Usedom und Wollin.

1723 In Preußen wird ein Generaldirektorium als oberste Verwaltungsinstanz eingerichtet. Der Ausbau und die Zentralisierung der Verwaltung fundiert die absolute Monarchie.
Johann Sebastian Bach beendet die Reinschrift an den Partituren für die sechs »Brandenburgischen Konzerte«.

1730 Nach dem gescheiterten Fluchtversuch des Kronprinzen Friedrich wird dessen Vertrauter, der Leutnant Hans Hermann von Katte,

in Küstrin vor den Augen des Kronprinzen hingerichtet. Friedrich wird in der Festung Küstrin
inhaftiert.

1731/32 Neubesiedlung des durch die Pest
entvölkerten Ostpreußen. Friedrich Wilhelm I.
siedelt über 20 000 Protestanten, die aus Salzburg vertrieben wurden, in diesen Gebieten an.

1734 Friedrich Wilhelm I. kauft Stadt und Herrschaft Rheinsberg für seinen Sohn und Kronprinzen Friedrich, der hier bis zu seinem Regierungsantritt mit Philosophen, Musikern und Künstlern
einen eigenen Hof unterhält.

1739 Voltaire veröffentlicht den von Kronprinz
Friedrich verfaßten »Antimachiavell«, das Plä-
doyer für eine sittliche Staatsführung.

1740–1786 Regierungszeit Friedrichs II. (der
Große), König in Preußen.

1740 Tod Kaiser Karls VI. Durch die pragmati-
sche Sanktion (weibliche Erbfolge) wird Maria
Theresia Kaiserin. Beginn des Österreichischen
Erbfolgekrieges (bis 1748) und des Ersten
Schlesischen Krieges zur Durchsetzung der
preußischen Erbvertragsansprüche von 1537
auf Schlesien (1741 Schlacht bei Mollwitz und
1742 bei Chotusitz, Vorfriede zu Breslau).
In Preußen wird die Folter abgeschafft und der
Orden »Pour le Mérite« gestiftet.

1742 Im Berliner Frieden erhält Preußen den
größten Teil Ober- und Niederschlesiens sowie
die Grafschaft Glatz.
Der Elbe-Havel-Kanal wird gebaut.

1744 Ostfriesland fällt durch Erbschaft an
Preußen.

1744–1745 Zweiter Schlesischer Krieg. Im
Frieden von Dresden (1745) bestätigt Österreich
Preußen den Besitz von Schlesien; Friedrich II.
erkennt Franz I., den Gemahl Maria Theresias,
als Kaiser an. Eine Veröffentlichung über die
Feiern in Potsdam und Berlin anläßlich des
Kriegsendes nennt auf dem Titelblatt erstmals
Friedrich II. »den Großen«.
Georg W. von Knobelsdorff beginnt mit dem Bau
des Schlosses Sanssouci bei Potsdam.

1746 Samuel von Cocceji wird mit einer Justizreform beauftragt.
Friedrich II. schreibt in französischer Sprache
die »Geschichte meiner Zeit«.

1748 Verbot des »Bauernlegens«.

1750 Generalreglement zum Schutz der Juden.
In Berlin wird eine staatliche Porzellanmanufak-
tur eingerichtet. Voltaire besucht für drei Jahre
Friedrich II. in Sanssouci.

1756 Der Dritte Schlesische Krieg, der Sieben-
jährige Krieg (bis 1763), wird durch den Angriff
preußischer Truppen auf Böhmen eingeleitet.
Preußen kämpft im Bündnis mit England und
einigen Kleinstaaten gegen die Allianz Österreich–Frankreich–Rußland–Schweden–Sachsen.
Moses Mendelssohn unterstützt in Preußen die
Emanzipation der Juden. Lessing arbeitet als
Kritiker bei der »Vossischen Zeitung«.

1757 Sieg der Österreicher bei Lobositz, Kapitulation Sachsens bei Pirna. Abbruch der Belagerung Prags und Rückzug aus Böhmen infolge
der Niederlage bei Kolin; Sieg über die Franzosen bei Roßbach, Gewinn Schlesiens durch Sieg
über ein Reichsheer bei Leuthen. Die Russen
siegen bei Groß-Jägerndorf und rücken nach
Ostpreußen ein.

1758 Sieg bei Zorndorf über die Russen, Niederlage gegen die Österreicher bei Hochkirch.

1759 Die Schlacht bei Kunersdorf gegen Russen und Österreicher geht verloren.

1760 Berlin wird vorübergehend von russischen
und österreichischen Truppen besetzt; Siege bei
Liegnitz und Torgau gegen Österreicher und
Sachsen.

1762 England verläßt das Bündnis; nach dem
Tod Kaiserin Elisabeths von Rußland kann sich
Friedrich II. nun mit Peter III., dem neuen Kaiser
von Rußland, verbünden (Mirakel des Hauses
Brandenburg).

1763 Mit dem Frieden von Hubertusberg wird
der letzte der Schlesischen Kriege, der Sieben-
jährige Krieg, beendet. Schlesien fällt nun defini-
tiv an Preußen, das sich neben Österreich als
zweite deutsche Großmacht durchgesetzt hat.
Das General-Landschul-Reglement (Schulpflicht
vom 5. bis zum 13. Lebensjahr) verbessert das
Schulwesen in Preußen.

1766 Einführung einer neuen Akzise- und Zoll-
ordnung. Die Steuereintreibung wird von französischen Fachleuten organisiert (»Regie«, bis 1786).

1770 Kant wird Professor in Königsberg.

1771/1772 Hungersnot und Agrarkrise in den
Ostprovinzen. Der Kartoffelanbau setzt sich
durch. Einführung des Fruchtwechsels nach
englischem Vorbild.

1772 Mit der Ersten Teilung Polens erhält
Preußen Westpreußen (ohne Danzig und Thorn),
das Ermland und den Netzedistrikt. Friedrich II.
ist nun König von Preußen. Gründung der See-
Handels-Gesellschaft als Außenhandelsbank.

1774 Johann Gottfried Herder veröffentlicht
seine »Philosophie der Geschichte zur Bildung
der Menschheit«.

1779 Müller-Arnold-Prozeß: Friedrich II. greift
zugunsten des Müllers in die Rechtsprechung
des Kammergerichts ein.
Bayerischer Erbfolgekrieg (Kartoffelkrieg). Im
Frieden zu Teschen sichert Preußen seine
Erbansprüche in Ansbach und Bayreuth.

1781 Kant veröffentlicht seine »Kritik der
reinen Vernunft«.

1785 Friedrich II. von Preußen stiftet den Deutschen Fürstenbund. Preußen ist nicht mehr
»Rebell gegen das Reich«, sondern Wahrer der
»fürstlichen Libertät« und der Reichsverfassung.

1786–1797 Regierungszeit Friedrich Wilhelms II., König von Preußen.

1787 Umfassende Schul- und Bildungsreform.

1788 Der Theologe Johann Christoph Wöllner
erläßt als Minister ein »Edikt, die Religionsver-
fassung in den preußischen Staaten betreffend«, das sich gegen die angeblich »zügellose
Freiheit« der Aufklärung wendet.

Kant veröffentlicht sein zweites Hauptwerk, die
»Kritik der praktischen Vernunft«.

1789 Carl Gotthard Langhans erbaut in Berlin
das Brandenburger Tor.

1791 Pillnitzer Konvention: Preußen und Österreich erklären sich zur Intervention im revolutionären Frankreich bereit.

1792 Erster Koalitionskrieg (1792–1797):
Frankreich gegen Österreich und Preußen; nach
der Kanonade von Valmy dringen die Franzosen
über den Rhein bis nach Frankfurt vor. 1791
Rückkauf von Ansbach und Bayreuth.
Der Rote Adlerorden wird gestiftet. Gründung
der Berliner Singakademie.

1793 Durch die Zweite Teilung Polens fallen
Danzig, Thorn nebst »Südpreußen« mit Posen,
Gnesen und Kalisch an Preußen.

1794 Das von Justizminister Johann Heinrich
Kasimir Graf von Carmer und seinem Mitarbeiter
Carl Gottlieb Svarez erarbeitete »Allgemeine
Landrecht für die Preussischen Staaten« tritt in
Kraft. Es gilt im gesamten Königreich.
Johann Gottfried Schadow vollendet die Qua-
driga auf dem Brandenburger Tor in Berlin.

1795 Im Sonderfrieden von Basel scheidet
Preußen für zehn Jahre aus der Koalition gegen
Frankreich aus. Mit der Dritten Teilung Polens
fallen nun Teile Litauens und Masovien mit War-
schau (Neuostpreußen) und der Wojwodschaft
Krakau (Neuschlesien) an Preußen.

1797 Kant verfaßt seine »Metaphysik der
Sitten«; August Wilhelm Schlegel beginnt mit
seinen Shakespeare-Übersetzungen; Ludwig
Tieck schreibt die »Volksmärchen«.

1797–1840 Regierungszeit Friedrich Wilhelms III., König von Preußen.

1799 Im Zweiten Koalitionskrieg (1799–1802)
gegen Frankreich bleibt Preußen neutral.
Einleitung der Bauernbefreiung auf den königlichen Domänen.
Alexander von Humboldt bricht zu einer For-
schungsreise nach Mittelamerika und Südamerika auf.

1803 Mit dem »Reichsdeputationshauptschluß«
wird die Auflösung des mittelalterlichen Deutschen Reiches besiegelt und die Kleinstaaterei
reduziert. Rund 300 Fürstentümer, Bistümer und
freie Reichsstädte werden aufgelöst. Die
dadurch entstehenden Mittelstaaten schließt
Napoleon 1806 zum »Rheinbund« zusammen.
Preußen erhält durch Säkularisation und Media-
tisierung Gebietszuwächse im Thüringischen, im
Harz und im Rheinisch-Westfälischen.

1805 In der Schlacht bei Austerlitz erleidet die
österreichisch-russische Armee eine Niederlage
gegen Napoleon.
Am Grab Friedrichs des Großen besiegelt Friedrich Wilhelm III. seinen Freundschaftsbund mit
Zar Alexander.

1806 Preußen erklärt Frankreich den Krieg. In
der Schlacht bei Jena und Auerstedt erleidet die
preußische Armee trotz zahlenmäßiger Überlegenheit eine vernichtende Niederlage. Napoleon

zieht mit seinen Truppen in Berlin ein; der preußische König flieht nach Ostpreußen.

1807 Im Frieden von Tilsit verliert Preußen den größten Teil seines Staatsgebietes, darunter alle westelbischen Gebiete einschließlich Magdeburg, alle Erwerbungen der Zweiten und Dritten polnischen Teilung mit dem Netzedistrikt. Mit dem »Edikt, den erleichterten Besitz und freien Gebrauch des Grundeigentums sowie die persönlichen Verhältnisse der Landbewohner betreffend«, leitet Freiherr vom Stein die allgemeine Bauernbefreiung ein. Karl von Clausewitz, Gerhard von Scharnhorst und Neidhardt von Gneisenau beginnen mit der Reform der preußischen Armee.

1808 Eine neue Städteordnung führt in Preußen die kommunale Selbstverwaltung ein. Johann Gottlieb Fichte hält in Berlin seine »Reden an die Deutsche Nation«.

1809 Erstmals nach seiner Flucht vor Napoleon betritt das preußische Königspaar in Freienwalde wieder brandenburgischen Boden. Wilhelm von Humboldt wird Leiter der Sektion für Kultus und Unterricht im preußischen Innenministerium. Vereinheitlichung des Schulsystems (Dreigliederung in Elementarschule, Gymnasium und Universität).

1810 Karl August Fürst von Hardenberg führt nach Steins Entlassung die Reformen in Preußen weiter. In Preußen wird die Gewerbefreiheit verkündet. Ein Finanzedikt enthält die erste königliche Zusage für eine Nationalrepräsentation (Verfassungsversprechen). In Berlin wird eine Universität eröffnet, die 1828 den Namen »Friedrich-Wilhelms-Universität« erhält. Heinrich von Kleist schreibt »Prinz Friedrich von Homburg«.

1811 Eine vom König ernannte Notablenversammlung mit beratender Funktion tritt zusammen.

1812 Gegen den Willen des Königs schließt General Yorck von Wartenburg mit dem russischen General Diebitsch ein Neutralitätsabkommen (»Konvention von Tauroggen«) und leitet damit die Befreiungskriege gegen Napoleon ein. Mit einem Edikt zur Judenemanzipation wird die rechtliche und wirtschaftliche Gleichstellung der Juden angestrebt.

1813 Einführung der Allgemeinen Wehrpflicht. Militärbündnis mit Rußland, Aufruf des Königs »An mein Volk« und Kriegserklärung an Frankreich. In der Völkerschlacht bei Leipzig wird Napoleon von der preußisch-österreichisch-russischen Allianz entscheidend geschlagen und muß sich über den Rhein zurückziehen.

1814 Mit der Schlacht um Paris endet die Herrschaft Napoleons über Preußen und Europa. Die Verbündeten besetzen Paris; Napoleon wird als Kaiser der Franzosen abgesetzt und geht in die Verbannung nach Elba. Der »Wiener Kongreß« beginnt mit der Neuordnung Europas und leitet die Periode der »Restauration« ein.

E.T.A. Hoffmann veröffentlicht seine »Phantasiestücke«.

1815 Napoleon kehrt aus der Verbannung zurück, wird aber von Blücher und Wellington bei Waterloo-Belle Alliance geschlagen und muß endgültig abdanken. Er wird nach St. Helena verbannt. Mit der Gründung des »Deutschen Bundes« in Wien fallen Nordsachsen, die Rheinprovinz, Westfalen und Schwedisch-Pommern mit Rügen an Preußen, das im Gegenzug Ansbach, Bayreuth, Ostfriesland und polnische Gebiete aus der Dritten Teilung Polens abtreten muß. Sitz der Bundesversammlung wird Frankfurt am Main. Rußland, Österreich und Preußen schließen die »Heilige Allianz« gegen nationale und freiheitlich-liberale Bewegungen. August Wilhelm Iffland stirbt. Er hat das preußische Theater in Berlin zu erstem Ruhm gebracht.

1816 Ende der Pressefreiheit in Preußen. Der von Johann Joseph Görres herausgegebene »Rheinische Merkur« muß sein Erscheinen einstellen.

1817 Der preußische Staatsrat wird eingerichtet. In ihm soll die höhere Beamtenschaft den König und die Regierung beraten. Lutheraner und Reformierte werden in der Evangelischen Kirche der Union vereinigt. Summus episcopus (geistliches Oberhaupt) ist der preußische König.

1819 August von Kotzebue wird von dem Studenten und Burschenschaftler Karl Ludwig Sand ermordet. Die aus diesem Anlaß gefaßten »Karlsbader Beschlüsse« sehen die Buch- und Pressezensur vor, das Verbot der Burschenschaften und der Turnbewegung sowie die Überwachung der Universitäten. In Preußen beginnt die »Demagogen-Verfolgung«, Opfer sind u.a. Wilhelm von Humboldt, Ernst Moritz Arndt, Friedrich Schleiermacher und Friedrich Ludwig Jahn.

1820 Die Wiener Schlußakte wird Grundgesetz des Deutschen Bundes. Sie betont das monarchische Prinzip zu Lasten demokratischer Repräsentanz.

1821 Die für Preußen geplante Einführung einer gesamtstaatlichen Repräsentativverfassung wird auf unbestimmte Zeit vertagt, der Staatskanzler Hardenberg damit faktisch entmachtet. In Schinkels neuem Schauspielhaus auf dem Gendarmenmarkt wird Carl Maria von Webers Oper »Der Freischütz« uraufgeführt.

1824 Ost- und Westpreußen werden zu einer Provinz vereinigt, 1878 allerdings wieder getrennt. Der Provinziallandtag tritt zusammen, der u.a. über die Revision der Städteordnung berät.

1826 Felix Mendelssohn Bartholdy schreibt die Ouvertüre zum »Sommernachtstraum«.

1831 Eine Revision der Städteordnung von 1808 stärkt die Aufsicht staatlicher Behörden zu Lasten der kommunalen Selbstverwaltung.

1833 Verbot der liberalen Bücher des »Jungen Deutschland«.

1834/35 Unter Preußens Führung wird der »Deutsche Zollverein« gegründet, dem – unter Ausschluß Österreichs – die Mehrzahl der Deutschen angehört.

1837 Beginn des Kölner Kirchenkampfes zwischen dem Erzbischof Klemens August Freiherr von Droste zu Vischering und dem preußischen Staat. In Berlin gründet August Borsig eine Eisengießerei und eine Maschinenbauanstalt.

1838/39 Zwischen Berlin und Potsdam verkehrt die erste preußische Eisenbahn. Um die Militärtauglichkeit zu heben, wird in Preußen die Fabrikarbeit für Kinder unter neun Jahren verboten.

1840 Friedrich Wilhelm IV., erster Sohn aus der ersten Ehe von Friedrich Wilhelm III., wird nach dessen Tod König von Preußen.

1842 Friedrich Wilhelm IV. legt den Grundstein für den Weiterbau des Kölner Doms. Mit dem Dombaufest wird die Versöhnung von Staat und Kirche propagiert. In Berlin treten die »Vereinigten Ausschüsse«, eine ständische Vertretung aus Mitgliedern der Provinziallandtage, zusammen. Karl Marx arbeitet als Redakteur an der »Rheinischen Zeitung« in Köln, bevor er 1843 als politisch Verfolgter nach Paris emigrieren muß.

1844 Die Weberaufstände in Schlesien werden blutig niedergeschlagen. Die Massenverelendung (Pauperismus) wird damit nicht beseitigt.

1845 Alexander von Humboldt veröffentlicht sein fünf Bände umfassendes Werk »Kosmos, Entwurf einer physischen Weltbeschreibung«.

1847 Friedrich Wilhelm IV. beruft am 3. Februar die acht Provinziallandtage als »Vereinigten Landtag der Monarchie« nach Berlin ein. Dessen politische Möglichkeiten bleiben begrenzt. Bereits am 26. Juni wird der Vereinigte Landtag wieder geschlossen. Eine Versorgungskrise verstärkt die Forderungen nach liberalen Verfassungen und nationaler Einigung.

1848 Revolutionäre Kämpfe in Preußen (Märzrevolution). Eine preußische Nationalversammlung berät über politische Forderungen und den Verfassungsentwurf der Regierung. Politische Klubs werden publizistisch in neu gegründeten Zeitungen aktiv (u.a. die konservative »Neue Preußische Zeitung« [»Kreuzzeitung«]). Als politisch-satirisches Witzblatt erscheint der »Kladderadatsch«.

1849 Friedrich Wilhelm IV. lehnt die ihm von der (Frankfurter) Deutschen Nationalversammlung angetragene Kaiserkrone ab. Nach Auflösung der (preußischen) Nationalversammlung erhält Preußen eine »oktroyierte« Verfassung. Preußen gründet die (kleindeutsche) Union der deutschen Fürsten (28 Staaten).

1850 In der Olmützer Punktation wird die »Deutsche Union« aufgelöst und der »Deutsche Bund« wiederhergestellt. Österreich kann seine Vormachtstellung in Deutschland behaupten.

1851 Otto von Bismarck wird preußischer Gesandter beim Deutschen Bundestag.

1853 Preußen erwirbt einen Küstenstreifen am Jadebusen zum Bau eines Kriegshafens an der Nordsee (Wilhelmshaven).

1854 Neutralität Preußens im Krimkrieg (1853–1856) führt zur Annäherung an Rußland. Jakob und Wilhelm Grimm beginnen mit der Arbeit am »Deutschen Wörterbuch«.

1857 Preußen verzichtet auf seine Souveränitätsrechte in Neuchâtel (Neuenburg/Schweiz). Prinz Wilhelm von Preußen (Wilhelm I.) übernimmt für seinen erkrankten Bruder Friedrich Wilhelm IV. die Regentschaft. Berufung eines liberal-konservativen Ministeriums. Hoffnung bei den Liberalen auf den Beginn einer »Neuen Ära«.

1858 Rudolf Virchow begründet die Zellular-Pathologie.

1859 Im österreichisch-italienischen Krieg macht Preußen mobil. Mängel in der preußischen Armee werden sichtbar. Kriegsminister Albrecht von Roon schlägt eine Heeresreform vor.

1860 Die Liberalen im preußischen Abgeordnetenhaus lehnen die Heeresvorlage ab: Heereskonflikt.

1861 Nach dem Tod Friedrich Wilhelms IV. am 2. Januar wird der Prinzregent König Wilhelm I. In der Deutschen Fortschrittspartei sammelt sich die liberale Opposition, die bei den Wahlen für das preußische Abgeordnetenhaus eine relative Mehrheit gewinnt.

1862 Auflösung des preußischen Abgeordnetenhauses im Verfassungsstreit wegen der Verstärkung des Heeres durch Kriegsminister Albrecht von Roon.
Otto von Bismarck wird preußischer Ministerpräsident.

1863 Konvention von Alvensleben zwischen Preußen und Rußland mit dem Ziel, einen Aufstand in Polen niederzuwerfen.

1864 Im Frieden von Wien verzichtet Dänemark auf die Herzogtümer Schleswig, Holstein und Lauenburg, die gemeinsamer Besitz von Preußen und Österreich werden.

1866 Preußens Krieg (im Bunde mit norddeutschen Kleinstaaten) gegen Österreich (im Bunde u.a. mit Bayern, Württemberg, Sachsen, Hannover) um die Vormachtstellung in Deutschland. Nach dem Sieg über Österreich bei Königgrätz erhält Preußen im Vorfrieden von Nikolsburg ganz Schleswig-Holstein und die Zustimmung Österreichs zur Bildung eines Staatenbundes nördlich der Mainlinie, einschließlich der annektierten Staaten Hannover, Kurhessen, Nassau und der Freien Reichsstadt Frankfurt. Im Frieden von Prag wird die Auflösung des Deutschen Bundes beschlossen.
Das preußische Abgeordnetenhaus erteilt der Regierung Bismarck nachträglich »Indemnität« für die Staatsausgaben seit 1862.
Gründung des Norddeutschen Bundes unter Führung Preußens mit Bismarck als Kanzler.

1869 Gründung der Sozialdemokratischen Arbeiterpartei.

1870 Nach einem diplomatischen Konflikt mit Frankreich über die spanische Kronkandidatur eines Hohenzollern (»Emser Depesche«) erklärt Frankreich Preußen den Krieg. Auch für die süddeutschen Staaten ist der Bündnisfall gegeben. Gemeinsam marschieren sie unter preußischem Oberbefehl. Am 2. September kapituliert Napoleon III. bei Sedan.

1871 Bismarck gewinnt die süddeutschen Fürsten für die Gründung eines deutschen Nationalstaates. Am 18. Januar findet im Spiegelsaal von Versailles die Kaiserproklamation statt. Die Reichsverfassung lehnt sich eng an die Verfassung des Norddeutschen Bundes an. Bismarck wird Reichskanzler. Eine »Verpreußung« des Reiches zeigt sich in der Personalunion von preußischer Krone und Kaiserkrone, von preußischem Ministerpräsidenten und Reichskanzler, im Bundesrat (in dem Preußen zwar nicht stimmmäßig, aber faktisch dominiert) sowie in der Reichsverwaltung, die ohne preußische Verwaltung nicht funktioniert. Preußens Anteil am Reichsgebiet beträgt 65 Prozent, an der Reichsbevölkerung 60 Prozent.
Beginn des Kulturkampfes gegen den politischen Katholizismus (»Kanzelparagraph«).

1872 Verbot des Jesuitenordens. In Preußen übernimmt der Staat die Schulaufsicht.

1874 In Preußen wird die obligatorische Zivilehe eingeführt (1875 auf das Reich ausgeweitet).

1875 Die Preußische Bank wird in die neue Reichsbank integriert.

1876 Neue Provinzialordnung für die östlichen Provinzen.

1878 Bismarck veranlaßt die »Sozialistengesetze« zur Unterdrückung der Arbeiterbewegung. Die Provinz Preußen wird aufgeteilt in Ost- und Westpreußen.

1879 Werner von Siemens baut die erste elektrische Lokomotive.

1882 Robert Koch, Begründer der Bakteriologie, entdeckt den Tuberkel-Bazillus.
Theodor Fontane beendet seine »Wanderungen durch die Mark Brandenburg«.

1883 Sozialgesetzgebung in Preußen.

1886 Ein Ansiedlungsgesetz für Posen und Westpreußen ermöglicht deutsche Siedlung auf gekauften Großgütern.

1886/87 Zwei »Friedensgesetze« beenden den Kulturkampf.

1887 Bismarck schließt mit Rußland einen geheimen Rückversicherungsvertrag.

1888 Drei-Kaiser-Jahr. Wilhelm I. stirbt. Sein schwerkranker Sohn Friedrich III. regiert nur 99 Tage. Ihm folgt Wilhelm II. nach, der 1918 abdanken muß.

1889 Im Ruhrgebiet kommt es zu großen Streiks.
Gerhart Hauptmann schreibt »Vor Sonnenaufgang«. Otto Brahm gründet in Berlin die »Freie Volksbühne«.

1890 Bismarcks Entlassung durch Wilhelm II., der nach einem »persönlichen Regiment« strebt.

1891 Eine neue Landgemeindeordnung für die östlichen Provinzen erweitert das kommunale Wahlrecht. Der Ostmarkenverein propagiert die deutsche Ansiedlung in den polnisch besiedelten preußischen Ostprovinzen.

1893 Emil von Behring entwickelt das Diphtherie-Serum.

1897 Alfred von Tirpitz widmet sich auf Veranlassung Wilhelms II. dem Aufbau der deutschen Kriegsflotte.

1898 Max Liebermann gründet die Berliner Sezession. Alfred Messel beginnt mit dem Bau des Kaufhauses Wertheim, womit er die spätere »Neue Sachlichkeit« entscheidend beeinflußt.

1905 Kontroverse über den Bau des Mittellandkanals (Rhein-Weser-Elbe) im preußischen Landtag. Auf Betreiben der agrarischen Interessenvertretungen wird die Verbindung Hannover–Elbe nicht gebaut.
Max Reinhardt übernimmt das Deutsche Theater in Berlin.

1908 Ein Enteignungsgesetz ermächtigt die preußische Regierung, bis zu 70 000 Hektar polnisches Land zu enteignen und an deutsche Siedler zu verkaufen.

1912 Im Reichstag werden die Sozialdemokraten stärkste Fraktion.

1913 Mißtrauensvotum des Reichstags gegen die preußische Polenpolitik.

1914 Die machtpolitischen Gegensätze in Europa führen zum Ersten Weltkrieg.

1917 Wilhelm II. verspricht die Abschaffung des Dreiklassenwahlrechts in Preußen.
George Grosz legt sein Lithographie-Werk »Das Gesicht der herrschenden Klasse« vor.

1918 Das preußische Herrenhaus lehnt die Abschaffung des Dreiklassenwahlrechts ab.
Prinz Max von Baden wird deutscher Reichskanzler.
Mit einem Matrosenaufstand in Kiel bricht am 9. November die Revolution aus. Wilhelm II. muß als Deutscher Kaiser und als König von Preußen abdanken. Karl Liebknecht ruft die Räterepublik, Philipp Scheidemann die parlamentarische Republik aus.
Waffenstillstand am 11. November im Wald von Compiègne.
Mit der Auflösung des preußischen Abgeordnetenhauses und der Aufhebung des Herrenhauses wird am 15. November die Demokratisierung in Preußen eingeleitet.
Ende der preußisch-deutschen Monarchie mit der formellen Abdankung Wilhelms II. und dem Thronverzicht des Kronprinzen am 28. November bzw. 1. Dezember.

1919 Spartakus-Aufstand in Berlin. Rosa Luxemburg und Karl Liebknecht werden ermordet.
Massenstreik im Ruhrgebiet.
Nach den Wahlen zur preußischen Landesversammlung bildet Paul Hirsch ein Kabinett aus Vertretern von SPD, DDP und Zentrum.

Polnischer Aufstand in Oberschlesien.
Die preußische verfassunggebende Landesver-
sammlung schlägt einen deutschen Einheits-
staat, der Kölner Oberbürgermeister Konrad
Adenauer die Abtrennung des Rheinlandes von
Preußen vor.

1920 Der Versailler Friedensvertrag bringt
Preußen große Gebietsverluste (Teile Posens
und Westpreußens an Polen, das Memelgebiet
an Litauen, Eupen und Malmedy an Belgien,
Volksabstimmungen in vielen gemischt besiedel-
ten Gebieten, Danzig und das Saarland unter
Völkerbundsmandat).
Otto Braun wird preußischer Ministerpräsident,
Carl Severing preußischer Innenminister.
Eine neue preußische Verfassung tritt in Kraft.
Preußen ist nun eine demokratische Republik
(Freistaat).
Max Liebermann wird Präsident der Preußischen
Akademie der Künste.

1921 Konrad Adenauer amtiert als Präsident
des Preußischen Staatsrates.
Eine Volksabstimmung in Oberschlesien, bei der
sich 60 Prozent für eine Zugehörigkeit zum
Reich aussprechen, führt zu polnischen Aufstän-
den und zur Teilung Oberschlesiens.

1923 Besetzung des Ruhrgebiets durch Frankreich. Im Rheinland separatistische Bestrebungen (Ausrufung einer »Rheinischen Republik« in
Aachen unter der Parole »Los von Berlin«).

1925 Gründung der Berliner Architekten-Vereini-
gung »Ring« (Ludwig Mies van der Rohe, Walter
Gropius, Ernst May, Otto Bartning, Erich Men-
delsohn).

1927 Heinrich Zille veröffentlicht »Das große
Zille-Album«.

1928 Bertolt Brechts und Kurt Weills »Dreigro-
schenoper« wird in Berlin uraufgeführt und
erringt Welterfolg.

1929 Der Freistaat Preußen schließt ein Kon-
kordat mit dem Heiligen Stuhl.

1931 Der preußische Ministerpräsident Otto
Braun regiert zunehmend mit Notverordnungen.
Ein Volksbegehren zur Auflösung des Landtages
scheitert.
Ein Osthilfegesetz des Reiches fördert die
Sanierung ostelbischer Güter.
Der preußische »Protestantenvertrag« regelt das
Verhältnis von Staat und Kirche.

1932 Bei der Landtagswahl in Preußen erschüt-
tern die Gewinne der NSDAP die Regierung der
Sozialdemokraten Braun und Severing.
Mit dem »Preußenschlag« des Reichskanzlers
Franz von Papen (20. Juli) wird auch formell das
Ende Preußens eingeleitet. Papen erklärt die
geschäftsführende preußische Regierung für
abgesetzt und setzt sich zum Reichskommissar
ein. Der Staatsgerichtshof bestätigt zwar das
Kabinett Braun, beläßt aber die entscheidende
Exekutivgewalt in Preußen beim Reichskommissar.

1933 Hermann Göring (NSDAP) wird zum kom-
missarischen Innenminister Preußens ernannt.
Er hat damit die Verfügungsgewalt über die
preußische Polizei.

Durch Notverordnung überträgt der Reichspräsident die restlichen Hoheitsrechte der Regierung
Braun an die Reichskommissare (Zweite Gleichschaltung Preußens).
Landtagswahlen in Preußen. NSDAP und DNVP
erhalten zusammen die absolute Mehrheit.
Gleichschaltung der Länder mit dem Reich. Die
preußischen Oberpräsidenten werden durch Gauleiter der NSDAP oder SA-Gruppenführer ersetzt.
Die Länder werden Reichsstatthaltern unterstellt.
Hitler wird Reichsstatthalter in Preußen und
ernennt Göring zum Ministerpräsidenten und
Innenminister, später auch zum Reichsstatthalter.
Der preußische Ministerpräsident erhält diktato-
rische Vollmachten.
Alle Gauleiter in Preußen werden zu Staatsräten
ernannt.

1934 Die Hoheitsrechte der Länder werden
dem Reich übertragen. Die preußischen Ministerien werden mit den Reichsministerien vereinigt
(Ausnahme bis 1944: das preußische Finanzministerium).
Heinrich Himmler wird Chef der Geheimen
Staatspolizei in Preußen.

1937 Gustaf Gründgens wird Generalintendant
der Preußischen Staatstheater in Berlin.

1939 Nach der Besetzung Polens im Zweiten
Weltkrieg werden 1919/20 abgetretene Gebiete
teilweise wieder preußisch.

1945 Der preußische Ministerpräsident Göring
wird von Hitler aller seiner Ämter enthoben.

1947 Das Alliierte Kontrollratsgesetz Nr. 46
hebt »den Staat Preußen, seine Zentralregierung
und alle nachgeordneten Behörden« auch formell auf.

288